EUROPA-FACHBUCHREIHE
für wirtschaftliche Bildung

All inclusive
Fachwissen Tourismus

Band 3   Rechnungswesen für Touristiker

4. Auflage

VERLAG EUROPA-LEHRMITTEL
Nourney, Vollmer GmbH & Co. KG
Düsselberger Straße 23
42781 Haan-Gruiten
Europa-Nr.: 60693

Autor
Günter de la Motte
Studiendirektor, Worms

Lektorat bis zur 1. Auflage
Birgit Bassus, Rödermark

Verlagslektorat
Anke Hahn

4. Auflage 2019
Druck 5 4 3 2 1

Alle Drucke derselben Auflage sind parallel einsetzbar, da bis auf die Behebung von Druckfehlern untereinander unverändert.

ISBN 978-3-8085-6339-7

© 2019 by Verlag Europa-Lehrmittel, Nourney, Vollmer GmbH & Co. KG, 42781 Haan-Gruiten
http://www.europa-lehrmittel.de
Umschlag, Satz und Layout: tiff.any GmbH, 10999 Berlin
Umschlagfoto: © storm-Fotolia.com
Druck: Dardedze Holografija, LV-1063 Riga (Lettland)

Vorwort

»All inclusive – Fachwissen Tourismus« Band 3 ist ein umfassendes Lehr- und Lernbuch für die Ausbildung in der Tourismusbranche. Es richtet sich an Schüler/innen und Studierende sowie Lehrer/innen und Dozent/innen in diesen Ausbildungsgängen:

- ▶ **Tourismuskauffrau/-mann für Privat- und Geschäftsreisen,**
- ▶ **Kauffrau/-mann für Tourismus und Freizeit,**
- ▶ **Wieder- und Quereinsteiger in die Tourismusbranche,**
- ▶ **Studierende an den Hochschulen und Akademien für Tourismus.**

Konsequent lernfeldorientiert

»All inclusive« Band 3 deckt die Lernfelder 5, 6 und 11 des Rahmenlehrplans für den Ausbildungsberuf Tourismuskaufmann/-frau (Kaufmann/-frau für Privat- und Geschäftsreisen) vom 04.02.2011 ab und berücksichtigt die **Prüfungskataloge der Aufgabenstelle für kaufmännische Abschluss- und Zwischenprüfungen** (AkA).

Lernfeld 5: Schwerpunkt bildet die Erfassung typischer **Geschäftsprozesse** von Reiseveranstaltern und Reisemittlern anhand von Belegen im Grund- und Hauptbuch sowie das Erstellen der **Bilanz**. Die notwendigen **kaufmännischen Rechenverfahren** (Prozent- und Währungsrechnung) werden gesondert dargestellt.

Lernfeld 6: Den Kern bildet die erfolgsorientierte Steuerung eines Tourismusunternehmens auf der Grundlage der **Kosten- und Leistungsrechnung**. Preise für touristische Produkte und Dienstleistungen werden mithilfe der **Vollkostenrechnung** ermittelt. Zur Vorbereitung operativer und strategischer betrieblicher Entscheidungen über die Preisgestaltung dient die **Teilkostenrechnung**.

Lernfeld 11: Der Fokus dieses Lernfeldes liegt auf dem **Jahresabschluss**. In diesem Zusammenhang werden u. a. die Basics zur **Bewertung von Vermögensteilen** sowie **Schulden** gelegt und der Jahresabschluss erstellt. Außerdem werden **betriebsübliche Kennzahlen** ermittelt und statistisch aufbereitet, um einen **Zeit- und Betriebsvergleich** zu ermöglichen sowie unternehmerische Entscheidungen vorzubereiten.

Neu in dieser Auflage

Das Text- und Datenmaterial entspricht dem Gesetzesstand 2020. Die »Grundsätze ordnungsmäßiger Buchführung« (GoB) wurden um die »Grundsätze zur ordnungsmäßigen Führung und Aufbewahrung von Büchern, Aufzeichnungen und Unterlagen in elektronischer Form sowie zum Datenzugriff« (GoBD) punktuell erweitert. Die GoBD regeln aus steuerlicher Sicht die Anforderungen an die Buchführung. Die vorgestellten technischischen und organisatorischen Maßnahmen (TOMs) zum Datenschutz sind adäquat der EU-Datengrundverordnung (u. a. Privacy by Design, Privacy by Default). Die wenig konkreten Datenschutzvorgaben in Art. 32 DSGVO werden durch praxisnahe Umsetzungsmöglichkeiten »alltagstauglich« dargestellt.

Ihr Feedback ist uns wichtig

Wenn Sie mithelfen möchten, dieses Buch für die kommenden Auflagen zu verbessern, schreiben Sie uns unter *lektorat@europa-lehrmittel.de*. Ihre Hinweise und Verbesserungsvorschläge nehmen wir gerne auf.

Herbst 2019

Der Verfasser

Lernfeld 5
Geschäftsprozesse erfassen und analysieren 7

Lernfeld 6
Geschäftsprozesse erfolgsorientiert steuern 165

Lernfeld 11
Den Jahresabschluss vorbereiten und auswerten 269

Lernfeld 5

Geschäftsprozesse erfassen und analysieren

Um Geschäftsprozesse in einem touristischen Betrieb erfassen und analysieren zu können, sind Reisemittler und Reiseveranstalter sowie Betriebe der Freizeit- und Tourismusbranche nach den Bestimmungen des Handelsgesetzbuches (HGB) sowie der Abgabenordnung (AO) dazu verpflichtet, »[...] Bücher zu führen und in diese seine Handelsgeschäfte und die Lage des Vermögens nach den Grundsätzen ordnungsgemäßer Buchführung ersichtlich zu machen«, insofern es sich um einen Kaufmann nach HGB handelt (vgl. § 238 HGB).

Aus diesem Paragrafen sowie aus den §§ 240 und 242 HGB und den §§ 246 bis 251 AO ergibt sich die gesetzliche Buchführungspflicht.

1 Gesetzliche Grundlagen der Buchführung

Die Buchführung ist das zahlenmäßige Spiegelbild des gesamten Unternehmensgeschehens und somit für die Unternehmensleitung, die Kapitaleigner, die Gläubiger und den Staat zur Ermittlung der Steuern von Interesse. Deshalb unterliegt sie gesetzlichen Vorschriften.

Grundsätzlich wird jeder Kaufmann durch das Handels- und Steuerrecht (HGB und Abgabenordnung) verpflichtet, Bücher zu führen.

»Jeder Kaufmann ist verpflichtet, Bücher zu führen und in diesen seine Handelsgeschäfte und die Lage seines Vermögens nach den Grundsätzen ordnungsmäßiger Buchführung ersichtlich zu machen. Die Buchführung muss so beschaffen sein, dass sie einem sachverständigen Dritten innerhalb angemessener Zeit einen Überblick über die Geschäftsvorfälle und über die Lage des Unternehmens vermitteln kann. Die Geschäftsvorfälle müssen sich in ihrer Entstehung und Abwicklung verfolgen lassen.« (§ 238 Abs. 1 HGB).

Nach Steuerrecht ist der Unternehmer zur Buchführung verpflichtet, der nach Handelsrecht gemäß § 238 HGB buchführungspflichtig ist (§ 140 AO).

»Unternehmer ist eine natürliche oder juristische Person oder eine rechtsfähige Personengesellschaft, die bei Abschluss eines Rechtsgeschäfts in Ausübung ihrer gewerblichen oder selbständigen beruflichen Tätigkeit handelt.« (§ 14 Abs. 1 BGB)

»Eine rechtsfähige Personengesellschaft ist eine Personengesellschaft, die mit der Fähigkeit ausgestattet ist, Rechte zu erwerben und Verbindlichkeiten einzugehen.« (§ 14 Abs. 2 BGB)

Die Buchführungspflicht umfasst:

- ► Erstellung eines Jahresabschlusses (Bilanz und Gewinn- und Verlustrechnung).
- ► Die Doppelte Buchführung
- ► Durchführung der Inventur

Lediglich Freiberufler (§ 18 EStG) und Kleingewerbetreibende, deren Umsätze einschließlich der steuerfreien Umsätze von nicht mehr als 600.000 Euro im Kalenderjahr sind oder einen Gewinn aus Gewerbebetrieb von nicht mehr als 60.000 Euro im Wirtschaftsjahr erzielen, sind von der Buchführungs- und Abschlusspflicht befreit (vgl. § 141 AO).

1.1 Grundsätze ordnungsmäßiger Buchführung

Die **Grundsätze ordnungsmäßiger Buchführung (GoB)** bilden die Grundlage für die korrekte unternehmerische Buchführung. Sie bestehen zum Teil aus Gesetzen, die im HGB verankert sind, und zum Teil aus der kaufmännischen Praxis erwachsenen Regeln. **Ziel der GoB** ist es, Unternehmenseigner und Gläubiger von Unternehmen so gut wie möglich vor potentiellen Verlusten sowie unkorrekten Daten und Informationen zu schützen.

Die **GoB** enthalten sowohl formelle als auch materielle Anforderungen an eine Buchführung.

- ▸ Die **formellen** Anforderungen (z. B. **keine Buchung ohne Beleg**) ergeben sich insbesondere aus den §§ 238 ff. HGB für Kaufleute und aus den §§ 145 bis 147 AO für Buchführungs- und Aufzeichnungspflichtige.
- ▸ **Materiell** ordnungsmäßig sind Bücher und Aufzeichnungen, wenn die Geschäftsvorfälle einzeln, nachvollziehbar, richtig, zeitgerecht und geordnet in ihrer Auswirkung erfasst und anschließend gebucht bzw. verarbeitet sind (vgl. § 239 Absatz 2 HGB, §§ 145 f AO).

Die GoB können sich durch gutachterliche Stellungnahmen, Handelsbrauch, ständige Übung, Gewohnheitsrecht, organisatorische und technische Änderungen weiterentwickeln und sind einem Wandel unterworfen.

Spezifiziert werden die GoB durch die **Grundsätze zur ordnungsmäßigen Führung und Aufbewahrung von Büchern, Aufzeichnungen und Unterlagen in elektronischer Form sowie zum Datenzugriff (GoBD)**, eine Verwaltungsvorschrift des Bundesministeriums für Finanzen.

Die **GoBD** regeln aus **steuerlicher Sicht die Anforderungen an die Buchführung** sowie die Aufbewahrung von steuerrechtlich bedeutsamen elektronischen Daten und Papierdokumenten unter Bezug auf die Grundsätze ordnungsmäßiger Buchführung (GoB). Die GoBD gelten für Selbständige, Freiberufler und Unternehmer.

Daneben ergänzen einzelne Steuergesetze (z. B. EstG, UstG), Durchführungsverordnungen (z. B. EStDV, UStDV) und Richtlinien (z. B. EStR, UStR) die GoB.

Der Kaufmann ist nach den §§ 238 ff. HGB dazu verpflichtet, die Grundsätze ordnungsmäßiger Buchführung (GoB) bei der Führung seiner Bücher einzuhalten.	
Wichtige GoB für die Inventur (§ 241 HGB)	
Vollständigkeit und Richtigkeit (§ 239 HGB)	Alle Arten von Vermögensgegenständen (VG) und Schulden, die dem Kaufmann zuzurechnen sind, sind vollständig zu erfassen. Die Erfassung von Art, Menge und Wert muss richtig erfolgen.
Wirtschaftlichkeit und Wesentlichkeit (§ 240 HGB)	Die Inventurarbeiten und der mit ihnen verbundene Aufwand sind stets unter dem Gebot der Wirtschaftlichkeit zu betrachten. Maßstab für die Wirtschaftlichkeitsüberlegungen ist die Wesentlichkeit.
Klarheit und Nachprüfbarkeit (§ 239 HGB)	Die Inventuraufzeichnungen sind klar, geordnet und in einer nicht abänderbaren Art und Weise nachvollziehbar vorzunehmen.

Tab. Grundsätze ordnungsgemäßer Buchführung nach HGB

Wichtige GoB für die ordnungsmäßiger Bilanzierung	
Bilanzklarheit (§ 243 HGB)	Der Jahresabschluss muss eindeutig und übersichtlich sein.
Bilanzwahrheit (§ 246 HGB)	Die Bilanz muss ein den tatsächlichen Verhältnissen entsprechendes Bild der Vermögens-, Finanz- und Ertragslage des Unternehmens zu vermitteln.
Bilanzidentität (§ 252 HGB)	Die Eröffnungsbilanz eines Jahres muss mit der Schlussbilanz des Vorjahres übereinstimmen.
Bilanzkontinuität (§ 252 HGB)	Die auf den vorhergehenden Jahresabschluss angewandten Bewertungsmethoden, Gliederungen und Postenbezeichnungen (Bilanz und GuV) sind beizubehalten.
Sprache (§ 244 HGB)	Der Jahresabschluss ist in deutscher Sprache und in Euro aufzustellen.

Tab. Grundsätze ordnungsgemäßer Buchführung nach HGB

Verstöße gegen die handels- und steuerrechtlichen Vorschriften der Buchführungen können Geldbußen, Geldstrafen, Zwangsgelder oder auch Freiheitsstrafen zur Folge haben.

G+H	Kontoauszug G+H Bank, Winterstadt			
Kontonummer	Datum	Blatt	Buchungstag	Umsatz[1]
1352568	21-10-20	2		
Deutsche Telefongesellschaft mbH Rechnungsnummer: 10-2020			18.10.20	175,00 S
Marina Schröder Kinder-Stadtrallye Rechnungsnummer: 354-2020			19.10.20	375,00 H
			Alter Kontostand: Neuer Kontostand:	13.585,23 H ...

Abb. Kontoauszug

1. In welchen Gesetzen ist die Buchführung grundlegend geregelt?

2. Warum ist die Buchführungspflicht gesetzlich geregelt?

3. Unterscheiden Sie die Begriffe Kaufmann und Unternehmer.

4. Welche Bedeutung haben die Grundsätze ordnungsgemäßer Buchführung?

[1]) Die Kreditinstitute buchen Lastschriften im Soll und Gutschriften im Haben.

5. In Ihrem Ausbildungsbetrieb sind in Ihrer ersten Arbeitswoche die folgenden Belege abzuheften. Geben Sie an, wie lange Sie diese Belege jeweils aufbewahren müssen.

   a) Lieferscheine
   b) Geschäftsbrief
   c) Bankauszüge
   d) Lohn- und Gehaltsabrechnungen der Mitarbeiter

6. Wer unterliegt der Buchführungspflicht nach HGB?

7. Bitte beurteilen Sie, in welchen Fällen ein Verstoß gegen die Grundsätze ordnungsgemäßer Buchführung vorliegt:

   a) Der Leiter der Touristinfo Winterstadt e.V. erhält 100,00 Euro Reisekostenvorschuss aus der Kasse.
   b) Der Buchhalter erstellt einen Kassen-Auszahlungsbeleg.
   c) Sie lassen Buchführungsbelege aus den Jahren 1997 bis 1999 vernichten, um im Archiv Platz zu schaffen.
   d) Sie erhalten eine Versicherungsentschädigung (Ertrag) und kürzen damit Ihre Versicherungsbeiträge (Aufwand).
   e) Sie verwenden einen selbst erstellten Kontenplan.

2 Arbeiten mit Geschäftsbelegen

Dieses Kapitel soll Ihnen einen Überblick über die **Arbeit mit Belegen**, deren Erfassung in den **Büchern der Buchführung** (Grundbuch, Hauptbuch, Nebenbücher) sowie den sicheren Umgang mit den Erfordernissen von Datenschutz und Datensicherheit geben.

Souvenirartikel »Fantasy« OHG
Berliner Landstraße 146 · 77376 Neuburg

Artikelnummer: 3259828

Reiseinformation auf DVD	499,00 €	
Total		499,00 €
inklusive 19,00 % MwSt	79,67 €	
Nettowarenwert	419,33 €	

!!! Vielen Dank für Ihren Einkauf!!!

22357 MO 123 5425   21.08.20..

Abb. Musterbeleg

2.1 Der Beleg – ein Dokument mit unterschiedlichen Facetten

In der Buchführung wird jeder Geschäftsvorfall anhand von Belegen (z. B. Kontoauszüge, Quittungen, Eingangsrechnungen) auf Konten gebucht. Die Richtigkeit der Buchungen lässt sich nur aufgrund von Belegen überprüfen. Deshalb gilt grundsätzlich: **Keine Buchung ohne Beleg.**

Die **Beweiskraft der Buchführung** wird im Wesentlichen durch eine **nachvollziehbare Verknüpfung** zwischen Beleg und Buchung erfüllt. Während bei der Papier-Buchung Angaben zur Kontierung, zum Kriterium der Ordnung zum Datum der Buchung direkt auf dem Papierbeleg erforderlich sind, reicht bei digitalen Belegen (E-Belegen) die Verbindung eines Datensatzes mit Angaben zur Kontierung (vgl. GoBD RZ 71 ff).

Belege

Beleg ist der Oberbegriff für unterschiedliche Dokumente, die alle Daten über einen Geschäftsvorfall enthalten und in der Buchführung einen vermögensverändernden Vorfall beweisen.

Jedem Geschäftsvorfall muss ein Beleg mit folgenden Inhalten zugrunde liegen:

Aufzeichnungspflichtige Inhalte nach GoBD (Auszug)

- eindeutige Belegnummern **(für Zuordnung und Identifizierung)**,
- Belegaussteller, Belegempfänger,
- Betrag, Menge, Wertangabe (aus denen sich der zu buchende Betrag ergibt),
- Währungsangabe (und Wechselkurs bei Fremdwährung zur Ermittlung des Buchungsbetrages),
- Hinreichende Erläuterung des Geschäftsvorfalles,
- Belegdatum (für eine chronologische Erfassung),
- verantwortlicher Austeller.

Hinweis: Von den Pflichtangaben nach den GoBD unberührt sind die Pflichtangaben auf Rechnungen nach dem Umsatzsteuergesetz.

2.2 Belegbearbeitungen

Die **Belegerfassung** umfasst nach GoBD die Belegidentifikation, Belegsichtung, Belegsicherung und die geordnete Ablage (**Archivierung**), z. B. in einem Ordner oder „DATEV Unternehmen online".

Belege lassen sich nach Herkunft in zwei Bereiche unterteilen:

- **Externe Belege (Fremdbelege)**: Belege, die von außen in das Unternehmen gelangen, z. B. Lieferantenrechnungen, Gutschriftanzeigen, Bankbelege und Kontoauszüge.

▶ **Interne Belege (Eigenbelege)**: Belege, die im Betrieb erstellt werden, z.B. Kopien von Ausgangsrechnungen, Lohn- und Gehaltslisten, Belege über Privatentnahmen, Buchungsanweisungen für Umbuchungen.

Zu den **Eigenbelegen** gehören auch die **Ersatzbelege**. Diese werden ausgestellt, wenn kein Originalbeleg anfällt (z.B. bei Trinkgeldern) oder der Originalbeleg verloren gegangen ist.

Für die Belegbearbeitung gilt der **Grundsatz der zeitgerechten Buchungen und Aufzeichnungen**. **Eigenbelege** sind innerhalb von **10 Tagen** (vgl. GoBD Rn. 47), Fremdbelege innerhalb von **8 Tagen** nach dem Geschäftsvorfall zu erfassen und **Kassenbelege** (Bargeldeinnahmen und – ausgaben) sind **tagesaktuell** aufzuzeichnen. (§ 146 Abs. 1 AO).

Die Bearbeitung eines Beleges erfolgt in mehreren Schritten.

Prüfen einer Rechnung

1. Schritt: Formelle Rechnungsprüfung
Die Rechnung wird auf die **formellen Vorschriften** überprüft (vgl. § 14 UstG).
▶ Korrekter Name / Anschrift des Lieferanten
▶ Korrekter Name / Anschrift Ihres Unternehmens
▶ Ausstellungs- / Rechnungsdatum
▶ Zeitpunkt der Lieferung, falls abweichend vom Rechnungs- / Ausstellungsdatum
▶ Umsatzsteuer-Identnummer des Lieferanten
▶ Einmalige, fortlaufende Rechnungsnummer
▶ Korrekte Angaben zur Menge und Art der Waren bzw. Dienstleistung
▶ Nettopreis je Einheit der Ware oder Dienstleistung
▶ Umsatzsteuersatz = Mehrwertssteuersatz
▶ Umsatzsteuerbetrag = Mehrwertssteuerbetrag
▶ Hinweis bezüglich der Aufbewahrungspflicht des Leistungsempfängers

Formfehler können dazu führen, dass das Finanzamt die Rechnung nicht anerkennt (z. B. beim Vorsteuerabzug).

2. Schritt: Sachliche Prüfung
Im Rahnen der sachlichen Rechnungsprüfung wird die **Eingangsrechnung** mit der **Bestellung** und dem **Wareneingang** (Lieferschein) verglichen (bei **Dienstleistungen** die rechtmäßige **Ausführung**) und hinsichtlich Sache, Preis und Menge kontrolliert.

3. Schritt: Rechnerische Prüfung
Hier werden die angegebenen **Preise**, **Rabatte**, **Umsatzsteuersätze**, **Umsatzsteuerbeträge**, Rundungen von Nachkommastellen und der Gesamtbetrag der Rechnung auf ihre Richtigkeit **kontrolliert**.
Nach der Prüfung wird die Rechnung mit einem **Kontierungsstempel** versehen. Auf einem solchen Stempel sind u. a. die Belegnummer, die Buchungsanweisung sowie das Datum der Buchung vermerkt. Danach wird der Beleg chronologisch in das Grundbuch eingetragen und die Buchung im Hauptbuch vorgenommen.

	ja	nein	Datum	Kürzel
sachlich richtig:				
rechnerisch richtig:				
Zahlung freigegeben:				
Eingegangen am:	28. Juli 2020			
Kostenstelle		Kostenträger		

Abb. Prüfstempel

Hiernach wird, wenn keine Einwände bestehen, der Zahlungsvorgang veranlasst.

Aufbewahrungsprinzipien für Belege

Für **elektronische Aufzeichnungen** gelten die selben Prinzipien während der Dauer der Aufbewahrungsfrist wie für manuell erstellte Bücher oder Aufzeichnungen.

Was für Bücher gilt, gilt auch für digitale Daten

1. Grundsatz der Nachvollziehbarkeit und Nachprüfbarkeit (§ 145 Absatz 1 AO, § 238 Absatz 1 Satz 2 und Satz 3 HGB)
2. Grundsätze der Wahrheit, Klarheit und fortlaufenden Aufzeichung
  ▸ Vollständigkeit (§ 146 Absatz 1 AO, § 239 Absatz 2 HGB)
  ▸ Richtigkeit (§ 146 Absatz 1 AO, § 239 Absatz 2 HGB
  ▸ Zeitgerechte Buchungen und Aufzeichnungen (§ 146 Absatz 1 AO, § 239 Absatz 2 HGB)
  ▸ Ordnung (§ 146 Absatz 1 AO, § 239 Absatz 2 HGB)
  ▸ Unveränderbarkeit (§ 146 Absatz 4 AO, § 239 Absatz 3 HGB)

Bei der elektronischen Datenerfassung und Aufzeichnung sind insbesondere auf **Datensicherheit** und **Datenunveränderbarkeit** zu achten. So muss zum Beispiel bei der Speicherung einer geschäftlichen E-Mail gewährleistet sein, dass diese durch Unbefugte weder verändert noch gelöscht werden kann. Auch der Zugriff durch Unberechtigte muss sicher ausgeschlossen sein.

Datensicherheit	Datenunveränderbarkeit[1]
Schutz der Daten vor Verlust und unberechtigten Zugriffen.	Kein Verändern, Überschreiben oder Ersetzen von Daten ohne eine entsprechende Kennzeichnung.

---

[1] Weitere Informationen hierzu finden Sie im Kapitel 2.3 EU-Datenschutzgrundverordnung

Wie bereits eingangs erwähnt, hat jeder Kaufmann nach HGB und der Abgabe-ordnung (AO) Bücher zu führen. In der Buchführung werden dazu Grundbuch, Hauptbuch und Nebenbücher verwendet.

▸ Im **Grundbuch werden die Belege zeitlich chronologisch geordnet**. Dabei wird der Tag, die Belegnummer, der Geschäftsfall, der Buchungssatz sowie der Betrag des Kontos im Soll und im Haben festgehalten. Das Grundbuch ist somit die Grundlage für die Arbeiten im Hauptbuch.

▸ Im **Hauptbuch werden die Buchungen aus dem Grundbuch** auf die Sach-konten übertragen. Somit stellt das Hauptbuch eine sachliche Gliederung dar.

▸ Als **Nebenbücher** könnten Sie in Ihrem Ausbildungsbetrieb mit einem Kon-tokurrentbuch oder einem Lohnbuch arbeiten. In diese werden zusätzliche Daten zur Entlastung des Hauptbuches vermerkt.

Journal						
Monat: Dezember 20..					Betrag (in Euro)	
Datum	Beleg	Buchungstext	Sollkonto	Habenkonto	Soll	Haben
18.12. ...	899	ER Geschw. Maier	Geschäftsausst.	Kasse	267,00	267,00
18.12. ...	900	Barabhebung	Kasse	Bank	3.000,00	3.000,00
19.12. ...	901	Pkw-Kauf durch Banküberweisung	Fuhrpark	Bank	37.900,00	37.900,00
19.12. ...	902	ER 20-1005 Frank GmbH	Geschäfts-ausstattung	Verb. aus L+L	96.625,00	96.625,00
19.12. ...	903	Darlehenstilgung	Darlehen	Bank	5.000,00	5.000,00
20.12. ...	904	Überweisung an Frank GmbH	Verb. aus L+L	Bank	96.625,00	96.625,00
20.12. ...	905	Überweisung durch Kunde Vogler	Bank	Forderungen	1.370.50	1.370,50

Abb. Auszug aus einem Grundbuch

Aufbewahrungsfrist

Die **handelsübliche Aufbewahrungsfrist** (§ 257 HGB) beträgt grundsätzlich u. a. für Handelsbücher, Inventare, Eröffnungsbilanzen und Buchungsbelege **zehn Jahre**. Für **empfangene und abgesandte Handels-** oder **Geschäftsbriefe** gilt eine verkürzte Aufbewahrungsfrist von **sechs Jahren**. Steuerlich gelten grundsätzlich die gleichen Fristen (§ 147 AO).

2.3 Datenschutz im Rechnungswesen

In der Buchhaltung werden Stammdaten (z. B. Kontoinformationen, Lieferanten- und Kundendaten) und Bewegungsdaten, die durch die Buchungen entstehen und Veränderungen der Kontobestände bewirken, verarbeitet.

Privatkundendaten haben i.d.R. personenbezogene Inhalte. Neben der Adresse sind dies in der Buchhaltung u. a. Daten über Zahlungsmoral und Bankverbindungen.

Des Weiteren können personenbezogene Informationen über Privatpersonen als Lieferanten des Unternehmens anfallen. In der Finanzbuchhaltung werden Daten z. B. bei der Lohnabrechnung über Mitarbeiter verarbeitet.

Kunden-, Lieferanten- und Mitarbeiterdaten zählen zu den wichtigsten Gütern im Unternehmen. Der Schutz dieser Daten ist heute für Unternehmen eine Überlebensfrage. Datenschutz und Datensicherung ist somit - wie in allen Abteilungen eines Unternehmens - eine originäre Aufgabe im Rechnungswesen. Bevor hierzu konkrete Maßnahmen vorgestellt werden, sollen zunächst wesentliche Inhalte der EU-Datenschutzgrundverordnung erläutert werden.

2.4 EU-Datenschutzgrundverordnung

Im Folgenden werden zunächst notwendige Begriffe erläutert, die zum besseren Verständnis der Ausführungen zu den **technisch organisatorischen Maßnahmen (TOMs)** beim Datenschutz beitragen.

Die **EU-DSGVO** ist ein Rechtskonstrukt, das in fast 100 Artikeln einheitliche, rechtlich bindende Regelungen rund um den Datenschutz schafft, die inhaltlich zunächst einmal für alle Staaten des Rechtsraums der Europäischen Union gelten. Das BDSG-neu konkretisiert und ergänzt die DSGVO auf nationaler Ebene. So können z. B. Mitgliedstaaten Regelungen zur Verpflichtung zur Bestellung von betrieblichen Datenschutzbeauftragten erlassen.

Die DSGVO legt vor allem Rechte von sogenannten **Betroffenen** und Pflichten von sogenannten **Verantwortlichen** und **Auftragsverarbeitern** dar.

Grundsätzlich unterliegen alle in der EU tätigen Branchen und Unternehmen sowie nationale Behörden diesem Regelungswerk, sobald sie personenbezogene Daten von natürlichen Personen, die sich in der EU befinden, verarbeiten.

Die **Ziele** der DSGVO drehen sich vor allem um die Wahrung des Grundrechts auf **informationelle Selbstbestimmung**. Somit steht der weitestmögliche Schutz natürlicher Personen bei der Verarbeitung ihrer **personenbezogenen Daten** im Fokus der Verordnung.

Definition »personenbezogene Daten«

»Personenbezogene Daten« sind gemäß Art. 4 Nr. 1 DSGVO alle Informationen, die sich auf eine identifizierte oder **identifizierbare** natürliche **Person** beziehen. Identifizierbar ist eine natürliche Person, die direkt oder indirekt, insbesondere mittels **Zuordnung** zu einer Kennung wie einem Namen, zu einer Kennnummer, zu Standortdaten, zu einer Online-Kennung oder zu einem oder mehreren besonderen Merkmalen identifiziert werden kann, die Ausdruck der physischen, physiologischen, genetischen, psychischen, wirtschaftlichen, kulturellen oder sozialen Identität dieser natürlichen Person sind.

Personenbezogene Daten

Name, Foto, E-Mail-Adresse, die Beitrage in sozialen Netzwerken, medizinische Informationen oder die IP-Adresse der betreffenden Personen

BEISPIEL

Definition »Verarbeitung« von Daten

Verarbeiten ist ein umfassender Betriff für den **Umgang mit personenbezogenen Daten**. Er umfasst u.a. das Erheben, Speichern, Ändern, Übermitteln, Verknüpfen oder Löschen von personenbezogenen Daten (vgl. Art. 4 Nr. 2 DSGVO):

Die Verantwortlichen sind verpflichtet geeignete technische und organisatorische Maßnahmen (**TOMs**) zu treffen, um ein dem Risiko angemessenes Schutzniveau bei der Verarbeitung personenbezogener Daten zu gewährleisten.

Im Weiteren werden nun ausgewählte Maßnahmen zum **Datenschutz** und zur **Datensicherheit** vorgestellt, die in Unternehmen (und somit auch im Rechnungswesen) zur Anwendung kommen.

2.4.1 Datenschutzkonzepte

Bei den TOMs geht es darum Prozesse, Zutritte und Zugriffe so zu organisieren, dass die Daten, die ein Unternehmen erhebt und verarbeitet, auch gesichert sind.

Die **inhaltliche Gestaltung** adäquater **Datenschutz-Konzepte** werden in Art. 25 DSGVO konkretisiert.

Kernfrage: Wie ist es zu tun?

▶ **Privacy by Design – Datenschutz durch Technikgestaltung**
Durch die **Technikgestaltung** soll grundsätzlich eine **datenschutzkonforme Entwicklung** und Arbeitsweise einer Soft- und Hardware gewährleistet werden. Maßnahmen zum Datenschutz sollen bereits vollständig in die Software integriert sein und nicht erst nachträglich durch zusätzliche Add-Ons ergänzt werden (müssen). Ferner sollen Produkte und Prozesse so konzipiert werden, dass sie mit möglichst wenig personenbezogenen Daten auskommen.

▶ **Privacy by Default – Datenschutz als Standardeinstellung**
Die **Werkseinstellungen** in Programmen, Apps oder sonstigen Anwendungen sind so auszugestalten, dass die Nutzer und ihre **Privatsphäre** geschützt sind, ohne dass der Nutzer entsprechende Einstellungen (nachträglich) vor-

nehmen muss. Durch die Voreinstellungen sollen nur personenbezogene Daten verarbeitet werden, deren Verarbeitung für den jeweiligen bestimmten Verarbeitungszweck erforderlich sind.

2.4.2 Technisch organisatorische Maßnahmen (TOMS) zum Datenschutz

Alle TOMs der DSGVO sind nur mögliche Maßnahmen, um Datenschutz und Datensicherheit zu verbessern. Zwei konkrete Maßnahmen zum Datenschutz werden in Art. 32 DSGVO genannt.

1. Maßnahme: Pseudonymisierung

Pseudonymisierung dient vor allem dazu, die **Zuordnung** von Daten und Person zu erschweren (Art. 32 Abs. 1a, Art. 25 Abs. 1 DSGVO). Dazu werden Daten beispielsweise mit einem nicht personenbezogenen Namen, einer Nummer oder ähnlichem versehen und sichergestellt, dass die pseudonymisierten Daten ohne weitere Informationen keine Zuordnung zu betroffenen Personen zulassen.

Pseudonymisierung

BEISPIEL

Hierzu werden das Pseudonym und die zur Identifizierung notwendigen Daten getrennt voneinander – räumlich und technisch – aufbewahrt, in verschiedenen Aktenschränken in verschiedenen Räumen oder durch getrennte Datenbanken.

2. Maßnahme: Verschlüsselung

Mittels **Verschlüsselungsverfahren** können personenbezogene Daten mithilfe kryptographischer Verfahren eine unleserliche Zeichenfolge verwandelt werden. Zur Erzeugung der Chiffre werden in der **Kryptographie** (griech. = Lehre von den Geheimschriften) mathematische Verfahren angewendet. Im Gegensatz zur Pseudonymisierung bleibt der Verschlüsselung der Personenbezug der Daten erhalten. Die Daten werden jedoch so verändert gespeichert, dass sie Unbefugte wie Hacker ohne zugehörigen **Entschlüsselungscode** nicht oder nur mit absolut unverhältnismäßigem Aufwand lesbar machen können.

Die weiteren **Vorgaben** in Art. 32 DSGVO sind weniger konkret. Wie diese umgesetzt werden sollen, bleibt den Verantwortlichen überlassen.

Unkonkrete **TOMs nach DSGVO**:

▸ Dauerhaftes Sicherstellen der Vertraulichkeit, Integrität, Verfügbarkeit und Belastbarkeit der Systeme und Dienste im Zusammenhang mit der Datenverarbeitung.

▸ Rasche Wiederherstellung der Verfügbarkeit der personenbezogenen Daten und den Zugang zu ihnen bei einem physischen oder technischen Zwischenfall.

▸ Gewährleistung der Sicherheit der Verarbeitung durch ein Verfahren zur regelmäßigen Überprüfung, Bewertung und Evaluierung der Wirksamkeit der technischen und organisatorischen Maßnahmen.

Der folgende **Überblick** zeigt mögliche **Auslegungshilfen und praxisnahe Maßnahmen** zur Umsetzung der entsprechenden Schutzziele (Art. 32 DSGVO) auf.

Praxisnahe Umsetzung der TOMs nach DSGVO (Art. 32 DSGVO)			
Vorgaben der DSGVO	Mögliche Maßnahmen	Technische Maßnahmen (Beispiele)	Organisatorische Maßnahmen (Beispiele)
Vertraulichkeit Es soll verhindert werden, dass es zu einer unbefugten oder unrechtmäßigen Verarbeitung kommt. **Rechtsbezug:** Art. 32 (1) b)	**Zutrittskontrolle** Unbefugten sollte der Zutritt zu Datenverarbeitungsanlagen, mit denen personenbezogene Daten verarbeitet oder genutzt werden, untersagt werden.	▸ Chipkarten ▸ Alarmanlage ▸ Sicherheitsschlösser	▸ Mitarbeiterausweise ▸ Schlüsselmanagement ▸ Festlegung von Sicherungsbereichen ▸ Festlegung von befugten Personen
	Zugangskontrolle Nur befugte Personen dürfen Zugang zu Datenverarbeitungsanlagen erhalten und diese nutzen.	▸ Sichere Passwörter ▸ Verschlüsselung von Datenträgern ▸ Logins	▸ Passwortrichtlinien ▸ Richtlinien für mobile Endgeräte ▸ Einrichtung verschiedener Berechtigungsstufen und Zuteilung auf die Nutzer ▸ Einrichtung und Auswertung von Zugriffsprotokollen ▸ Festlegung von Zugriffsrechten auf Datenträger
	Zugriffskontrolle Die zur Benutzung Berechtigten können nur auf die für ihre jeweils rechtmäßige Aufgabenstellung benötigten Daten zugreifen.	▸ Protokollierung von Zugriffen	▸ Berechtigungskonzept ▸ Zentrale Rechteverwaltung durch Administrator ▸ Festlegung von Zugriffsrechten auf Datenträger
	Trennungskontrolle Zu unterschiedlichen Zwecken erhobene personenbezogene Daten (z. B. Mitarbeiter- und Kundendaten) müssen getrennt ausgewertet werden können.	▸ Getrennte Verarbeitung von Daten, die zu unterschiedlichen Zwecken erhoben wurden. ▸ Einsatz verschiedener Datenbanken ▸ Einsatz von Zugriffskontrollsoftware und Einrichtung von Zugriffsrechten ▸ Verschiedene Verschlüsselung für einzelne Datensätze	▸ Berechtigungskonzepte (z. B. nach Zuständigkeitsbereich, Funktion)

Vorgaben der DSGVO	Mögliche Maßnahmen	Technische Maßnahmen (Beispiele)	Organisatorische Maßnahmen (Beispiele)
Integrität Die von Ihnen erhobenen Daten können nicht unbeabsichtigt oder beabsichtigt geändert oder zerstört werden können. **Rechtsbezug:** Art. 32 Abs. 1b	**Datensicherung** Sicherung der Datenbestände vor Zerstörung und Verfälschung	▹ Backups ▹ Prüfsummen ▹ Virenscanner ▹ Firewalls ▹ Software-Updates	▹ Interner oder externer Datenschutzbeauftragter
	Weitergabekontrolle Weitergabe von Daten an Unberechtigte verhindern	▹ Verschlüsselung ▹ Elektronische Signatur ▹ Sichere Transportbehälter	▹ Übergabeprotokolle
	Eingabekontrolle Es muss gewährleistet sein, dass nachträglich überprüft und festgestellt werden kann, ob und von wem personenbezogene Daten in Datenverarbeitungssysteme eingegeben, verändert oder entfernt worden sind.	▹ Eingabeprotokollierung durch Logfiles	▹ Benutzerrollen mit unterschiedlichen Berechtigungen
Verfügbarkeit Daten sollen verfügbar sein, wenn sie benötigt werden. **Rechtsbezug:** Art. 32 Abs. 1b	**Servicelevelvereinbarungen** (SLA) mit Dienstleistern	▹ Einrichtung abgesicherter Stromanschlüsse ▹ Aufspielen und Kontrolle von Virenschutzprogrammen ▹ Regemäßige Tests der erstellten Backups ▹ Externe Aufbewahrung von Sicherheitskopien	▹ Einrichtung von SLA-Richtlinien (u. a. Qualitätsstandards, Serviceberichte, Service-Reviews) ▹ Notfallplanung ▹ Backupkonzepte
Belastbarkeit IT muss starke Beanspruchung überstehen **Rechtsbezug:** Art. 32 Abs. 1b	**Skalierende Systeme** verwenden, d. h. Systeme aus Hard- und Software, die Leistung durch das Hinzufügen von Ressourcen steigern.	▹ Aufrüstung der vorhandenen Server (u. a. Prozessoren, RAM, Speicher)	▹ Interner oder externer Verantwortliche für den Entwurf der System- und Softwarearchitektur bestimmen.

Vorgaben der DSGVO	Mögliche Maßnahmen	Technische Maßnahmen (Beispiele)	Organisatorische Maßnahmen (Beispiele)
Wiederherstellung der Verfügbarkeit bei einem Zwischenfall Nach Systemstörungen muss IT schnellstmöglich wieder einsatzbereit sein. Rechtsbezug: Art. 32 Abs. 1c	**Backup-Systeme** inklusive **Wiederherstellungsverfahren** verwenden	▹ Notstromversorgung ▹ Gespiegelte Datenbanken ▹ Kontinuierliche Datensicherung (Backups). ▹ Backups werden dezentral und unzugänglich aufbewahrt (Backup »Off Site«).	▹ Vertretungspläne für Personal mit entsprechenden Berechtigungen ▹ Servicelevelvereinbarungen (SLA)
Überprüfung, Bewertung und Evaluierung der Wirksamkeit Datenschutz und Datensicherheit sind regelmäßig zu überprüfen, ob sie ihren Zweck noch erfüllen und auf dem derzeitigen Stand der Technik sind. Rechtsbezug: Art. 32 Abs. 1d, Art. 25 Abs. 1	**Datenvermeidung bei Datenerhebung** **Effizienter Datenbankaufbau** **Regelmäßig Prüfprotokolle erstellen** **Skalierbarkeit von Systemen**	▹ Datenschutzfreundliche Voreinstellungen ▹ Penetrationstest: IT-Systeme oder Netzwerke werden einer umfassenden Prüfung unterzogen, welche die Empfindlichkeit gegenüber Angriffen feststellt.	▹ Risikoanalyse, Datenschutzfolgeabschätzung ▹ Evaluierungen von Prüfprotokollen durch Nutzer und externe Fachleute ▹ Sicherheitskonzepte durch Dienstleister erstellen lassen ▹ Konzepte zur Vorgehensweise bei Datenschutzverletzungen

Im Rechnungswesen wird als technische Maßnahme häufig das **Generationenprinzip** verwendet.

Generationenprinzip – das klassische Backupverfahren

Bezeichnung	Sohn	Vater	Großvater
Zeitplan	Mo–Do	Fr	Letzter Fr im Monat
Umfang	inkrementell	Vollsicherung	Vollsicherung
Datenträger	1–4	5–8	9–16

Das inkrementelle **Backup** sichert alle Daten, die seit dem letzten Backup-Lauf, gleich ob vollständig oder nicht, erstellt oder verändert wurden.

Es reicht nicht aus, die **TOMs DSGVO** einzuführen. Die TOMs müssen regelmäßig dahingehend überprüft werden, ob sie ihren Zweck noch erfüllen und auf dem derzeitigen Stand der Technik sind.

Die Nichteinhaltung der Vorschriften der DSGVO kann zu Geldstraßen von bis zu 20 Mio. EUR oder bis zu 4 % des jährlichen Gesamtumsatzes des vorangegangenen Geschäftsjahres führen, wenn sich die im Unternehmen eingesetzten **TOMs** als unzureichend oder ungeeignet herausstellen.

1. Nennen Sie fünf Geschäftsbelege, die in Ihrem Ausbildungsbetrieb Grundlage der Buchhaltung sind.

2. Erklären Sie die Begriffe Eigen- und Fremdbelege und ordnen Sie jeweils drei Belege selbst gewählter Beispiele zu.

3. Wodurch unterscheiden sich Grund- und Hauptbuch voneinander?

4. Was versteht man in der Buchführung unter einem Beleg?

5. Worauf beruht die Beweiskraft der Buchführung?

6. Was beschreiben die Aufzeichnungspflichtigen nach GoBD?

7. Ihnen liegen folgende Belege vor. Kontoauszüge, Lohn- und Gehaltslisten sowie Abrechnungen, Kopien von ausgestellten Quittungen, Bewirtungsbelege, Ausgangsrechnungen und deren Durchschriften, Steuerbescheide.
    Sortieren Sie diese nach externen und internen Belegen.

8. Warum ist der Datenschutz in allen Lebensbereichen von Bedeutung?

9. Welches Gesetz bildet die Grundlage für den Datenschutz in Ihrem Ausbildungsbetrieb?

10. Welche Maßnahmen können Sie als Mitarbeiter/Mitarbeiterin in Ihrem Unternehmen ergreifen, damit die Datensicherheit gewährleistet wird?

11. Grenzen Sie die Begriffe Datenschutz und Datensicherung ab.

12. Nennen Sie jeweils drei Beispiele für personenbezogene Stamm- und Bewegungsdaten im Rechnungswesen.

13. Welche Daten eines Mitarbeiters werden in der Finanzbuchhaltung zur Lohnberechnung gespeichert? Nennen Sie sechs Beispiele.

14. Welche Daten von Reisenden speichern Sie bei einer Pauschalreisebuchung? Nennen Sie sechs Beispiele.

15. Welchen Grundregeln zum Datenschutz bzw. zur Datensicherungsstrategie entsprechen folgende Sicherheitsmaßnahmen?
    1) Installation von Brand- und Rauchmeldern
    2) Einrichtung und Auswertung von Zugriffsprotokollen
    3) Verschlüsselung von Festplatten
    4) Weitergabe von Daten in anonymisierter Form
    5) Benutzung von versiegeltem Transportbehälter
    6) Protokollierung der Nutzer
    7) Protokollierung aller Datenveränderungen
    8) Verschlüsselte Datenübergabe
    9) Einrichtung verschiedener Sicherheitszonen mit verschiedenen Zutrittsberechtigungen
    10) Aufzeichnung aller Zugriffsversuche
    11) sichtbares Tragen von Mitarbeiterausweisen
    12) Schutzsteckdosenleisten mit Überspannungsschutz
    13) Als Speichermedien werden Bänder, Kassetten, CDs oder DVDs und Festplatten verwendet.
    14) Bei täglicher Komplettsicherung werden die letzten sieben Sicherungen aufbewahrt, außerdem die Freitag-Abend-Sicherungen der letzten zwei Monate.
    15) Ein Unternehmen verwendet Cloud Backup.

16. Welche Berechtigungskonzepte (Datenzugriffsrechte) verwenden Sie in ihrem Unternehmen?

17. Warum tragen »Skalierende Systeme« zum Datenschutz bei?

18. Wozu dienen Penetrationstests?

19. Auf einem Mitarbeitermeeting sollen konkrete Vorschläge für mögliche Datenschutzmaßnahmen in der Abteilung »Rechnungswesen« erarbeitet werden. Entscheiden Sie sich für 4 TOMs und begründen Sie Ihre Entscheidungen für die einzelnen Maßnahmen.

3 Inventur, Inventar und Bilanz

Für die Tätigkeiten beim Aufstellen von **Inventuren**, **Inventaren** und **Bilanzen** sind HGB und AO von grundlegender Bedeutung. Demnach ist jeder Kaufmann dazu verpflichtet, zu Beginn seines Handelsgewerbes und für den Schluss eines jeden Geschäftsjahres seine Vermögens- und Schuldenposten mit ihren Werten anzugeben. Dieses **Bestandsverzeichnis** wird als **Inventar** bezeichnet. Formale Vorschriften zur Aufstellung eines Inventars bestehen nicht.

Inventar und Inventur

Das Bestandsverzeichnis von Vermögens- und Schuldenposten eines Kaufmanns ist das Inventar. Welche Vermögens- und Schuldenposten in einem Unternehmen existieren, wird mit dem Vorgang der Inventur ermittelt.

MERKE

Für eine **Inventur** werden alle Bestände gezählt, gewogen, gemessen oder auch geschätzt. Unterlagen, die dabei zu Rate gezogen werden können, sind unter anderem Kassenbücher, Guthaben bei Kreditinstituten / Kontoauszüge, Lageraufzeichnungen, Rechnungen usw. Der Begriff Inventur stammt aus dem Lateinischen *invenire*. Übersetzt bedeutet dieser Begriff »etwas vorfinden« bzw. »es vorfinden«.

© MEV Verlag GmbH

Laut **§ 242 HGB** ist jeder Kaufmann außerdem dazu verpflichtet, zum Ende eines jeden Geschäftsjahres neben dem Inventar auch eine **Bilanz** aufzustellen. Dieser Jahresabschluss (▸ LF 11) stellt das Verhältnis seines Vermögens und seiner Schulden dar. Der Begriff »Bilanz« wurde von dem Italienischen bilancia abgeleitet. Übersetzt bedeutet er »Waage«.

In den folgenden Kapiteln werden Inventurarten und das Aufstellen von Inventuren, Inventaren und Bilanzen verdeutlicht.

3.1 Arten der Inventur

Gesetzliche Grundlage für das Erstellen einer Inventur sind die §§ 240 und 241 HGB. Deren Bestimmungen verpflichten jeden Kaufmann dazu, eine **Bestandsaufnahme** durchzuführen, und zwar

- ▶ bei Gründung seines Unternehmens oder bei Übernahme eines Unternehmens und
- ▶ zum Schluss eines jeden Geschäftsjahres.

Ein **Geschäftsjahr darf zwölf Monate nicht überschreiten**, es braucht aber nicht mit dem Kalenderjahr überein zu stimmen.

Weiterhin erlauben es die Bestimmungen den Unternehmen, den Bestand der Vermögensgegenstände **nach Art, Menge und Wert** auch mithilfe anerkannter mathematisch-statistischer Methoden aufgrund von Stichproben zu ermitteln. Allerdings müssen die Methoden den Grundsätzen der ordnungsgemäßen Buchführung entsprechen und deren Aussagewert bzw. Ergebnis dem aufgrund von körperlicher Inventur, also Zählen, Wiegen usw. erfassten Inventurbestand gleichkommen (vgl. § 241 HGB).

Körperliche Inventur
Sie können die Reiseliteratur in Ihrem Büro zählen, ebenso wie die Anzahl der Souvenirartikel in dem Souvenirshop Ihres Ausbildungsbetriebes.

Eine **körperliche Inventur** müssen Sie überall dort durchführen, wo es möglich ist. Ist eine körperliche Inventur nicht möglich – z. B. bei Bankguthaben oder Forderungen – wird eine **Buchinventur** vorgenommen. Diese Bestände sind durch geeignete Bücher (Grund- und Hauptbuch ▶ Kapitel 2) nachzuweisen.

Es werden **drei Arten bei der Bestandsaufnahme** unterschieden:

© MEV Verlag GmbH

- ▶ **Stichtagsinventur** – Die Bestandsaufnahme erfolgt hierbei zum Bilanzstichtag. Dies ist der Tag an dem das Geschäftsjahr endet oder ein Geschäft begonnen wird. Der Gesetzgeber erlaubt es den Unternehmen, den Inventuranfang auf **10 Tage vor oder nach dem Bilanzstichtag** zu legen.
- ▶ **Verlegte Inventur** – Die Bestandsaufnahme erfolgt hierbei bis zu **drei Monate vor oder bis zu zwei Monate hinter dem Bilanzstichtag**. Die Unternehmen sind dazu verpflichtet, die Inventurbestände bis zum Stichtag fortzuschreiben bzw. zurückzurechnen.

▶ **Permanente Inventur** – Die Bestandsaufnahme erfolgt hierbei nicht durch eine körperliche Inventur, sondern durch Übernahme der Bestände aus einer Lagerkartei am Abschlussstichtag. Aus dieser Kartei muss jedoch der Bestand der Vermögensgegenstände ständig ersichtlich sein. Diese so genannte **Buchinventur** muss einmal im Jahr durch eine körperliche Bestandsaufnahme ergänzt und bei Bedarf korrigiert werden.

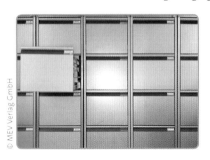

Der Gesetzgeber gestattet es, dass in der betrieblichen Praxis diese **Inventurvereinfachungsverfahren nebeneinander angewandt** werden können. Der für die Bestandsaufnahme Verantwortliche wählt ein geeignetes Verfahren aus.

3.2 Erstellen eines Inventars

Da es keine formalen Vorschriften über das Erscheinungsbild einer Inventur gibt, kann sich jedes Unternehmen **eigene Muster einer Inventur** erstellen. Mithilfe von gängigen Tabellenkalkulationsprogrammen ist dies möglich. Nachfolgendes Muster einer Inventur gibt dafür einen Anhaltspunkt:

Inventurliste Freizeitpark »Kleine Schlossburg« am								
Pos.-Nr.	Artikel-Nr.	Artikel-bezeichnung	Soll-bestand (Menge)	Zähl-menge	Einheit	Einstands-preis	Inventur-wert	Anmerkung

Tab. Muster-Inventurliste

Das **Inventar** ist ein ausführliches Bestandsverzeichnis aller Vermögens- und Schuldenposten eines Unternehmens. Obwohl, wie Eingangs erwähnt, keine formalen Vorschriften zur Aufstellung eines Inventars existieren, hat sich die folgende Darstellung in der betrieblichen Praxis bewährt:

Inventar des Reisebüros »Schöne Reise«,
Inh. Manuel Schröder e. Kfm., Worms

A. Vermögen	Euro	Euro
I Anlagevermögen		
1. Grundstücke		130.000,00
2. Gebäude		155.000,00
3. Fuhrpark		13.500,00
4. Betriebs- und Geschäftsausstattung		70.500,00
II Umlaufvermögen		
1. Waren		
▸ Reiseliteratur 50 Stück zu je 9,99 Euro	499,50	
▸ Reiseliteratur 25 Stück zu je 13,99 Euro	349,75	849,25
2. Forderungen aus Lieferung und Leistung		1.500,00
3. Kassenbestand		1.200,00
4. Guthaben bei Kreditinstituten		855,00
= **Summe des Vermögens**		**373.404,25**

B. Schulden		Euro
I Langfristige Schulden		
1. Hypothek		55.000,00
2. Darlehen		33.000,00
II Kurzfristige Schulden		
1. Verbindlichkeiten aus Lieferung und Leistung		2.550,00
2. Liefererdarlehen		1.350,00
= **Summe der Schulden**		**91.900,00**

C. Reinvermögen		Euro
Summe des Vermögens		373.404,25
− Summe der Schulden		− 91.900,00
= **Reinvermögen**		**281.504,25**

© electriceye – Fotolia.com

Erläuterungen zum Begriff Vermögen

Das Vermögen wird unterteilt in **Anlagevermögen und Umlaufvermögen**. Positionen des Anlagevermögens wie Gebäude und Fuhrpark dienen dem Unternehmen langfristig. Positionen des Umlaufvermögens wie Kassenbestände und Guthaben bei Kreditinstituten dienen dem Unternehmen nur vorübergehend. Sie unterliegen während der Geschäftstätigkeit einem ständigen Wechsel.

Das Anlagevermögen, wie auch das Umlaufvermögen, werden nach steigender Liquidität geordnet, d. h., zuerst werden die Vermögensteile aufgeführt, die weniger schnell in Geld oder seine Surrogate (Fachwissen Tourismus Band 1, ▸ LF 2) umgewandelt werden können (weniger flüssig sind), bis hin zu den Vermögensteilen, die schneller in flüssige Mittel umgesetzt werden können.

Erläuterungen zum Begriff Schulden

Die Schulden werden unterteilt in **kurzfristige Schulden und langfristige Schulden**. Langfristige Schulden, wie Hypotheken und Darlehen werden in Unternehmen in der Regel für einen langfristigen Zeitraum aufgenommen. Kurzfristige Schulden, wie Verbindlichkeiten aus Lieferung und Leistung sowie Liefererdarlehen werden nur für einen kurzen Zeitraum aufgenommen. Beide Schuldenpositionen werden nach ihrer Fälligkeit geordnet.

3.3 Erstellen einer Bilanz

Im Gegensatz zum Inventar muss ein Unternehmen bei der Aufstellung seiner Bilanz zu Beginn des Handelsgewerbes (Eröffnungsbilanz) sowie zum Ende eines jeden Geschäftsjahres (Schlussbilanz) formale Kriterien berücksichtigen.

Die wichtigsten Vorschriften sind in folgender Übersicht dargestellt:

▸ Nach Paragraf 266 Satz 1 HGB sind Bilanzen in Kontenform aufzustellen (Eine Übersicht der Kontenformen befindet sich im HGB):

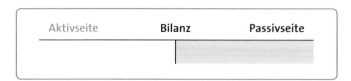

▸ Inhalts- und Gliederungsvorschriften für die Bilanz richten sich nach der jeweiligen Rechtsform des Unternehmens (▸ Fachwissen Tourismus Band 1, LF 1). Die Paragrafen 247 und 266 HGB sind dabei zu berücksichtigen.
▸ Bilanzen sind in deutscher Sprache und in Euro aufzustellen.

- Bilanzen müssen mit Orts- und Datumsangabe von den jeweiligen Vertretern des Unternehmens (Bilanzbuchhalter/ Geschäftsführer) unterzeichnet werden (vgl. § 245 HGB).
- Bilanzen sind zehn Jahre aufzubewahren.
- Auf der linken Seite der Bilanz befindet sich die **Aktivseite**. Hier werden die Vermögenspositionen abgetragen.
- Auf der rechten Seite der Bilanz befindet sich die **Passivseite**. Hier werden die Schuldenpositionen sowie das Eigenkapital eines Unternehmens abgetragen.

MERKE

Bilanz
Die Bilanz ist eine zusammengefasste Darstellung des Inventars.
Mithilfe der Bilanz eines Unternehmens kann ein Unternehmen Aussagen über die investierten Mittel und ihre Herkunft (Finanzierung) ableiten.

Verdeutlicht wird dies in folgender Übersicht:

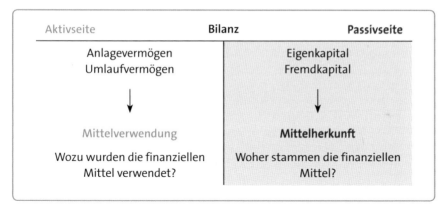

Aktivseite	Bilanz	Passivseite
Anlagevermögen Umlaufvermögen		Eigenkapital Fremdkapital
↓		↓
Mittelverwendung		**Mittelherkunft**
Wozu wurden die finanziellen Mittel verwendet?		Woher stammen die finanziellen Mittel?

Die Aktivseite der Bilanz gibt Auskunft darüber, über welche Positionen des Vermögens ein Unternehmen verfügt. Die **Passivseite** zeigt auf mit welchen finanziellen Mitteln das Vermögen finanziert wurde.

© Stefan Rajewski – Fotolia.com   © digitalefotografien – Fotolia.com   © Serg Nvns – Fotolia.com   © eyewave – Fotolia.com

BEISPIEL

Herkunft der investierten Mittel
Kauf eines PKW (in das Unternehmen investierte Mittel) durch Aufnahme eines Bankdarlehens (Herkunft der investierten Mittel) in Höhe von 25.000,00 Euro.

Erläuterungen zum Aufstellen einer Bilanz

Die Aktivseite der Bilanz wird nach steigender Liquidität gegliedert, wobei die liquidesten Mittel – i. d. R. das Bankguthaben – ganz unten stehen.

Die **Passivseite** der Bilanz wird nach steigender Fälligkeit, d. h. nach der Laufzeit der Verbindlichkeiten gegliedert. Lieferverbindlichkeiten mit der kürzesten Laufzeit stehen am Ende der Aufstellung. Schulden bei Kreditinstituten, die i. d. R. eine längere Laufzeit besitzen, stehen am Anfang der Aufstellung.

Auf Basis des Inventars werden **einzelne Positionen zusammengefasst**. Sind in einem Inventar zum Beispiel einzelne Warenvorräte, wie Reiseliteratur, Reiseführer oder Souvenirartikel aufgeführt, werden diese zu der Gruppe »Waren« zusammengefasst.

In der Bilanz werden nur noch **Wertangaben** benötigt. Mengenangaben werden weggelassen. Eine Bilanz ist dann **ausgeglichen**, wenn beide Seiten der Bilanz gleich hoch sind.

Dabei gelten folgende **Bilanzgleichungen**:

© Jeanette Dietl – Fotolia.com

> Vermögen = Eigenkapital + Fremdkapital
>
> Eigenkapital = Vermögen − Fremdkapital

3.4 Wertveränderungen in der Bilanz

Eine Bilanz wird durch die folgenden Eigenschaften charakterisiert:

- ▸ Bilanzen gelten immer nur für einen ganz bestimmten Zeitpunkt.
- ▸ Die Bilanzposten werden durch jeden erfolgten Geschäftsvorfall verändert.
- ▸ Diese Veränderungen werden in der Buchführung festgehalten.

Im Laufe eines Geschäftsjahres tätigt ein Unternehmen laufend Geschäfte. So kauft ein Freizeitbetrieb z. B. neue Artikel für den Souvenirshop. Dabei verändern sich die Bilanzpositionen »Guthaben bei Kreditinstituten« sowie »Waren«.

Im folgenden Abschnitt werden die vier grundsätzlichen Möglichkeiten einer **Bilanzveränderung** sowie deren Auswirkung auf die Bilanz aufgezeigt.

© dell – Fotolia.com

© eliasbilly – Fotolia.com

© vizafoto – Fotolia.com

© electriceye – Fotolia.com

Ausgangssituation (Auszug aus einer Bilanz)

 BEISPIEL

Aktivseite		Bilanz	Passivseite
Fuhrpark	12.000,00	Eigenkapital	21.000,00
Waren	2.000,00	Verbindlichkeiten	7.000,00
Kassenbestand	4.000,00	aus Lieferung und Leistung (aus L+L)	
Guthaben bei Kreditinstituten	12.000,00	Sonstige Verbind- lichkeiten	2.000,00
	30.000,00		**30.000,00**

Geschäftsfall 1

Kauf von Waren gegen Barzahlung für 1.800,00 Euro.
Veränderung folgender Bilanzposten:
▶ Waren +   Kasse −

Es hat ein **Aktivtausch** stattgefunden, da nur Positionen der Aktivseite der Bilanz betroffen sind. Die Bilanzsumme hat sich dabei nicht verändert.

Geschäftsfall 2

Eine Verbindlichkeit aus Lieferung und Leistung von 4.000,00 Euro wird in ein Liefererdarlehen (Bilanzposition »Sonstige Verbindlichkeiten«) umgewandelt.
Veränderung folgender Bilanzposten:
▶ Verbindlichkeiten aus L+L −   Sonstige Verbindlichkeit (Lieferdarlehen) +

Es hat ein **Passivtausch** stattgefunden, da nur Positionen der Passivseite der Bilanz betroffen sind. Die Bilanzsumme hat sich dabei nicht verändert.

Geschäftsfall 3

Eine Verbindlichkeit aus Lieferung und Leistung in Höhe von 3.000,00 Euro wird durch eine Banküberweisung getilgt.
Veränderung folgender Bilanzposten:
▶ Verbindlichkeit aus L+L −   Bank −

Es findet eine **Aktiv-Passivminderung** statt, da sowohl Position der Aktiv- wie auch Passivseite der Bilanz betroffen sind. Die Bilanzsumme nimmt dabei um 3.000,00 Euro ab.

Geschäftsfall 4

Kauf eines Firmen-Pkw auf Ziel für 25.000,00 Euro.
Veränderung folgender Bilanzposten:
▶ Verbindlichkeiten aus L+L +   Fuhrpark +

Es findet eine **Aktiv-Passivmehrung** statt, da sowohl Position der Aktiv- wie auch Passivseite der Bilanz betroffen sind. Die Bilanzsumme nimmt dabei um 25.000,00 Euro zu.

Aus den im Beispiel genannten Möglichkeiten einer Bilanzveränderung geht hervor, dass **jeder Geschäftsfall zwei Positionen der Bilanz verändert**. Dadurch bleibt das Bilanzgleichgewicht erhalten.

1. In dieser Woche sind Sie in dem Ausbildungsbetrieb *Sunshine Dreams* in Neustadt an der Weinstraße in der Buchführung eingesetzt. Zu Beginn Ihrer Tätigkeit erhalten Sie den Arbeitsauftrag eine Inventur durchzuführen. Dabei stellt Ihr Ausbilder Ihnen folgende Fragen:

   a) Welche Bestände werden durch die körperliche Inventur, welche durch Buchinventur ermittelt?

   b) Welche Vorteile, aber auch Nachteile besitzen die drei Inventurvereinfachungsverfahren Stichtagsinventur, verlegte Inventur und permanente Inventur für Ihren Ausbildungsbetrieb?

2. Eine weitere Tätigkeit in dieser Woche ist das Aufstellen eines Inventars. Sie verwenden dazu die Informationen, die Sie durch die Inventur erhalten haben.

   a) Welche der folgenden Bilanzpositionen gehört zum Anlagevermögen, welche zum Umlaufvermögen?
   - Forderungen gegenüber Kunden
   - Kassenbestand
   - Betriebs- und Geschäftsausstattung
   - Guthaben bei Kreditinstituten
   - bebaute Grundstücke
   - Reise-DVD
   - Gebäude
   - Firmen-Pkw
   - Reisebus
   - Reiseliteratur

   b) Welche der folgenden Bilanzpositionen gehören zu den langfristigen Schulden, welche zu den kurzfristigen Schulden?
   - Verbindlichkeiten aus Lieferung und Leistung gegenüber Büromöbelwerke Schleicher oHG in Höhe von 11.250,00 Euro
   - Hypothekenschulden (Laufzeit der Hypothek 10 Jahre)
   - Darlehensschulden (Laufzeit des Darlehens 3 Jahre)
   - Verbindlichkeiten aus Lieferung und Leistung gegenüber *Sunshine*-Touristik in Höhe von 4.500,00 Euro
   - Verbindlichkeiten aus Steuern 3.200,00 Euro

3. In welchem Fall erstellten Sie das Inventar für Ihren Ausbildungsbetrieb? Benennen Sie die richtige Antwort.

a) Wenn ich in einer kurz gefassten Tabelle alle Einnahmen und Verbindlichkeiten zu einem bestimmten Zeitpunkt dokumentiere.

b) Wenn ich auf einem Konto alle Vermögenswerte und Finanzierungsarten zu einem bestimmten Zeitpunkt gegenüberstelle.

c) Wenn ich ein ausführliches tabellarisches Verzeichnis aller Vermögens- und Schuldenwerte erstelle und das Reinvermögen/Eigenkapital bestimme.

d) Wenn ich alle Aufwendungen und Erlöse innerhalb eines bestimmten Zeitraumes erfasse, um den Erfolg zu berechnen.

e) Wenn ich den mengen- und wertmäßigen Bestand aller Vermögenswerte einschließlich der lang- und kurzfristigen Schulden erfasse.

4. Sie sind Auszubildende in der Touristinformation Winterstadt e.V. Mittels einer Inventur haben Sie folgende Warenvorräte aus dem Souvenirshop ermittelt:

- Deutschland-Fahnen   100 Stück zu je 3,99 Euro
- Bleistifte mit Logo   150 Stück zu je 1,99 Euro
- Maskottchen der Stadt   175 Stück zu je 5,99 Euro
- Tassen mit Logo   125 Stück zu je 6,99 Euro
- Einkaufstaschen mit Logo   75 Stück zu je 2,99 Euro
- Mützen mit Logo   50 Stück zu je 5,99 Euro

Erstellen Sie eine Inventurliste nach dem Muster in ▸ Kapitel 3.2 für die Touristinformation Winterstadt e.V.

5. Sie haben im Dezember in Ihrem Ausbildungsbetrieb die folgenden Inventurwerte ermittelt:

- Gebäude in der Wallgasse 15, 67433 Neustadt   105.000,00 Euro
- Fuhrpark   Reisebus NW-SD 578   79.000,00 Euro
                  Firmen-Pkw NW-SD 577   18.400,00 Euro
- BGA lt. Anlageverzeichnis   30.000,00 Euro
- Warenbestände Reisemagazine   450,00 Euro
- Reiseliteratur (diverse Reiseführer)   679,00 Euro
- Kassenbestand   1.255,69 Euro
- Guthaben bei Kreditinstituten
  Deutsche Bank Neustadt   20.587,00 Euro
  Sparkasse Mittelhaardt Neustadt   23.450,00 Euro
- Darlehen   Deutsche Bank Neustadt   125.000,00 Euro
- Verbindlichkeiten aus Lieferung und Leistung
  Sunshine Touristik GmbH   110.000,00 Euro

a) Erstellen Sie das Inventar.

b) Ermitteln Sie das Reinvermögen und bestimmen Sie den prozentualen Anteil des Reinvermögens bzw. der Schulden am Gesamtvermögen.

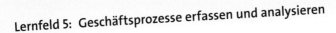

6. Bei der verlegten Inventur müssen alle Veränderungen zwischen dem Stichtag der Inventur (z. B. 21.12.20..) und dem Bilanzstichtag (31.12.20..) erfasst und fortgeschrieben bzw. zurückgerechnet werden.

   a) Erklären Sie, warum Zugänge bei einer Fortschreibung vom Wert am Inventurstichtag dazugerechnet werden müssen / der Verbrauch zwischen Inventur- und Bilanzstichtag abgezogen werden muss?
   b) Stellen Sie die Berechnungsformel auch für eine Rückrechnung auf.
   c) Ermitteln Sie für die im Rahmen der verlegten Inventur ermittelten Werte den Bestand am Inventurstichtag:

Wert am Inventurstichtag 21.12.20..	3.500,00 Euro
Zugänge zwischen Inventur- und Bilanzstichtag	1.200,00 Euro
Verbrauch zwischen Inventur- und Bilanzstichtag	750,00 Euro

7. Bitte erstellen Sie für die in Aufgabe 5 beschriebene Inventur die Bilanz.

8. Benennen Sie die richtige Lösung auf die Frage: Worüber gibt die Passivseite der Bilanz Auskunft?

   a) Liquidität b) Ertragsstruktur c) Vermögensstruktur
   d) Mittelverwendung e) Mittelherkunft

9. Was ist die richtige Lösung? Die Passivkonten führen den …

   a) … Anfangsbestand in Soll und die Zugänge im Haben.
   b) … Anfangsbestand im Haben und Zugänge im Soll.
   c) … Anfangsbestand im Haben und Zugänge im Haben.
   d) … Schlussbestand im Soll und die Abgänge im Haben.
   e) … Schlussbestand im Soll und die Zugänge im Soll.

10. Wie lange müssen Bilanzen aufbewahrt werden? Geben Sie die entsprechende Rechtsgrundlage an.

11. **Aufstellen einer Bilanz**

    a) Erstellen Sie aufgrund folgender Angaben eine Bilanz:

    Bebaute Grundstücke 180.000,00 Euro, Betriebsgebäude 155.000,00 Euro, Betriebs- und Geschäftsausstattung 55.000,00 Euro, Fuhrpark 14.500,00 Euro, Warenvorräte 5.600,00 Euro, Forderungen 4.500,00 Euro, Kassenbestand 3.420,00 Euro, Guthaben bei der Sparkasse 29.960,00 Euro, bei der Commerzbank 41.390,00 Euro, Verbindlichkeiten aus Darlehen bei der Volksbank 125.000,00 Euro, Verbindlichkeiten bei Lieferanten 2.460,00 Euro, Verbindlichkeiten aus Steuern 1.980,00 Euro.

    b) Berechnen Sie den prozentualen Anteil von Anlage- und Umlaufvermögen sowie von Eigen- und Fremdkapital.

c) Welche Aussage über das Verhältnis von Eigen- zu Fremdkapital können Sie ableiten?

d) Beurteilen Sie das Verhältnis von Eigen- zu Fremdkapital.

12. Beim Aufstellen der Bilanz für Ihren Ausbildungsbetrieb stellen Sie fest, dass das Unternehmen einen hohen Bestand an Anlagevermögen besitzt. Welche Folgen können sich für das Unternehmen daraus ergeben?

13. In einer Fachzeitschrift, die Sie in Ihrem Ausbildungsbetrieb abboniert haben, finden Sie folgenden Satz: »Die Finanzierung von Anlagegütern soll vorwiegend mit langfristigen Fremdkapital erfolgen.« Begründen Sie die Aussage des Autors.

14. In Ihrem Ausbildungsbetrieb fallen die unten stehenden Geschäftsfälle an. Benennen Sie für jeden Geschäftsfall, um welche Art von Bilanzänderung es sich handelt.

a) Sie überweisen an einen Lieferanten 1.500,00 Euro um eine Verbindlichkeit aus Lieferung und Leistung auszugleichen.

b) Sie kaufen einen Drucker im Wert von 250,00 Euro bar.

c) Sie vereinbaren mit einem Lieferanten Ihres Ausbildungsbetriebs eine kurzfristige Verbindlichkeit in Höhe von 8.500,00 Euro in eine mittelfristige Darlehensschuld umzuwandeln.

d) Sie kaufen einen Beamer im Wert von 950,00 Euro und vereinbaren mit dem Lieferanten nach einer bestimmten Frist nach Lieferung den Betrag zu bezahlen.

e) Sie erhalten einen Rechnungsbetrag von einem Kunden per Banküberweisung auf das Geschäftskonto, Wert 1.250,00 Euro.

f) Sie kaufen einen Schreibtisch bei Ihrem Büroausstatter zum Preis von 395,00 Euro netto, bar.

g) Sie zahlen ein Darlehen bei Ihrer Bank teilweise per Überweisung zurück, Betrag 1.500,00 Euro.

h) Sie kaufen Waren auf Ziel für 500,00 Euro.

i) Sie heben vom Bankkonto Ihres Ausbildungsbetriebes 1.000,00 Euro ab und legen es in die Kasse.

j) Eine Verbindlichkeit in Höhe von 1.500,00 Euro für den Monat Oktober wird vom Geschäftskonto abgebucht.

© G. de la Motte

4 Arbeiten mit Bestandskonten

Zu Beginn eines jeden Geschäftsjahrs haben Sie als Mitarbeiter in der Buchführung die Bilanz in Konten aufzulösen. Nur auf Konten können Sie die laufenden Geschäfte in Ihrem Unternehmen buchhalterisch erfassen. Daher vermittelt Ihnen das nächste Kapitel Kenntnisse darüber, wie eine Bilanz in **Bestandskonten aufgelöst** wird und wie Sie mit diesen Konten arbeiten.

4.1 Das Auflösen der Bilanz in Bestandskonten

Um eine genaue Übersicht über Art, Ursache und Höhe der Bilanzpositionen zu erhalten, wird für jeden Bilanzposten ein Konto eingerichtet.

> **Auflösen der Bilanz und Bestandskonten**
> So erhaltene Konten werden als Bestandskonten bezeichnet,
> der Vorgang als Auflösen der Bilanz in Bestandskonten.

Ein **Konto (ital. *conto* = Rechnung)** ist eine zweiseitige Rechnung in T-Form zur getrennten und übersichtlichen Aufzeichnung der Geschäftsfälle. Das Führen eines Kontos, d. h., das Eintragen der Veränderungen, nennt man buchen.

Ein Unternehmen hat folgende Bilanz:

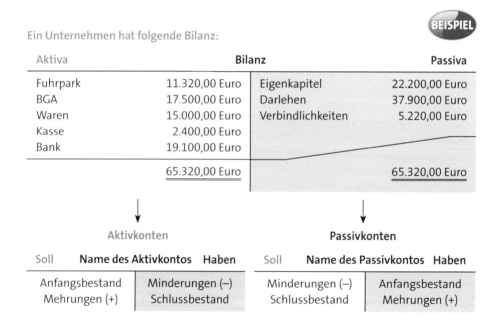

Aktiva		Bilanz	Passiva
Fuhrpark	11.320,00 Euro	Eigenkapital	22.200,00 Euro
BGA	17.500,00 Euro	Darlehen	37.900,00 Euro
Waren	15.000,00 Euro	Verbindlichkeiten	5.220,00 Euro
Kasse	2.400,00 Euro		
Bank	19.100,00 Euro		
	65.320,00 Euro		65.320,00 Euro

Aktivkonten

Soll	Name des Aktivkontos	Haben
Anfangsbestand	Minderungen (–)	
Mehrungen (+)	Schlussbestand	

Passivkonten

Soll	Name des Passivkontos	Haben
Minderungen (–)	Anfangsbestand	
Schlussbestand	Mehrungen (+)	

Aus umseitigem Beispiel ist erkennbar, dass für jede Position der Bilanz ein Bestandskonto eingerichtet wurde. Auf diesen Konten ist es nun möglich, laufende Geschäftsfälle einzutragen, die nach den GoB erfolgen.

Anfangsbestand
Allen Bestandskonten ist gemeinsam, dass sie einen Anfangsbestand aufweisen. Dieser ergibt sich aus der Schlussbilanz des letzten Jahres eines Unternehmens, der in die Eröffnungsbilanz des aktuellen Geschäftsjahres übernommen wird.

MERKE

Als **Saldo auf den Bestandskonten** wird am Ende des Geschäftsjahres der Schlussbestand abgetragen (▸ Kapitel 4.4). Der **Schlussbestand von Bestandskonten** wird am Jahresende über das Schlussbilanzkonto abgeschlossen.

Schlussbilanzwert und Kontobestand
Befindet sich in der Schlussbilanz des letzten Jahres bei der Position »Fuhrpark« ein Wert von 11.320,00 Euro, muss sich dieser Wert auch auf dem Konto »Fuhrpark« wieder finden.

BEISPIEL

4.2 Buchen auf Bestandskonten

Nachdem zu Beginn eines jeden Geschäftsjahres die Konten eröffnet wurden, werden die Geschäftsfälle auf den betroffenen Konten gebucht. Dabei wird jeder Geschäftsfall auf mindestens zwei Konten gebucht.

Dies kann zum Beispiel beim Kauf eines neuen Personalcomputers das **Konto Betriebs- und Geschäftsausstattung (BGA)** und das **Konto Kasse** sein, wenn Sie diesen Personalcomputer bar bezahlen. (Das Konto »Umsatzsteuer« wird in ▸ Kapitel 6 behandelt.)

Bevor Sie eine Buchung im Unternehmen vornehmen, sind folgende Überlegungen anzustellen:

▸ Welche Konten werden durch den Geschäftsfall berührt?
▸ Handelt es sich dabei um ein **Aktivkonto oder ein Passivkonto**?
▸ Liegt eine **Mehrung oder Minderung** des Bestandskontos vor?
▸ Wird die Mehrung oder Minderung im **Soll oder Haben** gebucht?

Zum besseren Verständnis hat sich in der Praxis folgendes **Überlegungsschema** bewährt:

Geschäftsfälle	Welche Konten werden berührt? Aktivkonto (A)/ Passivkonto (P)	Mehrung oder Minderung?	Auf welcher Kontoseite wird gebucht?
Geschäftsfall 1 Kauf von Souvenirartikeln bei Lieferant *Fantasy* GmbH, Neuburg gegen Barzahlung für 1.800,00 Euro	Waren (A) Kasse (A)	+ –	Soll Haben
Geschäftsfall 2 Kauf eines Firmen-Pkw, amtliches Kennzeichen NW-KR 99, auf Rechnung bei Autohaus Raber, Neustadt	Fuhrpark (A) Verbindlichkeiten (P)	+ +	Soll Haben

Tab. Überlegungsschema

In **Geschäftsfall 1** werden die beiden Aktivkonten »Waren« und »Kasse« angesprochen. Durch den Einkauf nimmt das Warenkonto zu; das Kassenkonto nimmt ab, da die Ware bezahlt wird. Mehrungen werden auf Aktivkonten auf der Sollseite und Minderungen auf der Passivseite des jeweiligen Kontos abgetragen.

Geschäftsfall 2 wird ebenfalls nach diesem Muster bearbeitet: Durch den Kauf des Firmen-Pkw auf Rechnung wird das Aktivkonto »Fuhrpark« und das Passivkonto »Verbindlichkeiten« angesprochen. Eine Verbindlichkeit bedeutet, dass Ihr Unternehmen eine Rechnung erhalten hat, die zukünftig noch zu bezahlen ist.

Mehrungen auf Aktivkonten werden auf der **Sollseite**, **Mehrungen auf Passivkonten** auf der **Habenseite** abgetragen.

Zwei Konten pro Geschäftsfall   **MERKE**
Jeder Geschäftsfall in Ihrem Unternehmen betrifft mindestens zwei Konten. Beide Kontenseiten – sowohl Sollseite wie auch Habenseite der jeweiligen Konten – sind immer von diesem Geschäftsfall betroffen.

Es gilt: keine Buchung ohne Gegenbuchung. Dies wird das **System der doppelten Buchführung** (Kapitel 4.3) genannt.

4.3 Führen von Bestandskonten

Bei der **Eröffnung von Bestandskonten** zu Beginn eines jeden Geschäftsjahres werden zunächst die Anfangsbestände eingetragen. Diese ergeben sich aus den Schlussbeständen des letzten Geschäftsjahres:

▸ Bei **Aktivkonten** wird der Anfangsbestand **im Soll** abgetragen.
▸ Bei **Passivkonten** wird der Anfangsbestand **im Haben** abgetragen.

Die Geschäftsfälle werden auf den entsprechenden Konten gebucht.

Erfassen eines Beleges

Dem Beleg, den Sie bearbeiten müssen, liegt der **Geschäftsfall 1** »Kauf von Souvenirartikeln für 1.800,00 Euro gegen Barzahlung« zugrunde.

Veränderung folgender Konten: Waren + Kasse –

Das Konto »Waren« sowie das Konto »Kasse« sind **beide Aktivkonten**. Bei Aktivkonten werden **Mehrungen auf der Sollseite** und **Minderungen auf der Habenseite** des jeweiligen Kontos gebucht.

Soll		Waren		Haben
AB	12.500,00			
Fantasy GmbH	1.800,00			

Soll		Kasse		Haben
AB	3.000,00	*Fantasy* GmbH	1.800,00	

Bei **Geschäftsfall 2** »Kauf eines Firmen-Pkw (NW – KR 99) auf Rechnung« liegt Ihnen der Beleg vor, auf dessen Grundlage Sie buchen.

Veränderung folgender Konten: Verbindlichkeiten + Fuhrpark +

Das **Konto Fuhrpark ist ein Aktivkonto** – Mehrungen werden auf der Sollseite gebucht. Das **Konto Verbindlichkeiten ist ein Passivkonto** – Mehrungen werden auf der Habenseite gebucht.

Soll		Fuhrpark		Haben
AB	5.600,00			
Pkw (NW – KR 99)	25.000,00			

Soll		Verbindlichkeiten		Haben
		AB		18.000,00
		Pkw (NW – KR 99)		25.000,00

Zur besseren Übersicht wird vor den entsprechenden Betrag die Bezeichnung des Kontos vermerkt, auf dem gegen gebucht wird.

System der doppelten Buchführung

MERKE

Jeder Geschäftsfall wird doppelt gebucht. Mindestens zwei Konten werden davon berührt, sowohl ein Konto auf der Sollseite, als auch ein Konto auf der Habenseite. Bei der Führung von Bestandskonten findet das System der doppelten Buchführung Anwendung.

Es gilt: **Sollbetrag entspricht Habenbetrag**.

4.4 Abschluss von Bestandskonten

Haben Sie die **Schlussbestände der einzelnen Konten** am Jahresende ermittelt, müssen Sie das jeweilige Bestandskonto abschließen.

Dafür werden zunächst auf den entsprechenden Bestandskonten die Schlussbestände ermittelt. Der Schlussbestand wird auf der Kontoseite mit dem geringeren Betrag eingetragen.

© MEV Verlag GmbH

Es ergibt sich mit den Zahlen des Beispiels von oben:

BEISPIEL

Auf der Sollseite des Kontos »Waren« findet sich der Anfangsbestand in Höhe von 12.500,00 Euro sowie der Einkauf an Artikeln bei der Firma Souvenirartikel Fantasy GmbH in Höhe von 1.800,00 Euro. Zusammen hat die Sollseite nun den Wert von 14.300,00 Euro. Dieser Wert wird nun auch auf die Habenseite des Kontos »Waren« übernommen und stellt dann den Schlussbestand dar.

Soll		Konto Waren	Haben		Soll		Konto Kasse	Haben	
AB	12.500,00	SB	14.300,00		AB	3.000,00	Fantasy		
Fantasy							GmbH	1.800,00	
GmbH	1.800,00	---	------------		---	------------	SB	1.200,00	
	14.300,00		14.300,00			3.000,00		3.000,00	

Soll		Konto Fuhrpark	Haben		Soll		Konto Verbindlichkeiten	Haben	
AB	5.600,00	SB	30.600,00		SB	43.000,00	AB	18.000,00	
Pkw (NW –							Pkw (NW –		
KR 99)	25.000,00	---	------------		---	------------	KR 99)	25.000,00	
	30.600,00		30.600,00			43.000,00		43.000,00	

Der Schlussbestand des jeweiligen Bestandskontos wird danach in die Schlussbilanz (Schlussbilanzkonto ▸ Kapitel 4.6) übertragen. Die Bestände der Aktivkonten stehen dabei auf der Aktivseite und die Bestände der Passivkonten auf der Passivseite der Schlussbilanz.

Aktiva	Schlussbilanz		Passiva
Fuhrpark	30.600,00 Euro	Eigenkapital	22.700,00 Euro
BGA	17.500,00 Euro	Darlehen	17.000,00 Euro
Waren	14.300,00 Euro	Verbindlichkeiten	43.000,00 Euro
Kasse	1.200,00 Euro		
Bank	19.100,00 Euro		
	82.700,00 Euro		82.700,00 Euro

Tab. Schlussbilanzkonto des Beispiels

Hierbei sollten die **Werte der Schlussbestände in der Schlussbilanz mit den Werten des Inventars übereinstimmen**. Gegebenenfalls müssen die buchmäßigen Schlussbestände mit den Inventurwerten verglichen und korrigiert werden.

4.5 Der Buchungssatz

Nach den GoB (vgl. § 238 HGB sowie § 145 AO) sind die Grundlage jeder Buchung **diverse Belege**, wie Quittungen, Eingangs- und Ausgangsrechnungen, Kontoauszüge von Banken usw.

Grundlage eines jeden Buchungssatzes ist damit das in ▸ Kapitel 4.2 verwendete Überlegungsschema. Der Buchungssatz ist daher nichts anderes, als eine kurze und eindeutige Anweisung, wie ein Beleg auf den Konten zu buchen ist.

> Der einfache Buchungssatz
> Für den Geschäftsfall 1 aus ▸ Kapitel 4.2 lautet der Buchungssatz:
> Waren   1.800,00 Euro
> an Kasse   1.800,00 Euro
> Er lautet immer: Konto Sollbuchung an Konto Habenbuchung.

Auch die **vier genannten Überlegungen** sind weiterhin vorzunehmen: Dabei wird immer zuerst das Bestandskonto genannt, auf dem auf der Sollseite zu buchen ist. In der Praxis wurde vereinbart, dass vor das Konto auf dem auf der Habenseite zu buchen ist, das Wörtchen »an« steht.

Bei einem Geschäftsfall »Bezahlung der Lieferantenrechnung ER 201 in Höhe von 2.150,00 Euro, durch Banküberweisung 1.500,00 Euro sowie bar 650,00 Euro« sind mehr als zwei Konten berührt.

Der zusammengefasste Buchungssatz

Für einen Geschäftsfall, der mehr als ein Konto berührt,

lautet der Buchungssatz daher:

Verbindlichkeiten aus L+L   2.150,00 Euro

an Bank   1.500,00 Euro

an Kasse   650,00 Euro

Für diesen Buchungssatz sind mehr als zwei, nämlich drei Konten erforderlich: Verbindlichkeiten aus L+L, an Bank und an Kasse. Die Überlegungen aus dem Überlegungsschema sind weiterhin vorzunehmen und die Summe der Sollbuchung entspricht der Summe der Habenbuchung.

Alle **Geschäftsfälle in Ihrem Unternehmen müssen durch Belege nachgewiesen** werden. Diese Belege sind die Grundlage für die Buchung der Geschäftsfälle. Dies bedeutet für Sie, dass Sie keine Buchung ohne Beleg durchführen dürfen und die entsprechenden Belege von Ihnen sachlich und rechnerisch auf ihre Richtigkeit überprüfen müssen (▸ Kapitel 2.1).

4.6 Eröffnungsbilanzkonto und Schlussbilanzkonto

Bei genauer Betrachtung der Grundsätze ordnungsgemäßer Buchführung fällt auf, dass das System der doppelten Buchführung bis jetzt nur bei den **Buchungen auf Bestandskonten** (▸ Kapitel 4.2) angewendet wurde. Dort erfolgt keine Buchung ohne Gegenbuchung.

**Eröffnungsbilanzkonto
und Schlussbilanzkonto**

Wenn ein Konto mit einem Anfangsbestand eröffnet werden soll, wird für die Gegenbuchung ein Konto gebraucht. Anfangsbestände werden mithilfe des Eröffnungsbilanzkontos und Schlussbestände mithilfe des Schlussbilanzkontos gebucht.

Die **Anfangs- und Schlussbestände der Bestandskonten** wurden bisher nur auf den Konten eingetragen, jedoch nicht gebucht.

Das **Prinzip der doppelten Buchführung** ist aber auch hier anzuwenden: Das System soll im Folgenden an dem Ausgangsbeispiel verdeutlicht werden.

System der doppelten Buchführung

Aktiva	Eröffnungsbilanz		Passiva
Fuhrpark	5.600,00 Euro	Eigenkapitel	22.700,00 Euro
BGA	17.500,00 Euro	Darlehen	17.000,00 Euro
Waren	12.500,00 Euro	Verbindlichkeiten	18.000,00 Euro
Kasse	3.000,00 Euro		
Bank	19.100,00 Euro		
	57.700,00 Euro		57.700,00 Euro

Aktiva	Eröffnungsbilanzkonto		Passiva
Eigenkapital	22.700,00 Euro	Fuhrpark	5.600,00 Euro
Darlehen	17.000,00 Euro	BGA	17.500,00 Euro
Verbindlichkeiten	18.000,00 Euro	Waren	12.500,00 Euro
---------	-------------	Kasse	3.000,00 Euro
		Bank	19.100,00 Euro
	57.700,00 Euro		57.700,00 Euro

Eröffnung der einzelnen Konten:

Soll	Waren		Haben
AB	12.500,00	SB	14.300,00
Fantasy GmbH	1.800,00	---------	-------------
	14.300,00		14.300,00

Soll	Kasse		Haben
AB	3.000,00	Fantasy GmbH	1.800,00
---------	-------------	SB	1.200,00
	3.000,00		3.000,00

Soll	Fuhrpark		Haben
AB	5.600,00	SB	30.600,00
Pkw (NW – KR 99)	25.000,00	---------	-------------
	30.600,00		30.600,00

Soll	Schlussbilanzkonto		Haben
Fuhrpark	30.600,00 Euro	Eigenkapital	22.700,00 Euro
BGA	17.500,00 Euro	Darlehen	17.000,00 Euro
Waren	14.300,00 Euro	Verbindlichkeiten	43.000,00 Euro
Kasse	1.200,00 Euro		
Bank	19.100,00 Euro		
	82.700,00 Euro		82.700,00 Euro

Aktiv	Schlussbilanz		Passiv
Fuhrpark	30.600,00 Euro	Eigenkapital	22.700,00 Euro
BGA	17.500,00 Euro	Darlehen	17.000,00 Euro
Waren	14.300,00 Euro	Verbindlichkeiten	43.000,00 Euro
Kasse	1.200,00 Euro		
Bank	19.100,00 Euro		
	82.700,00 Euro		82.700,00 Euro

In der Eröffnungsbilanz stehen die **Vermögenspositionen** auf der Aktivseite und die Schuldenpositionen auf der Passivseite der Bilanz.

Anschließend müssen die jeweiligen **Bestände der Vermögenspositionen** mithilfe des Eröffnungsbilanzkontos auf der Habenseite und die der Schuldenpositionen auf der Sollseite des Kontos abgetragen werden.

Die Buchungssätze hierzu lauten:

Aktivkonten	an	Eröffnungsbilanzkonto
Eröffnungsbilanzkonto	an	Passivkonten

Nun sind Sie in der Lage für **jede Bilanzposition** ein Konto zu eröffnen. Jetzt können Sie entsprechend der beiden Geschäftsfälle die Buchungen auf den Konten vornehmen und die Schlussbestände ermitteln. Diese Schlussbestände werden in das **Schlussbilanzkonto gebucht**.

Die Buchungssätze dazu lauten:

Schlussbilanzkonto	an	Aktivkonten
Passivkonten	an	Schlussbilanzkonto

Abschließend nehmen Sie die Erstellung der Schlussbilanz vor, was den Vorgang des Arbeitens mit Bestandskonten beschließt.

1. Führen Sie ein Kassenkonto
   vom 25. bis 31. Januar mit den unten genannten Posten.
   Das Kassenkonto ist abzuschließen. Wie hoch ist der Schlussbestand am
   31. Januar?

25. Januar	Anfangsbestand	2.855,00 Euro
25. Januar	Barzahlung eines Kunden	824,00 Euro
26. Januar	Zahlung einer Zeitungsanzeige	120,00 Euro
27. Januar	Barzahlung an der Lieferer	380,00 Euro
28. Januar	Barabhebung vom Bankkonto	2.800,00 Euro
28. Januar	Ausgleich einer Liefererrechnung	1.620,00 Euro
31. Januar	Barkauf eines Wandregals	1.150,00 Euro

2. Führen Sie das Konto »Verbindlichkeiten« vom 1. bis 6. Februar mit den
   genannten Posten und schließen Sie es ab. Wie hoch ist der Schlussbestand am 6. Februar?

1. Februar	Anfangsbestand	16.200,00 Euro
2. Februar	Zielkauf von Rohstoffen	11.100,00 Euro
3. Februar	Bezahlung der Lieferantenrechnung	2.250,00 Euro
4. Februar	Zielkauf eines Gabelstaplers	980,00 Euro
4. Februar	Banküberweisung Lieferantenrechnung	3.450,00 Euro
6. Februar	Überweisung Rechnung Gabelstapler	980,00 Euro

3. In der »Touristinfo Winterstadt e.V.« wurden unter anderem die folgenden Bestandskonten eingerichtet: Waren, Büromaschinen, Guthaben
   bei der Commerzbank Neustadt, Verbindlichkeiten aus L+L, Forderungen gegenüber Kunden, Kundenanzahlungen, langfristige Bank-
   verbindlichkeiten, Eigenkapital, bebaute Grundstücke.

   a) Welche der Bestandskonten gehören zu der Gruppe der Aktivkonten?
   b) Welche gehören zu der Gruppe der Passivkonten?

4. Wodurch unterscheiden sich die Konten »Verbindlichkeiten aus L+L«
   und »Forderungen aus L+L«?

5. Umseitig folgende Geschäftsfälle fallen in der Arbeitswoche an, für
   die Sie verantwortlich sind. Bereiten Sie die Buchungssätze zu den
   Geschäftsfällen mithilfe dieses Überlegungsschemas vor.

Geschäftsfälle	Welche Konten werden berührt? Aktivkonto (A) Passivkonto (P)	Mehrung oder Minderung?	Auf welcher Kontoseite wird gebucht?

   a) Abhebung vom Bankkonto 500,00 Euro.
   b) Rückzahlung eines Darlehens durch Überweisung 1.250,00 Euro.
   c) Verkauf eines gebrauchten Druckers im Wert von 50,00 Euro, bar.

d) Barkauf von Waren 350,00 Euro.

e) Zielkauf von Waren 750,00 Euro.

f) Kundenüberweisung einer Ausgangsrechnung 230,00 Euro.

g) Kauf eines gebrauchten Mini-Van 7.500,00 Euro, auf Rechnung.

6. Nachdem Sie erfolgreich das Überlegungsschema aufgestellt haben, beauftragt Sie ein Mitarbeiter der Abteilung Rechnungswesen, die Geschäftsfälle zu buchen (Aufstellen der Buchungssätze) und auf den Bestandskonten zu führen. Dabei sind die Konten auch abzuschließen. Folgende Bilanz ist die Grundlage für Ihre Arbeiten (die fehlenden Werte sind zu berechnen und ggf. weitere Konten anzulegen):

Aktiva	Eröffnungsbilanz		Passiva
Fuhrpark	11.600,00 Euro	Eigenkapitel	24.150,00 Euro
BGA	13.250,00 Euro	Darlehen	12.000,00 Euro
Waren	7.300,00 Euro	Verbindlichkeiten	9.000,00 Euro
Kasse	900,00 Euro		
Bank	12 100,00 Euro		
	Euro		Euro

7. Stellen Sie die Buchungssätze zu folgenden Geschäftsfällen auf:

a) Sie bezahlen die Eingangsrechnung ER 98 / 2012 in Höhe von 1.250,00 Euro per Banküberweisung.

b) Sie kaufen Souvenirartikel auf Rechnung, Wert der Lieferung 325,00 Euro.

c) Sie begleichen eine Verbindlichkeit aus L+L durch Banküberweisung von 545,00 Euro.

d) Sie zahlen auf das Bankkonto 760,00 Euro bar ein.

e) Sie kaufen eine Computeranlage im Wert von 25.000,00 Euro, durch Barzahlung in Höhe von 1.500,00 Euro und den Rest durch Banküberweisung.

f) Ihr Ausbildungsbetrieb nimmt ein Bankdarlehen zur Finanzierung eines Firmen-Pkw auf. Der Pkw hat einen Wert von 18.500,00 Euro.

g) Kauf eines Druckers gegen Bankscheck im Wert von 120,00 Euro.

h) Ein Kunde begleicht eine Rechnung über 520,00 Euro durch Banküberweisung von 400,00 Euro, den Rest zahlt er bar.

i) Sie begleichen eine Darlehensschuld durch Banküberweisung in Höhe von 3.500,00 Euro.

8. Welche Belege könnten Grundlage der in ▸ Aufgabe 5 vorgenommenen Buchungen sein?

9. Welche Geschäftsfälle liegen den folgenden Buchungen zugrunde?

   a) Bank   an Kasse   250,00 Euro
   b) Bank   an Forderungen   1.564,00 Euro
   c) BGA   an Verbindl. aus L + L   589,00 Euro
   d) Waren   500,00 Euro   an Kasse   150,00 Euro
                                  an Bank   350,00 Euro
   e) Darlehen   an Bank   1.250,00 Euro

10. Nach Ihrer mit Erfolg bestandenen Probezeit arbeiten Sie zunächst in der Abteilung Rechnungswesen Ihres Ausbildungsbetriebes weiter. Ihr Ausbildungsleiter beauftragt Sie:

   a) eine Eröffnungsbilanz zu erstellen,
   b) das Eröffnungsbilanzkonto einzurichten,
   c) die erforderlichen Bestandskonten einzurichten,
   d) die Geschäftsfälle auf den Konten zu buchen,
   e) die Konten abzuschließen,
   f) das Schlussbilanzkonto einzurichten,
   g) die Schlussbilanz aufzustellen.

   Diese Anfangsbestände liegen vor: Betriebs- und Geschäftsausstattung 15.000,00 Euro, Forderungen 9.500,00 Euro, Bankguthaben 45.700,00 Euro, Kassenguthaben 2.451,00 Euro, Waren 2.500,00 Euro, Verbindlichkeiten gegenüber Lieferern 2.350,00 Euro, Darlehen 12.500,00 Euro. (Das Eigenkapital ist zu berechnen.) Danach sind folgende Geschäftsfälle sind zu berücksichtigen: Kauf eines Druckers 289,00 Euro auf Rechnung, Rückzahlung Darlehen per Banküberweisung 1.000,00 Euro, Zahlung einer Verbindlichkeit per Banküberweisung 1.250,00 Euro, Versand einer Kundenrechnung für Waren Rechnungsbetrag 505,00 Euro, Einzahlung auf das Bankkonto 1.500,00 Euro, Barzahlung von Waren an einen Lieferer 250,00 Euro und Zielkauf von Waren 360,00 Euro.

5 Arbeiten mit Erfolgskonten

© Tatjana Balzer – Fotolia.com   © Francois Doisnel –Fotolia.com   © Stefan Rajewski – Fotolia.com   © MEV Verlag GmbH

Während Ihrer Tätigkeit im Rechnungswesen ist unter anderem auch folgender Beleg zu bearbeiten:

Winter GmbH
Büroartikel & Büroausstattung

Winter GmbH · Nachweide 11–13 · 67433 Neustadt

Reisebüro „Schöne Reise"
Inhaber Manuel Schröder e. Kfm.
Brückenstraße 67
67547 Worms

Telefon	Name	Ihr Zeichen	Ihre Nachricht vom	Unser Zeichen
(06321) 2233-11	Herr Werner	Msch	21.10.20..	we

Datum
29.10.20..

Rechnung (R-Nr. 16-332)

In Ihrem Auftrag lieferten wir Ihnen am 27.10.2016 folgende Artikel

150001 Nr. 35984 XY	Aktenordner	425,00 Euro
16500 Nr. 25678	Bürostempel	356,00 Euro
Umsatzsteuer 19 %		148,39 Euro
		929,39 Euro

Zahlbar binnen 14 Tagen ohne Abzug.

Handelsregister	Kommunikation	Bankverbindung
Amtsgericht	Tel. (06321) 2233-0	Sparkasse Rhein-Haardt
67433 Neustadt	Fax: (06321) 223300	BIC SKRHDEE4 XXX
HRB 123	E-Mail: Nolan@Winter.de	IBAN DE12 7655 1105 0029 4493 06
		Deutsche Bank, Filiale Neustadt
USt-IdNr. DE 222867551		BIC DTBKDEF5 NST
Steuer-Nr. 06533622781		IBAN DE08 5456 3305 0057 4999 78

Abb. Muster-Rechnung (Beleg)

Schnell stellen Sie fest, dass dieser Geschäftsfall das Konto »Verbindlichkeiten« betrifft, welches zunimmt. Schwierigkeiten wird es Ihnen aber bereiten, ein Gegenkonto mit einem entsprechenden Bestand zu finden.

Um auf das **entsprechende Gegenkonto zu buchen**, muss eine neue Kontenart eingeführt werden – die Kontenart Erfolgskonto. In oben genanntem Beispiel würden Sie in Ihrem Unternehmen wahrscheinlich das Konto »Büromaterial« verwenden (▸ Kapitel 4.3).

Erfolgskonten
Erfolgskonten sind Geschäftsfälle, die das Konto Eigenkapital verändern, Bestandskonten tun dies nicht. Änderungen des Eigenkapitals erfolgen durch Aufwendungen oder Erträge.

MERKE

Aufwendungen mindern das Eigenkapital, denn sie verursachen einen Werteverzehr im Unternehmen durch den ständigen Verbrauch an Gütern und Dienstleistungen, wie z. B. zu zahlende Beiträge an Versicherungen. Den gesamten Werteverzehr des Unternehmens bezeichnet man als Aufwand.

Erträge erhöhen das Eigenkapital, denn sie stellen Wertzugänge dar. Einnahmen aus Vermietungen (z. B. von nicht selbst genutzten Büroräumen) bewirken eine Erhöhung der Geldbestände.

Typische Aufwendungen sind:
Personalaufwand, Miet-, Pacht- und Leasingaufwendungen, Aufwendungen für Versicherungen, Werbung und Geschäftsreisen, Instandhaltungen und allgemeine Verwaltung

BEISPIEL

Typische Erträge sind:
Miet-, Provisions- und Zinserträge

5.1 Buchen auf Erfolgskonten

Alle Aufwendungen und Erträge müssten Sie eigentlich auf das Eigenkapitalkonto buchen. Da aber aufgrund der Vielzahl von Geschäftsfällen im Laufe eines Geschäftsjahres dieses Konto unübersichtlich wird und zudem eine Kontrolle seiner Entwicklung erschwert wird, werden in der Praxis Unterkonten zum Eigenkapitalkonto eingerichtet – die Erfolgskonten. Dazu gehören die **Aufwandskonten** (Konten für Büromaterial, Personalaufwand usw.) und die Ertragskonten (Konten für Einnahmen aus Vermietung und Verpachtung, Zinserträgen usw.).

Buchungsregel: Aufwendungen werden im Soll gebucht, Erträge im Haben.

Buchung eines Aufwandes

BEISPIEL

In diesem Monat erhalten Sie die Abrechnung der Putzfirma »Flink & Schnell« für die Reinigung Ihrer Geschäftsräume, Rechnungsbetrag 456,00 Euro. Sie überweisen den Betrag vom Konto der Hausbank.

Buchungssatz: Raumnebenkosten an Bank   456,00 Euro

Soll		Bank	Haben
AB	23.400,00	Raumnebenkosten	456,00

Soll		Raumnebenkosten	Haben
Bank	456,00		

Buchung eines Ertrages

Verkauf von T-Shirts mit Logo Ihres Tourismusvereins an eine Gästegruppe im Wert von 256,00 Euro in bar.

Buchungssatz: Kasse an Umsatzerlöse für Waren   256,00 Euro

Soll		Kasse	Haben
AB	1.250,00		
Umsatzerlöse	256,00		

Soll		Umsatzerlöse für Waren	Haben
		Kasse	256,00

Erklärung zum gewählten Konto:

Einnahmen, die Ihren Ausbildungsbetrieb durch den Verkauf von Waren aus zum Beispiel Ihrem Souvenirshop erreichen, werden in der Praxis auf das Konto »Umsatzerlöse für Waren« getätigt. So ist es Ihnen möglich am Ende des Geschäftsjahres zu bestimmen wie hoch die **Umsatzerlöse** aus dem Verkauf von Souvenirartikeln ist.

Andere Einnahmen, wie z. B. **Einnahmen aus der Vermittlung von Reiseveranstaltungen**, werden in einem gesonderten Kapitel in diesem Buch behandelt.

5.2 Abschluss von Erfolgskonten

Am Ende eines Geschäftsjahres werden die Aufwendungen und Erträge Ihres Ausbildungsbetriebes gegenübergestellt. So kann der Erfolg des Unternehmens bestimmt werden. Die Salden der Erfolgskonten werden auf ein Sammelkonto – auf das **Gewinn- und Verlustkonto (GuV-Konto)** – gebucht.

Der Buchungssatz für den Abschluss der Erfolgskonten lautet:

MERKE

GuV-Konto   an   Aufwandskonto,

Ertragskonto   an   GuV-Konto.

Auf dem Gewinn- und Verlustkonto ergibt sich danach als Saldo ein Gewinn oder ein Verlust:

Fallen die Erträge größer als die Aufwendungen aus, spricht man von **Gewinn**. Bleiben die Erträge hinter den Aufwendungen zurück, spricht man von **Verlust.**

Je nachdem, ob ein Gewinn oder ein Verlust in Ihrem Ausbildungsbetrieb erwirtschaftet wurde, müssen Sie folgende **Abschlussbuchungen** tätigen:

▸ **bei Gewinn**: GuV-Konto   an   Eigenkapital,
▸ **bei Verlust**:   Eigenkapital   an   GuV-Konto.

Aufwendungen werden im Soll des Aufwandskontos gebucht, Erträge im Haben des Ertragskontos. **Salden der Erfolgskonten** werden in dem Gewinn- und Verlustkonto erfasst, **Salden der Aufwandskonten im Soll, Salden der Ertragskonten im Haben**. Die Übersicht verdeutlicht den Zusammenhang:

Soll	Aufwandskonto	Haben	Soll	Ertragskonto	Haben
Aufwendungen	Saldo GuV		Saldo GuV	Erträge	

Soll	GuV		Haben
Saldo Aufwendungen Gewinn		Saldo Erträge	

oder

Soll	GuV		Haben
Saldo Aufwendungen		Saldo Erträge **Verlust**	

Abschluss der Erfolgskonten

BEISPIEL

Aufwandskonten				Ertragskonten			
Soll	**Büromaterial**		Haben	Soll	**Umsatzerlöse f. Waren**		Haben
Bank	123,00	GuV	402,50	GuV	6.960,00	Kasse	2.456,00
Bank	256,00	-----	--------	-----	--------	Bank	3.254,00
Kasse	23,50					Forder.	1.250,00
	402,50		402,50		6.960,00		6.960,00

Soll	**Gehälter**		Haben	Soll	**Zinserträge**		Haben
Bank	12.500,00	GuV	12.500,00	GuV	250,00	Bank	250,00
	12.500,00		12.500,00		250,00		250,00

Soll	**Raumnebenkosten**		Haben
Bank	456,00	GuV	456,00
	456,00		456,00

Soll	**Aufwendungen f. Waren**		Haben
Bank	589,00	GuV	968,00
Bank	256,00	-----	--------
Kasse	123,00		
	968,00		968,00

Soll	**Anzeigenwerbung**		Haben
Kasse	487,50	GuV	487,50
	487,50		487,50

Soll	**Gewinn- und Verlustkonto**		Haben
Büromaterial	402,50	Umsatzerlöse für Waren	6.960,00
Gehälter	12.500,00	Zinserträge	250,00
Raumnebenk.	456,00	Verlust	7.604,00
Aufwendungen für Waren	968,00	--------	-----------
Anzeigenw.	487,50		
	14.814,00		14.814,00

Je nach Höhe der Aufwendungen und Erträge entsteht ein Gewinn oder ein Verlust. Das Gewinn- und Verlustkonto wird über das Eigenkapitalkonto abgeschlossen.

5.3 Zusammenhang Erfolgskonten und Bestandskonten

Bei jedem Geschäftsfall, den Sie in Ihrem Ausbildungsbetrieb buchen, kann sowohl ein Bestandskonto, als auch ein Erfolgskonto betroffen sein. Am Ende des Geschäftsjahres werden beide Kontenarten abgeschlossen, indem ein Saldo gebildet wird.

© Dreaming Andy – Fotolia.com

Notwendige Vorgehensweise:

▸ Die Erfolgskonten werden über das Gewinn- und Verlustkonto abgeschlossen.
▸ Der **Gewinn oder der Verlust** werden in das Konto Eigenkapital übertragen (Gewinn im Haben, Verlust im Soll).
▸ Die **Bestandskonten** werden über das Schlussbilanzkonto abgeschlossen.
▸ Das Konto »Eigenkapital« wird über das Schlussbilanzkonto abgeschlossen.
▸ Die Schlussbilanz wird erstellt.

Zusammenfassendes Beispiel:

BEISPIEL

Aktiva	Eröffnungsbilanz	Passiva	
Fuhrpark	5.600,00 Euro	Eigenkapitel	22.700,00 Euro
BGA	17.500,00 Euro	Darlehen	17.000,00 Euro
Waren	12.500,00 Euro	Verbindlichkeiten	18.000,00 Euro
Kasse	3.000,00 Euro	---------	-------------
Bank	19.100,00 Euro		
	57.700,00 Euro		57.700,00 Euro

Aktiva	Eröffnungsbilanzkonto	Passiva	
Eigenkapitel	22.700,00 Euro	Fuhrpark	5.600,00 Euro
Darlehen	17.000,00 Euro	BGA	17.500,00 Euro
Verbindlichkeiten	18.000,00 Euro	Waren	12.500,00 Euro
---------	-------------	Kasse	3.000,00 Euro
		Bank	19.100,00 Euro
	57.700,00 Euro		57.700,00 Euro

Aktive und passive Bestandskonten

Soll	Waren		Haben	
AB	12.500,00	SB		13.500,00
Kasse	1.000,00	--------		-------------
	13.500,00			13.500,00

Soll	Fuhrpark		Haben	
AB	5.600,00	SB		5.600,00
	5.600,00			5.600 00

Soll	BGA		Haben	
AB	17.500,00	SB		17.850,00
Kasse	350,00	--------		-------------
	17.850,00			17.850,00

Soll	Bank		Haben	
AB	19.100,00	Büromaterial		123,00
Provisionsertrag	10.500,00	Büromaterial		256,00
Zinsertrag	250,00	Gehälter		12.500,00
--------	-------------	Raumnebenkosten		456,00
		Anzeigenwerbung		487,50
		SB		16.027,50
	29.850,00			29.850,00

Soll	Kasse		Haben	
AB	3.000,00	BGA		350,00
--------	-----------	Büromaterial		23,50
		Kasse		1.000,00
		SB		1.626,50
	3.000,00			3.000,00

Erfolgskonten (Aufwands- und Ertragskonten)

Soll	Büromaterial		Haben
Bank	123,00	GuV	402,50
Bank	256,00	-----	---------
Kasse	23,50		
	402,50		**402,50**

Soll	Provisionserträge		Haben
GuV	10.500,00	Bank	10.500,00
-----	---------	-----	---------
	10.500,00		**10.500,00**

Soll	Gehälter		Haben
Bank	12.500,00	GuV	12.500,00
	12.500,00		**12.500,00**

Soll	Zinserträge		Haben
GuV	250,00	Bank	250,00
	250,00		**250,00**

Soll	Raumnebenkosten		Haben
Bank	456,00	GuV	456,00
	456,00		**456,00**

Soll	Anzeigenwerbung		Haben
Kasse	487,50	GuV	487,50
	487,50		**487,50**

(GuV an Aufwandskonten) (Ertragskonten an GuV)

Soll	Gewinn- und Verlustkonto		Haben
Büromaterial	402,50	Provisionserträge	10.500,00
Gehälter	12.500,00	Zinserträge	250,00
Raumnebenkosten	456,00	Verlust	3.096,00
Anzeigenwerbung	487,50	-----	---------
	13.846,00		**13.846,00**

Übertragung des Saldos von dem GuV-Konto auf das Konto »Eigenkapital«.

Soll	Eigenkapital		Haben
GuV	3.096,00	AB	22.700,00
SB	19.604,00	-----	---------
	22.700,00		**22.700,00**

Soll	Schlussbilanzkonto		Haben
Fuhrpark	5.600,00 Euro	Eigenkapital	19.604,00 Euro
BGA	17.850,00 Euro	Darlehen	17.000,00 Euro
Waren	13.500,00 Euro	Verbindlichkeiten	18.000,00 Euro
Kasse	1.626,50 Euro	-----	--------
Bank	16.027,50 Euro		
	54.604,00 Euro		54.604,00 Euro

Aktiv	Schlussbilanz		Passiv
Fuhrpark	5.600,00 Euro	Eigenkapital	19.604,00 Euro
BGA	17.850,00 Euro	Darlehen	17.000,00 Euro
Waren	13.500,00 Euro	Verbindlichkeiten	18.000,00 Euro
Kasse	1.626,50 Euro	-----	--------
Bank	16.027,50 Euro		
	54.604,00 Euro		54.604,00 Euro

Diese Vorgehensweise ermöglicht Ihnen letztendlich den **Schlussbestand auf dem Konto Eigenkapital** festzustellen und in die Schlussbilanz zu übernehmen. Aus folgender Übersicht können Sie den **Zusammenhang** der Bestands- und Erfolgskonten ersehen:

© Gina Sanders – Fotolia.com

- ▸ Zuerst wird die Eröffnungsbilanz erstellt und das Eröffnungsbilanzkonto aktiviert.
- ▸ Zweitens werden auch weitere Bestandskonten und Erfolgskonten aktiviert.
- ▸ Drittens werden die anfallenden Geschäftsfälle auf den entsprechenden Konten erfasst.
- ▸ Viertens werden die einzelnen Konten abgeschlossen.
- ▸ Fünftens wird das Gewinn- und Verlustkonto über das Eigenkapitalkonto abgeschlossen.
- ▸ Sechstens wird das Eigenkapitalkonto über das Schlussbilanzkonto abgeschlossen.
- ▸ Siebtens kann aus dem Schlussbilanzkonto die Schlussbilanz des Geschäftsjahres erstellt werden. Sie bildet die Grundlage für die Bilanzanalyse (▸ LF 11).

Die GuV ermöglicht die **Betrachtung der (Verlust- oder) Ertragssituation** eines Unternehmens für einen bestimmten Zeitraum.

5.4 Arbeiten mit Kontenrahmen

Wie Ihnen bereits bekannt ist, muss die Buchführung nach den Grundsätzen ordnungsgemäßer Buchführung (GoB)

▸ klar,
▸ übersichtlich,
▸ überprüfbar und
▸ über mehrere Zeiträume hinweg vergleichbar sein.

Aber durch die Vielzahl der Konten werden diese Grundsätze verletzt.

In der betrieblichen Praxis werden deshalb die Konten systematisch nach Sachgebieten geordnet, um auf den richtigen Konten zu buchen. So erhält man den so genannten **Kontenrahmen**.

»[…] Kontenrahmen ist ein Rahmenplan mit einem systematisch geordneten Verzeichnis der Konten und Kontengruppen für das gesamte Rechnungswesen. Nach dem 1937 durch Erlass des Reichswirtschaftsministeriums für verbindlich erklärten so genannten Erlasskontenrahmen wurden in Deutschland mehr als 200 Branchen bezogene Kontenrahmen erstellt. […]«

www.wirtschaftslexikon24.net

Jedes Unternehmen muss bei der Einführung einer EDV-gestützten Buchhaltung einen Kontenrahmen einführen. Für das Reisegewerbe gibt es eine unverbindliche Empfehlung des DRV (Deutscher Reiseverband) den DRV-Kontenrahmen einzuführen. Es besteht hierzu jedoch keine gesetzliche Verpflichtung. Ein Schulkontenrahmen befindet sich als ▸ Anhang am Ende des Buches.

Der Kontenrahmen des DRV besteht aus insgesamt 10 Kontenklassen:
(Die Begriffe »Kontengruppen« und »Kontenklassen« sind als identisch anzusehen.)

▸ **Klasse 0**   Anlage- und Kapitalkonten
▸ **Klasse 1**   Finanzkonten
▸ **Klasse 2**   Abgrenzungskonten
▸ **Klasse 3**   Verrechnungskonten
▸ **Klasse 4**   Betrieblichen Aufwendungen
▸ **Klasse 5**   Aufwendungen für Wareneinsatz und Bestandsveränderungen
▸ **Klasse 6**   Vorräte
▸ **Klasse 7**   Umsatzkonten
▸ **Klasse 8**   Erlöskonten
▸ **Klasse 9**   Abschlusskonten

Jeder **Kontenklasse** ist eine Ziffer von 0 bis 9 zugeordnet. Jede Kontenklasse kann wiederum bis zu 10 **Kontenarten** enthalten.

Für die Kontenklasse 0
sind folgende Kontenarten möglich:

01 Grundstücke und grundstücksgleiche Rechte mit Geschäfts- und
   anderen Bauten
02 Sachanlagen
03 Finanzanlagen

...

05 Langfristige Verbindlichkeiten
07 Rückstellungen
08 Eigenkapital
09 Rechnungsabgrenzungsposten

Jede Kontenart ist mit einer **zweistelligen Nummer** versehen, die die Kontenart in der Buchführung eindeutig identifiziert. Dabei ist die Ziffer an erster Stelle mit der entsprechenden Kontengruppennummerierung identisch.

Für Ihre Arbeit in Ihrem Ausbildungsbetrieb kann es notwendig sein, die Kontenarten weiter zu unterteilen. Dies geschieht, indem Sie der Kontenart XX eine weitere Ziffer anhängen. Auf diese Weise ist es möglich, eine Kontenart bis zu 10-fach zu untergliedern (XX0 bis XX9).

So können Sie das Konto »02 Sachanlagen«
weiter unterteilen:

...

023 Fahrzeuge
025 Betriebs- und Geschäftsausstattung
026 Geringwertige Wirtschaftsgüter

...

Da ein **Kontenrahmen die Buchführung vereinfacht und vereinheitlicht** und auch Zeit- und Betriebsvergleiche ermöglicht, wenden die meisten Betriebe der Tourismusbranche einen Kontenrahmen an.

Jedes Unternehmen gestaltet **seinen eigenen Kontenplan**. In diesem sind die im Unternehmen tatsächlich verwendeten Konten aufgeführt.

© MEV Verlag GmbH

In diesem Kapitel haben Sie das Arbeiten mit Erfolgskonten kennen gelernt. Zusammen mit den vorhergehenden Kapiteln erwarben Sie die grundsätzliche Vorgehensweise bei der Bearbeitung und Erfassung von Geschäftsbelegen.

Erfolgsunwirksame und erfolgswirksame Geschäftsfälle
Erfolgsunwirksame Geschäftsfälle werden über Bestandskonten gebucht und erfolgswirksame Geschäftsfälle werden immer über ein Erfolgskonto angesprochen.

1. Wodurch unterscheiden sich Erfolgskonten von Bestandskonten?

2. Nennen Sie Beispiele für Aufwendungen und Erträge in Ihrem Ausbildungsbetrieb.

3. Welcher Geschäftsfall wird in der Erfolgsrechnung (auf dem Erfolgskonto) des Unternehmens erfasst?

   a) Barkauf von Bürostühlen
   b) Überweisung des Rechnungsbetrages für den neuen Computer. (Die Eingangsrechnung ist bereits gebucht.)
   c) Kauf eines Firmenwagens gegen Bankscheck
   d) Banküberweisung für eine Fachzeitschrift
   e) Umwandlung einer Liefererschuld in ein Darlehen

4. Welche Aufgabe hat die GuV allgemein?

5. Welches der folgenden Konten ist kein Ergebniskonto?

   a) Büromaterial
   b) Energiekosten
   c) Grundsteuer
   d) Grundstücke und Gebäude
   e) Versicherungen

6. Welche Aussage zu Aufwendungen und Erträgen ist richtig?

   a) Aufwendungen vermindern den Verlust eines Betriebes.
   b) Erträge vermindern den Gewinn eines Betriebes.
   c) Aufwendungen und Erträge vermindern den Verlust eines Betriebes.
   d) Aufwendungen und Erträge vermehren den Gewinn eines Betriebes.
   e) Erträge vermehren den Gewinn eines Betriebes.

7. Bilden Sie zu den folgenden Geschäftsfällen den jeweiligen Buchungssatz.
   a) Kauf von Waren bar für den Souvenirshop, Warenwert 125,00 Euro.
   b) Begleichung der Benzinrechnung bar in Höhe von 78,89 Euro.
   c) Zahlung der Vertriebsprovision an einen Außendienstmitarbeiter in Höhe von 756,00 Euro per Banküberweisung.
   d) Für Reparaturen am Geschäftsgebäude erhalten Sie eine Rechnung über 27.370,00 Euro.
   e) Sie kaufen Büromaterial gegen bar 80,00 Euro, auf Rechnung 400,00 Euro.
   f) Ihr Ausbildungsbetrieb veranstaltet ein Schlemmer-Wochenende auf dem Hambacher Schloss. Die Teilnehmer überweisen insgesamt 8.500,00 Euro.
   g) Zinsgutschrift der Bank 589,00 Euro.
   h) Banküberweisung der Kfz-Steuer für die Betriebsfahrzeuge von insgesamt 625,00 Euro.
   i) Lastschrift der Bank zum Ausgleich der Telefonrechnung für das Geschäft, insgesamt 1.248,00 Euro.
   j) Sie bezahlen eine Zeitungsanzeige für Ihren Ausbildungsbetrieb per Banküberweisung in Höhe von 225,00 Euro.
   k) Sie stellen einem Kunden für versäumte Zahlungen 125,56 Euro in Rechnung.

8. Arbeiten Sie die folgenden Aufträge ab:
   a) Richten Sie die folgenden Bestandskonten ein: Bank (AB 4.500,00 Euro), Kasse (AB 1.200,00 Euro), Verbindlichkeiten (AB 1.680,00 Euro), Forderungen (AB 850,00 Euro), Eigenkapital (AB 50.000,00 Euro).
   b) Richten Sie für den Arbeitsauftrag 7 die Erfolgskonten ein.
   c) Buchen Sie die Geschäftsfälle aus Arbeitsauftrag 7 auf die Konten.
   d) Schließen Sie die Bestands- und die Erfolgskonten ab.
   e) Erstellen Sie das Schlussbilanzkonto, das Gewinn- und Verlustkonto sowie die Schlussbilanz.

9. Das Reisebüro »Schöne Reise« überweist für einen gemieteten Ausstellungsraum in der Fußgängerzone die Miete für die Monate Oktober bis Dezember. Die vereinbarte Miete mit dem Eigentümer beträgt 2.400,00 Euro.
   a) Buchen Sie den Zahlungsvorgang.
   b) Schließen Sie die verwendeten Konten am Jahresende ab, indem Sie die Buchungssätze bilden.

10. Welche Geschäftsfälle liegen den folgenden Buchungssätzen zugrunde?

a) Büromaterial	an Kasse	56,00 Euro.
b) GuV	an Zinsaufwand	2.560,00 Euro.
c) Bank	an Erlöse aus Leistungen und Produkte	456,00 Euro.
d) Gebäudeversicherung	an Verbindlichkeiten	650,00 Euro.
e) Bank	an Miete	1.250,00 Euro.

11. Sie haben folgendes Kontoauszug von der Hausbank Ihres Ausbildungsbetriebes erhalten:

G+H	Kontoauszug G+H Bank, Winterstadt			
Kontonummer	Datum	Blatt	Buchungstag	Umsatz
2458989	15-11-20..	1		
Deutsche Telefongesellschaft mbH Rechnungsnummer: 11-2016			12.11.20..	175,00 S
Kegelverein „Alle Neune" Gruppenreise Rechnungsnummer: 751-20..			13.11.20..	375,00 H
			Alter Kontostand: Neuer Kontostand:	5.879,23 H ...

a) Berechnen Sie den neuen Kontostand.
b) Bilden Sie den Buchungssatz zu den zwei Geschäftsfällen auf dem Kontoauszug.

12. In Ihrem Ausbildungsbetrieb fallen folgende Geschäftsfälle an:
   ▸ Kauf von Kopierpapier und Briefumschlägen gegen Bankscheck in Höhe von 444,00 Euro
   ▸ Der Mieter des Reisebüros bezahlt seine Miete per Banküberweisung, Miethöhe 1.050,00 Euro
   ▸ Lastschrift der Bank für Gebäudeversicherung 450,00 Euro und Zinsen 659,00 Euro
   ▸ Ein Kunde begleicht seine Rechnung in Höhe von 899,00 Euro

a) Bilden Sie die Buchungssätze zu den Geschäftsfällen.
b) Führen Sie die entsprechenden Erfolgskonten.
c) Schließen Sie diese Konten ab und bilden Sie dazu die entsprechenden Buchungssätze.
d) Führen Sie das Gewinn- und Verlustkonto. Schließen Sie das Konto ab und bilden dazu den Buchungssatz.

13. Nennen Sie den Geschäftsfall zu den jeweiligen Buchungssätzen.
   a) Fuhrpark 12.000,00 Euro an Bank 12.000,00 Euro
   b) Verbindlichkeiten 2.000,00 Euro an Bank 2.000,00 Euro
   c) Kasse 95,00 Euro an BGA 95,00 Euro
   d) Bank 800,00 Euro an Forderungen 800,00 Euro
   e) Darlehensschulden 4.500,00 Euro an Bank 4.500,00 Euro.
   f) BGA 320,00 Euro an Bank 320,00 Euro.
   g) Bank 1.500,00 Euro an Kasse 1.500,00 Euro
   h) Bank 2.100 Euro an Forderungen a. LL 2.100,00 Euro

i) Kasse 15.000,00 Euro an Forderungen a. LL 15.000,00 Euro
j) Mietaufwand 1.200,00 Euro an Bank 1.200,00 Euro
k) Bank 800,00 Euro an Zinserträge 800,00 Euro
l) Bank 5.800,00 Euro an Provisionserträge 5.800,00 Euro

14. Bilden Sie die Buchungssätze zu folgenden Geschäftsvorfällen:
   a) Wir erhalten eine Zinsgutschrift auf das Bankkonto in Höhe von 400,00 Euro.
   b) Wir überweisen für Miete 4.000,00 Euro, Löhne 6.000,00 Euro sowie für den Ausgleich einer fälligen Lieferrechnung 5.000,00 Euro.
   c) Wir bekommen eine Verkaufsprovision in Höhe von 850,00 Euro bar ausgezahlt.
   d) Ein Kunde überweist eine fällige Rechnung in Höhe von 1.500,00 Euro per Banküberweisung

15. Beantworten Sie folgende Fragen.
   a) Welches sind die vier zulässigen Verfahren der Inventur?
   b) Was versteht man unter dem Begriff Bilanz?
   c) Welche Beziehung besteht zwischen GoB und Kontenrahmen?
   d) Wie unterscheiden sich Grundbuch und Hauptbuch?
   e) Worin unterscheiden sich Anlagevermögen und Umlaufvermögen?
   f) Welche Bestände können nur aufgrund von Belegen oder Aufzeichnungen („Buchinventur") festgestellt werden?

16. Entscheiden Sie welche der nachfolgenden Aussagen richtig oder falsch sind.
   a) Im Inventar wird das Vermögen nach …
      1. … zunehmender Liquidität.
      2. … abnehmender Liquidität.
      3. … zunehmender Fälligkeit.

   b) Das Inventar …
      1. … wird auf der Grundlage der Bilanz und GuV erstellt.
      2. … setzt sich aus Anlagevermögen, Umlaufvermögen, Fremdkapital und Eigenkapital zusammen.
      3. … setzt sich aus den drei Hauptbestandteilen Vermögen, Schulden und Reinvermögen zusammen.
      4. … ist ein ausführliches Verzeichnis des gesamten Vermögens und der Schulden nach Art, Menge und Wert zu einem bestimmten Zeitpunkt. Das Reinvermögen ergibt sich als Differenz aus Vermögen und Schulden.

   c) Die Differenz zwischen Vermögen und Schulden ist …
      1. … der Gewinn.
      2. … immer positiv.
      3. … das Reinvermögen.

6 Umsatzsteuer

Bei jedem Einkauf, den Sie in Ihrem Ausbildungsbetrieb tätigen – wie zum Beispiel den Kauf von Büromaterialien – finden Sie auf jedem Beleg eine besondere Position, nämlich die Umsatzsteuer:

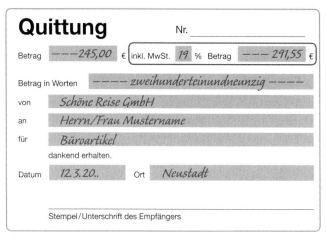

Abb. Beleg Quittung

Die **Umsatzsteuer** ist eine Steuer, die der deutsche Staat erhebt für den Erlös, den Unternehmen für ihre Leistungen im Inland erhalten. Jeder Unternehmer erwirtschaftet somit einen **Umsatz**, der die Absatzmenge des Unternehmens bewertet und zu Absatzpreisen darstellt.

6.1 Das Wesen der Umsatzsteuer

Zur Regelung der Umsatzsteuer existiert in Deutschland ein besonderes Gesetz – das **Umsatzsteuergesetz (UStG)**. Der erste Abschnitt des Gesetzes regelt dessen Geltungsbereich.

Steuerbare Umsätze (§ 1 UStG)

(1) Der Umsatzsteuer unterliegen folgende Umsätze:

1. die Lieferungen und sonstigen Leistungen, die ein Unternehmer im Inland gegen Entgelt im Rahmen seines Unternehmens ausführt. Die Steuerbarkeit entfällt nicht, wenn der Umsatz aufgrund gesetzlicher oder behördlicher Anordnung ausgeführt wird oder nach gesetzlicher Vorschrift als ausgeführt gilt;
2. (weggefallen)
3. (weggefallen)
4. die Einfuhr von Gegenständen im Inland oder in den österreichischen Gebieten Jungholz und Mittelberg (Einfuhrumsatzsteuer);
5. der innergemeinschaftliche Erwerb im Inland gegen Entgelt.

Damit fällt die Umsatzsteuer nicht nur dann an, wenn Ihr Ausbildungsbetrieb Einkäufe tätigt, sondern auch, wenn er Leistungen und Produkte des Unternehmens verkauft. Dazu erstellen Sie in der Regel eine **Rechnung**, die Ihr Kunde erhält. Auch auf dieser Rechnung ist Ihr Ausbildungsbetrieb verpflichtet, den Anteil der Umsatzsteuer auszuweisen (vgl. § 14 UstG, Rechnungsinhalte auch ► Fachwissen Tourismus Band 1, LF 2).

Großhandel für Büroartikel & Büroausstattung

Schneider GmbH · Am Roßlauf 10 · 67433 Neustadt

Reisebüro „Schöne Reise"
Inhaber Manuel Schröder e. Kfm.
Brückenstraße 67
67547 Worms

Telefon	Name	Ihr Zeichen	Ihre Nachricht vom	Unser Zeichen
(06321) 2233-11	Herr Werner	Msch	17.10.20..	we

Datum
21.10.20..

Rechnung (R-Nr. 20..-334)

In Ihrem Auftrag lieferten wir Ihnen am 17.10.20.. folgende Artikel

12562 15	Schreibtischunterlage	144,00 Euro
598639 10	Kopierpapier matt (1000 Blatt)	39,90 Euro
Umsatzsteuer 19 %		34,94 Euro
		218,84 Euro

Zahlbar binnen 14 Tagen ohne Abzug.

Handelsregister	Kommunikation	Bankverbindung
Amtsgericht	Tel. (06321) 2233-0	Sparkasse Rhein-Haardt
67433 Neustadt	Fax: (06321) 223300	BIC SKRHDEE4XXX
HRB 123	E-Mail: M.Haus@Schneidwerk.de	IBAN DE13 7655 1105 0035 5493 06
		Deutsche Bank, Filiale Neustadt
USt-IdNr. DE 222867551		BIC DTBKDEF5NST
Steuer-Nr. 06533622781		IBAN DE19 5456 3305 0057 2569 78

Abb. Muster-Rechnung mit Umsatzsteuerausweis

Dem Umsatzsteuergesetz können Sie aber auch entnehmen, dass bestimmte **Umsätze steuerfrei** sind (vgl. § 4 UStG) und zwar für:

- Umsätze für die Schifffahrt und die Luftfahrt,
- Mieten,
- Bankgeschäfte,
- Leistungen der Deutschen Post AG wie Briefe, Päckchen oder Pakete,
- Immobiliengeschäfte,
- Versicherungen,
- Rennwett- und Lotteriegeschäfte sowie
- Umsätze der gesetzlichen Träger der Sozialversicherungen. […]

Auch die Höhe der Umsatzsteuer, die Sie zu zahlen haben bzw. auf den Rechnungen Ihres Ausbildungsbetriebes auszuweisen haben, ist genau festgelegt:

In Paragraf 12 Absatz 1 des Umsatzsteuergesetzes finden Sie dazu folgende Regelung: »Die Steuer beträgt für jeden steuerpflichtigen Umsatz **19 Prozent** der Bemessungsgrundlage (vgl. §§ 10, 11, 25 Abs. 3 und § 25a Abs. 3 und 4 UStG).«

Die **Bemessungsgrundlage** ist die Größe, die der Staat als Grundlage für den Steuertarif verwendet (▸ Fachwissen Tourismus Band 1, LF 1). Es gibt jedoch auch Umsätze, die einem **ermäßigten Steuersatz** von **sieben Prozent** unterliegen.

BEISPIEL

Umsätze mit sieben Prozent Steuersatz
Lebensmittel, Druckerzeugnisse wie Bücher, Zeitschriften und Zeitungen, Kino-, Theater- und Konzertkarten sowie Eintritt in Museen, Zirkus und Zoo, Beförderung von Personen im Schienennahverkehr innerhalb einer Gemeinde oder wenn die Beförderungsstrecke nicht mehr als 50 km beträgt[1] sowie Leistungen der Körperschaften, die ausschließlich und unmittelbar gemeinnützige, mildtätige oder kirchliche Zwecke verfolgen.

Die Umsatzsteuer wird auch als Allphasensteuer bezeichnet, weil die Besteuerung bei jedem Umsatz (z.B. Großhändler an Einzelhändler, Einzelhändler an Endverbraucher) im Laufe des Wertschöpfungsprozesses erfolgt. Steuertechnisch ist der einzelne Unternehmer Schuldner der Umsatzsteuer.

---

[1] Für Fernzugreisen (ICE und IC) soll zukünftig der ermäßigte Umsatzsteuersatz gelten (7 %).

**Geldstrafe für Verstoß
gegen Umsatzsteuergesetz**

Verstößt Ihr Ausbildungsbetrieb gegen Vorschriften des Umsatzsteuergesetzes, so muss
er mit einer Geldstrafe bis zu 5.000,00 Euro rechnen (vgl. § 26 a Abs. 2 UStG).

Ein Großteil der Einkäufe und Verkäufe Ihres Ausbildungsbetriebes unterliegen der Umsatzsteuer.

Ausgenommen von der Umsatzbesteuerung sind Mieten, Leistungen von Banken und Versicherungen sowie Leistungen der Deutschen Post AG.

6.2 Buchen der Umsatzsteuer

Bitte betrachten Sie sich noch einmal die Quittung des Kapitelbeginns:

Diese **Quittung dient Ihnen als Buchungsbeleg**. Auf diesem Beleg finden Sie
eine Umsatzsteuer von 19 Prozent ausgewiesen. Dies entspricht einem Betrag
von 46,55 Euro.

Die Umsatzsteuer wird auf Konto 17 »Sonstige Verbindlichkeiten« erfasst. Dieses Konto ist wiederum untergliedert in das Konto 171 »Umsatzsteuer sieben
Prozent« sowie in das Konto 172 »Umsatzsteuer 19 Prozent«. Beide sind **Passivkonten** und stellen eine Verbindlichkeit gegenüber dem Finanzamt dar.

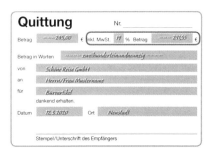

Tätigt Ihr Ausbildungsbetrieb **einen Einkauf**,
dann ist er nicht auf das Konto 17 »Sonstige
Verbindlichkeiten« zu buchen, sondern auf das
Konto 15 »Sons tige Vermögensgegenstände
und Wertpapiere«. Hier finden Sie das **Unterkonto 155 Vorsteuer**, ein **Aktivkonto**, das Forderungen gegenüber dem Finanzamt darstellt.

Beispiele aus dem »Mehrwertsteuer-Rätsel«
Der ermäßigte Mehrwertsteuersatz von 7 %
sollte vor allem Haushalte mit geringem Einkommen entlasten.

▸ »Grundnahrungsmittel« wie Pralinen, Eis, Kartoffelchips, Gummibärchen,
  Kuhmilch, Gänseleber, Froschschenkel, Wachteleier, Krebsfleisch, Riesen-
  garnelen oder Schildkrötenfleisch werden nur mit 7 % besteuert.

▸ Für Medikamente gilt der höhere Steuersatz von 19 %.

▸ Wer einen Esel kauft, zahlt 19 % Mehrwertsteuer. Wer ein Pferd kauft nur
  7 %.

▸ Wer aufgrund einer Laktose-Intoleranz nur Sojamilch trinken darf, muss den
  vollen Mehrwertsteuersatz zahlen.

Passivkonto und Aktivkonto

Das Konto »Umsatzsteuer« ist ein Passivkonto und listet Verbindlichkeiten eines Unternehmens gegenüber dem Finanzamt auf. Das Konto »Vorsteuer« ist ein Aktivkonto. Auf diesem werden Forderungen gegenüber dem Finanzamt dargestellt.

MERKE

Für die vorliegende Quittung bedeutet dies, dass Sie folgenden **Buchungssatz** aufstellen müssen:

430 Bürosachkosten	245,00 Euro	
155 Vorsteuer	46,55 Euro	
an 100 Kasse		291,55 Euro

Buchung der Umsatzsteuer

BEISPIEL

Sie verkaufen einem Kunden einen Reiseführer im Wert von 19,00 Euro netto. Der Buchungssatz für diesen Geschäftsfall lautet dann:

100 Kasse	22,61 Euro	
an 77 Umsätze sonstige Reisebürogeschäfte	19,00 Euro	
an 172 Umsatzsteuer	3,61 Euro	

Sie verkaufen einem Kunden Reiseliteratur im Wert von 29,00 Euro netto. Der Buchungssatz für diesen Geschäftsfall lautet dann:

100 Kasse	31,03 Euro	
an 77 Umsätze sonstige Reisebürogeschäfte	29,00 Euro	
an 172 Umsatzsteuer	2,03 Euro	

© de la Motte

Abb. Geschäftsräume eines Reisebüros

6.3 Ermittlung der Zahllast und deren Buchung

Ein umsatzsteuerpflichtiger Unternehmer ist verpflichtet seine Umsätze zu erfassen und die daraus entstandene Umsatzsteuer und entstandene Vorsteuer mit der Umsatzsteuervoranmeldung (UStVA) regelmäßig selbst zu berechnen und abzuführen.

© MEV Verlag GmbH

> **MERKE**
>
> | USt > VSt | USt < VSt |
> |---|---|
> | → Zahllast | → Erstattungsanspruch |
> | Verbindlichkeit ggü. Finanzamt | Forderung ggü. Finanzamt |
> | positive Zahllast | negative Zahllast |

Ist die Summe der Umsatzsteuerbeträge für den Voranmeldungszeitraum größer als die Vorsteuerbeträge ergibt sich eine Umsatzsteuervorauszahlung (Zahllast), ist die Summe der Vorsteuerbeträge höher als die Umsatzsteuerbeträge, ergibt sich ein Erstattungsanspruch (Vorsteuerüberhang) des Unternehmers an das Finanzamt.

Fristen für die Umsatzsteuer-Voranmeldung

▸ Beträgt die Steuer für das vorangegangene Kalenderjahr nicht mehr als 1.000 Euro, wird man vom Finanzamt von der Umsatzsteuer-Voranmeldung befreit. Es muss nur eine Umsatzsteuer-Jahreserklärung erstellt werden.

▸ Beträgt die Steuer für das vorangegangene Kalenderjahr zwischen 1.000,01 – 7.500 Euro wird eine vierteljährlich Umsatzsteuer-Voranmeldungen (Spätestens zum 10.01., 10.04., 10.07. und 10.10.) abgegeben.

▸ Zum 10. jedes Monats geben Steuerpflichtige die Voranmeldung ab, deren Zahllast im Vorjahr über 7.500 Euro lag. (§ 18 UStG)

> **MERKE**
>
> Zur Ermittlung der Umsatzsteuer-Zahllast/des Vorsteuerüberhangs werden die Konten Vorsteuer und Umsatzsteuer nicht abgeschlossen (Verrechnungsverbot § 246 HGB), sondern die Bemessungsgrundlage für die steuerpflichtigen Umsätze und die entsprechenden Steuerbeträge sowie die Salden der Vorsteuerkonten in die Zeilen des Formulars für die Umsatzsteuer-Voranmeldung eingetragen.

Die Umsatzsteuer-Voranmeldung und die Umsatzsteuererklärung können, wie z. B. auch die die Gewerbesteuererklärung oder die Einkommensteuererklärung, im Rahmen des ELSTER-Verfahrens (**el**ektronische **Steuer**erklärung) via Internet an das zuständige Finanzamt übermittelt werden. Die entsprechende

Softwarekomponente ELSTER ist in den meisten Steuer- und Finanzbuchhaltungsprodukten kommerzieller Softwareanbieter integriert. Es besteht auch die Möglichkeit das entsprechende Formular zu nutzen (s. u.)

Ausschnitt Formular
Umsatzsteuer-Voranmeldung

BEISPIEL

17	**I. Anmeldung der Umsatzsteuer-Vorauszahlung**		Bemessungsgrundlage ohne Umsatzsteuer		Steuer	
18	**Lieferungen und sonstige Leistungen** (einschließlich unentgeltlicher Wertabgaben)		volle EUR	Ct	EUR	Ct
19	**Steuerfreie Umsätze mit Vorsteuerabzug** Innergemeinschaftliche Lieferungen (§ 4 Nr. 1 Buchst. b UStG)					
20	an Abnehmer **mit** USt-IdNr.	41		—		
21	neuer Fahrzeuge an Abnehmer **ohne** USt-IdNr.	44		—		
22	neuer Fahrzeuge außerhalb eines Unternehmens (§ 2a UStG)	49		—		
23	**Weitere steuerfreie Umsätze mit Vorsteuerabzug** (z.B. **Ausfuhrlieferungen**, Umsätze nach § 4 Nr. 2 bis 7 UStG)	43		—		
24	**Steuerfreie Umsätze ohne Vorsteuerabzug** Umsätze nach § 4 Nr. 8 bis 28 UStG	48		—		
25	**Steuerpflichtige Umsätze** (Lieferungen und sonstige Leistungen einschl. unentgeltlicher Wertabgaben)					
26	zum Steuersatz von 19 %.	81		—		
27	zum Steuersatz von 7 %.	86	20.000	—	3.800	00

54	Umsatzsteuer		3.800	00
55	**Abziehbare Vorsteuerbeträge**			
56	Vorsteuerbeträge aus Rechnungen von anderen Unternehmern (§ 15 Abs. 1 Satz 1 Nr. 1 UStG), aus Leistungen im Sinne des § 13a Abs. 1 Nr. 6 UStG (§ 15 Abs. 1 Satz 1 Nr. 5 UStG) und aus innergemeinschaftlichen Dreiecksgeschäften (§ 25b Abs. 5 UStG).	66	950	00
57	Vorsteuerbeträge aus dem innergemeinschaftlichen Erwerb von Gegenständen (§ 15 Abs. 1 Satz 1 Nr. 3 UStG)	61		
58	Entstandene Einfuhrumsatzsteuer (§ 15 Abs. 1 Satz 1 Nr. 2 UStG)	62		
59	Vorsteuerbeträge aus Leistungen im Sinne des § 13b UStG (§ 15 Abs. 1 Satz 1 Nr. 4 UStG)	67		
60	Vorsteuerbeträge, die nach allgemeinen Durchschnittssätzen berechnet sind (§§ 23 und 23a UStG)	63		
61	Berichtigung des Vorsteuerabzugs (§ 15a UStG)	64		
62	Vorsteuerabzug für innergemeinschaftliche Lieferungen neuer Fahrzeuge außerhalb eines Unternehmens (§ 2a UStG) sowie von Kleinunternehmern im Sinne des § 19 Abs. 1 UStG (§ 15 Abs. 4a UStG)	59		
63	Verbleibender Betrag		2.850	00

Übermittlung der Umsatzsteuer-Voranmeldung auf elektronischem Weg

Die Umsatzsteuer-Voranmeldung ist nach amtlich vorgeschriebenem Datensatz durch Datenfernübertragung nach Maßgabe der Steuerdaten-Übermittlungsverordnung authentifiziert zu übermitteln (§ 18 Abs. 1 Satz 1 UStG). Für die elektronische authentifizierte Übermittlung benötigen Sie ein Zertifikat. Dieses erhalten Sie nach kostenloser Registrierung unter www.elsteronline.de. Bitte beachten Sie, dass die Registrierung bis zu zwei Wochen dauern kann. Unter www.elster.de/elster_soft_nw.php finden Sie Programme zur elektronischen Übermittlung. Auf Antrag kann das Finanzamt zur Vermeidung von unbilligen Härten auf eine elektronische Übermittlung verzichten.

Buchhalterische Ermittlung der Zahllast

Es gibt mehrere Varianten die Zahllast buchhalterisch zu ermitteln. Eine oft gewählte Möglichkeit wird im Folgenden vorgestellt. Sie erfolgt in mehreren Schritten.

Die Umsatzsteuer für den kompletten
Voranmeldezeitraum beträgt 3.000,00 € und die gesamte
Vorsteuer 2.200,00 €.

1. Um die Zahllast buchhalterisch zu ermitteln, werden am Ende des Monats/Quartals die Salden **aller** Umsatzsteuerkonten auf das Konto 1721 „Umsatzsteuervorauszahlungen" übertragen.

   172 Umsatzsteuer 3.000 € an 1721 Umsatzsteuervorauszahlungen 3.000 €

2. Zusätzlich werden am Ende des Monats/Quartals die Salden **aller Vorsteuerkonten** auf das Konto „Umsatzsteuervorauszahlungen" übertragen.

   1721 Umsatzsteuervorauszahlungen 2.200 € an 155 Vorsteuer 2.200 €

3. Der Saldo des Kontos „Umsatzsteuervorauszahlungen" ist die Zahllast, die bis zum 10. des Folgemonats an das Finanzamt zu überweisen ist bzw. vom Finanzamt am folgenden Tag abgebucht wird.

   1721 Umsatzsteuervorauszahlungen 800 € an 120 Bank 800 €

Vorsteuer (VSt)		USt	
2.200	2.200	3.000	3.000

USt-Voranmeldungen	
2.200	3.000

Während des Geschäftsjahres erfolgt die Verbuchung der Umsatzsteuerkonten über das Konto Umsatzsteuervorauszahlung.

> **MERKE**
> Die Buchung der Zahllast bzw. des Erstattungsbetrages erfolgt auf dem aktiven Bestandskonto »Umsatzsteuervorauszahlungen«. Die Gegenbuchung erfolgt auf dem Konto »Bank«.

Sollte die Vorsteuer für den Voranmeldezeitraum höher als die Umsatzsteuer sein, wird die Gutschrift vom Finanzamt für den Vorsteuerüberhang gebucht:

▸ Bank an Umsatzsteuervorauszahlung

Vorauszahlungen/Erstattungen für den letzten Voranmeldezeitraum des Jahres

Falls für den letzten Voranmeldezeitraum des Geschäftsjahres eine Zahllast festgestellt wird, so erfolgt beim Abschluss des Kontos „Umsatzsteuer" keine Überweisung an das Finanzamt. Die Steuerschuld wird stattdessen als „Verbindlichkeit" in der Bilanz ausgewiesen. Die Zahllast wird passiviert und im folgenden Jahr mit der ersten Umsatzsteuervoranmeldung beglichen.

Kontenabschluss am 31.12. (Passivierung):

172 Umsatzsteuer an 155 Vorsteuer

172 Umsatzsteuer an 930 SBK

Aktiv	Schlussbilanz	Passiv
		Umsatzsteuer

Sollte sich für diesen Vormeldezeitraum ein Erstattungsanspruch ergeben, wird dieser als „Forderung" (Vermögenswert) in der Schlussbilanz ausgewiesen, also aktiviert.

Kontenabschluss am 31.12. (Aktivierung):

172 Umsatzsteuer an 155 Vorsteuer

930 SBK an 155 Vorsteuer

Aktiv	Schlussbilanz	Passiv
Vorsteuer		

Die Umsatzsteuer ist eine Jahressteuer. Durch die Vorauszahlungen schafft die Umsatzsteuer-Voranmeldung einerseits Sicherheit für den Steuerbürger und andererseits für das Finanzamt. Wenn die quartalsweisen oder monatlichen Umsatzsteuervoranmeldungen korrekt gemeldet und bezahlt wurden, beträgt die Zahllast/Erstattung bei der Umsatzsteuer-Jahreserklärung 0,00 Euro.

1. In der letzten Arbeitswoche sind in Ihrem Ausbildungs- betrieb die folgenden Geschäftsfälle angefallen. Welche der Geschäftsfälle unterliegen dem Umsatzsteuergesetz?

   a) Kauf von Büromaterial
   b) Verkauf von Konzertkarten
   c) Banküberweisung der Monatsmiete
   d) Banküberweisung der Lieferantenrechnung über Toilettenartikel
   e) Kauf von Briefmarken
   f) Banküberweisung der Feuerversicherung für das Reisebüro
   g) Kauf von Fachzeitschriften

2. Geben Sie an, welche Umsatzsteuersätze bei folgenden Geschäftsfällen Ihres Ausbildungsbetriebes anfallen?

   a) Kauf eines neuen Personalcomputers,
   b) Kauf einer touristischen Fachzeitschrift,
   c) Kauf von Briefmarken,
   d) Erhalt der Rechnung des Heizungsmonteurs,
   e) Erhalt der Rechnung eines Möbelschreiners, der für eine Messe einen Messestand errichtet hat,
   f) Kauf von Brezeln und Wein für den Empfang einer Touristengruppe,
   g) Bareinkauf von Büromaterial,
   h) Abbuchung der Zinsen für das Darlehen bei unserer Bank.

3. Die *Sun & Fun* GmbH erhält von ihrem Lieferanten für den neuen *Coffeeshop* eine Rechnung über bestellte Kaffeeartikel im Warenwert von netto 3.570,00 Euro.

   a) Wie hoch ist die Umsatzsteuer für die Kaffeeartikel?
   b) Berechnen Sie den Rechnungsendbetrag.

4. Stellen Sie für folgende Geschäftsfälle die Buchungssätze auf. Berechnen Sie vorher die Umsatzsteuer.

   a) Kauf von Reisevideos auf Ziel, Warenwert 350,00 Euro.
   b) Abbuchung der Stromrechnung für die Geschäftsräume 745,00 Euro + Umsatzsteuer.
   c) Kauf eines Büroschrankes und Zahlung mit Bankscheck über 900,00 Euro + Umsatzsteuer.
   d) Bezahlung von Gewerbesteuer durch Banküberweisung, 269,40 Euro.
   e) Banküberweisung der Ausbildungsvergütung von 580,00 Euro an den Auszubildenden.
   f) Zahlung der Eingangsrechnung E 211 für Werbegeschenke in Höhe von 172,55 Euro + Umsatzsteuer.

5. Was besagt nach dem Umsatzsteuerrecht der Begriff »Zahllast«?

   a) Umsatzsteuer und Vorsteuer zusammen ergeben die Zahllast.
   b) Sie ist die Summe der Vorsteuer eines Monats.
   c) Sie ist die Summer der Umsatzsteuer eines Monats.
   d) Sie ist die Euro-Differenz zwischen Umsatzsteuer und Vorsteuer, die an das Finanzamt abzuführen ist.

6. Ihnen liegt folgender Auszug aus einem Geschäftsbeleg vor:

Möbius AG – Wiesbaden

Bürotech AG
Nachtweide 36
67433 Neustadt

Rechnung 2829/16	**Datum ...**
1 Bürostuhl	255,00 Euro
+ Umsatzsteuer 19 %	.... Euro
Brutto	303,45 Euro

Zahlbar bis zum 31.01.20..

---

   a) Berechnen Sie den fehlenden Umsatzsteueranteil.
   b) Buchen Sie den Geschäftsbeleg.

7. Aus dem Rechnungswesen Ihres Ausbildungsbetriebes liegt Ihnen folgender Sachverhalt vor: Vorsteuersumme 4.000,00 Euro, Umsatzsteuersumme 9.000,00 Euro.

   a) Ermitteln Sie die Zahllast.
   b) Die Zahllast wird an das Finanzamt überwiesen. Bilden Sie den entsprechenden Buchungssatz.
   c) Stellen Sie die notwendigen Buchungssätze zu den Abschlussbuchungen auf.

8. Welche der folgenden Aussagen sind falsch? Begründen Sie.

   a) Das Konto Umsatzsteuer ist ein passives Bestandskonto.
   b) Die Vorsteuer erhöht den Gewinn des Unternehmens.
   c) Die Zahllast muss am Bilanzstichtag passiviert werden.
   d) Die Vorsteuer ist ein aktives Bestandskonto.
   e) Bei Einkäufen und dem Bezug von Dienstleistungen wird die dazugehörige Buchung auf dem Konto Vorsteuer immer im Soll erfolgen.

7 Arbeiten mit Warenkonten

Eine wichtige Aufgabe in Betrieben der Freizeit- und Tourismusbranche stellt zum Beispiel der Verkauf von Souvenirartikeln dar. Es gibt kaum einen Zoo oder ein Museum, der oder das zu dieser Branche gehört, die nicht am Ende eines Rundgangs ihre Gäste durch einen angrenzenden Verkaufsbereich leiten. Im Mittelpunkt dieser Maßnahme steht die Erzielung eines Gewinns.

© Chris Parypa Photography – shutterstock.com

MERKE

Gegenüberstellung von Warenein- und -verkäufen
Ob Ihr Ausbildungsbetrieb einen Gewinn durch z. B. den Verkauf von Souvenirartikeln am Jahresende erzielt hat, lässt sich nur ermitteln, indem das Unternehmen Wareneinkäufe und Warenverkäufe gegenüberstellt.

Deshalb müssen **zwei neue Kontenarten eingerichtet werden**, die zusätzlich zum bisherigen Bestandskonto Waren geführt werden:

▸ Erträge aus Warenverkäufen werden auf dem **Konto 781 Umsatzerlöse für Waren** gebucht.

▸ Aufwendungen, die sich aus dem Wareneinkauf ergeben, werden auf dem **Konto 51 Aufwendungen für Waren** gebucht.

7.1 Buchen auf Warenkonten

Nehmen Sie das Beispiel aus ▸ Kapitel 4.2 »Buchen auf Bestandskonten«: In diesem Geschäftsfall kaufen Sie in Ihrem Ausbildungsbetrieb Souvenirartikel bei der Firma *Fantasy* GmbH gegen Barzahlung im Wert von 1.800,00 Euro. Diesen **Wareneinkauf** buchen Sie auf das **Konto Aufwendungen für Waren.**

Dieses Konto ist ein Aufwandskonto. Es enthält daher keinen Anfangsbestand und wird im Soll gebucht. Der gebuchte Betrag ist der Einkaufspreis der Ware.

Soll	Aufwendungen für Waren	Haben
Fantasy GmbH 1.800,00		

Wenn Sie nun diese Artikel in Ihrem Souvenirshop verkaufen, buchen Sie diese Verkäufe auf das Konto »Umsatzerlöse für Waren«.

Dieses Konto ist ein **Ertragskonto**, so dass es ebenfalls **keinen Anfangsbestand** erhält und im Haben gebucht wird. Gebuchter Betrag ist der Verkaufspreis der Ware.

Soll	Umsatzerlöse für Waren		Haben
	1. Kasse		1.250,00
	2. Kasse		325,00
	3. Kasse		275,00
	4. Kasse		113,50

Soll		Waren	Haben
AB	12.500,00	SB laut Inventur	12.500,00

> **Beträge des Warenflusses** — MERKE
> Das Buchen auf die Warenkonten Aufwands- und Ertragskonto (Wareneinkauf gegen Warenverkauf) stellt die Beträge des Warenflusses einander gegenüber. Es ermöglicht Ihnen später eine Einschätzung des Verkaufserfolges.

Das Bestandskonto »Waren« ist weiterhin zu führen. Auf diesem Konto werden in der Praxis jedoch nur der Anfangsbestand zu **Einstandspreisen im Soll** und der Schlussbestand (ermittelt durch eine Inventur am Ende des Geschäftsjahres) zu **Einstandspreisen im Haben** abgetragen.

7.2 Abschluss der Warenkonten

Der Abschluss der Warenkonten erfolgt über das **Gewinn- und Verlustkonto (GuV-Konto)**. Dadurch können Sie in Ihrem Ausbildungsbetrieb den erzielten Erfolg aus dem Verkauf von Souvenirartikeln durch die **direkte Gegenüberstellung von Umsatzerlösen und Aufwendungen** ermitteln.

Abb. Souvenirartikel der Stadt Kassel

© Kassel Marketing GmbH

Dazu führen Sie die Konten »Aufwendungen für Waren« und »Umsatzerlöse für Waren« sowie das Konto »Waren«. Die Saldi auf den genannten Konten tragen Sie dann in dem »Gewinn- und Verlustkonto« ab: Aufwendungen werden im Soll, Erträge werden im Haben abgetragen.

Abschluss von Warenkonten
(Gewinn- und Verlustkonto)

Soll	Aufwendungen für Waren		Haben
Fantasy OHG	1.800,00	GuV	1.800,00
	1.800,00		1.800,00

Soll	Umsatzerlöse für Waren		Haben
GuV	1.963,50	1. Kasse	1.250,00
		2. Kasse	325,00
		3. Kasse	275,00
		4. Kasse	113,50
	1.963,50		1.963,50

Soll	Gewinn- und Verlustkonto		Haben
Aufwendungen (...)	1.800,00	Umsatzerlöse (...)	1.963,50

Schlussbestand für das Bestandskonto »Waren«

Soll	Waren		Haben
AB	12.500,00	SB laut Inventur	12.500,00
	12.500,00		12.500,00

Aus dem Beispiel ist eine Differenz zwischen den Aufwendungen und den Umsatzerlösen in Höhe von 163,50 Euro ersichtlich. Für Ihren Ausbildungsbetrieb bedeutet dies einen Gewinn aus dem Verkauf der Souvenirartikel. Der Rohgewinn beträgt somit am Ende des Geschäftsjahres 163,50 Euro.

Dieser Gewinn heißt deshalb **Rohgewinn**, da von ihm noch weitere Aufwendungen, z. B. für Strom, Mitarbeiter etc. bezahlt werden müssen. Sind diese Aufwendungen abgezogen, spricht man von **Reingewinn** (Genaueres bez. Kapital-, Umsatz und Gewinnentwicklung vermittelt ▸ LF 11).

> **Schlussbestand eines aktiven Bestandskontos**
> Das Konto »Waren« ist ein aktives Bestandskonto. Es wird am Jahresende über das Schlussbilanzkonto abgeschlossen.
> Der Schlussbestand ergibt sich aus den ermittelten Inventurwerten.
>
> **MERKE**

Die **drei Warenkonten** »Aufwendungen für Waren«, »Umsatzerlöse für Waren« und »Waren« (als aktives Bestandskonto) gliedern sich in den Abschluss von Bestandskonten und Erfolgskonten ein.

Die bereits kennen gelernte **Vorgehensweise zum Abschluss der Konten** bleibt auch für die Warenkonten gleich:

© digitalefotografien – Fotolia.com

► Die Erfolgskonten werden über das Gewinn- und Verlustkonto abgeschlossen.

► Der Gewinn oder der Verlust wird in das Konto Eigenkapital abgetragen (Gewinn im Haben, Verlust im Soll).

► Die Bestandskonten werden über das Schlussbilanzkonto abgeschlossen.

► Das Konto Eigenkapital wird über das Schlussbilanzkonto abgeschlossen.

► Die Schlussbilanz wird erstellt.

7.3 Die Erfassung von Bezugskosten

Beim Einkauf von Waren für Ihren Ausbildungsbetrieb finden sich auf einer Rechnung auch Kosten für Transport, Verpackung und Versicherung wieder.

Auszug aus einer Rechnung   **BEISPIEL**

...

Rechnungs-Nr. 7668

30	Plüschtiere (15 cm)	ST 4501	7,50	225,00
30	Plüschtiere (25 cm)	ST 4502	12,00	360,00
20	Ordner (bunt)	SL 4432	5,00	100,00

Warenwert		685,00
Transport		38,00
Leihverpackung		5,00
Umsatzsteuer 19 %		138,32
Rechnungsbetrag		866,32

Auch diese Kosten müssen in der Buchhaltung erfasst werden und der Paragraf 255 HGB ist zu berücksichtigen. Zu diesen **Bezugskosten** zählen Kosten wie Rollgeld, Fracht, Transport und Transportversicherung sowie Einfuhrzoll.

> **Bezugskosten** **MERKE**
> Bezugskosten erhöhen den Anschaffungspreis der eingekauften Waren
> und müssen deshalb als Aufwand auf dem Konto »Bezugskosten« erfasst werden.

Dieses Konto wird dann am Jahresende über das Hauptkonto »Aufwendungen für Waren« abgeschlossen.

Mit dieser Vorgehensweise können Sie am Jahresende feststellen, wie hoch der **reine Warenwert** Ihrer eingekauften Waren und wie hoch deren **Nebenkosten** sind. Damit erleichtern Sie sich auch die **Kalkulation der Preise** (▸ LF 6, Kapitel 2.4) im Unternehmen.

Die Erfassung von Bezugskosten und Nebenkosten erfolgt folgendermaßen:

Soll	Aufwendungen für Waren		Haben
Waren	685,00	GuV	728,00
Bezugskosten	43,00	---------	------
	728,00		728,00

Soll	Bezugskosten		Haben
Waren	43,00	Aufwend. f. W.	43,00
	43,00		43,00

> **Buchung von Bezugskosten** **MERKE**
> Bezugskosten, die bei der Anschaffung von Waren entstehen, werden auf
> dem Unterkonto »Bezugskosten« erfasst.

Der Buchungssatz für das Konto »Bezugskosten« lautet:

Aufwendungen für Waren
Bezugskosten
an   Verbindlichkeiten

Das Konto »Bezugskosten« wird am Jahresende über das Konto »Aufwendungen für Waren« abgeschlossen.

7.4 Buchen von Preisnachlässen

Die nachstehende Übersicht soll eine erste »Annäherung« an verschiedene Preisnachlässe ermöglichen:

Preisnachlass	Erklärung
Sofortrabatte	sind Preisnachlässe, die sofort bei Rechnungserteilung gewährt und vom Rechnungsbetrag abgezogen werden. Dies erfolgt in Form von Mengen-, Treue- oder Sonderrabatten. Sofortrabatte werden buchhalterisch nicht erfasst.
Skonto	ist ein prozentualer Preisnachlass auf den Kaufpreis bei Zahlung binnen einer vom Lieferanten vorgegebenen Frist (Zahlungsbedingungen).
Bonus	ist ein Preisnachlass, der nachträglich (z. B. am Jahresende auf die Gesamtsumme der Einkäufe) gewährt wird.

Tab. Arten von Preisnachlässen

Buchen von Rabatten

In Ihrem Ausbildungsalltag werden Sie mit einer Reihe von Preisnachlässen konfrontiert, die unterschiedlich buchhalterisch zu erfassen sind. So finden Sie auf Rechnungen häufig die Position »Rabatt«.

Rabatt

Kaufen Sie für Ihren Souvenirshop 100 Plüschtiere mit dem Logo des Ausbildungsbetriebes, zum Nettowert der Ware von 4,95 Euro pro Stück und einem Rabatt in Höhe von 10 %, ergibt sich folgendes Berechnungsschema:

	Listeneinkaufspreis	495,00 Euro
−	Rabatt (10 %)	49,50 Euro
=	Bareinkaufspreis	445,50 Euro
+	Umsatzsteuer (19 %)	84,65 Euro
=	Rechnungsbetrag	530,15 Euro

© M. Schuppich – Fotolia.com

Der Buchungssatz zu diesem Geschäftsfall lautet:

510 Aufwendungen für Waren   445,50 Euro
155 Vorsteuer   84,65 Euro
an 170 Verbindlichkeiten   530,15 Euro

Buchen von Skonti

Haben Sie von Ihrem Lieferanten die Möglichkeit erhalten, einen Skonto vom Rechnungsbetrag abzuziehen, bietet es sich für Ihren Ausbildungsbetrieb in der Regel immer an, diesen ausnutzen. (Den Skonto könnten Sie dann direkt auf dem Konto »Aufwendungen für Waren« buchen.)

Da dies aber schnell unübersichtlich werden kann (vgl. Grundsätze ordnungsgemäßer Buchführung - Kapitel 1.1) empfiehlt es sich die für Ihren Ausbildungsbetrieb **erhaltenen Skonti auf das Konto** »Erhaltene Nachlässe« zu buchen.

Da der Skonto die Anschaffungskosten nachträglich vermindert (»Bei Zahlung innerhalb von 10 Tagen«), vermindert sich ebenfalls die **Bemessungsgrundlage der Vorsteuer** und damit die Vorsteuer selbst. Man spricht dann von einer vorzunehmenden **Umsatzsteuerkorrektur**.

Bruttoskonto, Nettoskonto und Umsatzsteuerkorrektur

	Bareinkaufspreis	445,50 Euro
+	Umsatzsteuer (19 %)	84,65 Euro
=	Rechnungsbetrag	530,15 Euro
−	Skonto (2 %)	10,60 Euro
=	Überweisungsbetrag	519,55 Euro

© MEV Verlag GmbH

Die 10,60 Euro stellen einen Bruttoskonto dar,
d. h. hier ist die Umsatzsteuer noch enthalten.
Dieser Betrag lässt sich in 8,91 Euro Nettoskonto und 1,69 Euro Umsatzsteuerkorrektur zerlegen.

Bei Bezahlung der Rechnung ist folgender Buchungssatz aufzustellen:

170 Verbindlichkeiten	530,15 Euro	
an 511 Erhaltene Nachlässe		8,91 Euro
an 155 Vorsteuer		1,69 Euro
an 120 Bank		519,55 Euro

> **MERKE**
>
> **Unterkonto »Erhaltene Nachlässe«**
> Da das Konto »Erhaltene Nachlässe« ein Unterkonto des Kontos
> »Aufwendungen für Waren« darstellt, müssen Sie es über dieses Konto abschließen.

Buchen von Boni

Wie zu Beginn des Kapitels beschrieben, kann Ihr Ausbildungsbetrieb einen nachträglichen Preisnachlass erhalten, wenn ein bestimmter Einkaufswert bei dem Lieferanten erreicht wird.

Diesen nachträglichen Preisnachlass müssen Sie ebenfalls buchhalterisch erfassen. In diesem Fall benötigen Sie ein weiteres **Konto Erhaltene Boni**.

Buchhalterische Erfassung von Boni

Der Lieferant für Büroartikel gewährt Ihrem Ausbildungsbetrieb am Ende des Jahres einen Bonus in Höhe von brutto 250,00 Euro. Der Buchungssatz zu diesem Geschäftsfall lautet:

120 Bank	250,00 Euro	
an 512 Erhaltene Boni		210,08 Euro
an 155 Vorsteuer		39,92 Euro

7.5 Buchen von Rücksendungen

Auszubildende im Beruf Freizeit- und Tourismuskaufmann/frau werden in ihrer täglichen Praxis auch buchhalterisch Geschäftsfälle bearbeiten müssen, in denen Sie mangelhafte Ware erhalten und an den Lieferanten zurückschicken.

Betrachten Sie noch einmal das Beispiel aus dem Abschnitt »Buchen von Rabatten«:

Wenn Sie beim Auspacken der Lieferung feststellen, dass bei 100 Plüschtieren 15 mal das Logo Ihres Ausbildungsbetriebes nicht richtig gedruckt ist, werden Sie diese Plüschtiere beim **Lieferanten reklamieren**.

Der Lieferant bietet Ihnen wahrscheinlich eine **Gutschrift** an.

Wenn Sie nun die Eingangsrechnung bereits buchhalterisch erfasst haben, müssen Sie eine **Stornobuchung** vornehmen, d. h., der Buchungssatz bei Buchung der Eingangsrechnung wird umgekehrt.

> **Auswirkungen einer Stornobuchung** **MERKE**
> Mit der Stornobuchung sinken die Anschaffungskosten, die Bemessungsgrundlage der Umsatzsteuer sowie die Verbindlichkeiten.

Der Buchungssatz in diesem Fall lautet:

170 Verbindlichkeiten	88,96 Euro	
an 155 Vorsteuer		14,20 Euro
an 510 Aufwendungen für Waren		74,76 Euro

Mit diesem Kapitel erhalten gerade Auszubildende des Ausbildungsberufes Kaufmann/Kauffrau für Tourismus und Freizeit einen Einblick in Buchungen, die in Ihrem Berufsalltag notwendig sind.

1. Sie sind Mitarbeiterin des Freizeitbetriebes »Kleine
    Wartburg« in Neustadt. Mithilfe der Buchhaltung stellen
    Sie fest, dass Ihr Warenkonto über einen Anfangsbestand von
    15.000,00 Euro verfügt. Der Schlussbestand laut Inventur beträgt
    ebenfalls 15.000,00 Euro.
    Folgende Geschäftsfälle treten auf:
    Kauf von Waren auf Ziel 150 Stück Bleistifte mit Motiv zu je 2,50 Euro
    Verkauf von Waren auf Ziel 150 Stück zu je 4,55 Euro

    a) Bilden Sie die Buchungssätze,
    b) richten Sie die entsprechenden Konten ein,
    c) buchen Sie die Geschäftsfälle auf den Konten und
    d) schließen Sie die Konten ab.

2. Bilden Sie zu folgenden Geschäftsfällen die Buchungssätze.

    a) Wareneinkauf bar im Wert von 250,00 Euro.
    b) Rechnungseingang eines Warenkaufs im Wert von 365,50 Euro.
    c) Warenverkauf bar 125,00 Euro.
    d) Warenverkauf auf Rechnung 560,00 Euro.
    e) Warenverkauf gegen Bankscheck 458,90 Euro.

3. In Ihrem Ausbildungsbetrieb erhalten Sie eine Rechnung mit folgen-
    dem Inhalt, die Sie per Banküberweisung begleichen:

	Listenpreis	375,00 Euro
+	Verpackung	20,00 Euro
+	Transport	25,00 Euro
		420,00 Euro
+	19 % USt	79,80 Euro
	Rechnungsbetrag	499,80 Euro

    Bilden Sie zu der Rechnung die erforderlichen Buchungssätze.

4. Ihr Ausbildungsbetrieb bestellt 50 Stück Waren zu folgenden Bedingun-
    gen: Listenpreis 14,99 Euro/Stück, Transportkosten 15,00 Euro, 19 % USt
    a) Erstellen Sie die zugehörige Rechnung.
    b) Buchen Sie den Wareneingang bei Rechnungserhalt.
    c) Eröffnen Sie das Konto »Bezugskosten« sowie das entsprechende
       Warenkonto.
    d) Buchen Sie diesen Geschäftsfall und den Geschäftsfall aus Auf-
       gabe 1.
    e) Schließen Sie die Konten ab und stellen Sie die Abschlussbuchun-
       gen auf.

5. Buchen und Abschluss von Warenkonten

a) Prüfen Sie die folgende Rechnung auf rechnerische Richtigkeit.
b) Bilden Sie den Buchungssatz zum Rechnungseingang.
c) Anfangsbestand Waren: 12.500,00 Euro, Schlussbestand laut Inventur: 12.500,00 Euro – buchen Sie den Rechnungseingang auf den Konten. Richten Sie dazu die Konten ein und schließen Sie diese ab.
d) Berechnen Sie den Rohgewinn, wenn die Umsatzerlöse für Waren 3.500,00 Euro betragen.
e) Wodurch unterscheidet sich der Rohgewinn vom Reingewinn?

**WERBEARTIKEL
Schröder GmbH**

Werbeartikel Schröder GmbH | Im Altenschemel 44 | 67345 Neustadt

Freizeitbetrieb »Kleine Wartburg«
Industriestraße 67–69
67061 Neustadt

Telefon	Name	Ihr Zeichen	Ihre Bestellung vom	Unser Zeichen
0 62 11 73-2 45	M. Schneider		16. 09. 20..	ws
				29. 10. 20..

Rechnung (R-Nr. 20..-333)

Wir danken Ihnen für Ihren Auftrag und berechnen Ihnen für die Lieferung am 26.10.20.. wie folgt:

Leistungsbezeichnung/Warenbezeichnung

200 Luftballons mit Logo zu je 0,99 Euro	199,00 Euro
25 T-Shirts mit Logo zu je 6,99 Euro	174,75 Euro
100 Umhängetaschen klein mit Logo zu je 14,99 Euro	1.490,00 Euro
19 % Umsatzsteuer	354,11 Euro
	2.217,86 Euro

Zahlungsbedingungen: Innerhalb von 30 Tagen nach Rechnungsdatum

Handelsregister	Kommunikation	Bankverbindung
Amtsgericht	Tel. 0 63 21/43 33 55-0	Sparkasse Rhein-Haardt
67433 Neustadt	Fax: 0 63 21/43 35 54	BIC SKRHDE E4XXX
HRB 3993	E-Mail: E.Mueller@werbschroeder.de	
USt-IdNr. DE 222 867 551		IBAN DE07 7655 1105 0014 1646 77
Steuer-Nr. 065 336 22781		VR Bank Südpfalz eG

6. Ihr Ausbildungsbetrieb hat von seinem Lieferanten unterschiedliche Preisnachlässe erhalten: Skonto, Bonus und Rabatt. Erklären Sie den Unterschied zwischen diesen Preisnachlässen.

7. Bilden Sie die Buchungssätze zu folgenden Geschäftsfällen:

   a) Aufgrund einer Mängelrüge sendet der Lieferant eine Gutschrift für zurückgesandte Waren im Wert von 250,00 Euro netto zu.
   b) Sie kaufen neun neue Bürostühle zum Preis von je 125,00 Euro netto. Bei Zahlung innerhalb von 10 Tagen dürfen Sie 3 % vom Rechnungsbetrag abziehen. Sie überweisen die Rechnung innerhalb von sieben Tagen.
   c) Am Ende des Jahres gewährt der Lieferant für Souvenirartikel Ihren Ausbildungsbetrieb einen Bonus in Höhe von 5 % des Einkaufswertes. Sie haben in diesem Geschäftsjahr Waren im Wert von 5.600,00 Euro gekauft.

8. Ihr Ausbildungsbetrieb kauft eine neue Computeranlage. Der Rechnungsbetrag der Liefererfirma lautet auf 6.125,00 Euro brutto.

   a) Wie hoch ist der Nettowert der Rechnung?
   b) Buchen Sie die Eingangsrechnung im Grundbuch.
   c) Sie sind für die Überweisung der Rechnung zuständig. Da Sie innerhalb des angegebenen Zeitraums die Zahlung per Banküberweisung tätigen, erlaubt der Lieferant den Abzug von 2 % Skonto. Buchen Sie den Geschäftsfall im Grundbuch.

9. Während eines Arbeitstages überweisen Sie die folgenden Rechnungen (inklusive Umsatzsteuer), die Sie noch nicht beglichen haben:

   ▸ Kauf von Werbegeschenken 135,00 Euro
   ▸ Bezahlung der Reinigungsfirma 256,00 Euro
   ▸ Bezahlung der Gebäudeversicherung in Höhe von 750,00 Euro

   a) Berechnen Sie die Nettobeträge und die Vorsteuer der einzelnen Rechnungen.
   b) Bilden Sie zu den Rechnungen die entsprechenden Buchungssätze.

10. Aus dem Rechnungswesen Ihres Ausbildungsbetriebes erhalten Sie folgende Informationen: Summe der Vorsteuer 8.900,00 Euro, Summe der Umsatzsteuer 5.600,00 Euro.

    a) Ermitteln Sie buchhalterisch den Vorsteuerüberhang.
    b) Sie erhalten vom Finanzamt per Banküberweisung den Vorsteuerüberhang.
    c) Bilden Sie zu dem Geschäftsfall die notwendigen Buchungssätze.

8 Arbeiten mit Privatkonten

Bei B-M-W-Betrieben (Bäcker, Metzger, Wirte) unterstellt das Finanzamt regelmäßig, dass sie ihre Lebensmittel nicht komplett beim Discounter kaufen, sondern sich aus ihren eigenen Beständen bedienen, also für private Zwecke Waren entnehmen. Ähnlich ist es bei Reiseveranstaltern, die z. B. im eigenen Hotel nächtigen und sich verköstigen.

[Privat-]Entnahmen sind alle Wirtschaftsgüter (Barentnahmen, Waren, Erzeugnisse, Nutzungen und Leistungen), die der Steuerpflichtige dem Betrieb für sich, für seinen Haushalt oder für andere betriebsfremde Zwecke im Laufe des Wirtschaftsjahres entnommen hat (§ 4 Abs. 1 Satz 2 EStG). Privateinlagen entstehen durch Überführung von Wirtschaftsgütern sowie Bargeld oder Rechte, aber auch Kapitalvermögen aus dem Privatvermögen in das Betriebsvermögen.

Die Bewertung von Entnahmen ist im § 6 Abs. 1 Nr. 4 EStG gesetzlich definiert. Dort heißt es, dass Entnahmen für betriebsfremde Zwecke mit dem Teilwert anzusetzen sind. Das gleiche gilt gemäß § 6 Abs. 1 Nr. 5 EStG für die Einlagen. Auch hier gilt der Teilwert. Als Teilwert versteht man den Marktwert oder den Zeitwert.

Bei gekauften Waren wird die Entnahme grundsätzlich mit dem Einkaufspreis bewertet. Hat sich der Warenpreis zwischen dem Zeitpunkt der Anschaffung und der Entnahme verändert, wird die Entnahme mit dem Wiederbeschaffungspreis (Marktwert der Ware zum Zeitpunkt der Entnahme) bewertet.

Privatentnahmen und Privateinlagen werden bei Einzelunternehmen und Personengesellschaften innerhalb der Buchführung separat auf dem Konto „Privat" erfasst. Das Konto „Privat" (passives Bestandskonto) ist ein Unterkonto des Kontos „Eigenkapital" und hat somit keinen Einfluss auf den Gewinn oder Verlust eines Unternehmens.

**Minderung und Mehrung
des Eigenkapitals eines Unternehmens**
Privatentnahmen und Privateinlagen müssen buchhalterisch als Minderung bzw. Mehrung des Eigenkapitals eines Unternehmens erfasst werden. Das dazugehörige Konto nennt man »Privat«.

Privatentnahmen werden auf der Sollseite des Kontos »Privat« gebucht, Privateinlagen auf der Habenseite. **Buchungssatz:**

Privatentnahme an Bank/Kasse
Bank/Kasse an Privateinlage

Die (Privat-)Entnahme selbst (z.B. Waren) wird auf dem Erlöskonto 866 „Unentgeltliche Wertabgabe" als Nettobetrag im Haben gebucht.

Der Unternehmer wird quasi als sein eigener Kunde angesehen. Falls die entnommene Ware beim Kauf zum Vorsteuerabzug geführt hat, muss die Entnahme dem gleichen Umsatzsteuersatz unterworfen werden. Für Privatentnahmen sind zweckmäßigerweise Eigenbelege zu erstellen.

Umsatzsteuerentrichtung für Entnahmen
Bei Entnahme von Gegenständen und Leistungen aus dem Unternehmen
haben die Geschäftsinhaber Umsatzsteuer zu entrichten.
Der Eigenverbrauch ist auf Konto 866 »Unentgeltliche Wertabgabe« zu vermerken. Hier
wird der Nettowert der entnommenen Leistung bzw. des Gegenstands erfasst.

MERKE

Privatentnahme

BEISPIEL

Die Unternehmerin Anke Schön e. K. entnimmt am **15.06.20..** aus der
Ladenkasse 100 Euro für private Einkäufe. Sie erstellt für den Geschäftsvorfall einen
Eigenbeleg.

Buchung: Privatentnahme 100,00 an Kasse 100,00 Euro

Die Unternehmerin Anke Schön e. K. überweist am 28.07. ihren privaten Krankenversicherungsbeitrag in Höhe von 450,00 Euro vom betrieblichen Bankkonto.
Buchung: Privatentnahme 450,00 an Bank 450,00 Euro
Die Unternehmerin Anke Schön e. K. entnimmt Druckerpatronen für ihren privaten
Drucker zu Hause, die sie am Vortag gekauft und aus der Geschäftskasse bezahlt hat. Der
Wiederbeschaffungspreis der Druckerpatronen an dem Tag der Entnahme war identisch
mit dem Einkaufspreis.

Privatentnahme	28,56 Euro an Unentgeltliche Wertabgabe	24,00 Euro
	an Umsatzsteuer 19 %	4,56 Euro

Die Buchung der Privatentnahme auf dem Erlöskonto „Unentgeltliche Wertabgabe"
und der Abschluss dieses Kontos über GuV führt zu einer Gewinnerhöhung bzw.
Verlustreduzierung.

Nutzung eines betrieblichen Pkws

Eine der häufigsten Formen von Nutzungsentnahmen ist die private Nutzung eines betrieblichen Pkws. Ein betrieblicher Pkw verursacht Kosten, die in der Buchhaltung als Betriebsausgaben gebucht werden. Diese Betriebsausgaben dürfen nicht in voller Höhe den betrieblichen Gewinn und die USt-Zahllast schmälern, da der Pkw auch privat genutzt wird. Es ist eine Ertragsbuchung notwendig, die den privaten Anteil an den Betriebsausgaben und Vorsteuer wieder ausgleicht.

Nachfolgend wird nur die 1%-Regelung der privaten Nutzung Pkw erläutert.

Zunächst wird der Bruttolistenpreis (inkl. Umsatzsteuer) auf volle 100,00 Euro abgerundet. Auch bei einem Gebrauchtfahrzeug gilt immer der Fahrzeugneupreis. Für die nicht mit Vorsteuer belasteten laufenden Kosten (Kfz-Steuer, Versicherungen) darf bei der Ermittlung der umsatzsteuerrechtlichen Bemessungsgrundlage ein pauschaler 20%-Abzug vorgenommen werden.

Der Wert der privaten Nutzung für die rein privaten Fahrten wird wie folgt ermittelt: Ausgangsgröße sind 1% des Bruttolistenpreises[1] des Fahrzeuges vom Tag der Erstzulassung inkl. Sonderausstattung pro Monat.

Berechnung der Unentgeltlichen Wertabgabe (Werte pro Monat):

Bruttolistenpreis des Fahrzeugs:	50.050,00 Euro
abgerundet auf 100,00 Euro:	50.000,00 Euro
davon 1%:	500,00 Euro
abzgl. 20% Abschlag für Kosten ohne VSt.	−100,00 Euro
= Bemessungsgrundlage für die USt.:	400,00 Euro
zuzgl. 19% USt.	+76,00 Euro
Brutto:	476,00 Euro

Privatanteil brutto: 576,00 Euro (100,00 Euro + 476,00 Euro)

Buchung:

Privatentnahme 576 Euro   an Unentgeltliche Wertabgabe 400 Euro
       an Umsatzsteuer (19%) 76 Euro
       an Unentgeltliche Wertabgabe (ohne USt) 100,00 Euro

Beispiele Privateinlagen

▸ Anke Schön e.K. tätigt eine Einlage von 2.000 Euro in die Geschäftskasse.
▸ Anke Schön e.K. bezahlt eine Tankfüllung für den betrieblichen Pkw aus ihrem persönlichen Portmonee.
▸ Anke Schön e.K. nutzt künftig ihren privaten Pkw als Firmenfahrzeug.

© Menzl Guenter – shutterstock.com

---

[1] Für Autos mit E-Motor oder Hybridantrieb gibt es Steuervergünstigungen.

Geschäftsfälle auf dem Konto »Privat«

BEISPIEL

Der Inhaber Ihres Ausbildungsbetriebes überweist von dem Geschäftskonto 345,00 Euro Monatsbeitrag für die private Krankenversicherung. Gleichzeitig führt er dem Unternehmen aus seinem Privatbesitz einen PC im Wert von 750,00 Euro zu. Beide Geschäftsfälle werden auf dem Konto »Privat« erfasst.

Soll		Privat		Haben
Entnahme	345,00	Einlage		750,00

Abschluss am Ende des Geschäftsjahres:

Soll		Privat		Haben
Entnahme	345,00	Einlage		750,00
SB	405,00	-----		---------
	750,00			750,00

Soll		Gewinn- und Verlust		Haben
Aufwendungen	30.000,00	Erträge		45.000,00
Gewinn	15.000,00	-----		---------
	45.000,00			45.000,00

Soll		Eigenkapital		Haben
SB	38.105,00	AB		22.700,00
-----	------	Gewinn		15.000,00
		SB Privat		405,00
	38.105,00			38.105,00

Das Privatkonto ist ein Unterkonto des Eigenkapitalkontos und hat keinen Anfangsbestand. Zugänge (Privateinlagen) werden im Haben gebucht, Abgänge (Privatentnahmen) im Soll. Das Konto „Privat" wird am Ende des Geschäftsjahres über das „Eigenkapitalkonto" abgeschlossen.

© arahan – Fotolia.com   © jeremyculpdesign – Fotolia.com   © eyewave – Fotolia.com   © Peter Atkins – Fotolia.com

Gewinnermittlung durch Eigenkapitalvergleich unter Berücksichtigung von Privatentnahmen und -einlagen:

Mithilfe des folgenden Schemas wird die Gewinnermittlung durchgeführt:

Eigenkapital am Ende des Jahres

– Eigenkapital am Anfang des Jahres

= Kapitalmehrung bzw. Kapitalminderung

+ Privatentnahmen des laufenden Wirtschaftsjahres

– Privateinlagen des laufenden Wirtschaftsjahres

= Gewinn oder Verlust des Unternehmens

Der Erfolg (Gewinn oder Verlust) eines Unternehmens ergibt sich beim Eigenkapitalvergleich durch den Unterschiedsbetrag zwischen dem Eigenkapital zu Beginn des Geschäftsjahres und dem Betrag am Ende des Geschäftsjahres.

1. Ihnen liegt folgender Beleg vor:

G+H Kontoauszug G+H Bank, Winterstadt				
Kontonummer	Datum	Blatt	Buchungstag	Umsatz
1352568	21-10-20..	2		
Deutsche Telefongesellschaft mbH Rechnungsnummer: 10-20..			18. 10. 20..	175,00 S
Marina Schröder Kinder-Stadtrallye Rechnungsnummer: 354-20..			19. 10. 20..	375,00 H
			Alter Kontostand:	13.585,23 H
			Neuer Kontostand:	...

a) Welche Geschäftsfälle liegen hier vor?
b) Berechnen Sie den fehlenden neuen Kontostand!

2. Buchen Sie folgende Geschäftsfälle für das Arbeiten mit Privatkonten.

a) Der Geschäftsinhaber entnimmt der Geschäftskasse 250,00 Euro für private Zwecke.
b) Der Geschäftsinhaber führt seinem touristischen Betrieb einen Drucker im Wert von 315,00 Euro zu.

3. **Welche der folgenden Privatentnahmen sind umsatzsteuerpflichtig? Begründen Sie Ihre Aussage.**

   a) Die Lebensversicherung des Geschäftsinhabers in Höhe von 410,00 Euro pro Jahr wird vom Geschäftskonto abgebucht.

   b) Die Miete der Privatwohnung des Geschäftsinhabers in Höhe von 560,00 Euro wird vom Geschäftskonto abgebucht.

   c) Der Geschäftsinhaber entnimmt der Geschäftskasse 25,00 Euro und kauft seiner Frau Blumen zum Hochzeitstag.

   d) Aufgrund eines Lottogewinns zahlt der Geschäftsinhaber 10.000,00 Euro auf das Geschäftskonto ein.

4. Der Geschäftsinhaber erhält von seiner Autoreparaturwerkstatt eine Rechnung für den Geschäftswagen in Höhe von 936,54 Euro. Das Auto nutzt der Inhaber zu 35 Prozent auch für private Fahrten (Fahrtenbuch wird geführt).

   a) Buchen Sie den Eingang der Kfz-Rechnung.

   b) Buchen Sie die Privatentnahme.

5. Der Inhaber einer Freizeitagentur schenkt seinem Vater eine Wanderung durch die Weinberge rund um Neustadt mit Weinverkostung. Die Kosten für diese Tour betragen 56,00 Euro. Buchen Sie diesen Geschäftsfall.

© de la Motte

9 Buchung von Reiseveranstalter- und Reisevermittlerleistungen

© de la Motte

Ein Reisevermittler handelt im Namen und für Rechnung des Veranstalters und erbringt Leistungen im eigenen Namen. Für die Besteuerung ergeben sich daraus erhebliche Unterschiede. Dies erfordert in der **Rechnungslegung** eine **strikte Trennung** zwischen der Veranstalter- und Vermittlertätigkeit.

9.1 Erlöse aus eigenen Reiseveranstaltungen

Zivilrechtlich gibt es keine **Definition für den Reiseveranstalter** als solchen. Der Begriff lässt sich jedoch aus § 651a Absatz 1 BGB ableiten. – Demnach ist ein Reiseveranstalter »... jede natürliche oder juristische Person, die eigene Leistungen sowie Leistungen Dritter touristischer Leistungsträger (z. B. Hotels, Fluggesellschaften) in eigener Verantwortung kombiniert, organisiert, (Marktrisiko) und auf eigene Rechnung und auf eigenes unternehmerisches Risiko anbietet, vertreibt und erbringt.« (vgl. Reiserecht ▸ Fachwissen Tourismus Band 1, LF 4.1).

Der Reiseveranstalter erbringt eine **Reiseveranstaltung mit ausschließlich eigenen Leistungen**, wenn er nur eigene Leistungen (z. B. Beförderung mit dem eigenem Bus, Beherbergung im eigenen Hotel, Betreuung durch eigene Reiseleitung) einsetzt.

Die Erlöse aus einer solchen Veranstaltung ohne fremden Leistungsträger werden auf dem **Konto 80 Erlöse aus eigenen Veranstaltungen (EVA)**[1] gebucht.

© JM Fotografie – Fotolia.com   © yanlev – Fotolia.com   © Thaut Images – Fotolia.com   © by-studio – Fotolia.com

EVA-Kontocharakteristika sind:

- ▸ erfasst den Reisepreis (netto),
- ▸ ist ein Ertragskonto,
- ▸ wird über GuV abgeschlossen.

---

[1] Zunächst erfolgen die Buchungen aus didaktischen Gründen ohne Berücksichtigung der Umsatzsteuer (USt).

Der Busreiseveranstalter *Sun & Fun* e. K. führt für den Gesangverein »Hohes C e.V.« aus Köln eine Tagesfahrt an die Deutsche Weinstraße zum Gesamtpreis von 700,00 Euro durch.

Abb. Vorgänge bei Reiseveranstaltung mit ausschließlich eigenen Leistungen

Buchung und Reisebestätigung verändern das Vermögen eines RV nicht und werden somit buchhalterisch nicht als Geschäftsfall erfasst. Erst die Rechnungsstellung führt i. d. R. zur ersten Buchung auf dem Konto EVA.

Buchung der Geschäftsfälle

Geschäftsfall 1

Der Busreiseveranstalter *Sun & Fun* e. K. erstellt (fakturiert)
die Rechnung für die Tagesfahrt des im Beispiel genannten Gesangvereines und sendet
ihm diese zu. Durch diese Buchung verändert sich das Vermögen des Reiseveranstalters
um 700,00 Euro. Der Buchungssatz dafür lautet:

Forderungen aus L + L   700,00 Euro
an Erlöse aus eigenen Veranstaltungen   700,00 Euro

Geschäftsfall 2

Der Gesangverein gleicht die Rechnung durch Banküberweisung aus. Der Buchungssatz
lautet dann:

Bank   700,00 Euro
an Forderungen aus L + L   700,00 Euro

Geschäftsfall 3

Abschluss der Konten zum Ende des Geschäftsjahres:

EVA   700,00 Euro
an GuV   700,00 Euro
Schlussbilanzkonto   700,00 Euro
an Bank   700,00 Euro

Der Erlös ist der auf den Ertragskonten (z. B. EVA) ausgewiesene Gegenwert für eine Reise vermindert um die Umsatzsteuer und Erlösschmälerungen (z. B. ein Preisnachlass). Er führt zu einer **Erhöhung des Zahlungsmittelbestandes** bzw. des Bestandes an Forderungen, also der Einnahmen.

> Umsatz ist das Produkt aus dem Preis (p) und der Menge (x).

Geschäftsfälle bei eigener Reiseveranstaltung in Kontenübersicht:

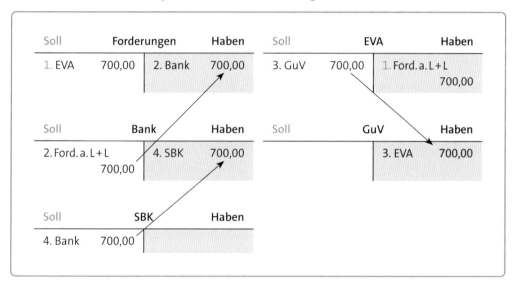

Die Aufwendungen für die eigenen Leistungen des Veranstalters (z. B. Lohn für eigene Reiseleitung, Dieselkosten für den Bus) werden auf entsprechenden Aufwandskonten gebucht (▸ Kapitel 5.1).

Buchung von Kundenanzahlungen

Häufig findet sich folgende oder eine ähnliche Formulierung in den AGB der Reiseveranstalter: »Mit Erhalt der schriftlichen Reisebestätigung und Übermittlung des Sicherungsscheins werden 20 Prozent des Reisepreises als Anzahlung sofort fällig. Die Anzahlung wird auf den Reisepreis angerechnet.«

Kundenanzahlungen begründen eine Verbindlichkeit des Reiseveranstalters gegenüber dem Kunden, der Veranstalter schuldet die Reise (Leistungsverbindlichkeit).

Geleistete Anzahlungen werden auf das **Konto 167 Kundenanzahlungen** gebucht. **Kontocharakteristika** sind:

- erfasst die Kundenanzahlung,
- ist ein passives Bestandskonto,
- Besonderheit: während des laufenden Geschäftsjahres wird die jeweilige Kundenanzahlung bei Rechnungserstellung für die angezahlte Reise über das Konto EVA verrechnet.

Buchung einer Kundenanzahlung

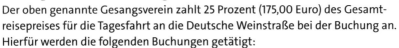

Der oben genannte Gesangsverein zahlt 25 Prozent (175,00 Euro) des Gesamt-reisepreises für die Tagesfahrt an die Deutsche Weinstraße bei der Buchung an. Hierfür werden die folgenden Buchungen getätigt:

Kasse	175,00 Euro	
an Kundenanzahlung		175,00 Euro
Forderungen	525,00 Euro	
Kundenanzahlung	175,00 Euro	
an EVA		700,00 Euro
Bank	525,00 Euro	
an Forderungen		525,00 Euro

Besteht ein Saldo zum Ende des Geschäftsjahres auf dem Konto Kundenan-zahlungen wird das Konto wie ein normales Bestandskonto über das Schluss-bilanzkonto (SBK ▸ Kapitel 4.6) abgeschlossen.

© pics – Fotolia.com

9.2 Reiseveranstaltungen mit fremden Leistungsträgern

Das eigene Leistungspotential des Reiseveranstalters reicht i. d. R nicht aus, um alle touristischen Leistungen im Rahmen einer Reise selbst zu erbringen.

In solchen Fällen bedient er sich fremder Leistungsträger, die sich ihm gegenüber vertraglich verpflichten, bestimmte Reiseleistungen (z. B. Beförderung, Beherbergung, Transfer) zu erbringen. Das Rechtsverhältnis zwischen Kunde und Reiseveranstalter bleibt davon unbenommen, d. h. nur diese beiden sind die Reisevertragspartner für die Reise (Reiserecht ► Fachwissen Tourismus Band 1, LF 4.1).

Busreise mit fremdem Leistungsträger

BEISPIEL

Das Busreiseveranstalter Sun & Fun e. K. führt für den Gesangsverein »Hohes C e.V.« aus Köln diesmal eine Tagesfahrt an die Deutsche Weinstraße mit zwei Übernachtungen in Deidesheim zum Gesamtpreis von 4.700,00 Euro durch.
Der Busreiseveranstalter mietet zu diesem Zweck 20 Doppelzimmer im Hotel Weingeist zum Gesamtpreis von 3.600,00 Euro an.

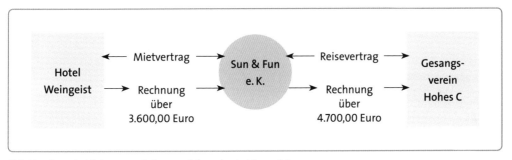

Abb. Vorgänge bei Reiseveranstaltung mit fremden Leistungsträgern

Der im Beispiel genannte Busreiseveranstalter bedient sich zur Durchführung der Reise eines fremden Leistungsträgers, eines Hoteliers. Dadurch entstehen ihm Aufwendungen, die auf dem **Konto 301 Aufwand für eigene Reiseveranstaltungen (AVA)** erfasst werden.

AVA-Kontocharakteristika sind:

► erfasst den Preis für die fremden Vorleistungen (netto),
► ist ein Aufwandskonto,
► wird über GuV abgeschlossen.

Der Reisepreis wird auf dem bereits bekannten **Konto Erlöse aus eigenen Veranstaltungen (EVA)** (► Kapitel 9.1) gebucht.

Geschäftsfälle und Abschlussbuchungen

Geschäftsfall 1

Der Reiseveranstalter erstellt die Rechnung über den
Gesamtpreis von 4.700,00 Euro und sendet sie dem Gesangverein zu.
Der dazugehörige Buchungssatz lautet:

Forderungen	4.700,00 Euro	
an EVA		4.700,00 Euro

Geschäftsfall 2

Der Reiseveranstalter erhält die Rechnung des Hoteliers
über 3.600,00 Euro. Sie wird entsprechend gebucht:

Aufwand für eigene Reiseveranstaltungen	3.600,00 Euro	
an Verbindlichkeiten		3.600,00 Euro

Geschäftsfall 3

Der Gesangsverein überweist den Rechnungsbetrag:

Bank	4.700,00 Euro	
an Forderungen		4.700,00 Euro

Geschäftsfall 4

Der RV gleicht die Hotelrechnung aus:

Verbindlichkeiten	3.600,00 Euro	
an Bank		3.600,00 Euro

Die **Abschlussbuchungen** auf den Aufwand- und Ertragskonten lauten dementsprechend:

EVA	4.700,00 Euro	
an GuV		4.700,00 Euro
GuV	3.600,00 Euro	
an AVA		3.600,00 Euro

Führt ein Reiseveranstalter **Reisen mit fremden Leistungsträgern für Privatpersonen durch** unterliegen die Fremdleistungen der **Margenbesteuerung**
(► Kapitel 9.5).

© electriceye – Fotolia.com

Geschäftsfälle bei Fremdleistung in Kontenübersicht:

Soll	Forderungen	Haben	Soll	EVA	Haben
1. 4.700,00		3. 4.700,00	5. Abschluss 4.700,00		1. 4.700,00

Soll	AVA	Haben	Soll	Verbindlichkeiten	Haben
2. 3.600,00		6. Abschluss 3.600,00	4. 3.600,00		2. AVA 3.600,00

Soll	Bank	Haben	Soll	GuV	Haben
3. Bank 4.700,00		4. 3.600,00	6. 3.600,00		5. 4.700,00

In Bezug auf das verwendete Beispiel weist das **GuV-Konto des RV** somit zunächst einen Gewinn in Höhe von 1.100,00 Euro aus. Nicht berücksichtigt hierbei sind jedoch die Kosten für die Eigenleistung (z. B. Fahrer- oder Treibstoffkosten). Sie werden auf den entsprechenden Aufwandskonten verbucht (Kapitel 5).

9.3 Erlöse aus der Vermittlung von Reiseleistungen

© de la Motte © de la Motte © amadorgs – Fotolia.com © G. Sanders – Fotolia.com

Die Vermittlungsleistung ist **eine selbständige Leistung**. Das Reisebüro wird als Vermittler tätig, wenn der Reisevermittler das Erforderliche unternimmt, damit der Reisende und der touristische Leistungsträger einen Vertrag schließen.

Grundlage hierfür ist i. d. R. ein **Agenturvertrag** (Fachwissen Tourismus Band 1, LF 4.1) in dem u. a. auch die **Provision (Vermittlungsentgelt)** für diese Vermittlungsleistung fixiert ist und ggf. gegen eine Servicegebühr die der Reisende zu begleichen hat. Das Handeln des Reisemittlers im fremden Namen und für fremde Rechnung muss im **Außenverhältnis zum Kunden** erkennbar sein.

Provision bei Reisevermittlung

Das Ehepaar Wieser bucht im Reisebüro Reiseinsel e. K. eine Pauschalreise für 2.800,00 Euro nach Malta von dem Reiseveranstalter *Sun, Fun* und Mee(h)r GmbH. Der RV sendet daraufhin dem Reisebüro die Reiseunterlagen zusammen mit der Rechnung über den Reisepreis unter Abzug einer 10-prozentigen Provision zu. Die Provision wird mit dem Reisepreis verrechnet.

Somit hat das Reisebüro gegenüber dem Reiseveranstalter Verbindlichkeiten in Höhe von 2.800,00 Euro (Reisepreis) − 280,00 Euro (Provision) = 2.520,00 Euro zu erfüllen.

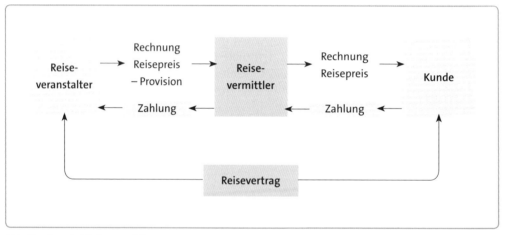

Abb. Vorgänge bei Reisevermittlung

9.3.1 Buchung der Provisionserlöse beim Reisevermittler

Um diesen Geschäftsfall zu buchen werden verschiedene Konten benötigt. **Verrechnungskonten** sind dabei Hilfskonten, die aus buchungstechnischen Gründen eingerichtet werden und sich immer wieder ausgleichen. Die Buchung der Geschäftsfälle erfolgt in **drei Schritten**:

---

1. Das Konto 71 Umsätze Vermittlung (UVM)

- ▸ erfasst das Vermittlungsgeschäft der Reisebüros für touristische Leistungsträger,
- ▸ erfasst den kompletten Reisepreis (netto) der Reise
- ▸ und somit die Leistungsverbindlichkeit gegenüber dem Kunden,
- ▸ ist ein passives Verrechnungskonto.

---

2. Das Konto 31 Verrechnung Vermittlung (VVM)

- ▶ erfasst die Verbindlichkeiten eines Reisebüros mit Inkassovollmacht gegenüber dem Veranstalter aufgrund einer verkauften Reise,
- ▶ der komplette Reisepreis (netto) der Reise wird auf diesem Konto gebucht,
- ▶ es ist ein aktives Verrechnungskonto

3. Das Konto 81 Erlöse Vermittlung (EVM)

- ▶ erfasst die Provision (Erlös) für die Reisevermittlung,
- ▶ ist ein Ertragskonto,
- ▶ wird über GuV abgeschlossen.

Tab. Kontocharakteristika von Verrechnungskonten

Buchung der Geschäftsfälle bei Reisevermittlung

Geschäftsfall 1

Das Reisebüro erhält vom RV die Reiseunterlagen und die Rechnung unter Abzug der Provision in Höhe von 10 Prozent.

Verrechnung Vermittlung	2.800,00 Euro	
an Verbindlichkeiten		2.520,00 Euro
an Erlöse Vermittlung		280,00 Euro

Geschäftsfall 2

Der Reisende bezahlt die Reise per Karte bei der Abholung der Reiseunterlagen im Reisebüro.

Bank	2.800,00 Euro	
an Umsätze Vermittlung		2.800,00 Euro

Geschäftsfall 3

Das Reisebüro überweist seine Verbindlichkeiten in Höhe von 2.520,00 Euro an den RV

Verbindlichkeiten	2.520,00 Euro	
an Bank		2.520,00 Euro

Der Abschluss der Verrechnungskonten zum Bilanzstichtag erfolgt, indem zunächst der Saldo des **Kontos Verrechnung Vermittlung** gebildet und dieser dann über das **Konto Umsätze Vermittlung** gegen gebucht wird. Diese Buchung führt zu einem Ausgleich der Konten, so dass sie nicht mehr über das SBK abgeschlossen werden.

Mit den Zahlen des Beispiels lauten die Buchungssätze entsprechend:

Umsätze Vermittlung   2.800,00 Euro
an Verrechnung Vermittlung   2.800,00 Euro
Erlöse Vermittlung   280,00 Euro
an GuV   280,00 Euro

Zum Bilanzstichtag (▸ Kapitel 3.3) kann es vorkommen, dass das Reisebüro die Rechnung für eine Reise des Kunden bereits gebucht hat, die entsprechende Rechnung des Veranstalters aber noch nicht beim Reisevermittler eingegangen ist. In diesem Fall muss das **Konto Umsätze Vermittlung** entsprechend über das SBK passiviert werden:

Umsätze Vermittlung   2.800,00 Euro
an SBK   2.800,00 Euro

Sollte der umgekehrte Fall eintreten, d. h. die Eingangsrechnung des RV bereits fakturiert, aber die Kundenrechnung noch nicht gebucht sein, muss das **Konto Verrechnung Vermittlung** entsprechend über das SBK aktiviert werden:

SBK   2.800,00 Euro
an Verrechnung Vermittlung   2.800,00 Euro

Einige RV erteilen den Reisebüros **keine Inkassovollmacht** und rechnen den Reisepreis direkt mit dem Kunden ab (**Direktinkasso**). In solchen Fällen bekommt der Reisevermittler seine Provision überwiesen. Der zugehörige Buchungssatz beim Empfänger lautet dann:

Bank   280,00 Euro
an Erlöse Vermittlung   280,00 Euro

Reisevermittler spezifizieren die Konten EVM, UVM und VVM häufig **entsprechend der von ihnen geführten Sparten**.

EVM	UVM	VVM
Erlöse Touristikvermittlung	Umsätze Reisevermittlung	Verrechnung Reisevermittlung
Erlöse Flug	Umsätze Flug	Verrechnung Flug
Erlöse Beförderungs-ausweise	Umsätze Beförderungs-ausweise	Verrechnung Beförderungs-ausweise
Erlöse sonstiger Reisebüro-geschäfte	Umsätze sonstiger Reise-bürogeschäfte	Verrechnung sonstiger Reise-bürogeschäfte

Tab. Spartenspezifikation der Konten EVM, UVM und VVM

9.3.2 Buchung der Vertretungskosten

Ein Reiseveranstalter erfasst die gezahlte Provision bzw. die Provision an Reisemittler auf dem **Konto 45 Vertretungskosten**. Dieses Konto wird auch von Reisebüros geführt, die selbst Reisen veranstalten und diese durch andere Reisebüros vermitteln lassen. Die **strikte Trennung** dient auch der Trennung zwischen der **Veranstalter- und Vermittlertätigkeit** eines Reisebüros.

Buchung der Vertretungskosten

Das Reisebüro *travel corner* oHG aus Landau veranstaltet eine Busreise an die Mosel ohne fremden Leistungsträger. Das Reisebüro Richter e. K. vermittelt fünf Reisen für die *travel corner* oHG zu einem Gesamtpreis von 250,00 Euro.

Hierfür erfolgen Buchungen:

© de la Motte

Geschäftsfall 1

Das Reisebüro travel corner OHG übersendet dem Reisebüro Richter e. K. die Reiseunterlagen und die Rechnung unter Abzug der Provision in Höhe von 10 Prozent.

Forderungen	225,00 Euro	
Vertretungskosten	25,00 Euro	
an Erlöse aus eigenen Veranstaltungen		250,00 Euro

Geschäftsfall 2

Eingang der Zahlung bei dem Reisebüro travel corner OHG

Bank	225,00 Euro	
an Forderungen		225,00 Euro

Handelt ein Reisevermittler im Rahmen eines Agenturvertrages (vgl. §§ 84 ff. HGB) so hat er Handelsvertreterstatus und handelt in eigenem Namen auf fremde Rechnung. Daher kann dieser Reisevermittler auch als **Erfüllungsgehilfe des Reiseveranstalters** gesehen werden. Der Reiseveranstalter bucht die zu leistende Provision an den Reisevermittler auf das **Konto Provisionen an Reisebüros**. Besteht kein ständiges Vertragsverhältnis zwischen dem Veranstalter und seinem Vertreter (Reisebüro), und wird dieser nur in einem Einzelfall oder gelegentlich gegen Entgelt tätig, so wird das zu leistende Entgelt (Provision) auf das Konto »Vertretungskosten« gebucht. Das **Konto Vertretungskosten** ist quasi das Pendant zum Konto Provisionsaufwand.

Das **Konto Vertretungskosten** ist ein Aufwandskonto und wird entsprechend über GuV abgeschlossen.

9.4 Besteuerung von Vermittlungsleistungen

Für die korrekte Buchung der Besteuerung von Vermittlungsleistungen sind zu unterscheiden:

© MEV Verlag GmbH

- ▸ Wer ist Leistungsempfänger?
- ▸ Wo ist der **Ort der Vermittlungsleistung**?
- ▸ Wo ist der **Ort des Leistungsempfangs**?
- ▸ Um welche Vermittlungsleistung handelt es sich?

Um das gesamte Besteuerungssystem verständlich darzustellen, muss zunächst zwischen den möglichen Leistungsempfängern der Vermittlungsleistung unterschieden werden. Rechtsgrundlage stellt dabei § 3a Absatz 2 und Absatz 3 des Umsatzsteuergesetzes (UStG) dar.

Leistungsempfänger können sein:

- ▸ ein steuerpflichtiger Unternehmer (***Business-to-Business, B2B***, vgl. auch Geschäftsreisen ▸ Fachwissen Tourismus Band 4, LF 8); Unternehmer ist dabei, wer eine gewerbliche oder berufliche Tätigkeit selbständig ausübt,

- ▸ ein nicht umsatzsteuerpflichtiger Endverbraucher (***Business-to-Customer, B2C***, vgl. auch Pauschalreisen ▸ Fachwissen Tourismus Band 1, LF 4 und 4.1).

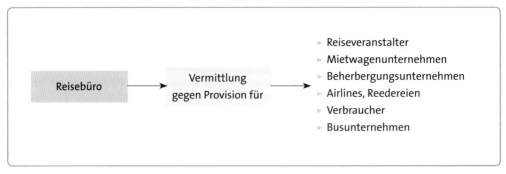

Abb. Vermittlungsleistung

Die folgenden Kapitel stellen die Vorgänge in Folge der Vermittlungsleistung dar. Zur Erklärung werden die entsprechenden Besteuerungsgrundlagen genannt.

9.4.1 Ortsbestimmung für die Vermittlungsleistung

Dem **Ort der Vermittlung** kommt bei der Besteuerung von Vermittlungsleistungen eine besondere Bedeutung zu, da er letztlich ausschlaggebend für das Ausmaß der Besteuerung ist. Es sind die folgenden Begrifflichkeiten zu klären:

Inland (§ 1 Abs. 2 UStG)   UStG

Inland im Sinne dieses Gesetzes ist das Gebiet der Bundesrepublik Deutschland mit Ausnahme des Gebiets von Büsingen, der Insel Helgoland, der Freizonen des Kontrolltyps I nach § 1 Abs. 1 Satz 1 des Zollverwaltungsgesetzes (Freihäfen), der Gewässer und Watten zwischen der Hoheitsgrenze und der jeweiligen Strandlinie sowie der deutschen Schiffe und der deutschen Luftfahrzeuge in Gebieten, die zu keinem Zollgebiet gehören.

Gemeinschaftsgebiet (§ 1 (2a) UStG)

Das Gemeinschaftsgebiet im Sinne dieses Gesetzes umfasst das Inland im Sinne des Absatzes 2 Satz 1 und die Gebiete der übrigen Mitgliedstaaten der Europäischen Gemeinschaft, die nach dem Gemeinschaftsrecht als Inland dieser Mitgliedstaaten gelten (übriges Gemeinschaftsgebiet). Das Fürstentum Monaco gilt als Gebiet der Französischen Republik; die Insel Man gilt als Gebiet des Vereinigten Königreichs Großbritannien und Nordirland.

Drittland – Drittlandsgebiet im Sinne dieses Gesetzes ist das Gebiet das nicht Gemeinschaftsgebiet ist (vgl. § 1 Abs. 2a UStG).

Die Steuer beträgt als **Regelsteuersatz** für jeden steuerpflichtigen Umsatz 19 Prozent der Bemessungsgrundlage (vgl. § 12 UStG). Die **Bemessungsgrundlage** ist dabei das »Entgelt« (Netto-Wert), das der Leistungsempfänger für eine Lieferung oder Leistung aufwenden muss (vgl. § 10 Abs. 1 UStG und ▸ Kapitel 9.5).

Steuerbare Umsätze (§ 1 UStG)   UStG

(1) Der Umsatzsteuer unterliegen die folgenden Umsätze:
die Lieferungen und sonstigen Leistungen, die ein Unternehmer im Inland gegen Entgelt im Rahmen seines Unternehmens ausführt. [...]

Nur wenn die Vermittlungsleistungen der Reisebüros nicht den Steuerbefreiungen nach § 4 Nr. 5 UStG unterliegen (d. h. es wird keine Umsatzsteuer erhoben) sind sie **steuerpflichtig** und müssen in Deutschland versteuert werden. Aufgrund der umsatzsteuerlichen Regelungen führt ein Reisevermittler generell zwei verschiedene Konten zur Erfassung der Provision aus der Vermittlung (EVM):

© de la Motte

▸ **Konto EVM steuerpflichtig**
▸ **Konto EVM steuerfrei**

Diese Kontenarten können weiter in entsprechende Kontenunterarten (Konten für spezielle Vermittlungsleistungen) untergliedert werden.

Umsatzsteuerfreie Umsätze

Vermittlungsprovisionen, die aufgrund von Agenturverträgen mit Fluggesellschaften und Reedereien für grenzüberschreitende Beförderungen von Personen mit Luftfahrzeugen oder Seeschiffen gezahlt werden, sind umsatzsteuerfrei, auch wenn das Unternehmen seinen Sitz in Deutschland hat.

BEISPIEL

Eine **sonstige Leistung**, die an einen anderen Unternehmer für dessen Unternehmen ausgeführt wird, wird vorbehaltlich bestimmter Ausnahmeregelungen an dem Ort ausgeführt, von dem aus **der Leistungsempfänger ein Unternehmen betreibt** (vgl. § 3a Abs. 2 UStG n. F.).

Entscheidend für die Umsatzsteuerpflicht für eine Provision in Deutschland ist in diesen Fällen der **Sitz des unternehmerischen Leistungsempfängers (Empfängerortprinzip)**.

9.4.2 Unterscheidung in den Vermittlungsleistungen

Die folgenden Tabellen zeigen die **Umsatzsteuerpflicht des Reisevermittlers** für **Provisionen bei Vermittlungsleistungen** und für Serviceentgelte von dem Endverbraucher.

 Vermittlung Unterkunftsleistung

Grundstücksleistungen (z. B. eine Beherbergung) werden dort erbracht, wo das Grundstück liegt (vgl. § 3a Abs. 3 Nr. 1 UStG n. F.). Dies wird **Belegenheitsort** genannt.

Entscheidend für die Umsatzsteuerpflicht für eine Provision in Deutschland ist dann, **ob das Grundstück in Deutschland liegt**.

Vermittlung Unterkunft	Ort der Vermittlung	
	Endverbraucher	Unternehmer
Unterkunft Inland	Belegenheitsort Steuerpflichtig	Belegenheitsort Steuerpflichtig
Unterkunft Gemeinschaftsgebiet (EU)	Belegenheitsort Nicht steuerpflichtig	Belegenheitsort Nicht steuerpflichtig
Unterkunft Drittland	Belegenheitsort Nicht steuerpflichtig	Belegenheitsort Nicht steuerpflichtig

Tab. Umsatzsteuerpflicht bei Vermittlung Unterkunftsleistung

Steuerpflicht bei Vermittlung Unterkunftsleistung

Ein Reisebüro aus Hamburg vermittelt gegen Provision des Hotels eine Hotelunterkunft in Frankfurt an einen Geschäftskunden.
► **die Provision ist steuerbar, steuerpflichtig**
  Ein Reisebüro aus Hamburg vermittelt gegen Provision des Hotels eine Hotelunterkunft in Paris an einen Geschäftskunden.
► **die Provision ist in Deutschland nicht steuerbar**
  Ein Reisebüro aus Hamburg vermittelt gegen Provision des Hotels eine Hotelunterkunft in Paris an einen privat Reisenden.
► **die Provision ist in Deutschland nicht steuerbar**
  Ein Reisebüro aus Hamburg vermittelt gegen Provision eines Reiseveranstalters (aus Hagen) eine Hotelunterkunft in Brüssel an einen privat Reisenden.
► **die Provision ist in Deutschland nicht steuerbar**

Buchung der Umsatzsteuer

Ein Reisebüro aus Hamburg vermittelt gegen Provision des Hotels (von 10 Prozent) für 160,00 Euro eine Hotelunterkunft in Frankfurt an einen privat Reisenden. Der Kunde zahlt die Hotelrechnung direkt an das Beherbergungsunternehmen. Dieses überweist die Provision inklusive der Umsatzsteuer an das Reisebüro.
► **die Provision ist steuerbar und steuerpflichtig**

Berechnung der Umsatzsteuer:

Provision = 10 % von 160,00 Euro = 16,00 Euro
Provision = 100 % steuerbar und steuerpflichtig = 16,00 Euro
Umsatzsteuersatz auf Beherbergungsleistungen 19 % = Umsatzsteuer = 3,04 Euro
Der zugehörige Buchungssatz lautet:

Bank	19,04 Euro	
an Erlöse Vermittlung		
(steuerpflichtig)		16,00 Euro
an USt		3,04 Euro

Reverse-Charge-Verfahren

Für die Vermittlung von Beherbergungsleistungen ist **für Umsätze im Bereich B2B** nicht generell der Belegenheitsort des Hotels relevant, sondern der **Ort, von dem aus der Leistungsempfänger sein Unternehmen betreibt** (vgl. § 3a Abs. 2 UStG n. F.).

Danach wird der Leistungsempfänger zum **Steuerschuldner** (engl. *reverse-charge*) und der **Auftraggeber hat** auf die empfangene Vermittlungsleistung die **Umsatzsteuer seines Landes selbst zu berechnen** und gegenüber seinem Finanzamt zu erklären.

Reverse-Charge-Verfahren
(Wechsel der Steuerschuldnerschaft)

Vermittelt ein Reisebüro mit Sitz in Hamburg einem belgischen Unternehmer Beherbergungsleistungen in Frankreich, so ist die Vermittlungsleistung des deutschen Unternehmens in Belgien (als Sitz des belgischen Unternehmers) steuerbar. Der belgische Leistungsempfänger wird Steuerschuldner. Der deutsche (leistende) Unternehmer muss eine Netto-Rechnung ausstellen mit dem Hinweis auf das *Reverse-Charge*-Verfahren.

 Vermittlung Flugleistung

Die Beförderung einer Person wird dort ausgeführt, wo die Beförderung bewirkt wird (so genannter »**gestaffelter Leistungsort**«).

Flüge werden i. d. R. nicht gegen Provision der Fluggesellschaft, sondern gegen **Serviceentgelte der (Privat-)Kunden** vermittelt **(Nullprovision)**. Erstreckt sich die Beförderung nicht nur auf das Inland, ist nur der Teil des Besorgungsentgeltes steuerpflichtig, der anteilig auf die Flugstrecke über das Inland entfällt **(Streckenprinzip)**.

Zahlt eine Fluggesellschaft an einen Reisevermittler Vermittlungsprovision, so richtet sich die Besteuerung (entsprechend dem Sitz der Fluggesellschaft) nach dem **Empfängerortprinzip** (vgl. § 3a Abs. 22 UStG). Die Provision für grenzüberschreitende Flüge von *Airlines,* die ihren Sitz im Inland haben, ist steuerbar, aber gemäß § 4 Nr. 5 UStG steuerbefreit.

Vermittlung Flug	Ort der Vermittlung	
	Endverbraucher	Unternehmer
Flug Inland (Binnenflug)	100 % steuerpflichtig	Empfängerortprinzip 100 % steuerpflichtig
Flug Gemeinschaftsgebiet (EU)	25 % steuerpflichtig	Empfängerortprinzip steuerbefreit
Flug Drittland	5 % steuerpflichtig	Empfängerortprinzip steuerbefreit
Besonderheit grenzüberschreitender Flug	Wahlrecht Streckenprinzip oder 5 %–25 %-Regelung	Empfängerortprinzip aber steuerbefreit

Tab. Umsatzsteuer bei Vermittlung Flugleistung

Es besteht ein **Wahlrecht** zwischen dem Streckenprinzip und der **Vereinfachungsregel (5 %–25 %-Regelung)**. Sie besagt, dass das Entgelt (Provision/Serviceentgelt) bei Vermittlungsleistungen an einen Privatkunden innerhalb der EU zu 25 Prozent und in ein Drittland zu 5 Prozent steuerpflichtig ist.

Besteuerung bei Vermittlung Flugleistung

Ein Reisebüro aus Hamburg vermittelt gegen Provision einer Fluggesellschaft mit Sitz in Frankfurt einen Flug für einen Geschäftsreisenden von Hamburg nach Madrid.

► **Die Provision ist steuerbar und zu 100 Prozent steuerbefreit.**

Ein Reisebüro aus Hamburg vermittelt gegen Provision (von 10 Prozent) einer Fluggesellschaft mit Sitz in Frankfurt einen Flug an einen Privatkunden von Hamburg nach München für 140,00 Euro. Der Kunde zahlt mit Karte.

► **Die Provision ist steuerbar und zu 100 Prozent steuerpflichtig.**

(Die Flugstrecke hat jedoch nicht immer Einfluss auf die steuerbare Vermittlerprovision und die Umsatzsteuerpflicht.)

Aufgrund der umsatzsteuerlichen Regelungen führt ein Reisevermittler **zwei verschiedene Konten** zur Erfassung der Provision aus der Vermittlung von Flügen:

► **Konto Erlöse Flugverkehr steuerpflichtig**
► **Konto Erlöse Flugverkehr steuerfrei**

© dell – Fotolia.com

Buchungen bei Vermittlung Flugleistung

Geschäftsfall 1

Der Kunde bucht und zahlt den Flug.

Bank	140,00 Euro	
an Umsätze Flugverkehr (steuerpflichtig)		140,00 Euro

Geschäftsfall 2

Das Reisebüro erhält von der Airline die Rechnung mit der Provisionsverrechnung.

Verrechnung Flugverkehr (steuerpflichtig)	140,00 Euro	
an Erlöse Flugverkehr (steuerpflichtig)		14,00 Euro
an Umsatzsteuer		2,66 Euro
an Verbindlichkeiten		123,34 Euro

Geschäftsfall 3

Das Reisebüro gleicht die Eingangsrechnung der Airline aus.

Verbindlichkeiten	123,34 Euro	
an Bank		123,34 Euro

Vermittlung Bus-/Bahn-Beförderung

Reisebusse sind ein beliebtes Verkehrsmittel für Urlaubs- und Freizeitfahrten. Jährlich fahren über 100 Millionen Fahrgäste in Deutschland mit einem Reisebus (darunter ca. 80 Millionen Tagesausflügler/Teilnehmer an Klassenfahrten und ca. sechs Millionen für eine Urlaubsreise von mindestens fünf Tagen).

Bus und Bahn zählen zu den umweltfreundlichsten Verkehrsmitteln und bieten hohen Fortbewegungskomfort mit ausreichendem Sitzabstand und relativ großzügiger Gepäckbeförderung.

Vermittlung Bus/Bahn	Ort der Vermittlung	
	Endverbraucher	Unternehmer
Bus Inland	Streckenprinzip 100 % steuerpflichtig	Empfängerortprinzip
Bus Gemeinschaftsgebiet (EU)	Streckenprinzip	Empfängerortprinzip
Bus Drittland	Streckenprinzip	Empfängerortprinzip
Bahn Inland	Streckenprinzip 100 % steuerpflichtig	Empfängerortprinzip
Bahn Gemeinschaftsgebiet (EU)	Streckenprinzip	Empfängerortprinzip
Bahn Drittland	Streckenprinzip	Empfängerortprinzip

Tab. Umsatzsteuer bei Vermittlung Bus-/Bahn-Beförderung

Aufgrund der umsatzsteuerlichen Regelungen führt ein Reisevermittler verschiedene Konten zur Erfassung der Provisionen aus der Vermittlung der Beförderungsleistungen von Bus und Bahn:

- **Konto Erlöse Bus steuerpflichtig**
- **Konto Erlöse Bahn steuerpflichtig**
- **Konto Erlöse Bus steuerfrei**
- **Konto Erlöse Bahn steuerfrei**

Vermittlung Bus-/Bahn-Beförderung
Ein Reisebüro aus Hamburg vermittelt gegen Provision (von 10 Prozent) für einen Busunternehmer aus Hamburg Beförderungen an Privatkunden von Hamburg nach Kopenhagen zu einem Preis von 400,00 Euro. Die Kunden zahlen bar an das Reisebüro. Das Streckenverhältnis soll im Verhältnis Inland zu Gemeinschaftsgebiet 1:3 sein.
- Nur der inländische Anteil ist steuerbar und steuerpflichtig.

Berechnung der Umsatzsteuer:

Provision = 10 % von 400,00 Euro = 40,00 Euro

Das Streckenverhältnis beträgt 1: 3. Dies entspricht insgesamt vier Teilen von welchen ein Teil (= 25 %) steuerpflichtig ist. Somit ist die Provision zu 25 % steuerpflichtig; 40,00 Euro : 4 = 10,00 Euro.

Umsatzsteuersatz auf Beförderungsleistung Bus/Bahn 19 % = 1,90 Euro.

Provision = steuerbar und steuerpflichtig = 1,90 Euro

Buchungen:

Verrechnung Busverkehr	400,00 Euro	
an Erlöse Busverkehr		40,00 Euro
(steuerpflichtig)		
an Umsatzsteuer		1,90 Euro
an Verbindlichkeiten		358,10 Euro

Aber: Ein Reisebüro aus Hamburg vermittelt gegen Provision für einen Busunternehmer aus Hamburg Beförderungen an Geschäftskunden aus Kiel.

▸ **Provision ist steuerbar und zu 100 % steuerpflichtig**

Vermittlung Mietwagenleistung

 Neben der **klassischen Mietwagenvermittlung** vermitteln Reisebüros auch **Mietwagenrundreisen.** Bei dieser Reiseform können u. a. Individualleistungen wie Mietwagen, Flüge oder Unterkunftsbausteine kombiniert und der Startpunkt individuell festgelegt werden.

Vermittlung Mietwagen	Ort der Vermittlung	
	Endverbraucher	Unternehmer
Autovermietung Sitz/Betriebsstätte im Inland	Mietzeitraum bis 30 Tage (einschl.) ▸ Ort, an dem der Mietwagen zur Verfügung gestellt wird Längerer Mietzeitraum ▸ Ort des Leistungsempfängers	Empfängerort-prinzip
Autovermietung Sitz/Betriebsstätte im Gemeinschafts-gebiet (EU)	▸ Mietzeitraum bis 30 Tage (einschl.) ▸ Ort, an dem der Mietwagen zur Verfügung gestellt wird Längerer Mietzeitraum ▸ Ort des Leistungsempfängers	Empfängerort-prinzip
Autovermietung Sitz/Betriebsstätte im Drittland	Leistungsort ▸ bei Nutzung des Mietwagens in Deutschland steuerpflichtig	Empfängerort-prinzip

Tab. Umsatzsteuer bei Vermittlung Mietwagenleistung

Aufgrund der umsatzsteuerlichen Regelungen führt ein **Reisevermittler zwei verschiedene Konten** zur Erfassung der Provision aus der Vermittlung von Mietwagen:

- **Konto Erlöse Mietwagenvermittlung steuerpflichtig**
- **Konto Erlöse Mietwagenvermittlung steuerfrei**

Vermittlung Mietwagenleistung

BEISPIEL

Fall 1: Ein Reisebüro aus Nürnberg vermittelt an einen Privatkunden für einen Autovermieter aus München ein Fahrzeug auf Gran Canaria für 35 Tage.

- **Die Provision ist steuerbar und steuerpflichtig. (Ort des Leistungsempfängers)**

Fall 2: Ein Reisebüro aus Speyer vermittelt gegen Serviceentgelt an einen Privatkunden einen Mietwagen auf Kreta für 18 Tage.

- **Das Serviceentgelt ist steuerfrei.**

Fall 3: Ein Privatmann aus Kleve bucht in einem Reisebüro in Mönchengladbach einen Mietwagen für 35 Tage von einem in Düsseldorf ansässigen Mietwagenunternehmen. Der Kunde zahlt den Mietpreis über 1.600,00 mit Karte im Reisebüro. Der Wagen wird ihm wie gewünscht in Malaga zur Verfügung gestellt.

- **Die Provision (von 10 %) ist steuerbar und steuerpflichtig, weil der Mietzeitraum größer als 30 Tage ist. (Ort des Leistungsempfängers)**

Berechnung der Umsatzsteuer:

Provision = 10 % von 1.600,00 Euro = 160,00 Euro
Umsatzsteuersatz auf Mietwagen 19 % = 30,40 Euro

Buchungen:

Verrechnung Mietwagen   1.600,00 Euro

an Erlöse Mietwagen (steuerpflichtig)	160,00 Euro
an Umsatzsteuer	30,40 Euro
an Verbindlichkeiten	1.409,60 Euro

Vermittlung Kreuzfahrten

Der Kreuzfahrtmarkt *boomt.* Aufgrund der zu erwartenden Kapazitäts- und soziodemografischen Entwicklung werden qualitätsbewusste *Best Ager* sowie erlebnisorientierte jüngere Reisende (Urlaubstypen ► Fachwissen Tourismus Band 2, LF 7, Kapitel 1.3) die Gesamtnachfrage bis zum Jahr 2020 in Deutschland auf zwei Millionen verdoppeln.

Vermittlung Kreuzfahrten	Ort der Vermittlung	
	Endverbraucher	Unternehmer
Kreuzfahrt auf Flüssen Inland	Streckenprinzip	Empfängerortprinzip
Seeschifffahrt Inland	Streckenprinzip	Empfängerortprinzip
Schiff Gemeinschaftsgebiet (EU)	Streckenprinzip	Empfängerortprinzip
Seeschifffahrt Drittland	Streckenprinzip	Empfängerortprinzip
Besonderheit: grenzüberschreitende Beförderung Seeschifffahrt	**Grundsatz:** Streckenprinzip; **Ausnahme:** Inlandsstrecke ist steuerfrei bei Vermittlung für Reederei und Empfängerort in Deutschland	**Grundsatz:** Empfängerortprinzip; **Ausnahme:** Inlandsstrecke ist steuerfrei bei Vermittlung für Reederei und Empfängerort in Deutschland

Tab. Umsatzsteuer bei Vermittlung Kreuzfahrten

Besteuerung Vermittlung Kreuzfahrten

BEISPIEL

Ein inländisches Reisebüro vermittelt für eine inländische Reederei gegen Provision eine Schiffsreise von Hamburg nach New York an den Geschäftsreisenden Unterwegs aus Berlin. ▸ die Provision ist steuerbar aber steuerfrei (vgl. § 4 Nr. 5 lit. c UStG)

Vermittlung Pauschalreiseleistung

Am 17. Mai 1861 schickte **Tourismus-Pionier *Thomas Cook*** die ersten Pauschalreisenden von London nach Paris. Er behielt eine Provision von fünf Prozent vom Festpreis für die Vermittlung ein.

Vermittlung Pauschalreisen	Ort der Vermittlung	
	Endverbraucher	Unternehmer
Pauschalreise	Sitz/Betriebsstätte des RV	Empfängerortprinzip
Pauschalreise mit grenzüberschreitendem Flug als Eigenleistung	Sitz/Betriebsstätte des RV	Gesamte Vermittlungsleistung zu 70 % steuerpflichtig bei Vermittlung für Veranstalter
Pauschalreise mit EU-Busbeförderung als Eigenleistung	Sitz/Betriebsstätte des RV	Empfängerortprinzip
Pauschalreise mit Drittlandsbeförderung als Eigenleistung	Sitz/Betriebsstätte des RV	Empfängerortprinzip

Tab. Umsatzsteuer bei Vermittlung Pauschalreiseleistung

Vermittlung Pauschalreiseleistung

Ein Reisebüro aus Hamburg vermittelt an Privatkunden gegen Provision des Reiseveranstalters aus Hannover eine Pauschalreise nach Ägypten.

▸ die Provision ist steuerbar und steuerpflichtig

Das Ehepaar Bilstein bucht im Reisebüro Sunshine e. K. in Lübeck eine Pauschalreise eines deutschen RV nach Südafrika für 5.000,00 Euro und zahlt 20 Prozent des Reisepreises bar im Reisebüro an. Die Provision für den Vermittler beträgt acht Prozent des Reisepreises.

▸ Die Provision ist steuerbar und steuerpflichtig.

Es ergeben sich die folgenden Geschäftsvorfälle:

Geschäftsfall 1

Das Reisebüro erhält die Kundenanzahlung.

Kasse	1.000,00 Euro	
an Kundenanzahlung		1.000,00 Euro

Geschäftsfall 2

Das Reisebüro fakturiert die Rechnung und sendet sie an das Ehepaar Bilstein.

an Forderungen LuL	4.000,00 Euro	
an Kundenanzahlung	1.000,00 Euro	
an Umsätze Vermittlung		5.000,00 Euro

Geschäftsfall 3

Das Reisebüro erhält die Reiseunterlagen des Veranstalters und die Rechnung unter Berücksichtigung einer Provision in Höhe von acht Prozent.

Verrechnung Vermittlung	5.000,00 Euro	
an Erlöse Vermittlung (steuerpflichtig)		400,00 Euro
an Umsatzsteuer		76,00 Euro
an Verbindlichkeiten		4.524,00 Euro

Geschäftsfall 4

Die Reisenden zahlen bei Abholung der Reiseunterlagen den restlichen Reisepreis unbar.

Bank	4.000,00 Euro	
an Forderungen LuL		4.000,00 Euro

Geschäftsfall 5

Das Reisebüro gleicht die Rechnung des Veranstalters aus.

Verbindlichkeiten	4.524,00 Euro	
an Bank		4.524,00 Euro

Ausnahme: Bei einer gemischten Reise mit einer Eigenleistung der Luftbeförderung ist nach der **70:30-Regel** möglich, dass der steuerpflichtige Provisionsanteil auf pauschal 70 Prozent begrenzt wird.

Vermittlung von Eintrittskarten/Tickets

Ob zu klassischen Klängen, *Musicals* oder *Shows*, Sport-
events, Festivals oder Messen und Sehenswürdigkeiten,
ohne Eintrittskarten geht kaum etwas. Der **Kauf bzw. die
Reservierung von Eintrittskarten** über ein Reisebüro er-
spart vor Ort häufig nicht nur das »*Fare la fila*« wie die Ita-
liener zum Schlangestehen sagen, sondern hilft bei früh-
zeitigem Erwerb auch noch sparen.

Vermittlung Eintrittskarten/Tickets	Ort der Vermittlung	
	Endverbraucher	Unternehmer
Für EU-Veranstaltung von EU-Veranstaltern	Aufführungsort im Gemeinschafts-gebiet (außer im Inland) nicht steuerbar	Empfängerortprinzip

Tab. Umsatzsteuer bei Vermittlung Eintrittskarten/Tickets

Vermittlung von Eintrittskarten/Tickets
Ein Reisebüro aus Hamburg vermittelt gegen Provision der Aufführungs-
gesellschaft in Hamburg Eintrittskarten für ein Musical in Hamburg an Privatkunden.
► **die Provision ist steuerbar und steuerpflichtig.**

Besteuerung von Serviceleistungen

Erhebt ein Reisebüro am Sitz bzw. der Betriebsstätte des Reisebüros in Deutschland so genannte **Counter fees** oder **Service fees** für eine von einem Endkun-
den nachgefragte Serviceleistung (Beispiel: die Beschaffung eines Visum) sind
diese Servicegebühren in Deutschland steuerbar und steuerpflichtig.

Besteuerung und Buchung einer Servicegebühr
Ein Reisebüro aus Koblenz berechnet seinem Kunden ein Serviceentgelt
für die Beschaffung eines Visums über 10,00 Euro.
► **die Leistung ist steuerbar und steuerpflichtig**

Der Buchungssatz lautet:

Kasse	10,00 Euro	
an Umsätze sonstige Reisebürogeschäfte (steuerpflichtig)		8,40 Euro
an Umsatzsteuer		1,60 Euro

Die Vermittlung von Versicherungen und Visa ist generell umsatzsteuerfrei,
nur die erhobenen Servicegebühren schlagen umsatzsteuerpflichtig zu Buche.

9.5 Besteuerung von eigenen Reiseleistungen

Generell wird bei Veranstalterleistungen zwischen **der Regel- und der Margenbesteuerung** unterschieden.

Der Regelbesteuerung unterliegen Veranstaltungsleistungen, die

© Gina Sanders – Fotolia.com

> ausschließlich **Eigenleistungen** umfassen und an B2C-Kunden veräußert werden sowie
> **Veranstaltungsleistungen** mit und ohne fremde Leistungsträger, die an B2B-Kunden z. B. in Form von ***Incentive*-Reisen, Betriebsausflügen, Geschäftsreisen oder im Rahmen von Kettengeschäften** (Reiseveranstalter A verkauft Reisen an Reiseveranstalter B, der diese unter eigenem Namen und Marktrisiko weiter vertreibt) verkauft werden.

> **Bemessungsgrundlage** für die Umsatzsteuer bei der Regelbesteuerung ist der Nettoreisepreis (vgl. Vollkostenrechnung ▸ LF 6, Kapitel 2.3). Bei der Regelbesteuerung wird die auf den Rechnungen (Eingangsrechnung ER oder Ausgangsrechnung AR) ausgewiesene Umsatzsteuer direkt auf den Konten Umsatzsteuer und Vorsteuer gebucht.

Eigenleistung und Vorleistungen
Umsätze aus Eigenleistungen unterliegen der Regelbesteuerung, die Vorleistungen unterliegen der Margenbesteuerung.

MERKE

Margenbesteuerung

Für die **Besteuerung von Reiseleistungen** wurde mit der Vorschrift des **§ 25 UStG** ein besonderes Besteuerungsverfahren (Brutto-Umsatzbesteuerung mit Vor-Umsatzabzug) eingeführt. Bei der Besteuerung nach § 25 UStG unterliegt nicht das vom Leistungsempfänger gezahlte Entgelt der Umsatzsteuer. Für die Besteuerung der Reiseleistungen ist vielmehr die so genannte **Marge** zu berechnen. Sie ist die Differenz (Marge) zwischen dem Betrag, den der Leistungsempfänger zahlt, um die Leistung zu erhalten und den Aufwendungen für die Reisevorleistungen inkl. in- und ausländischer Umsatzsteuer (Differenzbesteuerung). Es handelt sich hierbei um die Bruttomarge, aus der die Umsatzsteuer mit 19/119 herauszurechnen ist.

Die Margenbesteuerung ist anzuwenden, soweit die folgenden drei Tatbestände gleichermaßen erfüllt sind:

> der Unternehmer muss im eigenen Namen gegenüber dem Leistungsempfänger auftreten,

▶ der Unternehmer muss Reisevorleistungen in Anspruch nehmen,

▶ die Leistungen müssen für die private Sphäre (B2C-Kunden) des Leistungsempfängers bestimmt sein.

Margenbesteuerung **MERKE**
Für Privatkunden veranstaltete Reisen in eigenen Namen und auf eigene
Rechnung mit fremden Leistungsträgern unterliegen der Margenbesteuerung.
Marge = Reiseverkaufspreis (brutto) − Einkaufspreis für die Reisevorleistungen (brutto)

Die nach Abzug der Reisevorleistungen von den Reiseerlösen verbleibende Margeist nur insoweit umsatzsteuerpflichtig, wie die eingesetzten Reisevorleistungen im Gemeinschaftsgebiet erbracht werden, im Übrigen (für Drittlandsreisen) aber steuerfrei.

Umsatzsteuer auf Margen **BEISPIEL**

Kauft ein Reisebüro eine Reiseleistung zum Preis von 600,00 Euro inklusive Zielgebietsumsatzsteuer im EU-Gebiet ein, die es an den Reisenden für 800,00 Euro verkauft, muss es nur die in der Marge von 200,00 Euro enthaltende Umsatzsteuer entrichten.

Kundenmaxime statt Reisendenmaxime

Nach deutschem Recht (§ 25 UStG) wird ein Reiseunternehmen nur dann nach der Marge besteuert, wenn es an den endverbrauchenden Reisenden selbst leistet. Der deutschen Regelung die Margenbesteuerung nur auf Reiseleistungen, die an private Endabnehmer (sog. B2C-Umsätze) erbracht werden, zu beschränken, hat der EuGH widersprochen. Nach der Rechtsprechung des EuGH kommt es bei den Anwendung der Margenbesteuerung (MwStSystRL) nicht darauf an, ob der Leistungsempfänger ein Endverbraucher (Reisendenmaxime) oder Unternehmer ist (»Kundenmaxime statt Reisendenmaxime«), sondern die Bestimmung zur Margenbesteuerung ist für »alle Arten von Kunden«

anwendbar (EuGH v. 26.9.2013, C 189/11, Kommission/Spanien). Die EU-Kommission hat Deutschland vor dem Europäischen Gerichtshof wegen der Margenbesteuerung von Reisebüros verklagt, da Deutschland versäumt hat, für eine ordnungsgemäße Anwendung der in der Richtlinie 2006/112/EG des Rates vorgesehenen Mehrwertsteuer-Sonderregelung für Reisebüros zu sorgen.

© MEV Verlag GmbH

Hinweis: In der Rechnung für Reiseleistungen nach der Sonderreglung (§ 25 UStG) muss die Formulierung »Sonderregelung für Reisebüros« bzw. die Formulierung »Margin scheme/Travel agents« enthalten sein.

Bestimmung der Bemessungsgrundlage (Nettomarge)

	Reisepreis (ohne Vermittlungsanteil und Eigenleistung)
−	Reisevorleistungen
=	Bruttomarge
−	Drittlandsmarge (immer steuerfrei)
=	EU Bruttomarge (immer steuerpflichtig)
−	in EU Bruttomarge enthaltene Umsatzsteuer (Margensteuer)
=	<u>Nettomarge/Bemessungsgrundlage</u>

Für die Besteuerung ist zwischen **EU-Gebiet und Nicht-EU-Gebiet** zu unterscheiden. Die Drittlandsmarge ist immer steuerfrei. Liegt der Leistungsort dagegen in einem EU-Staat ist die Marge immer mit 19 Prozent umsatzsteuerpflichtig.

Margenbesteuerung nur EU-Gebiet

Ein RV veranstaltet im Dezember eine Bahnpauschalreise von Frankfurt a. M. nach Garmisch-Partenkirchen. Der Reisepreis für die 60 Teilnehmer beträgt jeweils 120,00 Euro. Als fremde Vorleistungen nimmt der RV in Anspruch: Deutsche Bahn AG mit insgesamt 1.800,00 Euro, Hotel in Garmisch mit insgesamt 3.000,00 Euro, die Summe der Reisevorleistungen beträgt 4.800,00 Euro.

Berechnung der Marge (alle Beträge in Euro):

	Reisepreis gesamt (60 · 120,00 Euro)	7.200,00
−	Reisevorleistungen	4.800,00
=	Bruttomarge	2.400,00
−	Margensteuer (19/119)	383,19
=	Nettomarge/Bemessungsgrundlage	<u>2.016,81</u>

Das Hotel wurde im Beispiel mit 19 % Umsatzsteuer verrechnet.

Margenbesteuerung EU-Gebiet und Drittland

Ein Reiseveranstalter veranstaltet eine achttägige Pauschalreise in eigenem Namen und mit fremden Leistungsträgern (Bus, Hotel) von Deutschland über die Schweiz nach Italien. Die 40 Teilnehmer der Reise zahlen jeweils einen Reisepreis von 595,00 Euro, Gesamterlös: 23.800,00 Euro.

► ► ►

Beispiele Reisevorleistungen: Beförderung, Transfer, Unterbringung, Verpflegung, Eintritt, Versicherungen

Abrechnungsdaten

Hotel mit HP in der Schweiz (umgerechnet) 4.800,00 Euro
Hotel mit HP in Italien 12.000,00 Euro
Buseinsatz 5.000,00 Euro
Buseinsatz EU-Gebiet 80 %, Buseinsatz Nicht-EU-Gebiet 20 %

Berechnung der Marge (alle Beträge in Euro):

Reisevorleistungen	EU-Gebiet	Nicht-EU-Gebiet	Gesamt
Bus	4.000,00	1.000,00	5.000,00
Hotel	12.000,00	4.800,00	16.800,00
Summe	16.000,00	5.800,00	21.800,00
Prozentuale Aufteilung	73,40 %	26,60 %	100 %

Gesamterlös	23.800,00
− Reisevorleistungen 100 %	21.800,00
= Bruttomarge	2.000,00
− davon steuerpflichtig 73,40 %	1.468,00
− Margensteuer (19/119)	234,38
= Nettomarge/Bemessungsgrundlage	1.233,62

Die Bemessungsgrundlage für die Margensteuer beträgt 1.233,62 Euro.

Die **Margensteuer (=Umsatzsteuer) ist eine Verbindlichkeit gegenüber dem Finanzamt**. Sie hat eine spezielle Form der Berechnung und wird deshalb auf einem besonderen Berechnungsbogen erfasst. Die Margensteuer ist in demselben Turnus wie die Umsatzsteuer-Voranmeldung beim Finanzamt zu melden.

Exkurs: Negative Margen

Sind die Kosten für die Reisevorleistungen ebenso hoch wie der vom Teilnehmer zu zahlende Preis (z. B. bei Vereinsreisen), bleiben die Leistungen umsatzsteuerfrei. Das gleiche gilt, wenn eine negative Marge entsteht. Negative Margen dürfen nicht von einer positiven Bemessungsgrundlage aus anderen Reiseleistungen oder von Umsätzen, die nicht der Margenbesteuerung unterliegen, abgezogen werden.

© MEV Verlag GmbH

Berücksichtigung von Eigenleistungen
und Fremdleistungen

BEISPIEL

Ein Reiseveranstalter mit Sitz in Neustadt a. d. W. führt eine Omnibuspauschalreise im Inland aus. Der Preis beträgt 700,00 Euro. Es nehmen 50 Personen teil. Dem Unternehmer entstehen folgende Aufwendungen (alle Beträge in Euro):

Eigenleistungen

Beförderung mit eigenem Bus	6.000,00	
Betreuung am Zielort durch angestellte Reiseleiter	1.500,00	
insgesamt	7.500,00	(25 %)
Reisevorleistungen Dritter (Unterkunft und Verpflegung)	22.500,00	(75 %)
Gesamtkosten	<u>30.000,00</u>	(100 %)

Die Marge errechnet sich wie folgt:

	Reisepreis (Aufwendungen der Reiseteilnehmer)	35.000,00
./.	25 % für Eigenleistungen	8.750,00
./.	Reisevorleistungen	22.500,00
	Marge	3.750,00
./.	darin enthaltene Umsatzsteuer (19/119 = Steuersatz 19 %)	598,73
	Nettomarge/Bemessungsgrundlage	<u>3.151,27</u>

Der Unternehmer hat mit 19 % seinen Umsatzanteil netto zu versteuern:

	seine Eigenleistung	7.500,00
./.	darin enthaltene Umsatzsteuer in Höhe von 19/119	1.197,48
		6.302,52
	+ Nettomarge	3.151,27
	Insgesamt	<u>9.453,79</u>

Die Bemessungsgrundlage für die Umsatzsteuer beträgt 9.453,79 Euro.

Die in den **Eingangsrechnungen der fremden Leistungsträger ausgewiesene Umsatzsteuer** darf nicht als Vorsteuer abgezogen werden. Sie wird stattdessen immer brutto gebucht.

Für die Buchung der Margensteuer werden **separate Bestandskonten** geführt:

▸ Konto EVA (vgl. § 25 UStG)
▸ Konto EVA (**steuerfrei**)
▸ Konto AVA (vgl. § 25 UStG)
▸ Konto AVA (**steuerfrei**)

Berechnung der Nettomarge

Ein Reisebüro veranstaltet eine 3-tägige Reise nach Berlin. Dazu mietet es als Veranstalter von einem Busunternehmer aus Düsseldorf einen Bus für 2.975,00 Euro (brutto) an. Die Hotelkosten inklusive USt belaufen sich auf 8.330,00 Euro. Die Reisegruppe umfasst 50 Personen. Der Reisepreis pro Pax beträgt 300,00 Euro.

Berechnung der Marge (alle Beträge in Euro):

	Reisepreis	15.000,00
−	Reisevorleistungen	11.305,00
=	Bruttomarge	3.695,00
−	Umsatzsteuer (19/119)	589,96
=	Nettomarge	3.105,04

Die Bemessungsgrundlage für die Umsatzsteuer beträgt 3.105,04 Euro.

Die Geschäftsfälle sind folgendermaßen zu buchen:

Geschäftsfall 1

Die Kunden bekommen bei der Buchung ihre Rechnung und zahlen mit Karte.
Bank   15.000,00 Euro
an EVA (§ 25 UStG)   14.410,04 Euro
an USt   589,96 Euro

Geschäftsfall 2

Die Rechnungen des Busunternehmens und des Hotels gehen am Reiseende ein.
AVA (§ 25 UStG)   8.330,00 Euro
an Verbindlichkeiten   8.330,00 Euro
AVA (§ 25 UStG)   2.975,00 Euro
an Verbindlichkeiten   2.975,00 Euro

Geschäftsfall 3

Das Reisebüro überweist die Rechnungsbeträge an die fremden Leistungsträger.
Verbindlichkeiten   8.330,00 Euro
an Bank   8.330,00 Euro
Verbindlichkeiten   2.975,00 Euro
an Bank   2.975,00 Euro

Der **Abschluss der Konten AVA und EVA** erfolgt wie gewohnt über GuV.

1. Der Busreiseveranstalter Globus-Tour e. K. veranstaltet eine Tagesfahrt mit eigenem Bus zum Nürnberger Christkindlmarkt. Bilden Sie jeweils die Buchungssätze:

    a) Der Vorsitzende des Kegelclubs »Gut Holz« bucht für sich und seine Kegelbrüder die Reise und zahlt bar 50,00 Euro an.

    b) Das Reisbüro sendet ihm die Rechnung über den Restbetrag in Höhe von 300,00 Euro zu.

    c) Der Vorsitzende des Kegelclubs gleicht die Rechnung durch Banküberweisung aus.

2. Das Reisebüro *travel corner* e. K. veranstaltet mit eigenem Bus eine viertägige Reise zur Mecklenburgischen Seenplatte. Neben drei Übernachtungen mit HP ist auch eine Ausflugsfahrt auf der Elbe im Pauschalarrangement zu 380,00 Euro pro Pax enthalten. Bilden Sie die Buchungssätze für folgende Geschäftsfälle:

    a) Das Ehepaar Klopp bucht die Reise und zahlt 25 % des Reisepreises bar an.

    b) Das Reisebüro erstellt die Rechnung über die gebuchte Reise unter Berücksichtigung der Anzahlung und sendet sie dem Ehepaar Klopp zu.

    c) Das Ehepaar Klopp holt die Reiseunterlagen im Reisebüro ab und zahlt den ausstehenden Reisepreis mit Bankkarte.

    d) Das Reisebüro erhält die Eingangsrechnung des Hotels über 160,00 Euro pro Pax für drei Übernachtungen.

    e) Das Reisebüro erhält die Eingangsrechnung der Schifffahrtsgesellschaft über 240,00 Euro.

3. Reisebüro Globetrotter e. K. veranstaltet mit eigenem Bus eine Tagesfahrt zum Technikmuseum nach Speyer. Die Familie Dureck, zwei Erwachsene mit zwei Kindern, bucht die Reise inklusive Eintritt ins Technikmuseum zum Gesamtpreis von 180,00 Euro. Buchen Sie hierzu folgende Geschäftsfälle:

    a) Die Reiseanzahlung von Herrn Dureck in Höhe von 36,00 Euro wird dem Reisebüro gut geschrieben.

    b) Das Reisebüro erstellt die Rechnung unter Berücksichtigung der Anzahlung und sendet sie an Herrn Dureck.

    c) Herr Dureck überweist den Forderungsbetrag.

    d) Die Rechnung des Technikmuseums über die Eintrittskarten in Höhe von 60,00 Euro geht beim Reisebüro ein.

    e) Das Reisebüro gleicht seine Verbindlichkeiten gegenüber dem Technikmuseum durch Banküberweisung aus.

4. Das Reisebüro *travel corner* e. K. weist in der Eröffnungsbilanz folgende Bestände (in Euro) aus:

Fuhrpark	300.000,00	Eigenkapital	290.000,00
BGA	75.000,00	Darlehen	120.000,00
Forderungen aus L+L	50.000,00	Verbindlichkeiten	47.500,00
Kasse	2.500,00		
Bank	30.000,00		

Buchen Sie folgende Geschäftsfälle in Haupt- und Grundbuch:

a) Rechnungseingang für einen Werbe*flyer*   400,00 Euro
b) Zinsgutschrift der Bank   600,00 Euro
c) Banklastschrift Kommunikationskosten   180,00 Euro
d) Banküberweisung der Ladenlokalmiete   1.600,00 Euro
e) *travel corner* e. K. veranstaltet eine Musicalfahrt nach Hamburg. Frau Gauweiler bucht zwei Plätze für 120,00 Euro und zahlt mit Bankkarte.
f) Barkauf von Kopierpapier und Druckerpatronen   75,00 Euro
g) Zielverkauf eines Firmenfahrzeuges   2.800,00 Euro
h) *travel corner* e. K. veranstaltet mit eigenem Bus eine Tagesfahrt zur Kulturlandschaft Zollverein in Essen. Eine VHS-Gruppe bucht diese Reise für 20 Personen und zahlt 25 Prozent des Reisepreises über 600,00 Euro bar an.
i) Das Reisebüro fakturiert die Rechnung unter Berücksichtigung der Anzahlung und sendet sie an die VHS.
j) Die VHS gleicht die Forderung durch Banküberweisung aus.
k) Das Reisebüro kauft einen Laptop für 1428,00 Euro und zahlt bar.

5. Das Ehepaar Himmelhoch bucht im Reisebüro Reiseinsel e. K. eine Pauschalreise für 3.800,00 Euro nach Andalusien vom Reiseveranstalter Sun, Fun und Mee(h)r GmbH. Buchen Sie die Geschäftsfälle:

a) Das Ehepaar Himmelhoch zahlt 20 Prozent des Reisepreises bei der Buchung bar an.
b) Das Reisebüro fakturiert die Rechnung und sendet sie an das Ehepaar.
c) Das Reisebüro erhält vom Veranstalter die Reiseunterlagen und die Rechnung unter Abzug der Provision in Höhe von 10 Prozent.
d) Der Reisende bezahlt die Restforderung per Bankkarte bei der Abholung der Reiseunterlagen im Reisebüro.
e) Das Reisebüro überweist seine Verbindlichkeiten in Höhe von 3.420,00 Euro an den Reiseveranstalter.

6. Der Busreiseveranstalter Ehrlich e. K. führt eine mehrtägige Fahrt in den Schwarzwald durch. Neben ihm wird diese Reise auch von dem befreundeten Reisebüro Beiner oHG vertrieben, das 10 Plätze für diese Reise zum Gesamtpreis von 750,00 Euro vermittelt. Buchen Sie die Geschäftsfälle:

© B. Bassus

a) Das Reisebüro Ehrlich übersendet dem Reisebüro Beiner die Reiseunterlagen und die Rechnung unter Abzug der Provision in Höhe von 10 Prozent.

b) Eingang der Zahlung bei Reisebüro Ehrlich e. K. nach wenigen Tagen.

7. Welche Aussagen sind richtig?

a) Das Konto EVA ist ein Ertragskonto.
b) Das Konto EVM ist ein Ertragskonto.
c) Das Konto AVA erfasst den Reisepreis (netto).
d) Das Konto AVA erfasst den Preis für die fremden Vorleistungen (netto).
e) Das Konto UVM ist ein passives Verrechnungskonto.
f) Das Konto VVM erfasst die Forderungen eines Reisebüros gegenüber dem Veranstalter aufgrund einer verkauften Reise.
g) Verrechnungskonten sind Hilfskonten die sich beim Jahresabschluss immer ausgleichen.8.   Bilden Sie die Buchungssätze:

a) Verkauf eines Flugtickets Hamburg-München. Der Kunde zahlt mit Bankkarte 300,00 Euro.
b) Die Rechnung der *Airline* geht ein und gewährt dem Reisebüro fünf Prozent Provision.
c) Das Reisebüro gleicht die Rechnung durch Banküberweisung aus.

9. Bitte entsprechend buchen: Ein Busreiseveranstalter führt eine Klassenfahrt in den Kölner Zoo durch.

a) Der Fahrer betankt den Bus unterwegs und zahlt dafür bar 220,00 Euro.
b) Der Busreiseveranstalter stellt der Schule für die Fahrt 480,00 Euro in Rechnung.

10. Herr Klein bucht eine Pauschalreise nach Belek im Reisebüro Flott*sun* e. K. und zahlt 25 Prozent des Reisepreises von 1.800,00 Euro bar an. Bilden Sie die jeweiligen Buchungssätze:

a) Das Reisebüro sendet die Rechnung über die Restforderung an Herrn Klein.

b) Die Reiseunterlagen von Herrn Klein gehen beim Reisebüro mit der Rechnung über die gebuchte Reise unter Berücksichtigung von acht Prozent Provision ein.

c) Herr Klein holt die Reiseunterlagen ab und zahlt den offen stehenden Reisepreis durch Banküberweisung.

d) Herr Klein schließt hierbei noch eine Reisekostenrücktrittsversicherung über 50,00 Euro ab und zahlt den Betrag bar.

e) Das Reisebüro Flott*sun* überweist seine Verbindlichkeiten gegenüber dem Reiseveranstalter.

f) Die Rechnung des Versicherungsunternehmens geht ein unter Berücksichtigung von 12 Prozent Provision.

© de la Motte

11. Ein Reisevermittler aus Worms vermittelt gegen Provision der Beherbergungsbetriebe an B2C-Kunden Unterkünfte in Granada, Kapstadt und Dresden.

   a) Welche Provision(en) aus Vermittlungsleistung(en) ist/sind nicht steuerpflichtig?

   b) Welche Provision(en) aus Vermittlungsleistung(en) an B2B-Kunden ist/sind nicht steuerpflichtig?

12. Ein Reisevermittler aus Worms vermittelt gegen Provision einer inländischen Airline

   ▸ **Fall 1:** einen Binnenflug in Deutschland zu einer Provision von 50,00 Euro,

   ▸ **Fall 2:** einen Flug von Stuttgart nach *Jerez de la Frontera* zu einer Provision von 80,00 Euro (unterstellt sei, dass 20 Prozent der Strecke auf das Inland entfallen),

   ▸ **Fall 3:** einen Flug von Frankfurt nach *New York* zu einer Provision von 100,00 Euro (unterstellt sei, dass fünf Prozent der Strecke auf das Inland entfallen).

   a) Wie viele Euro beträgt die Bemessungsgrundlage für die Umsatzsteuer für entsprechende Flüge nach der 5 %–25 %-Regelung?

   b) Wie viel Prozent der Provision beträgt die Bemessungsgrundlage für die Umsatzsteuer nach dem Streckenprinzip?

   c) Wie viele Euro beträgt die Bemessungsgrundlage für die Umsatzsteuer für B2B-Kunden in den Fällen 2 und 3?

13. Ein B2C-Kunde mietet in Augsburg einen Mietwagen in einem Reisebüro für seinen Urlaub auf Mallorca an, der ihm am Flughafen PMI für seinen 14-tägigen Urlaub zur Verfügung gestellt werden soll. Ist die

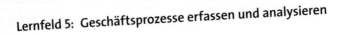

Provision des Reisebüros von der Autovermietung mit Sitz in München steuerpflichtig? Begründen Sie Ihre Anwort.

14. Ein inländisches Reisebüro vermittelt für eine inländische Reederei mit Sitz in Flensburg gegen Provision eine Schiffspassage von Kiel nach Bergen an einen B2C-Kunden. Unterliegt die Provision des Reisebüros der deutschen Umsatzsteuer? Begründen Sie Ihre Anwort.

15. Ein Reisebüro mit Sitz in Münster vermittelt Pauschalreisen an B2C-Kunden aufgrundlage von Agenturverträgen mit einem französischen Reiseveranstalter, mit Sitz in *Marseille*, und einem deutschen Reise-veranstalter, mit Sitz in Duisburg. Welches grundsätzliche Prinzip gilt für die umsatzsteuerliche Behandlung der an das Reisebüro gezahlten Provisionen?

16. Was besagt folgende Regelung für die umsatzsteuerliche Behandlung der Provision eines inländischen Reisebüros für vermittelte Konzert-karten: »Ausführungsort im Gemeinschaftsgebiet (außer Inland) nicht steuerbar.«

17. Welche Unterschiede gelten für die Berechnung der Bemessungsgrund-lage der steuerpflichtigen Provision bei der Vermittlung von Bus- oder Bahn-Tickets an B2B- bzw. B2C-Kunden?

18. Ein Reiseveranstalter mit Sitz in Lübeck führt eine Bahnpauschalreise im Inland aus. Der Preis beträgt 440,00 Euro pro Person. Es nehmen 40 Personen teil. Reisevorleistungen sind:

   ▸ Deutsche Bahn AG (einschließlich Umsatzsteuer) 3.200,00 Euro gesamt,
   ▸ Hotel für Unterkunft (einschließlich Umsatzsteuer) 12.000,00 Euro gesamt.

   Berechnen Sie die Bemessungsgrundlage für die Umsatzsteuer.

19. Ein Reiseveranstalter mit Sitz im Bayreuth führt eine exklusive Omni-buspauschalreise im Inland aus. Der Preis beträgt 600,00 Euro pro Person. Es nehmen 50 Personen teil. Dem Unternehmer entstehen folgende Aufwendungen:

   ▸ Eigenleistungen –
   Beförderung mit eigenem Bus 4.000,00 Euro gesamt, Betreuung am Zielort durch angestellten Reiseleiter 1.000,00 Euro gesamt,
   ▸ Reisevorleistungen Dritter –
   Unterkunft und Verpflegung 20.000,00 Euro gesamt.

   a) Berechnen Sie die Brutto- und Nettomarge.
   b) Berechnen Sie die Bemessungsgrundlage für die Eigenleistungen.

20. Das Reisebüro *Sunshine* e. K. veranstaltet eine Flugpauschalreise nach Belek an die türkische Riviera. Der Reisepreis für die Gesamtveranstal-

tung beträgt 15.500,00 Euro. Als Vorleistungen fremder Leistungsträger fallen an: Airline 8.200,00 Euro, Hotel 4.100,00 Euro. Berechnen Sie die Marge.

21. Ein Reiseveranstalter mit Sitz in Berlin vermarktet Pauschalreisen im Gemeinschaftsgebiet und erzielt dabei Erlöse in Höhe von 600.000,00 Euro. Diesen stehen 450.000,00 Euro Aufwendungen für fremde Leistungsträger gegenüber. Wie viel Euro beträgt die Margensteuer?

22. Buchen Sie folgende Geschäftsfälle unter Berücksichtigung der Umsatzsteuer:

a) Vermittlung einer Golfpauschalreise für einen deutschen Reiseveranstalter nach Andalusien an einen B2C-Kunden aus Stuttgart für 3.200,00 Euro. Die Provision beträgt acht Prozent. Der Kunde zahlt bei Buchung 20 Prozent bar an und den Rest des Reisepreises bei Abholung der Reiseunterlagen mit Bankkarte. Der Reisevermittler überweist seine Verbindlichkeiten gegenüber dem Reiseveranstalter unter Berücksichtigung der Provision und Umsatzsteuer.

b) Ein Reisevermittler berechnet ein Serviceentgelt in Höhe von 20,00 Euro zuzüglich Umsatzsteuer für die Beschaffung eines Visums.

c) Ein Reisevermittler verkauft einen Fahrausweis an einen B2B-Kunden von *Malaga* nach *Nerja*. Die Provision beträgt fünf Prozent vom Reisepreis in Höhe von 19,00 Euro.

d) Ein Reisevermittler verkauft einen Fahrausweis für 120,00 Euro von Mannheim nach Prag für ein in Mannheim ansässiges Busunternehmen. Der Streckenanteil entspricht dem Verhältnis von 2:3 (Inland:Ausland). Der B2C-Kunde zahlt bar. Die Provision beträgt sechs Prozent. Bilden Sie den entsprechenden Buchungssatz für die Verrechnung.

e) Ein Reisevermittler aus Gerolstein vermittelt eine Flusskreuzfahrt auf der *Rhône* für einen deutschen Veranstalter an einen B2C-Kunden aus Daun (für 750,00 Euro). Die Provision beträgt 12 Prozent. Der Reisevermittler verrechnet die Provision beim Ausgleich der Verbindlichkeit gegenüber dem französischen Reiseveranstalter.

© B. Bassus

23. Bilden Sie Buchungssätze:

a) Barverkauf einer Bahnfahrkarte von Trier nach Luxemburg für 30,00 Euro an B2C-Kunden. Der inländische Streckenanteil beträgt 25 Prozent, die Provision 10 Prozent.

b) Die Miete für die untervermieteten Räumlichkeiten über 1.200,00 Euro wird dem Geschäftskonto gut geschrieben.

c) Der Betrag in Höhe von 5.400,00 Euro für die Kfz-Versicherung der Firmenfahrzeuge wird vom Geschäftskonto abgebucht.

d) Die Unfallversicherung bucht 120,00 Euro vom Geschäftskonto ab.

e) Sie überweisen die Löhne für die Mitarbeiter in Höhe von insgesamt 12.000,00 Euro.

f) Zwei Flugtickets von München nach *Dubai* werden von Ihnen für insgesamt 840,00 Euro verkauft.

g) Die Eingangsrechnung der *Airline* unter Berücksichtigung der Provision von sechs Prozent geht ein.

h) Sie überweisen die Verbindlichkeiten.

i) Sie vermitteln eine Pauschalreise eines französischen Reiseveranstalters (Provision 12 Prozent), der auch einen Firmensitz in Frankfurt hat, nach *Martinique* für 7.200,00 Euro. Der Kunde zahlt bei Buchung 20 Prozent des Reisepreises an.

j) Die Eingangsrechnung des Reiseveranstalters geht zusammen mit den Reiseunterlagen ein.

k) Der Kunde holt die Reiseunterlagen ab und überweist seine Restverbindlichkeiten.

l) Sie überweisen dem Veranstalter den Reisepreis unter Berücksichtigung der Provision in Höhe von 12 Prozent und unter Berücksichtigung der entsprechenden Umsatzsteuerregelung.

m) Die Deutsche Bahn belastet das Geschäftskonto mit den Fahrausweiskosten von Trier nach Luxemburg.

n) Das Reisebüro veranstaltet eine Tagesfahrt zum Oktoberfest nach München. Der Vorsitzende eines Fußballvereines bucht 30 Plätze zu je 45,00 Euro und zahlt bei Buchung mit einem Verrechnungsscheck den kompletten Reisepreis.

o) Sie vermitteln einen Mietwagen eines amerikanischen Autovermieters in *Los Angeles* an eine deutsche *Boygroup* für 500,00 Euro. Die *Boys* zahlen bar. Die Provision beträgt acht Prozent.

p) Die Bank schreibt dem Reisebüro Zinsen von 750,00 Euro gut.

q) Sie veranlassen die Tilgung einer Darlehensrate von 500,00 Euro durch Banküberweisung.

r) Sie vermitteln eine Jahresreiseversicherung für 240,00 Euro gegen Barzahlung. Der Versicherungsträger zieht den Versicherungsbeitrag unter Berücksichtigung von 15 Prozent Provision vom Geschäftskonto ein.

24. Das Reisebüro Globetrotter e. K. aus Neustadt veranstaltet eine Wochenendfahrt mit einer Übernachtung zum Kaiserstuhl. Es mietet hierfür von einem Busunternehmer aus Haßloch einen Bus für 1.785,00 Euro (brutto) an. Die Hotelkosten belaufen sich auf 2.380,00 Euro (brutto). Die Reisegruppe besteht aus 40 Personen. Der Reisepreis pro Pax beträgt 145,00 Euro.

© MEV Verlag GmbH

a) Berechnen Sie die Marge und die entsprechende Umsatzsteuerhöhe.

b) Bilden Sie die Buchungssätze:

▸ Die Reisenden zahlen den Reisepreis bei der Buchung in bar.

▸ Die Eingangsrechnung des Busunternehmens und des Hoteliers gehen ein.

▸ Das Reisebüro Globetrotter e. K. begleicht die Verbindlichkeiten.

10 Abschreibungen des Anlagevermögens erfassen

Wie aus ▸ Kapitel 3.3 ersichtlich, besteht ein Teil des Vermögens Ihres Ausbildungsbetriebes aus Anlagevermögen.

Bitte betrachten Sie hierzu den Vermögensposten Fuhrpark: Hier finden Sie im Inventar aufgelistet, welche Gegenstände Sie zu dem Posten »Fuhrpark« zusammengefasst haben. Wenn Ihr Ausbildungsbetrieb einen eigenen Reisebus oder eigene Pkw besitzt, werden Sie wahrscheinlich beobachten können, dass diese Fahrzeuge einer **Abnutzung** unterliegen.

Abb. Fuhrpark eines Reiseunternehmens

Abnutzung

Der Reisebus befördert die Kunden zum Reiseziel und fährt dabei mehrere 100.000 km jährlich. Dadurch verliert er an Wert – er nutzt sich im Laufe der Zeit ab.

BEISPIEL

Der Gesetzgeber eröffnet Unternehmen die Möglichkeit, diese Abnutzung, die auch **Abschreibung** genannt wird, steuerlich geltend zu machen. Im Steuerrecht wird hierfür der Begriff »**Absetzung für Abnutzung**« (**AfA**) verwendet. Da Abschreibungen einen betrieblichen Aufwand darstellen, mindern sie den Gewinn des Unternehmens und damit das zu versteuernde Einkommen.

Abschreibung

Abnutzbare Anlagegüter des Anlagevermögens werden entsprechend ihrer betrieblichen Nutzungsdauer abgeschrieben, d.h. die Anschaffungskosten bzw. Herstellkosten werden auf die Nutzungsjahre verteilt. Bei außergewöhnlicher bzw. dauernder Wertminderung (z.B. Unfallschaden Reisebus) erfolgt neben der planmäßigen Abschreibung eine außerplanmäßige Abschreibung.

MERKE

10.1 Wesentliche Voraussetzungen der Abschreibung

Ermittlung der Bemessungsgrundlagen

Der Gesetzgeber gibt vor, dass die Grundlage der Abschreibung die **Anschaffungskosten** sind.

Bewertungsmaßstäbe
(§ 255 Abs. 1 HGB, Auszug)
Anschaffungskosten sind die Aufwendungen, die geleistet werden, um einen Vermögensgegenstand zu erwerben und in einen betriebsbereiten Zustand zu versetzen, soweit sie dem Vermögensgegenstand einzeln zugeordnet werden können.

Für einen Reisebus, den Ihr Ausbildungsbetrieb erwirbt, bedeutet dies, dass sich die Anschaffungskosten wie folgt zusammensetzen:

Listenpreis des Händlers (netto)
− Anschaffungskostenminderungen (Rabatte, Skonti oder Boni)
+ Anschaffungsnebenkosten (Zulassungsgebühren, Sonderlackierung usw.)

= Anschaffungswert

Zu den Anschaffungskosten zählen auch die Nebenkosten der Anschaffung, die dazu dienen, den Gegenstand in Betriebsbereitschaft zu versetzen. Solche Nebenkosten können Zulassungsgebühren, Nummernschilder, bei Grundstückskäufen auch Makler- und Notargebühren sein.

Nicht zu den Anschaffungskosten gezählt werden dürfen Anschaffungskostenminderungen wie erhaltene Rabatte oder Skonti. Diese werden von den Listenpreisen subtrahiert. Nicht zu den Anschaffungskosten zählen auch die Kosten einer notwendigen Finanzierung.

Die Anschaffungskosten werden auf den entsprechenden Konten des Anlagevermögens erfasst. Kauft Ihr Ausbildungsbetrieb einen Reisebus im Wert von 60.000,00 Euro netto, wird dieser auf **Konto 023 Fuhrpark** erfasst, zuzüglich der entsprechenden Vorsteuer in Höhe von 11.400,00 Euro auf dem Konto 155 Vorsteuer.

Der Buchungssatz lautet:

023 Fuhrpark	60.000,00 Euro	
155 Vorsteuer	11.400,00 Euro	
an 160 Verbindlichkeiten		71.400,00 Euro

Ermittlung der betriebsgewöhnlichen Nutzungsdauer

Paragraf 7 des Einkommenssteuergesetzes gibt vor, dass die Abschreibung eines Wirtschaftsgutes über die **betriebsgewöhnliche Nutzungsdauer** berechnet werden darf.

Das Bundesministerium für Finanzen veröffentlicht in regelmäßigen Abständen so genannte **AfA-Tabellen** (Tabellen »Absetzung für Abnutzung«), in denen für alle Anlagegüter die entsprechende betriebsgewöhnliche Nutzungsdauer festgehalten ist.

Die folgende Tabelle stellt einen **Auszug aus den AfA-Tabellen für allgemein verwendbare Anlagegüter** (die nach dem 31.12.2000 angeschafft oder hergestellt wurden) für den Vermögensposten »Fuhrpark« dar:

Fundstelle	Anlagegüter	Nutzungsdauer (in Jahren)
4	Fahrzeuge	
4.1	Schienenfahrzeuge	25
4.2	Straßenfahrzeuge	
4.2.1	Personenkraftwagen und Kombiwagen	6
4.2.2	Motorräder, Motorroller, Fahrräder u. Ä.	7
4.2.3	Lastkraftwagen, Sattelschlepper, Kipper	9
4.2.4	Traktoren und Schlepper	12
4.2.5	Kleintraktoren	8
4.2.6	Anhänger, Auflieger, Wechselaufbauten	11
4.2.7	Omnibusse	9
4.2.8	Sonderfahrzeuge	
4.2.8.1	Feuerwehrfahrzeuge	10
4.2.8.2	Rettungswagen und Krankentransportfahrzeuge	6
4.2.9	Wohnmobile, Wohnwagen	8
4.2.10	Bauwagen	12
4.3	Luftfahrzeuge	
4.3.1	Flugzeuge unter 20 t höchstzulässigem Fluggewicht	21
4.3.2	Drehflügler (Hubschrauber)	19
4.3.3	Heißluftballone	5
4.3.4	Luftschiffe	8
4.4	Wasserfahrzeuge	
4.4.1	Barkassen	20
4.4.2	Pontons	30
4.4.3	Segelyachten	20
4.5	sonstige Beförderungsmittel (Elektrokarren, Stapler, Hubwagen usw.)	8

Tab. AfA-Tabelle (Auszug)

10.2 Methoden der Abschreibung

Das Handels- sowie das Steuerrecht kennen drei Methoden zur Berechnung der Abschreibung:

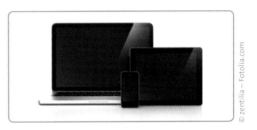

- ▸ Lineare Abschreibung
- ▸ Degressive Abschreibung
- ▸ Abschreibung nach Leistungseinheiten.

10.2.1 Lineare Abschreibung

Die lineare Abschreibung ist die häufigste zur Anwendung kommende Abschreibungsmethode. Sie kann für **alle beweglichen und unbeweglichen sowie immateriellen Wirtschaftsgüter** angewendet werden. Dabei werden die Anschaffungs- oder Herstellungskosten des Wirtschaftsgutes gleichmäßig auf die Nutzungsdauer verteilt. Als Abschreibungsbeträge werden gleich bleibende Jahresbeträge gebucht (vgl. § 7 Abs. 1 EStG).

Lineare Abschreibungsmethode   **BEISPIEL**

Ihr Ausbildungsbetrieb erwirbt im Februar des Jahres 2014 einen Personalcomputer im Wert von 2.000,00 Euro. Laut der geltenden Tabelle Absetzung für Abnutzung (AfA-Tabelle) besitzt dieses Wirtschaftsgut eine betriebsgewöhnliche Nutzungsdauer von drei Jahren. Der jährliche Abschreibungsbetrag ergibt sich damit aus den folgenden **Formeln**:

```
Abschreibungsbetrag   = Anschaffungskosten : Nutzungsdauer
Abschreibungssatz     = 100 % : Nutzungsdauer
```

Für den Personalcomputer ergeben sich folgende Rechnungen:

```
Abschreibungsbetrag   = 2.000,00 Euro : 3 Jahre = 666,67 Euro/Jahr
Abschreibungssatz     = 100 % : 3 = 33,33 %
```

Für jedes Wirtschaftsgut erstellen Sie eine Abschreibungstabelle, in der Sie die Abschreibungsbeträge der einzelnen Jahre sowie den jeweiligen **Restbuchwert** am Ende des Jahres festhalten.

Für den angeschafften Personalcomputer ergibt sich folgende Abschreibungstabelle:

Ermittlung Restbuchwert	Linearer AfA-Betrag	AfA-Satz
Anschaffungskosten	2.000,00 Euro	
AfA am Ende des ersten Jahres	666,67 Euro	33,33 %
= Restbuchwert am Ende des ersten Jahres	1.333,33 Euro	
AfA am Ende des zweiten Jahres	666,67 Euro	33,33 %
= Restbuchwert am Ende des zweiten Jahres	666,66 Euro	
AfA am Ende des dritten Jahres	666,66 Euro	33,33 %
= Restbuchwert am Ende des dritten Jahres	0,00 Euro	

Tab. Abschreibungstabelle linear

Der **Restbuchwert** von den abgeschriebenen Wirtschaftsgütern beträgt gleich null. Verbleibt das Wirtschaftsgut auch über die Nutzungsdauer hinaus in dem Betrieb, so wird es mit einem **Erinnerungswert** von 1,00 Euro auf dem entsprechenden Konto geführt.

© MEV Verlag GmbH

Abb. Abschreibungsgut Computer

Volle Abschreibung
Wirtschaftsgüter, die mit einem gleich bleibenden Jahreswert abgeschrieben werden, sind am Ende der Nutzungsdauer voll abgeschrieben.

10.2.2 Degressive Abschreibung

Die degressive Abschreibung kann laut Gesetzgeber nur noch bei **beweglichen Wirtschaftsgütern** durchgeführt werden, wenn diese nach dem 31.12.2008 und vor dem 01.01.2011 angeschafft wurden. In diesem Fall dürfen fallende Jahresbeträge steuerlich geltend gemacht werden.

Der dabei **anzuwendende Abschreibungsprozentsatz** darf höchstens das Zweieinhalbfache des bei der Absetzung für Abnutzung in gleichen Jahresbeträgen in Betracht kommenden Prozentsatzes betragen und 25 Prozent nicht übersteigen.

Grundlage der Abschreibung ist der jeweilige **Restbuchwert**. Für diesen ergibt sich für den Personalcomputer aus dem Beispiel oben die folgende degressive Abschreibung:

Ermittlung Restbuchwert	degressiver AfA-Betrag	AfA-Satz
Anschaffungskosten	2.000,00 Euro	
AfA am Ende des ersten Jahres	500,00 Euro	25 %
= Restbuchwert am Ende des ersten Jahres	1.500,00 Euro	
AfA am Ende des zweiten Jahres	375,00	25 %
= Restbuchwert am Ende des zweiten Jahres	1.125,00 Euro	
AfA am Ende des dritten Jahres	281,25 Euro	25 %
= Restbuchwert am Ende des dritten Jahres	843,75	

Tab. Abschreibungstabelle degressiv

Der Restbuchwert von 843,75 Euro ist hoch. Deshalb empfiehlt sich hier der **Wechsel der Abschreibungsmethode** zur linearen Abschreibungsmethode. Dies nehmen Sie dann ab dem Jahr, in dem der lineare Abschreibungsbetrag den degressiven Abschreibungsbetrag überschreitet, vor. In unserem Beispiel sollte der Wechsel bereits im zweiten Jahr vorgenommen werden. In diesem Beispiel ist die lineare AfA bereits im 1. Jahr höher als die degressive AfA, trotzdem kann die degressive Methode vorteilhaft für das 1. Jahr sein, wenn z. B. kein hoher Gewinn in diesem Geschäftsjahr mehr erzielt wird und so der Abschreibungsbetrag als Aufwand den zu versteuernden Gewinn nicht mehr mindern würde.

Aus der Darstellung wird ersichtlich, dass durch die Nutzung der degressiven Abschreibungsmethode für Wirtschaftsgüter mit verhältnismäßig kurzer Nutzungsdauer kaum Vorteile gegenüber der linearen Abschreibungsmethode entstehen. Vorteile bietet die degressive Abschreibung in der Regel erst dann, wenn die Nutzungsdauer von Wirtschaftsgütern über 6 Jahre hinausgeht.

Der Gesetzgeber gibt Unternehmen die Möglichkeit, einen Übergang von der AfA in fallenden Jahresbeträgen zur AfA in gleichen Jahresbeträgen durchzuführen, d. h., Sie können in Ihrem Ausbildungsbetrieb von der degressiven zur linearen Abschreibungsmethode wechseln.[1]

Absetzung für Abnutzung
oder Substanzverringerung (§ 7 Abs. 3 EStG)
(3) Der Übergang von der Absetzung für Abnutzung in fallenden Jahresbeträgen zur Absetzung für Abnutzung in gleichen Jahresbeträgen ist zulässig.
In diesem Fall bemisst sich die Absetzung für Abnutzung vom Zeitpunkt des Übergangs an nach dem dann noch vorhandenen Restwert und der Restnutzungsdauer des einzelnen Wirtschaftsguts. Der Übergang von der Absetzung für Abnutzung in gleichen Jahresbeträgen zur Absetzung für Abnutzung in fallenden Jahresbeträgen ist nicht zulässig.

---

[1] Übergangsjahr = Nutzungsdauer – 100/(degressiver AfA-Satz) + 1

10.2.3 Abschreibung nach Leistungseinheiten

Bei gewissen Anlagegütern eines Betriebes kann es sinnvoll sein weder die lineare noch die degressive Abschreibung durchzuführen, da sie nicht die reale Abnutzung widerspiegeln.

Hier bietet sich die Methode der Abschreibung nach Leistungseinheiten an. Laut § 7 Absatz 1 EStG muss der Unternehmer jedoch den Umfang der Leistung nachweisen. Das heißt, für einen Reisebus, der in Ihrem Ausbildungsbetrieb angeschafft wurde, muss das Unternehmen ein Fahrtenbuch führen, in dem alle Fahrten mit Strecken- und Kilometerangabe angegeben werden. Entsprechende Bücher finden Sie im Fachhandel.

Berechnung des AfA-Betrags pro Leistungseinheit:

$$\text{AfA-Betrag} = \frac{\text{Anschaffungskosten}}{\text{geschätzte Gesamtleistung}}$$

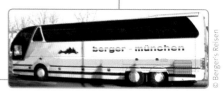

Abb. Abschreibungsgut Reisebus

Abschreibung nach Leistungseinheiten

Ein Reisebus, bei dem die aktivierungspflichtigen Anschaffungskosten 75.000,00 Euro betragen und eine geschätzte Gesamtleistung von dem Herstellers mit 300.000 km angegeben wird, ergibt sich ein Abschreibungsbetrag von 0,25 Euro je gefahrenem Kilometer (75.000,00 Euro : 300.000 km = 0,25 Euro/km).

Daraus ergibt sich die folgende Abschreibungstabelle:

Jahr	Tatsächliche Leistung in km	AfA-Betrag / km	Jährliche AfA nach Leistungseinheiten
1	35.000	0,25 Euro	8.750,00 Euro
2	50.000	0,25 Euro	12.500,00 Euro
3	45.000	0,25 Euro	11.250,00 Euro
...			

Tab. Abschreibungstabelle nach Leistungseinheiten

Der Reisebus ist dann nach der betriebsgewöhnlichen Nutzungsdauer voll abgeschrieben.

Zeitraum der Abschreibung

Der Gesetzgeber gibt Ihnen vor, dass Sie im Jahr der Anschaffung eines Wirtschaftsgutes den jährlichen Abschreibungsbetrag um jeweils ein Zwölftel für jeden vollen Monat, der dem Monat der Anschaffung in dem laufenden Jahr vorangeht, mindern müssen. Dies gilt auch für Anlagegüter, die Sie während des Geschäftsjahres veräußern oder entnehmen. Dies gilt für alle Abschreibungsmethoden.

Abschreibungsbetrag für das Anschaffungsjahr

BEISPIEL

Ihr Ausbildungsbetrieb kauft einen Personalcomputer für 2.000,00 Euro im Monat März eines laufenden Geschäftsjahres. – Damit dürfen Sie im Jahr der Anschaffung nicht den vollen Abschreibungsbetrag geltend machen, sondern müssen ihn um die Monate Januar und Februar kürzen.

Berechnung:

2 000,00 Euro : 3 Jahre Nutzungsdauer = 666,67 Euro

$$\frac{666,67 \text{ Euro} \cdot 10 \text{ Monate Nutzungsdauer im Anschaffungsjahr}}{12 \text{ Monate}} = \underline{555,56 \text{ Euro}}$$

2.000,00 Euro Anschaffungspreis ergibt einen jährlichen linearen Abschreibungsbetrag von 666,67 Euro. Da aber die Monate Januar und Februar in die Berechnung des Abschreibungsbetrages nicht mit eingerechnet werden dürfen, ergibt sich ein neuer Abschreibungsbetrag für das Anschaffungsjahr von 555,56 Euro.

Erinnerungswert

Für Anlagegüter, die nach ihrer Vollabschreibung weiterhin im Unternehmen genutzt werden, kann ein Erinnerungswert von 1,00 EUR für den Rest der Nutzungsdauer in der Bilanz gebildet werden. Der Ausweis eines Erinnerungswertes führt dazu, dass die Vermögenswerte eines Unternehmens vollständig in der **Bilanz** erfasst werden.

Erinnerungswert von einem EUR

BEISPIEL

Ein Reiseveranstalter hat zu Beginn des Geschäftsjahres 2016 einen neuen Pkw für einen Nettobetrag von 60.000,00 Euro angeschafft. Die betriebliche Nutzungsdauer für Personenkraftwagen beträgt nach der AfA-Tabelle 6 Jahre.

Jahr	Bezugswert der Abschreibungsberechnung	Abschreibungssatz	Abschreibungsbetrag	Restbuchwert (Ende des Jahres)
2016	60.000,00 Euro	16,67 %	10.000,00 Euro	50.000,00 Euro
2017	60.000,00 Euro	16,67 %	10.000,00 Euro	40.000,00 Euro
2018	60.000,00 Euro	16,67 %	10.000,00 Euro	30.000,00 Euro
2019	60.000,00 Euro	16,67 %	10.000,00 Euro	20.000,00 Euro
2020	60.000,00 Euro	16,67 %	10.000,00 Euro	10.000,00 Euro
2021	60.000,00 Euro	16,66 %	9.999,00 Euro	1,00 Euro

Der Erinnerungswert zum 31.12.2021 beträgt 1,00 EUR und wird solange fortgeführt, bis das Wirtschaftsgut das Unternehmen verlässt.

Zeitanteilige Abschreibung bei Verkauf oder Entnahme

Scheidet ein Wirtschaftsgut bevor es vollständig abgeschrieben ist aus dem Betriebsvermögen z. B. durch Verkauf aus, kann die Abschreibung für dieses Wirtschaftsgut nur für so viele Monate vorgenommen werden, wie das Anlagegut zum Betriebsvermögen gehört hat. Für den Monat des Ausscheidens kann die AfA noch vorgenommen werden (vgl. § 7 Abs. 1 Satz 4 EStG).

Ein Reiseveranstalter hat zu Beginn des Geschäftsjahres 2016 einen neuen Pkw für einen Nettobetrag von 60.000,00 € angeschafft. Die betriebliche Nutzungsdauer für Personenkraftwagen beträgt nach der AfA-Tabelle 6 Jahre. Er verkauft das Fahrzeug am 28.06.2020 zum Preis von 5.000,00 €.

BEISPIEL

Jahr	Bezugswert der Abschreibungsberechnung	Abschreibungssatz	Abschreibungsbetrag	Restbuchwert (Ende des Jahres)
2016	60.000,00 Euro	16,67 %	10.000,00 Euro	50.000,00 Euro
2017	60.000,00 Euro	16,67 %	10.000,00 Euro	40.000,00 Euro
2018	60.000,00 Euro	16,67 %	10.000,00 Euro	30.000,00 Euro
2019	60.000,00 Euro	16,67 %	10.000,00 Euro	20.000,00 Euro
2020	60.000,00 Euro	16,67 %	5.000,00 Euro	5.000,00 Euro

Für den Monat des Ausscheidens wird die anteilige AfA noch genutzt und somit für 6/12 des Jahres, also inklusive des Monats des Ausscheidens, vorgenommen.

10.3 Abschreibung von geringwertigen Wirtschaftsgütern

Eigenständig nutzbare, bewegliche **Wirtschaftsgüter** des Anlagevermögens, deren Anschaffungs- oder Herstellungskosten etwa **250 €**, aber nicht die Grenze von **1000 € (netto)** übersteigen, können jährlich zu einem **Sammelposten** (Pool) zusammengefasst (§ 6 Abs. 2 a EStG) und gleichmäßig mit je 20 % ab dem Jahr der Anschaffung oder Herstellung über 5 Jahre abgeschrieben werden.

GWG

Telefone, Datenträger, Kaffeemaschinen, Werkzeuge, Kleinmöbel, Bestecke, Wäsche z. B. bei Hotels

BEISPIEL

Liegen die **Anschaffungskosten** für die Gegenstände (z. B. Locher, Hefter) **unterhalb von 250 € (netto)** können diese direkt auf das entsprechende **Aufwandskonto** gebucht werden.

Anschaffungskosten für die Gegenstände unterhalb
von 250 € (netto)

Die Sun & Fun e. K. kauft eine Schreibtischlampe für 80 Euro netto bar.

Buchungssatz:

430 Bürosachkosten	80,00 €
155 Vorsteuer	15,20 €
An 10 Kasse	95,20 €

Alternative Abschreibungsmöglichkeiten für GWGs – Wert ohne Umsatzsteuer –

- Bis 250,00 Euro: Sofortige **Betriebsausgabe** (keine Aufzeichnungspflicht im gesonderten Verzeichnis) **oder**
- Abschreibung (§ 7 EStG) über die **Nutzungsdauer** gemäß AfA-Tabelle

---

- 250,01 bis 800,00 Euro: **Sofortabschreibung** (§ 6 Abs. 2 EStG) **oder**
- **Sammelabschreibung** (Pool-Abschreibung) (§ 6 Abs. 2a EStG) **oder**
- Abschreibung (§ 7 EStG) über die **Nutzungsdauer** gemäß AfA-Tabelle
  (mit Aufzeichnungspflicht im gesonderten Verzeichnis)

- Ab 1.000,01 Euro Abschreibung (§ 7 EStG) über die Nutzungsdauer gemäß
  AfA-Tabelle

Wer sich in einem Jahr für einen Sammelposten entscheidet, muss in diesem Jahr alle geringwertigen Wirtschaftsgüter zusammen über fünf Jahre abschreiben. Es ist nicht möglich, einige Wirtschaftsgüter als Poolabschreibung abzuschreiben, während andere einzeln sofort abgeschrieben werden. Die beiden **Abschreibungsmöglichkeiten** können also innerhalb eines Jahres **nicht gemischt** werden.

Abschreibung
geringwertiger Wirtschaftsgüter

Ihr Ausbildungsbetrieb kauft einen Kopierer im Wert von 395,00 Euro auf Ziel. Da der Kopierer selbständig nutzbar ist und die Anschaffungskosten 800,00 Euro nicht überschreiten, darf er in voller Höhe im Anschaffungsjahr abgeschrieben werden. Es sind generell alle steuerrechtlich erlaubten AfA-Methoden möglich. Nach dem Kauf des Kopierers müssen Sie folgende Buchung vornehmen:

026 Geringwertiges Wirtschaftsgut	331,93 Euro	
155 Vorsteuer	63,07 Euro	
an 160 Verbindlichkeiten		395,00 Euro

Die Buchung bei Durchführung der Abschreibung für ein abnutzbares bewegliches Wirtschaftsgut lautet:

4801 Sofortabschreibung geringwertiger Wirtschaftsgüter   331,93 Euro
an 026 Geringwertige Wirtschaftsgüter   331,93 Euro

Sammelabschreibung

Zur Durchführung der Sammelabschreibung ist für die entsprechenden GWGs in jedem Wirtschaftsjahr ein neuer Pool zu bilden.

Poolbildung

In dem Geschäftsjahr 2020 werden folgende GWGs angeschafft:
- ein Mobiltelefon für 600,00 Euro
- ein Schreibtisch für 500,00 Euro
- ein Bürostuhl für 300,00 Euro

Daraus ergibt sich für das Jahr 2020 ein Pool in Höhe von 1.400,00 Euro. Bei Ausübung des Wahlrechts zur Sammelabschreibung werden in diesem und den folgenden vier Jahren 20 % von 1.400,00 Euro, also jeweils 280,00 Euro, abgeschrieben. Die Auflösung (AfA) beträgt somit 1/5 der Anschaffungskosten.

Sammelposten – Auflösung (AfA)		
	Sammelposten 2020	**Sammelposten 2021**
Bildung 2020 Teilauflösung 2020 Restbuchwert 31.12.2020	1.400,00 Euro 280,00 Euro 1.120,00 Euro	
Bildung 2021 Teilauflösung 2021 Restbuchwert 31.12.2021	280,00 Euro 840,00 Euro	2.500,00 Euro 500,00 Euro 2.000,00 Euro
Bildung 2022 Teilauflösung 2022 Restbuchwert 31.12.2022	280,00 Euro 560,00 Euro	500,00 Euro 1.500,00 Euro
Bildung 2023 Teilauflösung 2023 Restbuchwert 31.12.2023	280,00 Euro 280,00 Euro	500,00 Euro 1.000,00 Euro
Bildung 2024 Teilauflösung 2024 Restbuchwert 31.12.2024	280,00 Euro 0,00 Euro	500,00 Euro 500,00 Euro
Bildung 2025 Teilauflösung 2025 Restbuchwert 31.12.2025	0,00 Euro	500,00 Euro 0,00 Euro

Bei der Anwendung der **Poolabschreibung** werden alle Anschaffungen von mehr als 250 Euro und nicht mehr als 1.000 Euro auf das separate Sachanlagenkonto **0261 »Wirtschaftsgüter größer 250 bis 1.000 Euro (Sammelposten)«** gebucht.

Sammelposten – Auflösung 2020 zum Beispiel (s. o):

4802 Abschreibung auf den Sammelposten Wirtschaftsgüter	280,00 Euro
An 0261 Wirtschaftsgüter größer 250 bis 1.000 Euro (Sammelposten)	280,00 Euro

Nach § 6 Abs. 2a EStG werden pro Jahr 280,00 Euro als Aufwand erfasst, ohne dass der Betrag zeitanteilig – abhängig vom Datum der Anschaffung – gekürzt werden muss.

Sammelpostenerrichtung
Für abnutzbare bewegliche Wirtschaftsgüter kann ein Sammelposten errichtet werden. Dieser Sammelposten wird linear über 5 Jahre abgeschrieben. Anders als zuvor beeinflusst bei dem Sammelposten der Anschaffungszeitpunkt nicht die Berechnung der Abschreibung.

MERKE

AUFGABEN

1. Ermitteln Sie für die folgenden typischen Güter des Anlagevermögens die betriebsgewöhnliche Nutzungsdauer mithilfe der AfA-Tabellen:
   Schreibtisch, Aktenschrank, Firmen eigener Pkw, Schaufenstereinbauten, Lichtreklame, Reisebus.

2. Ihr Ausbildungsbetrieb kauft ein eigenes Grundstück, auf dem später ein Geschäftsgebäude errichtet werden soll. Das Grundstück besitzt einen Wert von 195.000,00 Euro. Weiterhin fallen folgende Kosten an: drei Prozent Maklerprovision, 3,5 Prozent Grunderwerbssteuer vom Kaufpreis, Notarkosten 2.000,00 Euro, Nebenkosten für Aufräumarbeiten 3.500,00 Euro.
   Berechnen Sie die aktivierungspflichtigen Anschaffungskosten.

3. Weiterhin kauft Ihr Ausbildungsbetrieb einen Reisebus, um eigene Fahrten durchführen zu können. Der Listenpreis des Herstellers für den Bus beträgt 80.000,00 Euro netto. Für die Überführung und Zulassung des Reisebusses werden vom Händler 550,00 Euro in Rechnung gestellt. Der Reisebus wurde außerdem mit dem Firmenlogo versehen – Rechnungsbetrag des Händlers für die Aufbringung 365,00 Euro. Außerdem haben Sie eine Anhängekupplung anbringen lassen – Rechnungsbe-

trag 564,00 Euro. Zur Finanzierung des Reisebusses hat das Unternehmen ein Darlehen in Höhe von 70.000,00 Euro aufgenommen.
Berechnen Sie die aktivierungspflichtigen Anschaffungskosten.

4. Buchen Sie den Kauf des Grundstücks aus Aufgabe 2 sowie den Kauf des Reisebusses aus Aufgabe 3.

5. Der Reisebus aus Aufgabe 3 wurde am 20.12.2020 angeschafft. Berechnen Sie für Ihren Ausbildungsbetrieb die steuerlich günstigste Abschreibungsmethode für das zweite Jahr und buchen Sie die Abschreibung.

6. Ihr Ausbildungsbetrieb errichtete ein Betriebsgebäude, Fertigstellung war am 10. Januar 2020, Wert 395.000,00 Euro. Berechnen Sie dafür die steuerlich günstigste Abschreibungsmethode für das erste Jahr und buchen Sie die Abschreibung.

7. Der angeschaffte Reisebus Ihres Ausbildungsbetriebes weist für die folgenden Jahre folgende Kilometerleistungen auf:
Jahr 01 55.000 km
Jahr 02 75.000 km
Jahr 03 60.000 km
Jahr 04 56.000 km
Jahr 05 60.500 km.

© Thaut Images – Fotolia.com

Laut Hersteller beträgt die Gesamtlaufleistung des Busses 400.000 km. Erstellen Sie einen Abschreibungsplan, der die Abschreibung aufgrund von Leistungseinheiten berücksichtigt.

8. Zur Ausstattung neuer Büroräume in Ihrem Ausbildungsbetrieb wurde eine Computeranlage von einem Spezialisten zusammengestellt und installiert. Hierfür erhalten Sie am 25. März 2020 eine Rechnung in Höhe von 25.236,00 Euro brutto. Für die technische Ausstattung fallen 17.500,00 Euro brutto an, für die Installation stellt der Spezialist 7.736,00 Euro brutto in Rechnung.

   a) Berechnen Sie die aktivierungspflichtigen Anschaffungskosten.
   b) Erstellen Sie einen Abschreibungsplan, der den steuerlich höchsten Abschreibungsbetrag erlaubt.
   c) Buchen Sie die aktivierungspflichtigen Anschaffungskosten sowie die Abschreibung des ersten Jahres.
   d) Stellen Sie die Buchungssätze am Ende des Geschäftsjahres auf.

9. Ihr Ausbildungsbetrieb kauft am 22. Februar 2020 einen Drucker für einen Kaufpreis von 315,35 Euro (brutto). Stellen Sie die Abschreibungsmöglichkeiten für den Drucker dar.

11 Lohn- und Gehaltszahlungen

Jeder Arbeitnehmer zahlt von seinem **Bruttogehalt** Beiträge an die **gesetzliche Sozialversicherung**. Dazu gehören die **Renten-** (RV) und **Arbeitslosenversicherung** (AV) sowie die gesetzliche **Pflege-** (PV), **Unfall-** (UV) und **Krankenversicherung** (KV). Die Beiträge werden prozentual vom Bruttoeinkommen berechnet. Der Arbeitgeber trägt je nach Versicherung etwa die Hälfte. Für die gesetzliche Unfallversicherung zahlt er allein. Die **Sozialversicherungsbeiträge** werden nur bis zu einer **Höchstgrenze** vom Gehalt abgezogen – der sogenannten Beitragsbemessungsgrenze.

KV Beitragsbemessungsgrenzen, Beitragssätze 2020			Bundesgebiet
Beitragsbemessungsgrenze jährlich			54.450,00 Euro
Beitragsbemessungsgrenze monatlich			4.537,50 Euro
Beitragssatz			14,60 %
Beitragssatz Arbeitgeberanteil			7,30 %
Beitragssatz Arbeitnehmeranteil			7,30 %
Zusatzbeitragssatz (Tragung durch Arbeitgeber und Arbeitnehmer je zur Hälfte)			≈ 0,45 % (kassenindividuell)
PV Beitragsbemessungsgrenzen und Beitragssätze 2020			**Bundesgebiet**
Beitragsbemessungsgrenze jährlich			54.450,00 Euro
Beitragsbemessungsgrenze monatlich			4.537,50 Euro
Beitragssatz	AG-Anteil 1,525 %	AN-Anteil 1,525 %	3,05 %
Beitragssatz für kinderlose Mitglieder	AG-Anteil 1,525 %	AN Anteil 1,775 %	3,30 %
RV Beitragsbemessungsgrenzen und Beitragssätze 2020			**West** / **Ost**

RV Beitragsbemessungsgrenzen und Beitragssätze 2020			West	Ost
Beitragsbemessungsgrenze jährlich			80.400,00 Euro	73.800,00 Euro
Beitragsbemessungsgrenze monatlich			6.700,00 Euro	6.150,00 Euro
Beitragssatz	AG-Anteil 9,3 %	AN-Anteil 9,3 %	18,60 %	18,60 %
AL Beitragsbemessungsgrenzen und Beitragssätze 2020			**West**	**Ost**
Beitragsbemessungsgrenze jährlich			80.400,00 Euro	73.800,00 Euro
Beitragsbemessungsgrenze monatlich			6.700,00 Euro	6.150,00 Euro
Beitragssatz	AG-Anteil 1,25 %	AN-Anteil 1,25 %	2,50 %	2,50 %

Für Auszubildende mit einer Ausbildungsvergütung bis zur **Geringverdiener-grenze** von 325 Euro (2019) trägt der Arbeitgeber die gesamten Beiträge zur Sozialversicherung alleine.

Arbeitnehmer in einem **Minijob** müssen keine eigenen Beiträge zur gesetzlichen Krankenversicherung zahlen. Der Arbeitgeber zahlt eine Pauschale in Höhe von 5 % oder 13 % des Monatsbruttos, je nachdem, ob eine Beschäftigung als Haushaltshilfe im Privathaushalt oder im betrieblichen bzw. gewerblichen Bereich durchgeführt wird.

Geringverdienende Arbeitnehmer werden entlastet, in dem sie bei einem regemäßigen Arbeitsentgelt von 450,01 bis 1.300,00 Euro (**Midijob**) nur einen reduzierten Beitragsanteil zahlen, während der Arbeitgeberbeitrag unverändert bleibt. Neben den aufgeführten Größen müssen bei der Gehaltsabrechnung noch die Lohnsteuer (LSt) und der Solidaritätszuschlag und ggf. die Kirchensteuer berücksichtigt werden. Letztere werden als Prozentgröße (SolZ 5,5 % bzw. KiSt 8–9 %) von der Lohnsteuer berechnet.[1] Der SolZ soll ab 2021 für die meisten Steuerzahler wegfallen.

Aufzeichnungspflichten
beim Lohnsteuerabzug (§ 41 Abs. 1 EStG)

Der Arbeitgeber hat am Ort der Betriebsstätte [...] für jeden Arbeitnehmer und jedes Kalenderjahr ein Lohnkonto zu führen. In das Lohnkonto sind die für den Lohnsteuerabzug und die Lohnsteuerzerlegung erforderlichen Merkmale aus der Lohnsteuerkarte oder aus einer entsprechenden Bescheinigung zu übernehmen. Bei jeder Lohnzahlung für das Kalenderjahr, für das das Lohnkonto gilt, sind im Lohnkonto die Art und Höhe des gezahlten Arbeitslohns einschließlich der steuerfreien Bezüge sowie die einbehaltene oder übernommene Lohnsteuer einzutragen. [...].

Beispiel: Steuerklasse 1, kinderlos

		Minijob		Midijob	
Arbeit-nehmer	Aushilfslohn	450 Euro	451 Euro	850 Euro	1.300 Euro
	Sozialversicherung	16 Euro	47 Euro	148 Euro	261 Euro
	Steuern	0 Euro	0 Euro	0 Euro	36 Euro
	Nettoverdienst	434 Euro	404 Euro	702 Euro	1.003 Euro
Arbeit-geber	Sozialversicherung	0 Euro	89 Euro	169 Euro	258 Euro
	Pauschale Abgaben	135 Euro	0 Euro	0 Euro	0 Euro
Steuern und Sozialabgaben insgesamt (Arbeitnehmer- und Arbeitgeberbeiträge		151 Euro (34 %)	136 Euro (30 %)	317 Euro (37 %)	519 Euro (40 %)

---

[1]) Gehalt = festgelegter Betrag, Lohn berücksichtigt Arbeitsleistung

Datum:

Berater:	Mandant:		Version: Lohn und Gehalt	Seite 1

Lohnkonto
Name, Vorname:
Straße:

Programmstand:

Pers.-Nr.:

PLZ/Ort:	AN-Typ:	Gemeinde:	Geb.-Dat.:
Berufsbez.:	Tätigkeitsmerk.:	Gemeindeschlüssel:	Ersteintr.:
Krankenkasse:	Rentner:	Finanzamt:	Eintritt:
Versorgungsw.:	Mehrfachb.:	FA-Nr.:	Austritt:
Vers.-Nr.:	SV-Ausweis vorgelegt:	Freibetr. jährl.[3]	Altersentlast.-Betr.
Betriebsnummer AG:	Nationalität:	Steuer-IdNr.:	
Bisherige/weiterführende Pers.-Nr.:	Wöch. Arb.-Z.:	LSt-Satz Grenzgänger:	
	Familienstand:	ATZ-Beg.:	
Lohnsteuer	Statuskennzeichen:	ATZ-Ende:	

Mo	Mo der NB	VKZ	KZ 1)	M 2)	steuerpfl. Ent-gelt gesamt	laufender Arbeitslohn	steuerfreie Bezüge	4)	StKl	Faktor	St.-Tg.	Lohnsteuer	Kirchensteuer
					davon Versor-gungsbez.	sonstige Bezüge	Frei-/ Hinzur.-Betr.[3]		Konf.	Ki.Frb.	5)	Kindergeld	SolZ

Sozialversicherung   Arbeitnehmerbeiträge   Arbeitgeberbeiträge

Mo	Mo der NB	KZ 1)	M 2)	meldepfl. Entgelt	RV-Brutto[6] mtl. jährl.	KV-Brutto[6] mtl. jährl.	BGRS[6] mtl. jährl.	G V	RV Tg	KV Tg	RV-Beitrag mtl. jährl.	KV-Beitrag mtl. jährl.	RV-Beitrag mtl. jährl.	KV-Beitrag mtl. jährl.	%-Satz KV
				tatsächl. Entgelt	AV-Brutto[6] mtl. jährl.	PV-Brutto[6] mtl. jährl.	PGRS[6] mtl. jährl.	U M	AV Tg	PV Tg	AV-Beitrag mtl. jährl.	PV-Beitrag mtl. jährl.	AV-Beitrag mtl. jährl.	PV-Beitrag mtl. jährl.	Rechtskr. AV/RV

Abb. Muster eines Lohn- und Gehaltskontos

Allgemeine Monats-Lohnsteuer 2019, tabellarisch
von 3.093,00 bis 3102,00 Euro, Kirchensteuer 9 %

Kinderfreibetrag			0.0		0.5		1		1.5		2		
für €	StK	Steuer	SolZ	KiSt	SolZ	KiSt	SolZ	KiSt	SolZ	KiSt	SolZ	KiSt	SolZ
3.093,00	I	443,58	24,39	39,92	19,15	31,34	14,19	23,23	9,53	15,59	2,53	8,42	–
	II	395,16	–	–	16,63	27,22	11,82	19,35	7,30	11,94	–	5,10	–
	III	194,00	6,40	17,46	–	10,75		5,05	–	0,40	–		–
	IV	443,58	24,39	39,92	21,73	35,57	19,15	31,34	16,64	27,23	14,19	23,23	11,82
	V	773,41	42,53	69,60	–	–	–	–	–	–	–	–	–
	VI	809,66	44,53	72,86	–	–	–	–	–	–	–	–	–
3.096,00	I	444,33	24,43	39,98	19,19	31,41	14,23	23,29	9,57	15,66	2,66	8,48	–
	II	395,91	–	–	16,67	27,28	11,86	19,40	7,33	12,00	–	5,15	–
	III	194,50	6,50	17,50	–	10,80	–	5,08	–	0,43	–	–	–
	IV	444,33	24,43	39,98	21,78	35,64	19,19	31,41	16,67	27,29	14,23	23,29	11,86
	V	774,41	42,59	69,69	–	–	–	–	–	–	–	–	–
	VI	810,66	44,58	72,95	–	–	–	–	–	–	–	–	–
3.099,00	I	445,16	24,48	40,06	19,23	31,47	14,27	23,36	9,60	15,71	2,78	8,54	–
	II	396,66	–	–	16,71	27,35	11,90	19,47	7,37	12,06	–	5,20	–
	III	195,16	6,63	17,56	–	10,85	–	5,13	–	0,46	–	–	–
	IV	445,16	24,48	40,06	21,82	35,70	19,23	31,47	16,72	27,36	14,27	23,36	11,90
	V	775,50	42,65	69,79	–	–	–	–	–	–	–	–	–
	VI	811,75	44,64	73,05	–	–	–	–	–	–	–	–	–
3.102,00	I	445,91	24,52	40,13	19,27	31,54	14,31	23,42	9,63	15,77	2,89	8,59	–
	II	397,41	–	–	16,75	27,41	11,93	19,53	7,40	12,11	–	5,25	–
	III	195,83	6,67	17,62	–	10,90	–	5,17	–	0,50	–	–	–
	IV	445,91	24,52	40,13	21,86	35,77	19,27	31,54	16,75	27,41	14,31	23,42	11,93
	V	776,58	42,71	69,89	–	–	–	–	–	–	–	–	–
	VI	812,83	44,70	73,15	–	–	–	–	–	–	–	–	–

Tab. Auszug aus der Lohnsteuertabelle, https://www.imacc.de/Steuertabelle/Lohnsteuertabellen/2019/
LoSt_2019_WEST_9_ohnePKV_Monat.pdf, Seite 208

Lohnabrechnung Angsar Mayer, September 20.. Brutto 3.095 Euro ▸ Netto 1965,79			
Arbeitnehmerbelastung (Stk I, KiSt 9 %, kinderlos)		**Arbeitgeberbelastung**	
Sozialabgaben		Sozialabgaben	
RV 9,3 % v. Bruttolohn	287,83 Euro	RV:	287,83 Euro
AV 1,25 % v. Bruttolohn	38,69 Euro	AV:	38,69 Euro
KV 7,3 % + 0,45 % v. Brutto	239,86 Euro	KV:	239,86 Euro
PV 1,525 % + Zuschl. 0,25 %	54,94 Euro	PV:	47,20 Euro
Summe Sozialabgaben	621,32 Euro	Summe Sozialabgaben:	613,58 Euro
Steuern		Arbeitgeberbelastung:	
LSt lt. LSt-Tab.:	443,58 Euro	Bruttolohn	3.095,00 Euro
SolZ 5,5 % v. LSt:	24,39 Euro	+ Sozialabgaben	613,58 Euro
KiSt 9 % v. LSt:	39,92 Euro	=	3.708,58 Euro
Summe Steuern	507,89 Euro		
Hinweis: Zusatzbeitrag KV = 0,9 %			
Weihnachtsgeld, Urlaubsgeld und Zahlungen des Arbeitgebers im Rahmen vermögenswirksamer Leistungen des Arbeitnehmers erhöhen das Bruttogehalt und somit die Steuern und Sozialabgaben. Der SolZ soll ab 2021 für den überwiegenden Teil der Steuerzahler entfallen.			

Bei der **Erfassung von Lohn- und Gehaltsabrechnungen** müssen Sie je nach Vergütungsart verschiedene Konten für die einzelnen Buchungen verwenden. Diese Konten sind:

- ▸ Konto 400 »Löhne und Gehälter«
- ▸ Konto 405 »AG-Anteil zur Sozialversicherung«
- ▸ Konto 151 »Gehaltsvorschüsse«
- ▸ Konto 174 »Sonstige Verbindlichkeiten ggü. Finanzbehörden«
- ▸ Konto 156 »SV-Beitragsvorauszahlung«
- ▸ Konto 176 »Noch abzuführende Abgaben«

11.1 Buchung der Löhne und Gehälter

Der Gesetzgeber schreibt vor (§ 41 EStG), dass der Arbeitgeber für jeden Arbeitnehmer einen Einzelnachweis über das Arbeitsentgelt führen muss. In der Lohn- und Gehaltsbuchhaltung muss daher für jeden Arbeitnehmer ein Lohn- bzw. Gehaltskonto geführt werden. In Lohn- und Gehaltslisten werden die Beträge der einzelnen Konten zusammengestellt. Die Summenzeile der Lohn- bzw. Gehaltsliste wird an die Hauptbuchhaltung weitergeleitet. Die Personalkosten können nach verschiedenen Methoden gebucht werden. Eine gebräuchliche Möglichkeit wird hier vorgestellt.

Vier Schritte der Lohn- und Gehaltsbuchung

▸ **Schritt 1: Vorauszahlung der Sozialversicherungsbeiträge**

Die Arbeitnehmer- und Arbeitgeberanteile der gesetzlichen Sozialversicherungen werden von der jeweils zuständigen Krankenkasse per Lastschriftverfahren vom Bankkonto des Arbeitgebers eingezogen. Die Abbuchung erfolgt bis zum drittletzten Bankarbeitstag im Monat des Entstehens der Gehalts- bzw. Lohnbezüge.

Die von der Krankenkasse abgebuchten und damit geleisteten Sozialversicherungsbeiträge (= Summe der Arbeitnehmer- und Arbeitgeberanteile zur SV) werden auf das aktive Bestandskonto 1560 SV-Vorauszahlung gebucht.

Unter der Prämisse, dass Ansgar Mayer (vgl. Lohnabrechnung) der einzige

Mitarbeiter eines Tourismusunternehmens ist, kommt es zu folgenden Buchungen:

Überweisung des Sozialversicherungsbeitrages am 28. September 2020

Buchungssatz:

156 SV-Beitragsvorauszahlung   1.234,90 Euro   an   120 Bank 1.234,90 Euro

▸ **Schritt 2: Gehalts- bzw. Lohnüberweisung**

Die Überweisung des Gehalts bzw. Lohns erfolgt in den Unternehmen in der Regel am Monatsende. Das Nettoentgelt wird dem Arbeitnehmer auf sein Konto überwiesen.

Gehaltszahlung am 30. September Buchungssatz:

400 Gehälter 3.095,00	an	120 Bank 1.965,79 Euro
	an	156 SV-Beitragsvorauszahlung 621,32 Euro
	an	174 Sonst. Verb. ggü. Finanzbehörden 507,89 Euro

▸ **Schritt 3: Erfassung des Arbeitgeberanteils zur Sozialversicherung**

Die AG-Sozialversicherungsbeiträge werden auf dem Aufwandskonto Arbeitgeberanteil zur Sozialversicherung gebucht und damit erfolgswirksam erfasst. Als Gegenkonto dient das Konto SV-Vorauszahlung.

405 AG-Anteil zur Sozialversicherung 613,58 Euro   an   156 SV-Beitragsvorauszahlung 613,58 Euro

▸ **Schritt 4: Begleichung der Verbindlichkeiten gegenüber den Finanzbehörden**

Bis zum 10. des Folgemonats der Entstehung von Lohn- und Gehaltsansprüchen müssen die Verbindlichkeiten gegenüber dem Finanzamt beglichen werden. Hierzu gehören die Lohnsteuer und der Solidaritätszuschlag. Darüber hinaus ziehen in Deutschland die Finanzämter auch die Kirchensteuern ein und leiten diese an die Kirchen weiter.

Überweisung der noch abzuführenden Steuern an das Finanzamt am 7. Oktober 2020

Buchungssatz

174 Sonst. Verb. gegenüber Finanzbehörden 507,89 Euro   an   120 Bank 507,89 Euro

Eintragungen im Hauptbuch

Soll		156 SV-Vorauszahlung		Haben
1)	1.234,90 Euro	2) 3)		621,32 Euro 613,58 Euro

Soll		120 Bank		Haben
EBK	5000,00 Euro	1) 2) 3)		1.234,90 Euro 1.965,79 Euro 507,89 Euro

Soll		174 Sonst. Verb. ggü. Finanzbehörden		Haben
4)	507,89 Euro	2)		507,89 Euro

Soll		400 Gehälter		Haben
2)	3.095,00 Euro			

Soll		405 AN-anteile zur SV		Haben
3)	613,58 Euro			

Hinweis: Aus didaktischen Gründen wurde auf dem Konto Bank ein Anfangsbestand von 5.000,00 Euro eingestellt.

11.2 Buchen von Vorschüssen, Sachleistungen und Sondervergütungen

Erhält einer der Mitarbeiter Ihres Ausbildungsbetriebes einen **Vorschuss auf seine Gehaltszahlung**, muss dies ebenfalls buchhalterisch erfasst werden.

Vorschuss

Erhält die Mitarbeiterin Anne Heinrich am 16. Mai 2020 einen Vorschuss von 150,00 Euro bar ausgezahlt, müssen Sie dies im Grundbuch erfassen:

151 Gehaltsvorschüsse   150,00 Euro
an 100 Kasse   150,00 Euro

Um **Sachleistungen** wie »Teilnahme an einer Tagesfahrt oder Reise« von Mitarbeitern Ihres Ausbildungsbetriebes zu erfassen, buchen Sie diese über das Konto »Freiwillige soziale Aufwendungen.«

© DOC RABE Media – Fotolia.com

© fotomek – Fotolia.com

© amadorgs – Fotolia.com

© Thaut Images – Fotolia.com

Zu bestimmten Anlässen kann es sein, dass Ihr Ausbildungsbetrieb **Sondervergütungen** an seine Mitarbeiter auszahlt. Der Gesetzgeber unterscheidet bei diesen zwischen:

© MEV Verlag GmbH

▸ **Direkte Sondervergütungen** – wie Weihnachtsgeld, Urlaubsgeld, 13. Monatsgehalt, Gratifikationen usw.; sie werden als Bezüge ebenfalls auf dem Konto »Löhne und Gehälter« erfasst.

▸ **Indirekte Sondervergütungen** – wie die Zahlung betrieblicher Fortbildungsmaßnahmen oder die Zahlung von Betriebsausflügen. Erfasst werden solche Aufwendungen über das Konto »Freiwillige soziale Aufwendungen«.

Buchen von Weihnachtsgeld

BEISPIEL

Die Mitarbeiterin Anne Heinrich erhält zu ihrem Monatsgehalt von 2.800,00 Euro brutto zusätzlich Weihnachtsgeld in Höhe von 1.400,00 Euro. Damit erhöht sich ihr Bruttogehalt auf insgesamt 4.200,00 Euro. Dieser Betrag bildet die Grundlage die Berechnung der Abgaben zur Sozialversicherung, die vom AN (843,15 Euro) und AG (832,65 Euro) zu tragen sind, sowie für die zu zahlenden Steuern des AN's (856,46 Euro).

Überweisung des Sozialversicherungsbeitrages

156 SV-Beitragsvorauszahlung 1.675,80 Euro an 120 Bank 1.675,80 Euro

Buchung der Gehaltszahlung

400 Gehälter 4.200,00 Euro
405 AG-Anteil zur Sozialversicherung 832,65 Euro an 120 Bank 2.500,39 Euro
                                                   an 156 SV-Beitragsvorauszahlung 1.675,80 Euro
                                                   an 174 Sonst. Verb. ggü. Finanzbehörden 856,46 Euro

Überweisung der noch abzuführenden Steuern an das Finanzamt

174 Sonst. Verb. gegenüber
Finanzbehörden 856,46 Euro   an   120 Bank 856,46 Euro

11.3 Buchen von vermögenswirksamen Leistungen

Der Staat gewährt Arbeitnehmern eine Sparzulage in Form von **vermögens-wirksamen Leistungen** (▸ Fachwissen Tourismus Band 1, LF 1, Exkurs Kapitel 7.4), wenn diese eine der folgenden Anlageformen wählen:

▸ Banksparplan (Fondssparplan oder Tilgung eines Bausparvertrages)
▸ Bausparverträge

Vermögenswirksame Leistungen (VL) sind Geldleistungen, die der **Arbeitge-ber für den Arbeitnehmer anlegt** (vgl. § 2 VermBG). Anspruch auf VL haben Arbeitnehmer, Beamte, Richter, Soldaten und Auszubildende. Teilzeitbeschäf-tigte erhalten die VL-Leistungen i. d. R. nur anteilig.

Diese Sparzulage von der Höhe des zu versteuernden Einkommens wird im Lohnsteuerjahresausgleich berücksichtigt.

Die vermögenswirksamen Leistungen
▸ werden entweder allein vom Arbeitnehmer oder
▸ allein vom Arbeitgeber (aufgrund eines Tarifvertrages oder einer Betriebs-vereinbarung) oder
▸ von beiden gemeinsam erbracht.

Der Arbeitgeber überweist die VL an das Anlageinstitut einschließlich der Be-träge, die der Arbeitnehmer zahlt.

Der vermögenswirksame Anteil des Arbeitgebers **erhöht die Personalkosten** und zugleich das lohnsteuerpflichtige und sozial-versicherungspflichtige Ent-gelt des Arbeitnehmers.

Dieser Zuschuss des Arbeitgebers wird auf dem Konto »Löhne und Gehäl-ter« erfasst.

Buchen von vermögenswirksamen Leistungen

Die Mitarbeiterin Anne Heinrich hat einen Bausparvertrag abgeschlossen.
Sie spart jetzt jeden Monat einen Betrag von 50,00 Euro. Von ihrem Arbeitgeber erhält die Angestellte einen Eigenbetrag von 20,00 Euro.
Diesen Zuschuss (Eigenbetrag) müssen Sie als Mitarbeiter/in im Rechnungswesen des Ausbildungsbetriebes an das entsprechende Institut, bei dem der Arbeitnehmer seine Anlageform gewählt hat, überweisen.

Der Buchungssatz dazu lautet:

176 Noch abzuführende Abgaben   70,00 Euro
an 120 Bank   70,00 Euro

1. Erstellen Sie für den Mitarbeiter Marius Maier der »Touristinfo Blumenstadt e. V.« die Gehaltsabrechnung. Folgende Grundlagen zur Berechnung sind gegeben:

   Der Mitarbeiter ist nicht verheiratet, hat keine Kinder, er lebt in Rheinland-Pfalz und gehört der evangelischen Kirche an, Herr Maier erhält ein Bruttogehalt von 2.700,00 Euro (Lohnsteuer 342,00 Euro).

2. Welche der Abzüge aus Herrn Maiers Gehaltsabrechnung erhält der Staat, welche erhalten die Träger der Sozialversicherung?

3. Welche freiwilligen Sozialleistungen kann Herr Maier von seinem Arbeitgeber erhalten?

4. Angenommen Herr Maier erhält von seinem Arbeitgeber 15,00 Euro vermögenswirksame Leistungen. Wie verändert sich dadurch seine Gehaltsabrechnung?

5. Erstellen Sie die Gehaltsabrechnung von Herrn Maier unter Berücksichtigung von Aufgabe 4 neu. Herr Maier zahlt außerdem in einen Bausparvertrag 40,00 Euro ein (Lohnsteuer 345,58 Euro).

6. Buchen Sie die Gehaltsabrechnung von Herrn Maier.

7. Herr Maier bittet seinen Arbeitgeber um einen Gehaltsvorschuss in Höhe von 400,00 Euro. Die Hälfte des Vorschusses wird ihm im nächsten Monat bzw. übernächsten Monat vom Gehalt abgezogen. Buchen Sie diesen Geschäftsfall.

© Tourist Information Worms

8. Herr Maier nimmt mit seinem Freund aus Berlin an einer Tagesfahrt durch die Pfalz teil. Diese Tour wird von seinem Arbeitgeber organisiert. Für jeden Teilnehmer fallen Kosten in Höhe von 55,00 Euro an. Buchen Sie diesen Geschäftsfall.

9. Herr Maier erhält von seinem Arbeitgeber Urlaubsgeld in Höhe von 625,00 Euro. Wie wirkt sich die Zahlung von Urlaubsgeld auf die Gehaltsabrechnung von Herrn Maier aus?

10. Berechnen Sie die Sozialversicherungsbeiträge und den Solidaritätszuschlag (Lohnsteuer: 1.319,91 Euro) sowie die Kirchensteuer für Herrn Maier (I/0) bei einem Bruttogehalt von 2.900,00 Euro Weihnachtsgeld 1.450,00 Euro und Urlaubsgeld von 1.450,00 Euro.

11. Frau Heinrich, Mitarbeiterin in Ihrem Ausbildungsbetrieb, erhält ein monatliches Bruttogehalt von 3.250,00 Euro (Lohnsteuer 434,50 Euro). Sie ist verheiratet, hat eine 16-jährige Tochter und gehört keiner Reli-

gionsgemeinschaft an. Der Mann von Frau Heinrich hat die Lohnsteuerklasse IV gewählt.

a) Welche Lohnsteuerklasse sollte Frau Heinrich wählen?
b) Welche Aufwendungen entstehen Ihrem Ausbildungsbetrieb pro Monat für die Mitarbeiterin?
c) Welche Abzüge werden auf der Gehaltsabrechnung von Frau Hein-rich erscheinen? Berechnen Sie diese.
d) Wie hoch ist der Auszahlungsbetrag von Frau Heinrich?
e) Bis zu welchem Zeitpunkt müssen die entsprechenden Beträge den Empfängern zugegangen sein?
f) Bilden Sie die Buchungssätze zu diesem Geschäftsfall.

12. Frau Maurer wurde nach ihrer Ausbildung als Kauffrau für Tourismus und Freizeit in Ihren Ausbildungsbetrieb übernommen. Aufgrund der langen Wegstrecke zum Arbeitsplatz hat sie auf der Lohnsteuerkarte einen Freibetrag von 100,00 Euro eintragen lassen.
Welche Veränderung ist in der Gehaltsabrechnung/-buchung vorzu-nehmen?

13. Berechnen Sie jeweils für folgende Gehälter die entsprechenden Sozi-alversicherungsbeiträge der kinderlosen Arbeitnehmer. Die Betriebs-stätte des Arbeitnehmers liegt in München rechts der Isar.

a) Wie hoch sind seine KV-Beiträge im Jahr bei einem Bruttogehalt von 75.000,00 Euro?

b) Wie hoch sind die Beiträge seines Bruders in Düsseldorf für seine PV im Jahr bei einem Bruttogehalt von monatlich 5.700,00 Euro?

c) Wie hoch sind die Beiträge seines Cousins in Danzig für seine AL bei einem Bruttogehalt von monatlich 4.700,00 Euro?

d) Wie hoch sind die RV-Beiträge seines Schwagers in Hamburg im Jahr bei einem Bruttogehalt von 80.900,00 Euro jährlich?

12 Kaufmännische Rechenverfahren

Während Ihrer Tätigkeit im Rechnungswesen des Ausbildungsbetriebes werden Sie immer wieder vor der Aufgabe stehen, bestimmte Berechnungen durchführen zu müssen, bevor Sie Buchungen im Grundbuch vornehmen können.

Hilfreich hierfür sind vor allem kaufmännische Rechenverfahren wie Dreisatz, Prozent- oder auch Zinsrechnen.

Diese Rechenverfahren begegnen uns auch im Alltag, ohne sie ist man in seinem rationalen Handeln eingeschränkt. Sobald sich die automatischen Türen eines Marktes hinter einem schließen, ist man von ihnen umgeben (z. B. Rabatt-, Kalorienangaben oder ein Angebot, das neue Smartphone auf Raten zu bezahlen). Hier heißt es vergleichen und umrechnen.

12.1 Dreisatz

Kosten für Renovierung

Ihr Ausbildungsbetrieb möchte die neuen Büroräume renovieren.
Für eine Fläche von 150 m² stellt der Raumausstatter eine Rechnung in Höhe von 3.500,00 Euro. Das Unternehmen entscheidet sich jedoch nur eine Fläche von 90 m² renovieren zu lassen. Ihr Ausbilder möchte von Ihnen wissen, wie hoch der Rechnungsbetrag für die Büroräume sein wird.

Dieses Problem können Sie mithilfe des **Dreisatzes** lösen.

Dabei muss immer der **Wert für eine bestimmte Menge** gegeben sein. In oben dargestellter Ausgangssituation ist bekannt, dass für eine Fläche von 120 m² ein Rechnungsbetrag von 3.500,00 Euro angefallen ist. Dies nennt man auch den **Bedingungssatz**.

In einem zweiten Satz, dem so genannten **Fragesatz**, wird die Beziehung zum Bedingungssatz hergestellt:

150 m² = 3.500,00 Euro → Bedingungssatz
90 m² = x   → Fragesatz

Beim Dreisatz werden zwei Fälle unterschieden: der gerade und der ungerade Dreisatz.

Von einem **geraden Dreisatz** spricht man, wenn die Veränderung der einen Größe ebenfalls zu einer Veränderung der anderen Größe in gleicher Weise führt.

In oben genannter Situation handelt es sich um einen geraden Dreisatz, weil die zu renovierende Bürofläche von 150 m² auf 90 m² sinkt. Es ist zu erwarten, dass der Gesamtbetrag für die Renovierung auch sinken wird.

Es existiert jedoch auch der Fall, dass beide Größen zunehmen. Auch dann handelt es sich um einen geraden Dreisatz.

Bezogen auf den Ausgangsfall muss folgende Gleichung aufgestellt werden, um zu einer Lösung zu gelangen:

$$x = \frac{90 \cdot 3.500,00}{150}$$

$$x = \underline{2.100,00 \text{ Euro}}$$

Für die Renovierungsarbeiten der zweiten Bürofläche fällt demnach ein Rechnungsbetrag von 2.100,00 Euro an.

Kosten für einen Tagesausflug

BEISPIEL

Eine Tourismusfachklasse mit 21 Auszubildenden plant einen 3-Tagesausflug zur Internationalen Tourismusbörse nach Berlin. Die Kosten für Bahn und Unterkunft betragen pro Person 139,00 Euro. Am Abfahrtag fehlten jedoch zwei Schüler wegen Krankheit. Die Klasse vereinbart, dass diese Schüler sich nicht an den Kosten für die Fahrt beteiligen brauchen.

Die Kosten für den Ausflug sind nun nicht mehr von 21 Auszubildenden zu tragen, sondern nur noch von 19 Auszubildenden. Schnell wird klar, dass die verbleibenden Auszubildenden einen höheren Betrag für Bus und Unterkunft zu zahlen haben.

In diesem Fall spricht man von einem **ungeraden Dreisatz**, da die Veränderung der einen Größe die andere Größe in einem umgekehrten Verhältnis verändert. Die folgende Beziehung kann aufgestellt werden:

21 Auszubildende $\hat{=}$ 139,00 Euro   → Bedingungssatz

19 Auszubildende $\hat{=}$ x   → Fragesatz

Daraus lässt sich folgende Gleichung aufstellen: $x = \dfrac{21 \cdot 139,00}{19}$

$x = \underline{153,63 \text{ Euro}}$

Jeder der verbleibenden 19 Auszubildenden muss demnach einen Beitrag von 14,63 Euro zahlen.

12.2 Prozentrechnen

Prozentwert des Schuldenwachstums

BEISPIEL

Ihr Ausbilder hat festgestellt, dass die Schulden des Unternehmens im letzten Jahr von 45.000,00 Euro auf 52.500,00 Euro angewachsen sind. Er möchte nun von Ihnen wissen, um wie viel Prozent sich die Schulden erhöht haben.

Beim **Prozentrechnen** werden absolute Zahlen durch den Bezug auf 100 vergleichbar gemacht.

In der Prozentrechnung gibt es drei Größen, die sich errechnen lassen:

Prozentsatz	Prozentwert	Grundwert
$\dfrac{100 \cdot \text{Prozentwert}}{\text{Grundwert}}$	$\dfrac{\text{Prozentsatz} \cdot \text{Grundwert}}{100}$	$\dfrac{\text{Prozentwert} \cdot 100}{\text{Prozentsatz}}$
Der Prozentsatz gibt die Anzahl der Anteile von 100 an.	Der Prozentwert ergibt sich durch den Bezug des Prozentsatzes auf den Grundwert.	Der Grundwert beträgt immer 100 %.

Tab. Größen in der Prozentrechnung

In dem Ausgangsbeispiel ist der Grundwert 45.000,00 Euro, der **Ausgangswert**. Es ist weiterhin bekannt, dass die Schulden auf insgesamt 52.500,00 Euro angewachsen sind. Das ist der **Prozentwert**.

Sind diese beiden Größen gegeben, kann folgende Gleichung aufgestellt werden und mittels des Dreisatzes gelöst werden:

$$45.000{,}00 \text{ Euro} = 100\,\%$$
$$52.500{,}00 \text{ Euro} = x$$

$$x = \frac{52.500{,}00 \cdot 100}{45.000{,}00}$$

$$x = \underline{\underline{116{,}67\,\%}}$$

Es bedeutet im Fall oben, dass die Schulden des Unternehmens in dem Jahr um 16,67 Prozent gestiegen sind.

Prozentrechnung MERKE
Mit der Prozentrechnung werden absolute Zahlen (hier 45.000,00 Euro und 52.000,00 Euro) vergleichbar gemacht. Ein entsprechender Vergleichssatz (Prozentsatz) kann angegeben werden.

In Ihrem betrieblichen Alltag kann es jedoch auch von Belang sein, absolute Zahlen mit ihrem Prozentwert auszuweisen:

Prozentwert des Eigenkapitals BEISPIEL
Ihr Ausbildungsbetrieb hat eine Bilanzsumme von 450.000,00 Euro.
Das Unternehmen ist mit 40 Prozent Eigenkapital finanziert.
Ihr Ausbilder möchte wissen, wie hoch das Eigenkapital des Unternehmens ist.
Gegeben sind in diesem Fall der **Grundwert** von 450.000,00 Euro sowie der **Prozentsatz** von 40. Es kann daher die folgende Gleichung zur Errechnung aufgestellt werden:

$$100\,\% = 450.000{,}00 \text{ Euro}$$
$$40\,\% = x$$

Ergibt:

$$x = \frac{40 \cdot 450.000{,}00}{100}$$

$$x = \underline{\underline{180.000{,}00 \text{ Euro}}}$$

Das Eigenkapital Ihres Ausbildungsbetriebes und damit der **Prozentwert des Eigenkapitals** betragen in diesem Beispiel 180.000,00 Euro.

Prozentwert des gewährten Nachlasses eines Jahres   **BEISPIEL**

Den Kunden Ihres Ausbildungsbetriebes wurde im abgelaufenen Geschäftsjahr
zwei Prozent Skonto gewährt. Zweidrittel der Kunden haben diesen Nachlass genutzt.
Dies entspricht einer Summe von 152.000,00 Euro. Sie sollen errechnen, wie hoch
der Rechnungsbetrag ist, auf den der Nachlass (2 % Skonto) gewährt wurde.
Gegeben ist in diesem Fall der Prozentsatz (2 %) sowie der Prozentwert von 152.000,00
Euro.
Aus diesen beiden Größen lässt sich folgende Gleichung aufstellen:

$$2\,\% = 152.000,00 \text{ Euro}$$
$$100\,\% = x$$
$$x = \frac{100 \cdot 152.000,00}{2}$$
$$x = \underline{7.600.000,00 \text{ Euro}}$$

Ihr Ausbildungsbetrieb gewährte auf
einen Rechnungsbetrag von insgesamt
7.600.000,00 Euro den Kunden zwei Prozent Skonto. Dies entspricht dem Nach-
lasswert von 152.000,00 Euro.

© MEV Verlag GmbH

Erhöhung der Ausbildungsvergütung   **BEISPIEL**

Ihr Ausbildungsbetrieb gewährt Ihnen eine Erhöhung Ihrer Ausbildungsvergütung in Höhe von 4 %. Sie erhalten ab jetzt 560,00 Euro Ausbildungsvergütung
monatlich im ersten Ausbildungsjahr.
Gegeben sind in diesem Fall ein **vermehrter Grundwert** in Höhe von 104 Prozent
(100 % Grundwert + Erhöhung 4 %) und die jetzige Ausbildungsvergütung
von 560,00 Euro monatlich.
Auch hier sind zwei Größen gegeben mit deren Hilfe sich folgende Gleichung aufstellen
lässt:

$$104\,\% = 560,00 \text{ Euro}$$
$$100\,\% = x$$
$$x = \frac{100 \cdot 560,00}{104}$$
$$x = \underline{538,46 \text{ Euro}}$$

Es folgt daraus, dass Sie vor der Erhöhung Ihrer Ausbildungsvergütung 538,46
Euro »Lehrlingsgehalt« überwiesen bekamen.

In einem weiteren Beispiel spielt der ursprüngliche Rechnungsbetrag eine Rolle:

Ursprünglicher Rechnungsbetrag

Sie haben für eine Rechnung an Ihren Ausbildungsbetrieb nach Abzug von 3 % Skonto einen Betrag von 1.500,00 Euro bezahlt und überwiesen.
Ihr Ausbilder möchte nun von Ihnen wissen, wie hoch der Rechnungsbetrag war.
Gegeben sind in diesem Beispiel ein verminderter Grundwert von 97 %
(Grundwert 100 % – Abzug 3 % Skonto) und ein überwiesener Betrag von 1.500,00 Euro.
Folgende Gleichung können Sie nun aufstellen:

$$97\,\% = 1.500,00 \text{ Euro}$$
$$100\,\% = x$$
$$x = \frac{100 \cdot 1.500,00}{97}$$

$$x = \underline{1.546,39 \text{ Euro}}$$

Der Rechnungsbetrag betrug ursprünglich 1.546,39 Euro, auf die Ihnen der Rechnungssteller drei Prozent Skonto gewährte.

12.3 Zinsrechnen

Kreditinstitute verlangen für die Bereitstellung von Geldleistungen Zinsen, die den Gewinn des Kreditinstitutes aus diesen Geschäften darstellt. Mithilfe der Prozentrechnung können auch die Zinsen für überlassenes Kapital berechnet werden.

Zinsen für überlassenes Kapital

In Ihrem Ausbildungsbetrieb arbeiten Sie momentan im Rechnungswesen.
Ihr Unternehmen möchte zur Modernisierung der Geschäftsräume einen Kredit in Höhe von 15.000,00 Euro aufnehmen. Zurzeit verlangt Ihre Hausbank einen Zinssatz von vier Prozent.
Sie erhalten von Ihrem Ausbilder den Arbeitsauftrag die Zinsen für ein Jahr, für 4 Monate und für 45 Tage zu errechnen.
Ihr Ausbildungsbetrieb muss den Kredit in Höhe von 15.000,00 Euro sowie die Zinsen für den vereinbarten Zeitraum zurückbezahlen.

Zur Lösung solcher Aufgaben sind drei Formeln notwendig:

Jahreszinsen =	Monatszinsen =	Tageszinsen =
$\dfrac{\text{(Kapital} \cdot \text{Zinssatz)}}{100}$	$\dfrac{\text{(Kapital} \cdot \text{Monate} \cdot \text{Zinssatz)}}{(100 \cdot 12)}$	$\dfrac{\text{(Kapital} \cdot \text{Tage} \cdot \text{Zinssatz)}}{(100 \cdot 360)}$

Zur Berechnung der Tage in der Zins-rechnung müssen folgende Hinweise berücksichtigt werden:

▸ Ein Jahr beträgt 360 Tage, ein Monat beträgt 30 Tage.
▸ 31. eines Monats wird nicht mitge-rechnet.
▸ Der Februar hat 30 Tage, bei Verzin-sung bis zum 28./29. Februar nur 28 bzw. 29 Tage.
▸ Der erste Tag, von dem aus gerechnet wird, zählt nicht mit.
▸ Der Tag, bis zu dem gerechnet wird, zählt mit.

Bezogen auf das Ausgangsbeispiel können folgende Gleichungen zur Berech-nung der jeweiligen Zinsen aufgestellt werden:

Jahreszinsen

$$= \frac{\text{(Kapital} \cdot \text{Zinssatz)}}{100} = \frac{(15.000,00 \cdot 4)}{100} = \underline{600,00 \text{ Euro Zinsen}}$$

Monatszinsen

$$= \frac{\text{(Kapital} \cdot \text{Monate} \cdot \text{Zinssatz)}}{(100 \cdot 12)} = \frac{(15.000,00 \cdot 4 \cdot 4)}{(100 \cdot 12)} = \underline{200,00 \text{ Euro Zinsen}}$$

Tageszinsen

$$= \frac{\text{(Kapital} \cdot \text{Tage} \cdot \text{Zinssatz)}}{(100 \cdot 360)} = \frac{(15.000,00 \cdot 45 \cdot 4)}{(100 \cdot 360)} = \underline{75,00 \text{ Euro Zinsen}}$$

Die Zinsen für das überlassene Kapital betragen in diesem Beispiel für ein Jahr 600,00 Euro Zinsen, für vier Monate 200,00 Euro Zinsen sowie für 45 Tage 75,00 Euro Zinsen.

12.4 Währungsrechnen

Währungsumtausch

Für Ihre geplante Rundreise nach Amerika möchten Sie am Schalter Ihrer Hausbank 1 000,00 Euro in US-Dollar bar umtauschen.

Die **Währung eines Landes** (Deutschland = Euro, Vereinigte Staaten von Amerika = US-Dollar usw.) ist die **Geldordnung** eines Landes oder einer Ländergruppe.

Die **Währungsparität** wird dabei ausgedrückt durch Devisen- oder Wechselkurse.

Den aktuellen **Devisen- oder Wechselkurs** können Sie bei jeder Bank erhalten bzw. auf den Internetseiten einsehen. Diese Kurse können starken Schwankungen unterliegen.

Umrechnen von Währungen
Mithilfe dieser Kurse können Inlandswährungen in Auslandswährungen und Auslandswährungen in Inlandswährungen umgerechnet werden.

Für den Preis einer ausländischen Währung für einen Euro benötigen Sie zum Umrechnen den

> **Sortenkurs** = Kurs für das Umtauschen von Banknoten und Münzen am Bankschalter mir Bargeld (ausländische Münzen werden von den Kreditinstituten wegen des unverhältnismäßig hohen Verwaltungsaufwandes nicht an- und verkauft),
> **Devisenkurs** = Kurs für das Umtauschen von Schecks und Zahlungsanweisungen (rein bargeldloser Zahlungsverkehr).

Für den Umtausch von einen Euro in eine ausländische Währung benötigen Sie den

> **Geldkurs** = niedriger Ankaufskurs aus der Sicht der Banken (Ankaufkurs von Euro gegen Ausgabe von Fremdwährung),
> **Briefkurs** = höherer Verkaufskurs aus der Sicht der Banken (Verkaufskurs von Euro gegen Annahme von Fremdwährungen).

Zur Abdeckung der Kosten beim Währungstausch und zur Erzielung eines Gewinnes liegt bei der handelnden Bank der **Einkaufskurs** für einen Euro (= Geldkurs) unter dem **Verkaufskurs** für einen Euro (= Briefkurs). Für das Ausgangsbeispiel bedeutet dies, dass Sie von Ihrer Hausbank für die 1.000,00 Euro, die Sie in US-Dollar umtauschen möchten, 1321,90 USD erhalten.

Aus den **Wechselkurstabellen** können Sie entnehmen, dass die Bank den Sortenkurs und den Geldkurs verwendet hat (vgl. Text oben).

Hieraus lässt sich folgende Gleichung aufstellen:

$$1,00 \text{ Euro} = 1,3219 \text{ USD (Stand Wechselkurs 15.12.20..)}$$
$$1.000,00 \text{ Euro} = x \text{ USD}$$

$$x = \frac{1.000 \cdot 1,3219}{1,00}$$

$$x = \underline{1.321,90 \text{ USD}}$$

Nach Ihrer Reise wollen Sie das Restgeld in Höhe von 50,00 USD wieder in Euro umtauschen. Aus den Wechselkurstabellen können Sie entnehmen, dass die Bank den Sortenkurs und den Briefkurs verwendet.

Damit lässt sich folgende Gleichung aufstellen:

$$0,7562 \text{ USD} = 1,00 \text{ Euro}$$
$$50,00 \text{ USD} = x \text{ Euro}$$

$$x = \frac{50,00 \cdot 1,00}{0,7562}$$

$$x = \underline{66,12 \text{ Euro}}$$

Die Hausbank Ihres Ausbildungsbetriebes zahlt für 5.500,00 Euro genau 6.088,00 US-Dollar aus. Für die **Berechnung des Wechselkurses** lässt sich die folgende Gleichung aufstellen:

Gleichung zur Berechnung des Wechselkurses:
$$5.500,00 \text{ Euro} = 6.088,00 \text{ USD}$$
$$1,00 \text{ Euro} = x \text{ USD}$$

$$x = \frac{1,00 \cdot 6.088,00}{5.500,00}$$

$$x = \underline{1,1069 \text{ USD}}$$

An diesem Tag des Beispiels entsprach der Wechselkurs 1:1,1069, d. h. für einen Euro erhielten Sie 1,1069 US-Dollar.

Wechselkursberechnungen

Sie erhalten von Ihren Eltern, die ihren letzten Urlaub in Dänemark verbracht haben, 4.500 Dänische Kronen (DKK). Für Ihre Reise in die USA wollen Sie bei Ihrer Bank die Kronen in US-Dollar (USD) eintauschen.

Dafür werden zunächst die Kronen zum Briefkurs des Sortengeschäftes in Euro umgerechnet:

7,4529 DKK = 1,00 Euro
4.500 DKK = x Euro

und

$$x = \frac{4.500 \cdot 1}{7,4529}$$

x = 603,79 Euro

Danach werden die errechneten Euro zum Geldkurs des Sortengeschäftes in USD umgerechnet.

1,00 Euro = 1,3272 USD
603,79 Euro = x USD

und

$$x = \frac{603,79 \cdot 1,3272}{1,00}$$

x = 801,35 USD

Da die Bank keine US-Dollar in Münzen vorrätig hat, zahlt sie Ihnen einen Teilbetrag der Dollar (die 0,35 USD) in Euro aus.

Viele Unternehmen erwähnen bereits in Ihren Ausschreibungen für Ausbildungsplätze an oberster Stelle »gute rechnerische Kenntnisse«. Damit sind neben den Verfahren der Addition, Subtraktion usw. eben auch die in diesem Kapitel dargestellten kaufmännischen Rechenverfahren gemeint.

Mithilfe der kennen gelernten kaufmännischen Grundrechenverfahren sind Sie nun in der Lage alltägliche Berechnungen im Geschäftsleben schnell vorzunehmen und an Sie gestellte Aufgaben zu erledigen. Damit haben Sie die Anforderungen an kaufmännische Auszubildende erfüllt.

© MEV Verlag GmbH

1. Ihr Ausbildungsbetrieb möchte am Rosenmontagsumzug der Stadt Neustadt teilnehmen. Der Großhändler verlangt für 1.000 g Bonbons 8,50 Euro. Sie haben den Auftrag 12 kg Bonbons für den Umzug zu bestellen. Wie hoch ist der Rechnungsbetrag?

2. Das Reisebüro »Schöne Reise« nimmt am 18. Oktober einen Kredit zu 8,25 Prozent Zinsen auf. Am 21. Februar des darauf folgenden Jahres wird der Kredit mit Zinsen von 960,63 Euro zurückgezahlt. Wie hoch war der Kredit?

3. Ein Lieferant gewährt der *Sun & Fun* GmbH für fehlerhafte Waren einen Nachlass von 15 Prozent. Der Rechnungsbetrag beträgt 6.900,00 Euro. Wie viele Euro beträgt der Überweisungsbetrag?

4. Die Monatsmiete für die Geschäftsräume der *Sun & Fun* GmbH hat sich um sechs einviertel Prozent erhöht. Sie beträgt nun 2.316,25 Euro. Um wie viele Euro ist die Miete angestiegen?

5. Ein Mitarbeiter erhält folgende Gehaltsabrechnung:

Bruttogehalt	2.850,00 Euro
Lohnsteuer	385,00 Euro
Kirchensteuer	26,95 Euro
Sozialversicherung	580,65 Euro
Auszahlungsbetrag	1.857,40 Euro

   Wie viel Prozent betragen seine Abzüge?

6. Das Reisebüro »Schöne Reise« nimmt bei seiner Hausbank ein Darlehen von 15.000,00 Euro zu 5,75 Prozent Zinsen auf. Dieses soll (mit Zinsen) nach sechs Monaten zurückgezahlt werden. Aus unvorhergesehenen Gründen kann das Reisebüro das Darlehen am vereinbarten Termin nicht zurückzahlen. Die Bank gewährt dem Unternehmen über den Gesamtbetrag einen Zahlungsaufschub über vier Monate und verlangt für diesen Zeitraum (für den Gesamtbetrag) sieben Prozent Zinsen. Welchen Betrag muss das Reisebüro »Schöne Reise« nach Ablauf des Zahlungsaufschubs zahlen?

7. Ein Außendienstmitarbeiter eines Reiseveranstalters erhält bei einem Monatsumsatz von 152.000,00 Euro Provision von 4.560,00 Euro. Wie viel Prozent Provision erhält er?

8. Die BüroOffice GmbH hat gegenüber dem Reisebüro »Schöne Reise« eine Forderung in Höhe von 9.733,00 Euro geltend zu machen. Am 15. Juni berechnet das Unternehmen 239,00 Euro Verzugszinsen zu 6,5 Prozent. Wann geriet das Reisebüro in Zahlungsverzug?

9. Für die Inventurarbeiten bei der *Sun & Fun* GmbH werden zwei Mitarbeiter abgestellt. Sie benötigen für diese Arbeit acht Stunden. Ein Prak-

tikant kann jedoch die Arbeiten unterstützen. – Wie viel Zeit benötigen die Mitarbeiter und der Praktikant für die Inventur?

10. Die Miete für die Geschäftsräume des Reisebüros »Schöne Reise« wurden um sieben dreiviertel Prozent erhöht. Damit hat das Reisebüro nunmehr Mietaufwendungen in Höhe von 2.578,00 Euro monatlich. Wie hoch war die Miete vor der Erhöhung?

11. Das Busunternehmen »Pfälzer Wald Touristik« plant einen Ausflug für einen Kegelverein. Bei den bisherigen Anmeldungen von 50 Personen fallen bei dem Busunternehmen Kosten in Höhe von 2.750,00 Euro an. Es melden sich jedoch sechs weitere Personen des Kegelvereins, die ebenfalls an dem Ausflug teilnehmen möchten. Wie hoch sind die weiteren Kosten für das Busunternehmen »Pfälzer Wald Touristik«?

© MEV Verlag GmbH

12. Das Reisebüro »Schöne Reise« führt für Stammgäste eine Reise nach Kanada durch. Zum exklusiven Service des Reisebüros gehört auch das Wechseln von Euro in die kanadische Währung. Einer der Reisenden möchte 2.500,00 Euro umtauschen. Welchen Betrag in kanadischen Dollar (CAD) wird die Bank dem Reisenden aushändigen? (Verwenden Sie für die Berechnung die unten stehende Kurstabelle).

13. Die ausländischen Kunden der *Sun & Fun* GmbH überweisen auf das Bankkonto folgende Beträge:

a) 2.493,00 USD   b) 1.800.500,00 JPY   c) 5.650,00 CAD

Wie viele Euro schreibt die Bank dem Unternehmenskonto an diesem Tag gut? Legen Sie die folgende Wechselkurstabelle zu Grunde.

Datum: TT.MM.JJJJ					
Land	Abkürzung	Devisengeschäft		Sortengeschäft	
		Geldkurs	Briefkurs	Geldkurs	Briefkurs
USA	USD	1,1024	1,1098	1,07	1,14
Kanada	CAD	1,4232	1,4352	1,36	1,51
Japan	JPY	110,1400	110,6200	108,10	116,10

14. Die *Sun & Fun* GmbH bezieht zum ersten Mal Souvenirartikel aus den USA. Das amerikanische Unternehmen weist auf seiner Rechnung einen Betrag von 2.560,00 USD aus. Leider befinden sich an einigen Souvenirartikeln Mängel, so dass das deutsche Unternehmen mit dem

amerikanischen Unternehmen eine Preissenkung von 500,00 Euro vereinbart.

a) Wie hoch ist der ursprüngliche Preis in Euro?
b) Wie viele Euro beträgt der reduzierte Preis?

15. Die Spesenpauschale für einen Mitarbeiter des Reisebüros »Schöne Reise« reicht für 60 Tage, wenn er täglich 5,00 Euro ausgibt. Wie viel Tage reichen seine Spesen, wenn er aufgrund von Kosteneinsparungen nur noch 4,00 Euro täglich ausgibt?

16. Das Reisebüro »Schöne Reise« hat eine Rechnung des Lieferanten nicht rechtzeitig bezahlt. Der Zahlungstermin wurde um 30 Tage überschritten. Der Rechnungsbetrag beträgt 365,00 Euro. Der Lieferant legt Verzugszinsen in Höhe von 3,50 Euro fest. Wie hoch ist der Zinssatz, den der Lieferant festlegt?

17. Die *Sun & Fun* GmbH unterbreitet der Bürobedarfsgroßhandlung Carl Sprüngli, Zürich (Schweiz), ein Angebot über einen Betriebsausflug. Der Ausflug wurde von dem Unternehmen mit 9.500,00 Euro kalkuliert und soll für das Angebot in Schweizer Franken umgerechnet werden. Briefkurs CHF = 1,62; Geldkurs CHF = 1,59.

© B. Bassus

18. Bei welchem Zinssatz hat ein Kapital von 44.250,00 Euro in der Zeit vom 12. September bis 29. Dezember 775,30 Euro Zinsen erbracht?

19. An einem Internet-Reiseunternehmen sind die Gesellschafter Frank Mathes mit 150.000,00 Euro, Udo Lindner mit 110.000,00 Euro und Sebastian Kronen mit 90.000,00 Euro beteiligt. Es wird ein Gewinn von 196.500,00 Euro erzielt. Für seine Geschäftstätigkeit erhält Sebastian Kronen vorab 60.000,00 Euro. Die Gesellschafter erhalten ihre Kapitaleinlagen mit sechs Prozent verzinst. Der Restgewinn wird im Verhältnis 5 : 4 : 6 verteilt.
Berechnen Sie in einer Tabelle die Gewinnanteile jedes Gesellschafters.

Gesellschafter	Kapital am 01. 01.	Gewinnanteile	Kapital am 31. 12.

Lernfeld 6

Geschäftsprozesse erfolgsorientiert steuern

Die Aufgabe des Rechnungswesens ist es, ein zahlenmäßiges (quantitatives) Abbild aller Vermögenswerte und Geschäftsfälle eines Unternehmens zu erstellen. Originär dient das Rechnungswesen der Information und Rechenschaftslegung sowie der Planung und Steuerung.

Die Kosten- und Leistungsrechnung (KLR) ist der Kern des internen Rechnungswesens. Sie analysiert den innerbetrieblichen Leistungsprozess und unterstützt Entscheidungen im operativen Geschäft.

In den folgenden Ausführungen werden die zentralen Begriffe, die Ziele und Aufgaben der KLR und der Abgrenzungsrechnung in den Kontext des gesamten Rechnungswesens eingeordnet und wesentliche Instrumente der KLR für den Reisevermittler und Reiseveranstalter in dem Dienstleistungsunternehmen Reisebüro vorgestellt. Weiterhin werden diese Instrumente an konkreten Aufgabenstellungen angewendet und ihr Einsatz in Praxissituationen beurteilt.

1 Bestandsgrößen und Stromgrößen

Zunächst ist es notwendig auf die Fachsprache einzugehen, denn hinter begrifflichen Unterschieden verbergen sich auch inhaltliche Differenzen.

Das Rechnungswesen erfasst **Zahlungs- und Leistungsvorgänge innerhalb einer Periode**, die die Bestandsgrößen positiv bzw. negativ verändern. Zur Kategorisierung der erfassten Vorgänge werden folgende Begrifflichkeiten verwendet:

Bestandsgrößen	Bestände und ihre Komponenten	Positive Stromgrößen	Negative Stromgrößen
Zahlungsmittel-bestand	Kasse + Sichtguthaben = Zahlungsmittelbestand	Einzahlung	Auszahlung
Geldvermögen	Zahlungsmittelbestand + Forderungen − Verbindlichkeiten = Geldvermögen	Einnahme	Ausgabe
Reinvermögen	Geldvermögen + Sachvermögen = Reinvermögen	Ertrag	Aufwand
betriebsnotwen-diges Vermögen	Reinvermögen − neutrales Vermögen = betriebsnotwendiges Vermögen	Leistung	Kosten

Tab. Bestandsgrößen und Stromgrößen

Aus der Tabelle wird ersichtlich:

▸ **Bestandsgrößen** sind zeitpunktbezogen (Beispiel: Bilanz ▸ LF 5; sie ist zeitpunktbezogen und beinhaltet Bestandsgrößen),

▸ **Stromgrößen** verändern Bestandsgrößen und sie sind zeitraumbezogen (Beispiel: GuV ▸ LF 5).

Geschäftsfälle implizieren Stromgrößen und führen zu einer **Vermögensände-rung in einem bestimmten Zeitraum.**

1.1 Negative Stromgrößen

Die »negativen« Stromgrößen (Auszahlung, Ausgabe, Aufwand) führen zu einer Verminderung der zugehörigen Bestandsgröße.

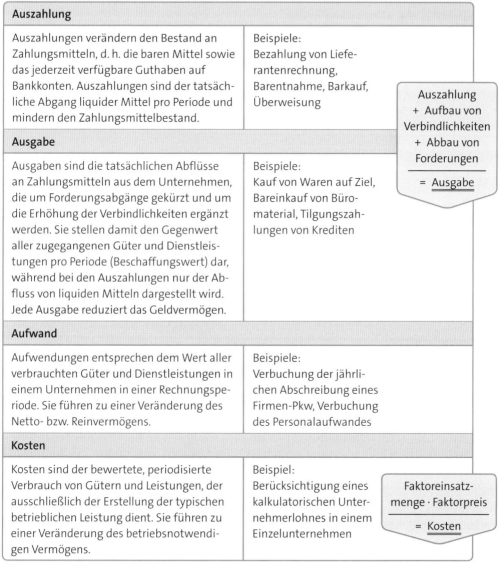

Auszahlung	
Auszahlungen verändern den Bestand an Zahlungsmitteln, d. h. die baren Mittel sowie das jederzeit verfügbare Guthaben auf Bankkonten. Auszahlungen sind der tatsächliche Abgang liquider Mittel pro Periode und mindern den Zahlungsmittelbestand.	Beispiele: Bezahlung von Lieferantenrechnung, Barentnahme, Barkauf, Überweisung
Ausgabe	
Ausgaben sind die tatsächlichen Abflüsse an Zahlungsmitteln aus dem Unternehmen, die um Forderungsabgänge gekürzt und um die Erhöhung der Verbindlichkeiten ergänzt werden. Sie stellen damit den Gegenwert aller zugegangenen Güter und Dienstleistungen pro Periode (Beschaffungswert) dar, während bei den Auszahlungen nur der Abfluss von liquiden Mitteln dargestellt wird. Jede Ausgabe reduziert das Geldvermögen.	Beispiele: Kauf von Waren auf Ziel, Bareinkauf von Büromaterial, Tilgungszahlungen von Krediten
Aufwand	
Aufwendungen entsprechen dem Wert aller verbrauchten Güter und Dienstleistungen in einem Unternehmen in einer Rechnungsperiode. Sie führen zu einer Veränderung des Netto- bzw. Reinvermögens.	Beispiele: Verbuchung der jährlichen Abschreibung eines Firmen-Pkw, Verbuchung des Personalaufwandes
Kosten	
Kosten sind der bewertete, periodisierte Verbrauch von Gütern und Leistungen, der ausschließlich der Erstellung der typischen betrieblichen Leistung dient. Sie führen zu einer Veränderung des betriebsnotwendigen Vermögens.	Beispiel: Berücksichtigung eines kalkulatorischen Unternehmerlohnes in einem Einzelunternehmen

Tab. Negative Stromgrößen

Auszahlung + Aufbau von Verbindlichkeiten + Abbau von Forderungen = Ausgabe

$$\frac{\text{Faktoreinsatzmenge} \cdot \text{Faktorpreis}}{= \text{Kosten}}$$

Zusammenfassende Beispiele
negativer Stromgrößen

 BEISPIEL

▶ Auszahlung, keine Ausgabe: Begleichung einer aus einer Vorperiode stammenden Lieferantenverpflichtung in bar
▶ Auszahlung = Ausgabe: Barkauf eines PC
▶ Ausgabe, kein Aufwand: Kauf von Rohstoffen auf Kredit, kein Verbrauch in der Periode
▶ Ausgabe, keine Auszahlung: Kauf von Rohstoffen, die erst später verbraucht werden
▶ Ausgabe = Aufwand: Kauf von Rohstoffen, die sofort verbraucht werden
▶ Aufwand, keine Ausgabe: Verbrauch von Rohstoffen ab Lager, Kauf in Vorperiode
▶ Aufwand, keine Kosten: Spende
▶ Aufwand = Kosten: Buchung des Gehaltes des Geschäftsführers
▶ Kosten, kein Aufwand: kalkulatorischer Unternehmerlohn

1.1.1 Aufwand und Kosten

Innerhalb der Unternehmen gibt es **Aufwendungen, die keine Kosten sind**. Dieser Verzehr von Gütern und Dienstleistungen bezeichnet man als den Neutralen Aufwand.

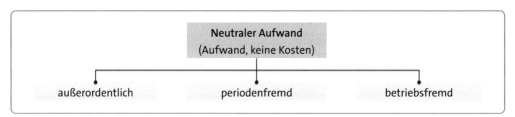

Abb. Neutraler Aufwand

Aufwendungen, die **keine Kosten** sind = Neutrale Aufwendungen

Diese **neutralen Aufwendungen** fallen im Unternehmen im Bereich der Finanzbuchhaltung (FIBU) an und sind auch mit einer Ausgabe verbunden. Sie haben jedoch nichts mit dem eig entlichen Betriebszweck, also mit der Erstellung der typischen betrieblichen Leistung des Unternehmens zu tun.

Aus diesem Grund dürfen die neutralen Aufwendungen **nicht in die Kostenrechnung** des Unternehmens einfließen und es werden für betriebsfremde, periodenfremde und außerordentliche Aufwendungen und Erträge **eigene Konten in den Kontenklassen 4 und 8** geführt.

Neutrale Aufwendungen können in **drei Gruppen** untergliedert werden:

▶ **Betriebsfremde (zweckfremde) Aufwendungen**
Ein betriebsfremder Aufwand dient nicht zur Leistungserstellung und steht in keinem Zusammenhang mit dem eigentlichen Betriebszweck.
Beispiele: Spenden, Verluste aus Wechselkursänderungen, Verluste eines Reiseveranstalters (RV) aus Beteiligungen an anderen Unternehmen, In-

standhaltungsaufwendungen von Mietshäusern (aber keine Firmenwohnungen für Mitarbeiter), Verluste aus dem Abgang von Finanzanlagen eines RV, Buchverluste bei Veräußerung von Anlagegegenständen.

▸ **Periodenfremde Aufwendungen**
Ein periodenfremder Aufwand kann zwar betriebsbedingt sein, allerdings betrifft der Aufwand nicht die aktuell betrachtete Periode, sondern eine vergangene oder zukünftige Abrechnungsperiode. Deshalb wird ein periodenfremder Aufwand nicht in die Kostenrechnung der aktuellen Periode aufgenommen.
Beispiele: Steuernachzahlungen, Mietvorauszahlungen, Beitragsnachzahlung der Industrie- und Handelskammer für vergangene Perioden.

▸ **Außerordentliche Aufwendungen**
Einen außerordentlichen Aufwand stellen Aufwendungen dar, die bei der betrieblichen Leistungserstellung zeitlich und in außergewöhnlicher Höhe unregelmäßig bzw. nur ausnahmsweise anfallen.
Beispiele: nicht versicherte oder versicherbare Katastrophenschäden, Feuer-, Sturm- oder Diebstahlschäden, Buchverluste bei der Veräußerung von Betriebsmitteln, außergewöhnlicher Forderungsausfall, Kassenfehlbeträge.

Die neutralen Aufwendungen stellen den **kostenungleichen Aufwand oder die Nichtkosten** des Unternehmens dar. Zusammen mit dem Zweckaufwand als kostengleichem Aufwand sind sie der Gesamtaufwand.

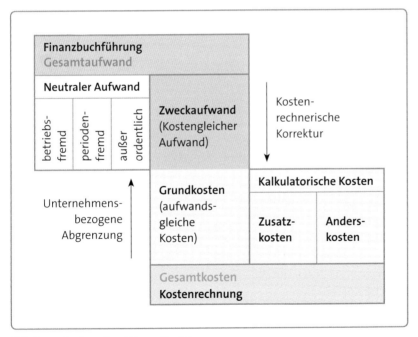

Abb. Gesamtaufwand und Gesamtkosten

Werden umgekehrt vom **Gesamtaufwand** einer Abrechnungsperiode die neutralen Aufwendungen abgezogen, so erhält man den **Zweckaufwand**. Er resultiert aus den eigentlichen Betriebsaufgaben.

Zweckaufwand =
Gesamtaufwand – Neutraler Aufwand
Zweckaufwand ist der Aufwand, der aus dem eigentlichen Betriebszweck entstanden ist.
Er entspricht quantitativ (betragsmäßig) größtenteils den Kosten.
Zweckaufwand = kostengleicher Aufwand = Grundkosten

Der **Zweckaufwand** wird noch einmal unterteilt in den Aufwand, der als Kosten verrechnet **(Grundkosten)** oder nicht verrechnet wird **(Anderskosten)**. Die Unterteilung wird als Betriebsabrechnungsbogen (▸ Kapitel 2.2.2) deutlich.

Grundkosten

Den als Kosten verrechneten Zweckaufwand nennt man auf Kosten- und Leistungsebene **Grundkosten**. Somit stimmen der Zweckaufwand der Finanzbuchhaltung (externes Rechnungswesen ▸ Einleitung vor LF 5) und die Grundkosten der KLR (internes Rechnungswesen) überein. Grundkosten werden auch als **aufwandsgleiche Kosten** bezeichnet. Sie beinhalten alle Aufwendungen, die der Leistungserstellung dienen.

Zusammenfassende Beispiele Aufwand und Kosten

▸ **Auszahlung, die nicht Ausgabe ist** – Gewährung eines Darlehens an einen Lieferanten
▸ **Auszahlung, die gleichzeitig Ausgabe ist** – Barkauf von Kopierpapier
▸ **Ausgabe, die nicht Aufwand ist** – Kauf von Rohstoffen im Dezember für das kommende Geschäftsjahr
▸ **Aufwand, der nicht Ausgabe ist** – Verbrauch von Kopierpapier, das in einer früheren Periode beschafft wurde
▸ **Aufwand, der nicht Kosten ist** – Spende an das Rote Kreuz
▸ **Aufwand, der gleich Kosten ist** – Personalaufwand
▸ **Kosten, die nicht Aufwand sind** – Anderskosten, z. B. kalkulatorische Abschreibungen oder Zusatzkosten, z. B. kalkulatorischer Unternehmerlohn

1.1.2 Kalkulatorische Kostenarten

Kalkulatorische Kosten (lat. *calculare* = rechnen) sind Kosten, denen kein direkter Aufwand gegenübersteht oder die nicht direkt einer Aufwandsart der Finanzbuchhaltung entsprechen.

Daher gilt auch: **Kosten, kein Aufwand = Kalkulatorische Kosten**.

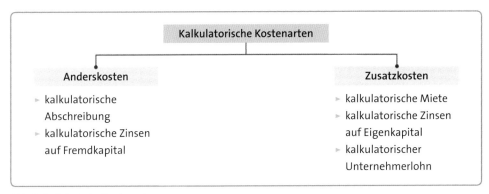

Abb. Kalkulatorische Kostenarten

Wird in **kalkulatorische Kostenarten** kategorisiert, spricht man von Anderskosten und Zusatzkosten.

Anderskosten

Die nicht als Kosten verrechneten Zweckaufwendungen – die so genannten **Anderskosten** – werden in der Finanzbuchhaltung (als Aufwand) in einer anderen Höhe als in der Kosten- und Leistungsrechnung (als Kostenbetrag) verrechnet.

Anderskosten

Die bilanzielle Abschreibung auf ein Wirtschaftsgut beläuft sich auf 15.000,00 Euro (Aufwand), kalkulatorisch wird dasselbe Wirtschaftsgut jedoch mit 20.000,00 Euro (Kostenbetrag) abgeschrieben.
Die effektiv zu zahlenden Fremdkapitalzinsen belaufen sich auf 10.000,00 Euro (Aufwand), in der Kostenrechnung werden jedoch 12.000,00 Euro (Kostenbetrag) kalkulatorischer Zinsen in Ansatz gebracht.

Anderskosten werden auch als **aufwandsungleiche Kosten** bezeichnet.

Zu den Anderskosten zählen die kalkulatorischen Abschreibungen (▶ Kapitel 1.1.3), die kalkulatorischen Zinsen (auf Fremdkapital) und kalkulatorische Wagnisse (▶ Kapitel 1.1.4). Von ihnen sind die Zusatzkosten zu unterscheiden.

Zusatzkosten

Zu den Zusatzkosten zählen der kalkulatorische Unternehmerlohn, die kalkulatorische Miete und die kalkulatorische Zinsen (auf Eigenkapital ▶ Kapitel 1.1.4). Zusatzkosten sind kalkulatorische Kosten, die in der Finanzbuchhaltung nicht als Aufwand erscheinen. Sie werden auch als **aufwandslose Kosten** bezeichnet. In der Kostenrechnung müssen sie aber zusätzlich berücksichtigt werden, da sie Werteinsätze zur Leistungserstellung darstellen.

Kalkulatorische Kosten und Grundkosten (▸ Kapitel 1.1.1) lassen sich zum Aufwand in folgende Beziehungen setzen:

- ▸ **Grundkosten** = aufwandsgleiche Kosten
- ▸ **Anderskosten** = aufwandsungleiche Kosten
- ▸ **Zusatzkosten** = aufwandslose Kosten

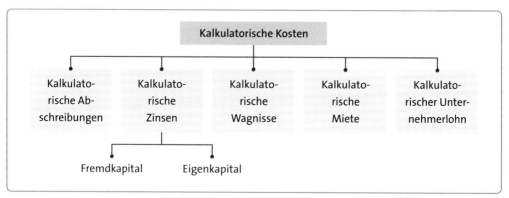

Abb. Unterscheidung kalkulatorischer Kosten

Kalkulatorische Kosten sind Kosten, denen in der Finanzbuchhaltung in der gleichen Periode keinen oder keinen gleich hohen Aufwand gegenübersteht.

Häufig handelt es sich bei kalkulatorischen Kosten um **Opportunitätskosten** (Verzichtskosten ▸ Kapitel 1.1.4), die z. B. dadurch entstehen, dass der Inhaber eines Reisebüros in seinem Unternehmen arbeitet und somit keine Einkünfte aus unselbstständiger Arbeit erzielen kann.

In der **Kostenrechnung** werden kalkulatorische Kosten nur unter dem Aspekt des Werteverzehrs bei der betrieblichen Leistungserstellung bemessen, d. h. ohne Rücksicht auf handels- und/oder steuerrechtliche Vorschriften. Sie stellen so eine **genaue Kalkulationsgrundlage für Reiseangebote** dar und sind eine realitätsnahe Möglichkeit das Betriebsergebnis zu ermitteln.

Kalkulatorischen Kosten fließen über die Verkaufserlöse **in das Unternehmen zurück**. Sie werden in der Abgrenzungsrechnung (▸ Kapitel 1.3) als verrechnete Kosten dem Aufwand der Finanzbuchhaltung gegenübergestellt (Betriebsabrechnungsbogen ▸ Kapitel 2.2.2).

Grundlage für Angebotskalkulation
Kalkulatorische Kosten bilden zusammen mit den Grundkosten die Grundlage für die Angebotskalkulation.
Die Angebotskalkulation wird in ▸ Kapitel 2.3 dargestellt.

MERKE

1.1.3 Kalkulatorische Abschreibungen

Die in ▸ LF 5 bereits beschriebenen **bilanziellen Abschreibungen** stimmen nicht immer mit dem tatsächlichen betrieblichen Werteverzehr überein. Mit ihnen können z. B. steuerliche Spielräume ausgeschöpft werden, um die Gewinnsituation eines Unternehmens zu beeinflussen. In solchen Fällen erfassen die Abschreibungsbeträge nicht den verursachungsgerechten Aufwand.

Ziel der KLR ist es jedoch die **tatsächlichen Wertminderungen (Kosten)** von Anlagegegenständen für jede Abschreibungsperiode zu erfassen. Daher wird das Verfahren der **kalkulatorischen Abschreibung** angewendet, das sich von der bilanziellen Abschreibung methodisch unterscheiden kann:

Vergleichs-kriterien	Bilanzielle Abschreibungen (Finanzbuchhaltung)	Kalkulatorische Abschreibungen (Betriebsbuchhaltung)
Betroffene Wirtschafts-güter	Alle Wirtschaftsgüter des Anlagevermögens unabhängig, ob sie dem Betriebszweck dienen.	Nur Wirtschaftsgüter des Anlagevermögens, die dem eigentlichen Betriebszweck dienen
Bemessungsgrundlage	Bemessungsgrundlage der Abschreibungsbeträge bilden die Anschaffungs- bzw. die Herstellungskosten.	Bemessungsgrundlage der Abschreibungsbeträge bilden die Wiederbeschaffungskosten unter Berücksichtigung eines Restwertes.
Nutzungs-dauer	Die Nutzungsdauer ist in so genannten AfA-Tabellen definiert.	betriebliche Nutzungsdauer
Auswirkung	Die Abschreibung wirkt sich als Aufwand auf den AfA-Zeitraum aus.	Die Abschreibung hat einen Einfluss auf die Fixkosten.
Abschreibungsart	Je nach Gesetzeslage linear oder degressiv.	Lineare Abschreibung, geometrisch-degressive Abschreibung oder leistungsbezogene Abschreibung
Zielsetzung	Wahlmöglichkeiten bei der Abschreibungsart haben gewinn- und steuerpolitische Zielsetzungen.	Die tatsächliche Wertminderung soll erfasst werden.
Betriebswirtschaftliche Wirkung	Die betriebswirtschaftliche Wirkung der bilanziellen Abschreibung ist die **Erhaltung des Anlagevermögens** zum Nominalwert.	Die betriebswirtschaftliche Wirkung der kalkulatorischen Abschreibung ist die **Substanzerhaltung**.

Tab. Vergleich bilanzielle und kalkulatorische Abschreibungen

Über die **Umsatzerlöse** fließen die **Abschreibungsbeträge** in das Unternehmen zurück. Bei der bilanziellen Abschreibung werden dabei Vermögensgegenstände nicht abgeschrieben, deren Wert sich im Zeitablauf nicht mindert. So gehören z. B. unbebaute Grundstücke oder Beteiligungen zu dem nicht abnutzbaren Anlagevermögen.

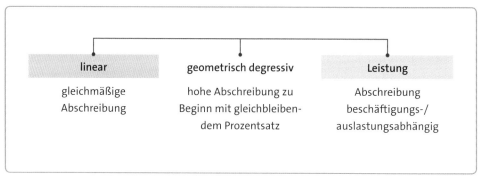

linear	geometrisch degressiv	Leistung
gleichmäßige Abschreibung	hohe Abschreibung zu Beginn mit gleichbleibendem Prozentsatz	Abschreibung beschäftigungs-/ auslastungsabhängig

Abb. Kalkulatorische Abschreibungsverfahren

Der Finanzierungseffekt der Abschreibung lässt drei verschiedene Möglichkeiten zu:

▸ Stimmen die bilanzmäßigen Abschreibungen und die kalkulatorischen Abschreibungen überein, erfolgt eine **Vermögensumschichtung vom Anlagevermögen zum Umlaufvermögen**. Langfristig wird die Substanz des Unternehmens allerdings nur nominell erhalten.
▸ Sind die bilanzmäßigen Abschreibungen höher als die kalkulatorischen Abschreibungen führt der gebucht Mehraufwand zu einer **verdeckten Finanzierung aus dem Gewinn**.
▸ Sind die bilanzmäßigen Abschreibungen niedriger als kalkulatorische Abschreibungen, führt der gebucht Mehrerlös zu einer **offenen Finanzierung aus dem Gewinn**.

Zu den primären Zielen jedes Unternehmens muss die **Erhaltung der Vermögenssubstanz** gehören, da nur so die Leistungsfähigkeit des Unternehmens erhalten werden kann. Dies wird durch die **Ersatzbeschaffung = Reinvestition** abgenutzter Anlagen erreicht. Die Finanzierung dieser neuen Anlagen muss ohne Zuführung von Eigenkapital aus »verdienten« Kosten erfolgen. Um dies zu erreichen, müssen Abschreibungen angesetzt werden.

Abschreibungen stellen in der Finanzbuchhaltung Aufwand dar und beeinflussen so Vermögen und Erfolg eines Unternehmens **(Abschreibungen = Aufwand)**.

Als Aufwand haben Abschreibungen **Auswirkungen auf die Gewinn- und Verlustrechnung** (▸ LF 5, Kapitel 10) eines Unternehmens. Sie verhindern dann, dass ein zu hoher Gewinn ausgewiesen und ggf. ausgeschüttet wird und es in Folge zu einer Substanzausschüttung kommt.

Abschreibungen = Kosten
Der Ansatz von Abschreibungen erfolgt in der KLR daher als Kosten, um den Werteverzehr der Anlagen zu erfassen und in die Preiskalkulation mit einzubeziehen.

MERKE

Grundsätzlich ist es für ein Unternehmen von existenzieller Bedeutung, dass ihm **über den Preis seiner Erzeugnisse alle entstandenen Kosten zurückerstattet werden**. Somit fließen auch die Abschreibungsbeträge (= Abschreibungsgegenwerte) als flüssige Mittel zurück und stehen für **Reinvestitionen** zur Verfügung.

Die kalkulatorischen Abschreibungen sollten dabei so hoch bemessen sein, dass auch jahrelange Preissteigerungen für Ersatzinvestitionen enthalten sind.

Unter der Voraussetzung, dass die kalkulatorischen Abschreibungen vom Markt über die Preise vergütet werden, ergibt sich ein **Abschreibungskreislauf**.

Abb. Abschreibungskreislauf

Abschreibungskreislauf
Der Abschreibungskreislauf zeigt, dass kein Unternehmen auf Abschreibungen verzichten kann. Sie sind ein wesentliches Mittel der Innenfinanzierung.

MERKE

Wird für ein Wirtschaftsgut am Ende der Nutzungsdauer mit einem **Restwert (Liquidationserlös)** gerechnet, so ist nur die Differenz zwischen Anschaffungskosten und erwartetem Liquidationserlös auf die **kalkulatorischen Nutzungsjahre** zu verteilen, um den durchschnittlichen jährlichen Wertverlust zu ermitteln (⊢ LF 5, Kapitel 10.2).

In der Praxis ist es aus diesen Gründen üblich, die Anschaffungskosten minus Restwert über die geschätzte Nutzungsdauer zu verzinsen.

Zu erwirtschaftender Anteil
Kalkulatorische Abschreibungen stellen nicht den durchschnittlich zu erwartenden Werteverzehr, sondern den pro Nutzungsjahr durchschnittlich zu erwirtschaftenden Anteil an den künftigen Wiederbeschaffungskosten dar.

MERKE

(Lineare und degressive Abschreibung bilanzmäßig und allgemein wurden bereits in ⊢ LF 5 beschrieben.)

© MEV Verlag GmbH

Lineare Abschreibung

Bei der linearen kalkulatorischen Abschreibung wird der abzuschreibende Betrag **(Wiederbeschaffungswert)** gleichmäßig auf die Perioden verteilt, in denen das Wirtschaftsgut voraussichtlich genutzt wird. Der jährliche Abschreibungsbetrag wird ermittelt, indem man den abzuschreibenden Betrag durch die Anzahl der Nutzungsjahre teilt.

Ermittlung des jährlichen Abschreibungsbetrages

BEISPIEL

a) **Kein Restwert nach geschätzter Nutzungsdauer**
Ein Firmen-Pkw, dessen Anschaffungskosten 42.000,00 Euro betragen und der einen erwarteten Wiederbeschaffungswert von 50.000,00 Euro hat, soll auf 10 Jahre kalkulatorisch abgeschrieben werden.

$$\text{Abschreibungsbetrag (Euro/Jahr)} = \frac{\text{Wiederbeschaffungswert}}{\text{geschätzte Nutzungsdauer}}$$

$$\text{Abschreibungsbetrag (Euro/Jahr)} = \frac{50.000,00}{10} = \underline{5.000,00 \text{ Euro}}$$

Der kalkulatorische Abschreibungsbetrag (kAB) beträgt bei diesem Wirtschaftsgut 5.000,00 Euro jährlich.

b) Vorhandener Restwert nach geschätzter Nutzungsdauer

Einen Reiseveranstalter liegt für einen Reisebus folgende Angebot vor:

	Listenpreis	195.000,00 Euro
−	Rabatt	10.000,00 Euro
+	Aufpreis für Sonderausstattung	15.000,00 Euro
=	Anschaffungskosten (AK)	200.000,00 Euro

Die geplante **Nutzungsdauer** für den Reisebus beträgt 5 Jahre, es wird eine jährliche Preissteigerung von 7 % erwartet.

Der **Wiederbeschaffungswert (WBW)** wird berechnet, indem die Anschaffungskosten, mit der jährlichen Preissteigerung potenziert um die Nutzungsdauer, multipliziert werden. Somit beträgt der rezufinanzierende Wiederbeschaffungswert für die Ersatzinvestition:

$200.000,00$ Euro $\cdot 1,07^5 = 280.510,00$ Euro.

Berechnung des jährlichen Abschreibungsbetrages (AfA-Betrag) für den Reisebus:

bilanzmäßig AK (Buchwert) = 200.000,00 Euro, N = 5 Jahre, AfA-Art linear (▸ LF 5)

kalkulatorisch kAB = 280.510,00 Euro, N = 5 Jahre, AfA-Art: linear (alle Beträge in Euro)

Jahr	Buchwert	AfA-Betrag	Wiederbeschaffungswert (WBW)	Abschreibungs-betrag (kAB)
1	200.000,00	40.000,00	200.000,00 + 14.000,00 = 214.000,00	42.800,00
2	160.000,00	40.000,00	214.000,00 + 14.980,00 = 228.980,00	45.796,00
3	120.000,00	40.000,00	228.980,00 + 16. 028,60 = 245.008,60	49.001,70
4	80.000,00	40.000,00	245.008,60 + 17.150,60 = 262.159,20	52.431,84
5	40.000,00	40.000,00	262.159,20 + 18.351,14 = 280.510,34	56.102,07

Der kalkulatorische Abschreibungsbetrag (kAB) beträgt bei diesem Wirtschaftsgut mit vorhandenem Restwert über fünf Jahre insgesamt 246.131,61 Euro.

Die **kalkulatorische Abschreibung (kAB)** ist in jedem Jahr neu zu berechnen. Sie berücksichtigt den technischen Werteverzehr eines Anlagegutes in einer Abrechnungsperiode, nicht jedoch **die steuerrechtlichen Abschreibungstabellen (AfA-Tabellen)**.

Kalkulatorische Abschreibung
Die kalkulatorische Abschreibung beeinflusst wie alle kalkulatorischen Kosten das Abgrenzungs- und das Betriebsergebnis, nicht aber das Gesamtergebnis.

Sollte im Rahmen der kalkulatorischen Abschreibung ein Restwert (z. B. ein Schrottwert) berücksichtigt werden, wird dieser zunächst von den Anschaffungskosten abgezogen und danach der Wiederbeschaffungswert berechnet.

Geometrisch-degressive kalkulatorische Abschreibung

Bei der geometrisch-degressiven kalkulatorischen Abschreibung wird vom jeweiligen **Buch- oder Restwert ein gleich bleibender Prozentsatz** als Abschreibungssatz abgeschrieben. Hierdurch entsteht in Folge ein jährlich fallender Abschreibungsbetrag. Für die Berechnung wird ein festgesetzter Abschreibungssatz verwendet.

Ermittlung des jährlichen kAB

Fortführung des Beispieles jetzt mit geometrisch-degressiver kalkulatorischer Abschreibung. Dabei soll gelten:

kAB geometrisch-degressiv = 2 x linearer AfA-Satz

Schrottwert = 25.000,00 Euro

Berechnung des kAB: Der lineare AfA-Satz beträgt 20%, der degressive in diesem Beispiel soll zweimal so hoch sein, also 40 %.

Berechnung des WBW:

Anschaffungskosten – Schrottwert = 200.000,00 – 25.000,00 = 175.000,00 Euro

jährliche Preissteigerung von 7 % entspricht im 1. Jahr 12.250,00 (7 % von 175.000,00 Euro);

WBW am Ende des 1. Jahres = 175.000,00 + 12.250,00 = 187.250,00 Euro

Das Wirtschaftsgut soll kalkulatorisch über 12 Jahre abgeschrieben werden.

Vergleich zwischen bilanzieller und kalkulatorischer Abschreibung bei unterschiedlicher Nutzungsdauer und Verfahren für drei Jahre (alle Beträge in Euro):

Jahr	Buchwert	AfA-Betrag	Wiederbeschaffungs-wert (WBW)	Abschreibungsbetrag (kAB)
1	200.000,00	40.000,00	175.000,00 + 12.250,00 = 187.250,00	kAB = 74.900,00
2	160.000,00	40.000,00	187.250,00 + 13.104,00 = 200.354,00	187.250,00 – 74.900,00 = 112.350,00 (RW) kAB = 44.920,00
3	120.000,00	40.000,00	200.354,00 + 14.024,78 = 214.378,78	112.350,00 – 44.920,00 = 67.430,00 (RW) kAB = 26.972,00

Im Unterschied zur linearen bilanzmäßigen Abschreibung wird deutlich, dass die geometrisch-degressive kalkulatorische Abschreibung in der Abschreibungshöhe fällt.

Will man einen **vorgegebenen positiven Restwert (RW) oder Schrottwert genau erreichen** (z. B. den RW eines Leasinggegenstandes), so lässt sich der Prozentsatz, mit dem man kalkulatorisch abschreiben muss, nach folgender Formel errechnen:

Wiederbeschaffungswert (Euro)
geschätzte Nutzungsdauer (N Jahre)
Restwert (Euro)
kalkulatorischer Abschreibungssatz (Prozent)

$$\text{Abschreibungsbetrag (Prozent)} = 1 - \sqrt[n]{\frac{\text{Restwert}}{\text{Wiederbeschaffungswert}}} \cdot 100$$

Man erhält einen jährlichen kalkulatorischen Abschreibungssatz in Prozent.

Die Problematik dieses Verfahrens besteht u. a. darin, dass der Restwert eine fiktionale Größe ist, die von der betrieblichen Nutzung des Wirtschaftsgutes bestimmt wird. Sie kann letztlich nicht genau berechnet werden.

Berechnung des kAB
bei Wirtschaftsgut mit Restwert

Eine PC-Konfiguration hat einen WBW von 3.000,00 Euro, der RW beträgt 300,00 Euro, die Nutzungsdauer 3 Jahre.

$$\text{Der Abschreibungssatz entspricht: } x = 1 - \sqrt[3]{\frac{300,00}{3.000,00}} \cdot 100$$

Abschreibungssatz = <u>53,58 %</u>

Hieraus kann die Berechnung des AB für das 1. Jahr erfolgen:
Wiederbeschaffungswert − Restwert = 3.000,00 − 300,00 = 2.700,00
Restwert · Abschreibungssatz : 100

$$\frac{2.700,00 \cdot 53,58}{100} = \underline{1.446,66 \text{ Euro}}$$

Der kAB beträgt nach dem geometrisch-degressiven Verfahren bei diesem Wirtschaftsgut im ersten Jahr 1.446,66 Euro.

Die geometrisch-degressive kalkulatorische Abschreibung kommt bei Reiseveranstaltern kaum zum Tragen, dominant wird die lineare Abschreibung im Rahmen der kalkulatorischen Abschreibung angewandt.

Ein Restwert von 0,00 Euro lässt sich mit der geometrisch-degressiven Abschreibung nicht erreichen. Man muss daher im letzten Jahr den verbleibenden Restwert außerplanmäßig auf 0,00 Euro abschreiben oder vorher auf die lineare Abschreibung überwechseln.

Leistungsbezogene Abschreibung

Die leistungsbezogene Abschreibung passt sich Beschäftigungsschwankungen an, da für den jährlichen Abschreibungsbetrag der **Umfang der Beanspruchung** maßgebend ist. Der abzuschreibende Betrag wird dafür durch die geschätzte Gesamtleistung des Betriebsmittels dividiert und mit der Periodenleistung multipliziert.

Diese **Basisdaten** brauchen Sie für die Berechnung:
- ▸ Wiederbeschaffungswert (Euro), ggf. Restwert (RW, Euro),
- ▸ Gesamtleistungseinheiten (Einheit, z. B. Stunde, km)
- ▸ und Periodenleistung (in Einheiten) des Anlagegutes.

Leistungsbezogenen Abschreibung

a) Kein RW nach der geschätzten Nutzungsdauer

$$\text{Abschreibungssatz} = \frac{100}{\text{Gesamtleistung des Anlagegutes}} \cdot \text{Periodenleistung}$$

$$\text{Abschreibungsbetrag} = \frac{\text{Wiederbeschaffungswert (WBW)}}{\text{Gesamtleistung des Anlagegutes}} \cdot \text{Periodenleistung}$$

Die Wiederbeschaffungskosten (WBW) eines Reisebusses betragen 800.000,00 Euro, die Gesamtlaufleistung beträgt 2.000.000 km,
im ersten Jahr der Nutzung legt der Reisebus 100.000 km zurück,
im zweiten Jahr der Nutzung legt der Reisebus 150.000 km zurück.
Der Abschreibungssatz für das erste Nutzungsjahr ergibt sich aus der Anwendung des einfachen Dreisatz (▸ LF 5, Kapitel 12.1):

2.000.000 km   = 100 %
   100.000 km   = x %

$$\frac{100 \cdot 100.000}{2.000.000} = \underline{\underline{5\,\%}}$$

Der Abschreibungssatz für das erste Nutzungsjahr beträgt fünf Prozent.

Berechnung des Abschreibungsbetrages (AB):
AB pro km = 800.000,00 : 2.000.000 = 0,40 Euro/km
Abschreibungsbetrag für das erste Jahr: 0,40 · 100.000 = 40.000,00 Euro.
Abschreibungsbetrag für das zweite Jahr: 0,40 · 150.000 = 60.000,00 Euro.

b) Vorhandener RW nach der geschätzten Nutzungsdauer

$$AB = \frac{\text{WBW} - \text{Restwert}}{\text{Gesamtleistung des Anlagegutes}} \cdot \text{Periodenleistung}$$

Der RW des Reisebusses beträgt 100.000,00 Euro. Die anderen Daten, wie Wiederbeschaffungskosten und Gesamtlaufleistung, Nutzung in erstem und zweitem Jahr, sind gleich.

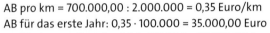 AB pro km = 700.000,00 : 2.000.000 = 0,35 Euro/km
AB für das erste Jahr: 0,35 · 100.000 = 35.000,00 Euro
AB für das zweite Jahr: 0,35 · 150.000 = 52.500,00 Euro
Die kAB ist im zweiten Jahr höher, weil die Kilometerleistung um 50.000 km im Vergleich
zum ersten Jahr zugenommen hat.

Neben der linearen Abschreibung wird von Busreiseveranstaltern insbesondere die leistungsbezogene Abschreibung genutzt. Durch die jährliche Anpassung an Umfang der Beanspruchung und Beschäftigungsschwankungen gibt sie den **Werteverzehr des Anlagegutes (Bus) am präsisesten wieder**.

Ziel der kalkulatorischen Abschreibungen ist es, die reale Substanz des Unternehmens zu sichern, in dem für jede Abschreibungsperiode der **verursachungsgerechte Werteverzehr** in der KLR angesetzt wird und über die Verkaufserlöse in das Unternehmen zurück fließt.

Die einzelnen Rechnungsperioden sollen während der Gesamtnutzungsdauer eines Wirtschaftsgutes möglichst gleichmäßig mit den Abschreibungen der einzelnen Wirtschaftsgüter belastet werden. Deshalb wird in der KLR häufig die lineare Abschreibung gewählt.

1.1.4 Kalkulatorische Zinsen und Co.

Kalkulatorische Zinsen sind Kapitalkosten für das **betriebsnotwendige Fremdkapital (Anderskosten)** und für **betriebsnotwendiges Eigenkapital (Zusatzkosten,** Kalkulatorische Kostenarten ▸ Kapitel 1.1.2).

Durch die Bereitstellung des Kapitals für den betrieblichen Zweck stellen kalkulatorische Zinsen einen Gegenwert für einen **anderen, entgangenen Zins bringenden Nutzen (Opportunitätskosten)** dar.

Grundlage für die Berechnung der kalkulatorischen Zinsen sind entweder das durchschnittlich gebundene betriebsnotwendige Kapital oder der Restwert (RW).

Das **betriebsnotwendige Kapital wird ermittelt**, indem das Anlage- und Umlaufvermögen um die Vermögensteile, die nicht für den betrieblichen Leistungserstellungsprozess bzw. die Aufrechterhaltung der Betriebsbereitschaft notwendig sind (z. B. Wertpapiere für Spekulationszwecke bei einem Reiseveranstalter) gemindert wird. In einem nächsten Schritt erfolgt die **Bewertung der verbleibenden Vermögensgegenstände**.

Das so ermittelte **betriebsnotwendige Vermögen** wird nun noch um das zinslos zur Verfügung stehende Fremdkapital (Abzugskapital) bereinigt. Hierzu zählen u. a. zinsfreie Darlehen, zinslos erhaltene Lieferantenkredite (Verbindlichkeiten bei Lieferanten), Anzahlungen von Kunden und Rückstellungen sowie sonstige Verbindlichkeiten wie Steuern.

Vermögen des Unternehmens – Nicht betriebsnotwendiges Vermögen (z. B. Beteiligungen)	**Schritt 1:** Berechnung des betriebsnotwendigen Vermögens
= Betriebsnotwendiges Vermögen	

(1)   Nicht abnutzbares betriebsnotwendiges Anlage-
      vermögen (zu Anschaffungskosten)
(2) + Abnutzbares betriebsnotw. Anlagevermögen
      (zu Rest-/Durchschnittswerten)
	Schritt 2:
	Korrektur des betrieblichen Vermögens um das Abzugskapital

(3) = Betriebsnotwendiges Anlagevermögen + Betriebsnotwendiges Umlaufvermögen	
= Betriebsnotwendiges Vermögen (4) – Abzugskapital (= zinsfreie Kapitalanteile)	**Schritt 3:** Ermitteln der kalkulatorischen Zinskosten
= Betriebsnotwendiges Kapital	
Kalkulatorische Zinsen = Betriebsnotwendiges Kapital · Zinssatz	

Da das **Vermögen** eines Unternehmens nicht immer im vollen Umfang der betrieblichen Leistungserstellung dient, ist es notwendig, das nicht betriebsnotwendige vom betriebsnotwendigen Betriebsvermögen zu trennen, da sonst die kalkulatorischen Zinsen zu hoch ausgewiesen werden.

Berechnung der kalkulatorischen Zinsen

betriebsnotwendiges Kapital = 1.162.200,00 Euro
Kalkulatorischer Zinssatz 5 %

$$\text{Kalkulatorische Zinsen} = \frac{1.162.200,00 \cdot 5}{100} = \underline{\underline{58.110,00}}$$

Die kalkulatorischen Zinsen betragen somit 58.110,00 Euro.

Die kalkulatorischen Zinsen bilden einen **Korrekturposten zum Zinsaufwand** in der GuV-Rechnung (Aufwandskonten ▸ LF 5, Kapitel 5.2). Kalkulatorische Zinsen bezogen auf das Fremdkapital sind daher **Anderskosten**, Kalkulatorische Zinsen bezogen auf das Eigenkapital sind **Zusatzkosten**.

Um das **betriebsnotwendige Vermögen** zu bewerten gibt es zwei mögliche Verfahren:

1. Die Durchschnittsmethode

Sie kann angewendet werden für die **abnutzbaren Vermögenswerte** des Anlagevermögens und für die **Vermögenswerte des Umlaufvermögens**.

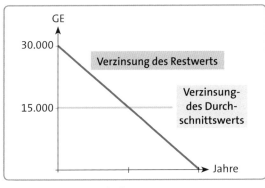

Abb. Durchschnittsmethode

Mit dieser Methode wird ein Durchschnitt berechnet, der das gebundene Vermögen während der Nutzungsdauer wieder gibt. In diesem Verfahren bleiben die Werte konstant. Es erfolgt eine einmalige Berechnung der kalkulatorischen Zinsen für die gesamte Nutzungsdauer des Vermögensgegenstandes. Dadurch ergibt sich eine gleichmäßige Belastung mit kalkulatorischen Zinsen über die Nutzungsdauer.

Methode der Durchschnittsverzinsung

$$\text{Zinsen} = \frac{(\text{Anschaffungskosten} + \text{Restwert})}{2} \cdot \text{kalkulatorischer Zinssatz}$$

Anschaffungskosten 25.000,00 Euro, Restwert 5.000,00 Euro, kalkulatorischer Zinssatz 4 %.

$$\text{Zinsen} = \frac{(25.000,00 + 5.000,00)}{2} \cdot \frac{4}{100} = \underline{600,00 \text{ Euro}}$$

Die kalkulatorischen Zinsen dieses Wirtschaftgutes belaufen sich auf 600,00 Euro.

Die Durchschnittsmethode hat den Vorteil, dass die Zinsen für ein Wirtschaftsgut nur einmal berechnet werden müssen.

2. Die Restwertmethode mit durchschnittlichen Restwerten

Bei dieser Methode wird ein Durchschnittswert für jedes einzelne Nutzungsjahr berechnet. Entsprechend sinken in dieser Berechnung die Restwerte über die Nutzungsdauer. Die Restwertmethode kann für Vermögenspositionen des abnutzbaren AV angewandt werden, diese sind einzeln zu verzinsen.

Methode der Restwertverzinsung für ein Anlagegut

$$\text{Zinsen} = \frac{(R_1 + R_t - 1)}{2} \cdot \text{kalkulatorischer Zinssatz}$$

Berechnung der kalkulatorischen Zinsen bei abnutzbaren Anlagegütern ohne Restwert:
Anschaffungswert 10.000,00 Euro, Abschreibungsart linear, Nutzungszeit 5 Jahre,
Kalk. Zinssatz 10 %
Anschaffungswert (R_1) = 10.000,00 Euro
Restwert am Ende des 1. Jahres bzw. Wert zu Beginn des 2. Wirtschaftsjahres $(R_t - 1)$ = 8.000,00 Euro (auf eine zeitanteilige Darstellung wird verzichtet).
Die lineare Abschreibung beträgt jährlich 2.000,00 Euro

Somit ergibt sich für die Zinsen:

$$\text{Zinsen} = \frac{(10.000,00 + 8.000,00)}{2} \cdot \frac{10}{100} = \underline{900,00 \text{ Euro}}$$

Die Berechnung der kalkulatorischen Zinsen auf das betriebsnotwendige Kapital erfolgt mit einem fest gelegten Zinssatz (z. B. Marktzins, unternehmenspolitisch festgelegter Zinssatz, langfristiger Kapitalmarktzins).

Kalkulatorische Zinsen stellen neben den Kalkulatorischen Abschreibungen den zweiten großen Posten der kalkulatorischen Kosten. Daneben sind weitere zu berücksichtigen.

Kalkulatorischer Unternehmerlohn

Der kalkulatorische Unternehmerlohn **fällt unter die Opportunitätskosten** und wird nur in Einzelunternehmen (z. B. e. K.) und in Personengesellschaften (z. B. OHG, KG) angesetzt. In diesen Unternehmensformen (Fachwissen Tourismus Band 1, LF 1, Kapitel 2.3) darf den Unternehmern – im Gegensatz zu den Geschäftsführern z. B. einer Kapitalgesellschaft GmbH – steuerrechtlich kein Gehalt gezahlt werden. Die Unternehmer haben lediglich einen variablen Gewinnanspruch. Die Höhe des Unternehmerlohns richtet sich in der Regel an dem durchschnittlichen Gehalt eines angestellten Geschäftsführers in einem vergleichbaren Unternehmen aus.

Kalkulatorische Mieten

Die kalkulatorische Miete wird bei Einzelunternehmern, bei einer Mini GmbH und bei Personengesellschaften auf die Geschäftsräume, Grundstücke oder Sachen veranschlagt, die zur Leistungserstellung bereitgestellt werden, wenn der Eigentümer der Unternehmung auch gleichzeitig Eigentümer der Räumlichkeiten oder Sachen (Privatbesitz) ist. Basis für die Ermittlung der kalkulatorischen Miete ist die ortsübliche Vergleichsmiete. Auch die kalkulatorische Miete ist ein **Posten der Opportunitätskosten**.

Kalkulatorische Wagnisse

Unternehmerisches Handeln ist nicht frei von Risiken. So können z. B. unvorhergesehene Schadensfälle am Fuhrpark eines Reiseveranstalters auftreten oder Computerviren das CRS (computergesteuerte Buchungssystem) zerstören. Dadurch entstehen außerordentliche, d. h. nicht geplante Aufwendungen, die als Kosten erfasst werden müssen.

Für solche Risiken wird, sofern dafür kein Versicherungsschutz besteht, z. B. auf der Basis von Erfahrungswerten oder gesicherten Zukunftswerten ein **Wagniskostensatz** ermittelt.

$$\text{Wagniskostensatz} = \frac{\text{Wagnisverluste}}{\text{Bezugsgröße}} \cdot 100$$

Im Tourismus wird dieser Formelsatz insbesondere für Vertriebswagnisse, d. h. Forderungsausfälle und Währungsverluste oder Gewährleistungswagnisse gebildet. Dazu werden entsprechende Bezugsgrößen in ein Verhältnis zueinander gesetzt.

Wagniskostensatz

Durchschnittliche Forderungsausfälle der letzten drei Jahre: 20.000,00 Euro.
Durchschnittlicher Forderungsbestand der letzten drei Jahre: 3.000.000,00 Euro.

$$\text{Wagniskostensatz} = \frac{\text{durchschnittliche Forderungsausfälle}}{\text{durchschnittlicher Forderungsbestand}} \cdot 100$$

$$= \frac{20.000,00 \cdot 100}{3.000.000,00} = \underline{\underline{0,67\,\%}}$$

Der Wagniskostensatz beträgt 0,67 Prozent und wird entsprechend bei der Berechnung des Reisepreises berücksichtigt.

Der Wagniskostensatz für Forderungsausfälle findet sein Pendant in der Finanzbuchhaltung im Rahmen der Abschreibungen auf Forderungen (⊢ LF 11, Kapitel 4.2).

Für einen realistischen Wagniskostensatz sollten die Forderungsausfälle aus den letzten drei bis fünf Jahren berücksichtigt werden und ausschließlich die Forderungen eingerechnet werden, mit deren Verlust effektiv zu rechnen ist.

1.2 Positive Stromgrößen

Das Rechnungswesen erfasst auch Zahlungs- und Leistungsvorgänge innerhalb einer Periode, die die Bestandsgrößen eines Unternehmens positiv beeinflussen. Hierzu zählen die positiven Stromgrößen Einzahlung, Einnahmen und Erträge, die über einen bestimmten Zeitraum eine Veränderung der entsprechenden Bestandsgrößen nach sich ziehen.

Leistung – Kosten sind im kalkulatorischen Bereich **= Betriebsergebnis**

Einzahlung

Einzahlungen sind alle tatsächlichen Zahlungsmittelzuflüsse eines Unternehmens in einer Abrechnungsperiode von Dritten. Der Zugang der liquiden Mittel führt zu einer positiven Veränderung des Bargeldes bzw. Sichtguthabens.

Folge: Erhöhung des Zahlungsmittelbestandes

Einnahme

Einnahmen (oder Kapital freisetzend) sind alle tatsächlichen Zahlungsmittelzuflüsse eines Unternehmens in einer Abrechnungsperiode von Dritten, die um die Verbindlichkeitsrückgänge und Forderungszugänge ergänzt werden.

> Einzahlungen
> + Abbau von Verbindlichkeiten
> + Aufbau von Forderungen
> ─────────────────
> = Einnahmen

Folge: Erhöhung des Nettogeldvermögens

Ertrag

Unter Erträgen versteht man alle erfolgswirksamen Wertezuflüsse in ein Unternehmen aufgrund der erstellten und/oder abgesetzten Güter und Dienstleistungen innerhalb einer Abrechnungsperiode.

Folge ist die Erhöhung des Reinvermögens (Eigenkapitals).

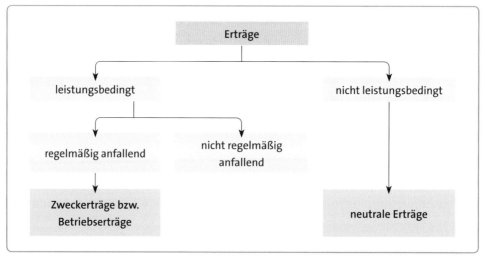

Abb. Ertragsarten

Erträge

Umsatzerlöse, Erträge aus Beteiligungen, Erträge aus Wertpapieren und Ausleihungen des Finanzanlagevermögens, sonstige Zinsen und ähnliche Erträge.

BEISPIEL

© de la Motte

Neutrale Erträge

Neutrale Erträge fallen im Unternehmen im Bereich der Finanzbuchhaltung an und sind auch mit einer Einnahme verbunden. Sie haben jedoch nichts mit dem eigentlichen Betriebszweck, also mit der Erstellung der typischen betrieblichen Leistung des Unternehmens zu tun.

Neutrale Erträge
Sie entstehen einmalig oder unregelmäßig und in außergewöhnlicher Höhe.
Sie stellen keine leistungsbedingten Erträge dar.

Aus diesem Grund dürfen die neutralen Erträge nicht in die Kostenrechnung des Unternehmens einfließen. Für betriebsfremde, periodenfremde und außerordentliche Erträge werden **eigene Konten in der Kontenklasse 8** geführt.

Betriebsfremde Erträge
Betriebsfremde Erträge haben mit dem eigentlichen Unternehmenszweck nichts zu tun. Zu den betriebsfremden Erträgen eines Reiseveranstalters gehören z. B.:   ► Zinserträge   ► Dividendenerträge   ► Erträge aus Wertpapierverkäufen   ► erhaltene Schenkungen   ► Haus- und Grundstückserträge
Außerordentliche Erträge
Außerordentliche Erträge werden zwar durch den Zweck des Unternehmens verursacht, fallen aber zeitlich und in außergewöhnlicher Höhe unregelmäßig bzw. nur ausnahmsweise an und sind für den normalen betrieblichen Ablauf des Unternehmens unüblich. Zu den außerordentliche Erträge eines Reiseveranstalters gehören z. B.:   ► Gewinne aus der Veräußerung von Beteiligungen   ► Forderungsverzicht von Gläubigern   ► Einmalige Zuschüsse der öffentlichen Hand
Periodenfremde Erträge
Unter periodenfremden Erträgen werden zwar durch den Unternehmenszweck verursacht, Sie betreffen jedoch entweder vergangene oder zukünftige Abrechnungsperiode. Zu den periodenfremden Erträgen gehören z. B.:   ► Provisionsgutschriften für das vergangene Wirtschaftsjahr   ► Beitragserstattungen für vergangene Geschäftsjahre   ► Beitragserstattungen einer Versicherung für vergangene Zeitperioden

Tab. Neutrale Ertragsarten

Zweckertrag

Der Zweckertrag (Betriebsertrag) resultiert aus dem eigentlichen Betriebszweck. also insbesondere aus dem Verkauf von Produkten und/oder Dienstleistungen.

© de la Motte © de la Motte © MEV Verlag GmbH © G. Sanders – Fotolia.com

Leistungen

Leistungen stellen den in Geld bewerteten Gegenwert der Leistungserstellung und Leistungsverwertung eines Betriebes dar. Die Leistung berechnet sich beim Reisemittler aus dem Bruttoerlös des Vertriebes der betrieblichen Tätigkeit gemindert um Erlösschmälerungen, wie z. B. Skonti und Boni.

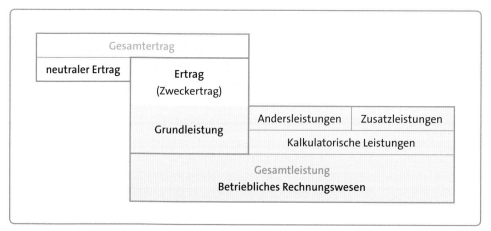

Abb. Leistungen (Überblick)

Andersleistung

Der Begriff der Andersleistung umfasst kalkulatorische Leistungen, denen in der Finanzbuchhaltung Erträge in anderer Höhe gegenüberstehen.

Zusatzleistung

Zusatzleistung sind kalkulatorische Leistungen, denen in der Finanzbuchhaltung kein Ertrag gegenübersteht (z. B. unentgeltlich abgegebene Dienstleistung oder Reise).

Positive Stromgrößen geben u. a. Auskunft über die zukünftige Zahlungsfähigkeit eines Unternehmens.

Zusammenfassende Beispiele
Positiver Stromgrößen:

- **Einzahlung, die nicht Einnahme ist** – Vorauszahlung eines Kunden für spätere Reise,
- Einzahlung, die gleichzeitig Einnahme ist – Barverkauf eines Reisführers,
- **Einnahme, die nicht gleichzeitig Einzahlung ist** – Verkauf von Reiseaccessoires, die erst in einer späteren Periode gegen Rechnung bezahlt werden,
- **Einnahme, die nicht Ertrag ist** – Verkauf eines PC zum Restbuchwert,
- Einnahme, die Ertrag ist – Provisionszahlung in der gleichen Periode wie Reisevermittlung,
- **Ertrag, der nicht Leistung ist** – Ertrag aus Aktienverkauf aus dem Anlagevermögen eines Reisemittlers,
- **Leistung, die nicht Ertrag ist** – Andersleistungen, z. B. Bestandsbewertung.

1.3 Abgrenzungsrechnung

Die **Finanzbuchhaltung (FIBU)** ermittelt in der Bilanz und der Gewinn- und Verlustrechnung das Unternehmensergebnis.

Die **Abgrenzungsrechnung** hat dagegen die Aufgabe, das für kostenrechnerische Zwecke erforderliche Zahlenmaterial zweckmäßig zu strukturieren und inhaltlich aufbereitet zusammenzustellen. Hierzu bedarf es:

- zum einen einer unternehmensbezogenen Abgrenzung in der die neutralen Aufwendungen und Erträge von den Kosten und Leistungen abgegrenzt werden,
- und zum anderen einer betriebsbezogenen Abgrenzung, in der die korrekturbedürftigen Aufwendungen aus der FIBU herausgefiltert werden.

Bindeglied
Die Abgrenzungsrechnung stellt das Bindeglied zwischen Finanzbuchhaltung und Kosten- und Leistungsrechnung dar.

Die **Abgrenzungsrechnung** dient zur Ermittlung von tatsächlichen Leistungen und Kosten auf der Basis der in den Kontenklassen 4, 5 und 8 erfassten Erträge und Aufwendungen.

Ergebnistabelle						
Finanzbuchhaltung	**Kosten- und Leistungsrechnung**					
Gesamtergebnis-rechnung der Finanzbuchhaltung	Abgrenzungsrechnung				Betriebs-ergebnis-rechnung	
	Unternehmensbezo-gene Abgrenzung		Kostenrechnerische Korrekturen			
Aufwen-dungen (Klassen 4, 5)	Erträge (Klasse 8)	neutrale Aufwen-dungen	neutrale Erträge	Betriebl. Aufwen-dungen	Verrech-nete Kosten	Kosten	Leis-tungen
		Ergebnis aus unter-nehmensbezogenen Abgrenzungen		Ergebnis aus kostenrechnerischen Korrekturen			
Gesamtergebnis	▀▀ Neutrales Ergebnis (Abgrenzungsergebnis)				➕ Betriebsergebnis	

Abb. Ergebnistabelle der Finanzbuchhaltung und der KLR

Die Kosten- und Leistungsrechnung umfasst die unternehmensbezogene Abgrenzung (Kontenklasse 2), die Betriebsergebnisrechnung sowie kosten- und leistungsrechnerische Korrekturen.

Kostenrechnerische Korrekturen
Betreffen Aufwendungen, die zwar durch betriebliche Vorgänge veranlasst sind, deren Höhe und/oder Berechnungsmethode nicht den Anforderungen der Kosten- und Leistungsrechnung entsprechen.

Korrekturbedarf besteht für folgende Aufwendungen der Fibu:		**Kalkulatorische Kosten der KLR**
▸ bilanzmäßige Abschreibungen	⟶	Kalkulatorische Abschreibungen
▸ Fremdkapitalzinsen	⟶	Kalkulatorische Zinsen
▸ eingetretene Einzelwagnisse	⟶	Kalkulatorische Wagnisse

Zusätzlich werden in der KLR Kosten angesetzt, für die keine Aufwendungen entstanden sind	⟶ ⟶	kalkulatorischer Unternehmerlohn Kalkulatorische Zinsen auf das Eigenkapital

Abb. Kostenrechnerische Korrekturen

Mithilfe der Abgrenzungsrechnung kann unmittelbar das Betriebsergebnis festgestellt werden: **Gesamtergebnis – Neutrales Ergebnis (Abgrenzungsergebnis) = Betriebsergebnis**

Durchführung der Abgrenzungsrechnung

Die Abgrenzungsrechnung umfasst drei Schritte:

▸ **Schritt 1** – Übernahme der Gesamtergebnisrechnung der Finanzbuchhaltung, d. h. der Aufwendungen und Erträge der GuV,

▸ **Schritt 2** – Unternehmensbezogene Abgrenzung der neutralen Aufwendungen und neutralen Erträge von den betrieblichen,

▸ **Schritt 3** – Ergänzung der Zusatzkosten und Korrektur der Anderskosten.

Jetzt haben Sie alles zur Hand, was Sie für die **Erstellung einer Ergebnistabelle** benötigen (▸ Beispiel der nächsten Seite). Sie stellt die durchgeführten unternehmensbezogenen und betriebsbezogenen Abgrenzungen und das ermittelte Gesamtergebnis, das Neutrale Ergebnis sowie das Betriebsergebnis in einem **bestimmten Abrechnungszeitraum** dar.

Unternehmenserfolg

Neutrale Aufwendungen und Erträge werden in der Kostenrechnung nicht erfasst. Sie werden zum neutralen Ergebnis in einer eigenen Rechnung zusammengestellt.
▸ **Neutrales Ergebnis = neutrale Erträge – neutrale Aufwendungen**

Aufwendungen und Erträge, die in der Kostenrechnung erfasst werden, bezeichnet man als **Kosten beziehungsweise Leistungen (Erlöse).** Aus Leistungen und Kosten wird das Betriebsergebnis berechnet.
▸ **Betriebsergebnis = Erlöse (Leistungen) – Kosten**

Der **Unternehmenserfolg einer Periode** setzt sich dementsprechend zusammen aus dem neutralen Ergebnis und dem Betriebsergebnis.
▸ **Unternehmenserfolg = Betriebsergebnis + neutrales Ergebnis**

Tab. Zusammensetzung des Unternehmenserfolges

Erstellung einer Ergebnistabelle

Konto	Erfolgsbereich		Abgrenzungsbereich				KLR-Bereich	
	Gesamtergebnis der Finanzbuchhaltung		Unternehmensbezogene Abgrenzungen		Kostenrechnerische Korrekturen		Betriebsergebnis	
	Aufwendungen	Erträge	neutraler Aufwand	neutraler Ertrag	Aufwand lt. FIBU	Verrechn. Kosten	Kosten	Leistungen
4000 Löhne	36.000,00						36.000,00	
4010 Aufw. eigene RV	52.000,00						52.000,00	
4040 Soziale Abgaben	7.000,00						7.000,00	
4100 Raumkosten	1.800,00						1.800,00	
4200 KKK	900,00						900,00	
4300 Bürosachkosten	550,00						550,00	
4320 Fuhrparkkosten	9.050,00						9.050,00	
4400 Werbekosten	6.600,00						6.600,00	
4800 Abschreibung	12.000,00				12.000,00			
4910 Aufw. Anlageabgang	1.100,00		1.100,00					
4950 Zinsaufwand	720,00				720,00			
8020 EVA		73.400,00						73.400,00
8100 EVM		53.900,00						53.900,00
8200 Erlöse DB		9.800,00						9.800,00
8400 Erlöse Flug		6.200,00						6.200,00
8800 Erlöse Warenverk.		15.500,00						15.500,00
8850 Mieterträge		3.300,00		3.300,00				
8910 Erträge Anlageabgang		600,00		600,00				
8960 Zinserträge		630,00		630,00				
kalk. Abschreibung 15000						15.000,00	15.000,00	
kalk. Zinsen 1600						1.600,00	1.600,00	
kalk. K-Lohn 5000						5.000,00	5.000,00	
kalk. Miete 2800						2.800,00	2.800,00	
	127.720,00	163.330,00	1.100,00	4.530,00	12.720,00	24.400,00	138.300,00	158.800,00
	Gesamtergebnis	35.610,00	Neutrales Ergebnis	3.430,00	11.680,00	Kostenrechnerische Korrekturen	Betriebsergebnis	20.500,00
	Gesamtergebnis		=	neutrales Ergebnis			+	Betriebsergebnis

Abb. Ergebnistabelle

Erläuterungen zur Tabelle:

▶ **Erfolgsbereich** – es wird die Gewinn- und Verlustrechnung der Finanzbuchhaltung (FIBU) wiedergegeben.

▶ **Abgrenzungsbereich** – hier werden die unternehmensbezogenen Abgrenzungen und die kostenrechnerischen Korrekturen dargestellt. Darunter sind alle Aufwendungen und Erträge aufgeführt, die neutral sind und unter den kostenrechnerischen Korrekturen die korrekturbedürftigen Aufwendungen aus dem Erfolgsbereich erfasst (»Aufwand lt. FIBU«) und den kalkulatorischen Kosten gegenübergestellt (»Verrechnete Kosten«).

▶ Die UN-bezogene Abgrenzung und die kostenrechnerischen Korrekturen bilden das Neutrale Ergebnis.

▶ **KLR-Bereich** – hier werden alle Kosten und Leistungen erfasst. Das Ergebnis dieses Bereiches ist das Betriebsergebnis.

▶ Am Ende stellt das **betriebliche Gesamtergebnis** die Summe aus neutralem Ergebnis und Betriebsergebnis dar.

1. Wodurch unterscheiden sich Aufwendungen von Kosten?

2. Definieren Sie die Stromgrößen Kosten/Erlöse, Aufwand/Ertrag, Auszahlungen/Einzahlungen, Ausgaben/Einnahmen?

3. Die vereinfachte Bilanz eines Reiseveranstalters enthält folgende Positionen:

   - Unbebaute Grundstücke   300.000,00 Euro
   - Betriebsgebäude   600.000,00 Euro
   - Ladenlokal vermietet   20.000,00 Euro
   - Fuhrpark   250.000,00 Euro
   - BGA   45.000,00 Euro
   - Reiseliteratur   AB   3.000,00 Euro   EB 5.000,00 Euro
   - Forderungen aus L+L   AB   6.000,00 Euro   EB 3.000,00 Euro
   - Bank   AB   5.400,00 Euro   EB 5.600,00 Euro
   - Kasse   AB   800,00 Euro   EB 1.200,00 Euro
   - Pensionsrückstellungen   12.000,00 Euro
   - Kundenanzahlungen   4.500,00 Euro
   - Verbindlichkeiten aus L+L   8.000,00 Euro

   Berechnen Sie die kalkulatorischen Zinsen bei sieben Prozent jährlichem Marktzins.

4. Berechnen Sie das betriebsnotwendige Kapital und die kalkulatorischen Zinsen bei einem Marktzins von jährlich vier Prozent.
   - Grundstücke   250.000,00 Euro
   - Betriebsgebäude   300.000,00 Euro
   - Ladenlokal (verpachtet) 150.000,00 Euro
   - Reisebus   400.000,00 Euro
   - BGA   45.000,00 Euro
   - Vorräte   1.1.2016   10.000,00 Euro   31.12.2016   12.000,00 Euro
   - Ford. aus L+L   1.1.2016   18.000,00 Euro   31.12.2016   8.000,00 Euro
   - Bankguthaben 1.1.2016   6.000,00 Euro   31.12.2016   4.000,00 Euro
   - Kasse   1.1.2016   600,00 Euro   31.12.2016   800,00 Euro
   - Rückstellungen   10.000,00 Euro
   - Kundenanzahlungen   12.000,00 Euro

5. Berechnen Sie jeweils die kalkulatorische Abschreibung AfA-Art linear:

   a) AK 50.000,00 Euro, N = 5 Jahre für die Finanzbuchhaltung
      Betriebliche Nutzungsdauer 10 Jahre
      Wiederverkaufswert nach 10 Jahren 500,00 Euro
      Inflationsrate jährlich 2 %
   b) AK 30.000,00 Euro, N = 4 Jahre für die Finanzbuchhaltung
      Betriebliche Nutzungsdauer 6 Jahre
      Wiederverkaufswert nach 6 Jahren 2.500,00 Euro
      Inflationsrate jährlich 1,5 %

6. In den letzen zwei Jahren sind Kassenfehlbeträge in Höhe von 400,00 Euro, Forderungsausfälle in Höhe von 2.600,00 Euro und Anlagewagnisse in Höhe von 8.000,00 aufgetreten und zusammen mit Schadenersatzansprüchen in Höhe von 2.500,00 Euro erfasst worden. Der Gesamtumsatz für die Abrechnungsperioden belief sich auf 260.000,00 Euro. Berechnen Sie den sinnvollen Wagniskostensatz.

7. Nach welchen Gesichtspunkten werden der kalkulatorische Unternehmerlohn und die kalkulatorische Miete in ihrer Höhe bestimmt?

8. In den letzten drei Jahren sind insgesamt 30.000,00 Euro Forderungen ausgefallen; dies bei einem jährlichen Gesamtumsatz von …

   a) … 600.000,00 Euro,
   b) … 750.000,00 Euro bzw.
   c) … 800.000,00 Euro.

   Berechnen sie den jeweiligen Wagniskostensatz.

9. Berechnen Sie die kalkulatorische Abschreibung linear:
   Ein betrieblich genutzter Pkw verursacht AK in Höhe von 36.000,00 Euro. In der Finanzbuchhaltung wird er linear über 6 Jahre abgeschrieben. Es wird jedoch in der Realität geplant den Pkw 10 Jahre betrieblich zu nutzen. Der Restwert nach 10 Jahren wird mit 5 % der AK kalkuliert und eine Preissteigerung von jährlich 2 % unterstellt.

10. Welche Aussage trifft zu?
    Kalkulatorische Zinsen für das Fremdkapital und Eigenkapital nennt man auch:
    ► Anderskosten
    ► Zusatzkosten
    ► Fixe Kosten
    ► Gemeinkosten

11. Wodurch unterscheiden sich Aufwendungen von Kosten?

12. Was versteht man unter dem Wiederbeschaffungswert-Prinzip?

13. Was sind Zusatzkosten?

14. Was versteht man unter »neutralem Aufwand«?

15. Was sind Kosten?

16. Erklären Sie das Begriffspaar Einzelkosten und Gemeinkosten mit Beispielen.

17. Erklären Sie das Begriffspaar Variable Kosten und Fixkosten.

18. Was sind kalkulatorische Wagnisse und wie werden sie ermittelt?

19. Was sind kalkulatorische Zinsen und wie werden sie ermittelt?

20. Wodurch unterscheiden sich kalkulatorische Kosten von Grundkosten?

   a) Kalkulatorische Kosten erscheinen in der Betriebs- und Geschäfts-
   buchhaltung, Grundkosten in der Betriebsbuchhaltung.
   b) Kalkulatorische Kosten sind Grundkosten.
   c) Kalkulatorische Kosten stellen grundsätzlich Ausgaben dar, Grundkosten dagegen sind nur Zweckaufwendungen, aber keine Ausgaben.
   d) Kalkulatorische Kosten erhöhen die betrieblichen Kosten, Grundkosten erhöhen die neutralen Aufwendungen.
   e) Kalkulatorische Kosten sind Zusatz- oder Anderskosten, Grundkosten stellen Zweckaufwand dar.

21. Wie erklären Sie den Zusammenhang zwischen Kosten und Aufwendungen?

   a) Unter Kosten versteht man die betriebsnotwendigen Aufwendungen zum Erbringen von Leistungen.
   b) Alle Aufwendungen sind Kosten.
   c) Kosten entstehen für das gesamte Unternehmen, Aufwendungen für
   den Betrieb.
   d) Den Begriff Kosten verwendet man vorwiegend in der Erfolgsrechnung, den Begriff Aufwand für den Zahlungsverkehr.
   e) Betriebsfremde Aufwendungen sind Zusatzkosten.

22. Bei welchen Unternehmensformen (▸ Fachwissen Tourismus Band 1,
   LF 2, Kapitel 2.3) darf nur der kalkulatorische Unternehmerlohn berücksichtigt werden?

23. Kalkulatorische Abschreibungen stellen dar:
   ▸ Neutrale Aufwendungen
   ▸ Anderskosten
   ▸ Zusatzkosten

24. Das Gegenstück zu den außerplanmäßigen Abschreibungen in der
   Handelsbilanz sind in der Kostenrechnung:
   ▸ kalkulatorische Wagnisse
   ▸ kalkulatorische Abschreibungen
   ▸ verrechnete Abschreibungen

25. Der Berechnung der kalkulatorischen Zinsen liegt zugrunde:
   a) … das für Betriebszwecke eingesetzte Kapital.
   b) … das im Untenehmen gebundene Kapital.
   c) … das Kapital der Eigen- und Fremdkapitalgeber.

26. Die Bewertung des betriebsnotwendigen Umlaufvermögens erfolgt
   mithilfe …
   a) … der Wiederbeschaffungswerte.
   b) … der Restwertmethode.
   c) … des durchschnittlich gebundenen Kapitals.

27. Die Berechnung der kalkulatorischen Wagnisse kann erfolgen für:
    - drohende Nachfrageverschiebungen
    - Forderungsausfälle
    - technische Fortschritte

28. Die Berücksichtigung von kalkulatorischen Wagnissen muss unterbleiben bei:
    - versicherten Risiken
    - Katastrophenschäden
    - Bestandswagnissen

29. Ordnen Sie die entsprechenden Begriffe »neutraler Aufwand«, »Grundkosten«, »Anderskosten«, »Zusatzkosten«, »neutraler Ertrag«, »Grundleistung«, »Leistung und Ertrag« zu:

    a) Verkauf eine Firmenfahrzeuges für 7.000,00 Euro, Buchwert 6.000,00 Euro
    b) Mietzahlung für die Geschäftsräume des Reisebüros
    c) KKK für das Reisebüro
    d) Unternehmerlohn für Ehrlichreisen e. K.
    e) Abschreibung von AK des PCs
    f) Beitrag DRV
    g) Dividendenerträge für Aktien des UV 150,00 Euro
    h) Dividendenerträge für Bundesanleihen des AV 700,00 Euro
    i) EVM Monat Dezember 12.000,00 Euro, Bilanzstichtag 31.12.2…
    j) EVA 4. Quartal 15.000,00 Euro, Bilanzstichtag 1.11.2…
    k) Mieteinnahme für vermietete Parkfläche im Oktober 250,00 Euro, Bilanzstichtag 1.11.2…

30. Nennen und beschreiben Sie Kosten die keine Aufwendungen sind.

31. Wann entsteht ein Aufwand der keine Kosten darstellt?

32. In Welchen Fällen fallen Auszahlungen und Ausgaben auseinander?

33. Wann führen Ausgaben zu keinem Aufwand und wann sind Aufwendungen keine Ausgaben?

34. Wie verändert sich das Geldvermögen, wenn ein Unternehmen einen Kredit in bar aufnimmt?

35. Entscheiden und erläutern Sie, ob und ggf. in welcher Höhe in der Periode des Monats Juni »Ausgaben«, »neutrale Aufwendungen«, »Zweckaufwendungen«, »Grundkosten«, »Anderskosten«, »Zusatzkosten«, »Einnahmen«, »neutrale Erträge«, »Zweckerträge«, »Grundleistungen«, »Andersleistungen« oder »Zusatzleistungen« vorliegen:

    a) Bei den im UV befindlichen, nicht betriebsnotwendigen Wertpapieren ist im Juni ein Kursverlust zu verzeichnen, der sich auf 2.000,00 Euro beläuft.

b) Überweisung der Löhne und Gehälter für Juni in Höhe von 7.000,00 Euro sowie eine unvorhergesehene Nachzahlung für Mai in Höhe von 500,00 Euro.

c) Verkauf einer gebrauchten Maschine für 6.800,00 Euro auf Ziel. Der Verkaufspreis liegt 1.800,00 Euro über dem Buchwert.

d) Ein Arbeitnehmer zahlt ein ihm gewährtes Darlehen von 3.000,00 Euro sowie die darauf für den Juni entfallenden Zinsen von 50,00 Euro zurück.

e) Für vermietete Räume werden im Juni 4.000,00 Euro auf das Geschäftskonto überwiesen. Davon betreffen 2.000,00 Euro den laufenden Monat und 2.000,00 Euro den folgenden Monat.

f) Für den Firmeninhaber wird für seine Mitarbeit monatlich ein kalkulatorischer Unternehmerlohn von 8.000,00 Euro verrechnet.

g) Die bilanzierten Abschreibungen der betriebsnotwendigen Maschinen für Juni betragen 800,00 Euro, kalkulatorisch werden dafür 1.000,00 Euro angesetzt.

36. Welche Aufgabe hat die sachliche Abgrenzungsrechnung?

a) Sie hat die kalkulatorischen Kosten aus der Geschäftsbuchführung herauszulösen.

b) Sie hat von den Aufwendungen und Erträgen der Geschäftsbuchführung die Kosten und Leistungen zu trennen.

c) Sie hat die Kostenüberdeckungen und Kostenunterdeckungen zu ermitteln.

d) Sie hat aus den Kosten und Leistungen der Geschäftsbuchführung den Gesamterfolg zu ermitteln.

e) Sie hat die Einzel- und Gemeinkosten zu ermitteln und zu verteilen.

37. Welche Erträge sind auch gleichzeitig Leistungen des Betriebes?

- Zinsgutschrift der Bank
- Vorsteuerverrechnung
- Umsatzerlöse aus dem Verkauf von Waren
- Erlöse aus Vermietung und Verpachtung
- Erträge aus dem Verkauf einer abgeschriebenen Maschine

38. Welche Aufgaben erfüllt die Kosten- und Leistungsrechnung?

a) Sie stellt die Ausgaben und Einnahmen gegenüber.

b) Sie muss den Stand des Vermögens und der Schulden feststellen.

c) Sie soll das Betriebsergebnis ermitteln.

d) Sie liefert die Zahlen für die Berechnung der Einkommensteuer.

e) Sie ist wichtiges Beweismittel bei Rechtsstreitigkeiten mit dem Finanzamt.

f) Sie stellt die Daten für die Rechnungsprüfung bereit.

g) Sie hat den Erfolg des Unternehmens zu ermitteln.

39. Führen Sie die Abgrenzung durch und ermitteln Sie die Kosten und Leistungen sowie das Betriebsergebnis mithilfe der folgenden Ergebnistabelle.

Konto	Erfolgsbereich	
	Gesamtergebnis der FIBU	
	Aufwendungen	Erträge
4000 Löhne	46.000,00	
4010 Aufw. eigene RV	52.000,00	
4040 Soziale Abgaben	14.000,00	
4100 Raumkosten	1.800,00	
4200 KKK	800,00	
4300 Bürosachkosten	550,00	
4320 Fuhrparkkosten	9.050,00	
4400 Werbekosten	6.600,00	
4800 Abschreibung	15.000,00	
4910 Aufw. Anlageabgang	1.200,00	
4950 Zinsaufwand	720,00	
8020 EVA		83.400,00
8100 EVM		63.900,00
8200 Erlöse DB		7.800,00
8400 Erlöse Flug		9.200,00
8800 Erlöse Warenverkauf		16.500,00
8850 Mieterträge		4.300,00
8910 Erträge Anlageverabg.		800,00
8960 Zinserträge		730,00
kalk. Abschreibung	14.000,00	
kalk. Zinsen	1.700,00	
kalk. U-Lohn	6.000,00	
kalk. Miete	3.200,00	

40. Welche Aussagen treffen zu?

a) Zusatzkosten werden als aufwandsgleiche Kosten bezeichnet.

b) Anderskosten werden als aufwandsungleiche Kosten bezeichnet.

c) Grundkosten werden als aufwandslose Kosten bezeichnet.

d) Kalkulatorische Wagnisse stellen spezielle Risiken des Unternehmens dar, die buchhalterisch nicht vorab erfasst werden.

e) Für diese Wagnisse wird ein Kostensatz ermittelt, sofern für die Risiken Versicherungsschutz besteht.

f) Einzelkaufleute oder Personengesellschaften dürfen für die Mitarbeit der Eigentümer keinen kalkulatorischen Unternehmerlohn verrechnen.

g) Grundkosten sind Aufwendungen der Finanzbuchhaltung, die unverändert in die KLR als Aufwand übernommen werden.

41. Führen Sie auch für die folgende Ergebnistabelle die Abgrenzung durch und ermitteln Sie die Kosten und Leistungen sowie das Betriebsergebnis.

Konto	Erfolgsbereich	
	Gesamtergebnis der FIBU	
	Aufwendungen	Erträge
Löhne	36.000,00	
Aufw. eigene RV	52.000,00	
Soziale Abgaben	7.000,00	
Raumkosten	1.800,00	
KKK	900,00	
Bürosachkosten	550,00	
Versicherung Reisebus	9.050,00	
Werbekosten eig. Veranstaltungen	6.600,00	
Abschreibung Firmenfahrzeug	12.000,00	
Aufw. Anlageabgang	1.100,00	
Zinsaufwand	720,00	
EVA		75.400,00
EVM		51.900,00
Erlöse DB		7.800,00
Erlöse Flug		8.200,00
Erlöse Sportartikel		17.500,00
Mieterträge		1.300,00
Erträge Anlageveräußerung		4.000,00
Dividendenerträge Wertpapiere AV		1.830,00
kalk. Abschreibung	18.000,00	
kalk. Zinsen	1.600,00	
kalk. U-Lohn	4.000,00	
kalk. Miete	2.000,00	

42. Beantworten Sie folgende Fragen:

a) Für welches Kapital fallen kalkulatorische Zinsen als Anderskosten bzw. als Zusatzkosten an?

b) Warum entfällt bei den juristischen Personen AG und GmbH der Ansatz eines kalkulatorischen Unternehmerlohnes?

c) Kalkulatorische Miete ist ein Beispiel für Opportunitätskosten. Erklären Sie den Zusammenhang.

d) Welche drei Größen können generell gegenüber den steuerrechtlichen Bestimmungen bei der kalkulatorischen Abschreibung geändert werden?

43. Folgende GuV-Rechnung des Reisebüros »Lastminutekaufmann e. K.« soll sachlich abgegrenzt werden:

Soll		GuV	Haben
Löhne	54.000,00	EVA	113.100,00
Aufw. eigene RV	78.000,00	EVM	178.500,00
Soziale Abgaben	9.800,00	Erlöse DB	11.700,00
Raumkosten	2.700,00	Erlöse Flug	12.300,00
KKK	1.350,00	Warenverk.	26.250,00
Bürosachkosten	825,00	Mieterträge	19.500,00
Fuhrparkkosten	14.250,00	Erträge Anlageverm.	600,00
Werbekosten	9.900,00	Zinserträge	1.245,00
Abschreibung	18.000,00		
Aufw. Anlageabgang	1.650,00		
Zinsaufwand	1.080,00		

Bitte bestimmen Sie:
a) das Gesamtergebnis,
b) das neutrale Ergebnis und
c) das Betriebsergebnis.

44. Welche Kosten sind vom Beschäftigungsgrad abhängig?

- Kalkulatorische Kosten
- Gemeinkosten
- Fixe Kosten
- Variable Kosten
- Sondereinzelkosten

45. Welche Vor- und Nachteile sehen Sie in einem Beschäftigungsgrad von 100 Prozent? Begründen Sie Ihre Antwort durch jeweils zwei Beispiele.

46. Nennen Sie drei Ursachen, die dazu führen können, dass bei einem Anlageabgang Aufwendungen zu berücksichtigen sind, die dazu führen, dass der Verkaufserlös geringer als der Restwert des Wirtschaftsgutes ist.

47. Warum werden Erträge aus dem Ausscheiden eines Wirtschaftsgutes (Anlageabgang) im Gegensatz zu EVA nicht im Betriebsergebnis erfasst?

48. Nennen Sie zwei Beispiele, die zu Erträgen bei dem Verkauf von Anlagegütern führen.

2 Kostenrechnung

Kosten sind der bewertete, periodisierte Verbrauch von Gütern und Leistungen, der ausschließlich der Erstellung der typischen betrieblichen Leistung dient (▸ Kapitel 1.1). Sie führen zu einer Veränderung des betriebsnotwendigen Vermögens.

Die **Kostenrechnung** als ein Teil des internen Rechnungswesens ist ein wesentliches **Instrument des *Controllings*** und dient der Erfassung, Verteilung und Zurechnung von Kosten, die bei der betrieblichen Leistungserstellung entstehen.

Zweck der Kostenrechnung ist:

- die Wirtschaftlichkeitskontrolle,
- Angebote zu kalkulieren und Preise zu bilden,
- die Feststellung der Preisuntergrenze,
- Kosten zu kontrollieren und aktiv zu beeinflussen und
- die nachträgliche Erfolgsermittlung.

Grundsätzlich unterscheidet sich die Kostenrechnung im Reisebüro nicht von anderen Branchen. Der Umfang der Kostenrechnung im Veranstalterbereich ist jedoch wesentlich komplexer als im reinen Vermittlergeschäft, da bei diesem auf die **Kalkulation des Angebotspreises** (z. B. die Kalkulation eines Katalogpreises) und damit auf die **Kostenträgerrechnung** (▸ Kapitel 2.3) verzichtet werden kann.

Um die notwendige Transparenz der Kosten für unternehmerische Entscheidungen zu gewährleisten, werden diese nach **drei zentralen Fragestellungen** erfasst:

- **Kostenartenrechnung**   – Welche Kosten sind entstanden?
- **Kostenstellenrechnung** – Wo sind die Kosten entstanden?
- **Kostenträgerrechnung** – Wofür sind die Kosten entstanden?

2.1 Kostenartenrechnung

Die **Kostenartenrechnung** dient der Erfassung und Gliederung sämtlicher angefallener Kosten die bei der Leistungserstellung beim Reiseveranstalter oder Reisevermittler im Laufe der Abrechnungsperiode entstehen. Sie wird daher auch als **Erfassungsrechnung** bezeichnet.

Als Nachweis der Erfassung dienen z. B. Rechnungen und Buchhaltungsunterlagen (Belege ▸ LF 5, Kapitel 2). Kosten werden nach ihrer Herkunft gegliedert.

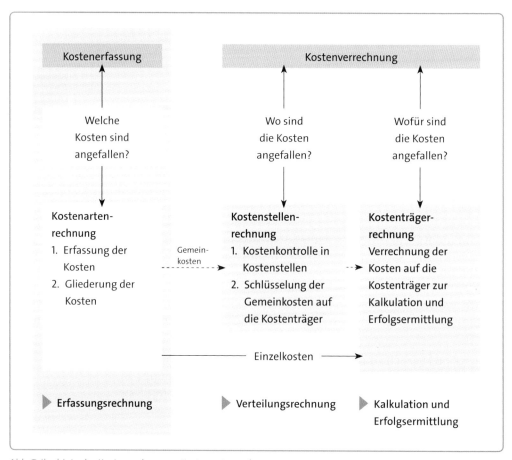

Abb. Teilgebiete der Kostenrechnung – Kostenartenrechnung

Die **Kostenartenrechnung** stellt den Teil der Kostenrechnung dar, in dem die während einer Abrechnungsperiode angefallenen Kosten verursachungsgerecht erfasst und gegliedert werden **(Kostenerfassung)**.

Sie ermöglicht eine kostenartenorientierte Planung und Kontrolle und bildet die Basis der Kostenstellen- und Kostenträgerrechnung (▸ Kapitel 2.2 und 2.3).

2.1.1 Systematisierung ausgewählter Kostenarten

Die **Gliederungskriterien für die Kostenartenrechnung in Tourismusbetrieben** sollten unter dem Prinzipien der Eindeutigkeit der Kostenarten, der Vergleichbarkeit (Beibehaltung der Zuordnung über mehrere Perioden), der Vollständigkeit und der Wirtschaftlichkeit gewählt werden.

Dabei spielen auch die verschiedenen Kostenarten eine Rolle:

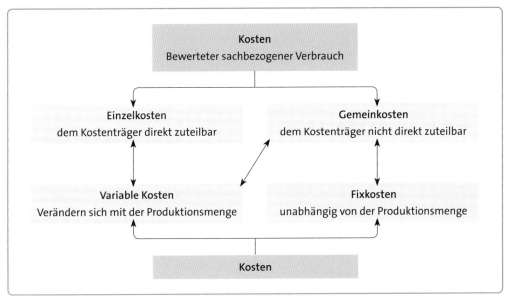

Abb. Kostengliederung

Die Kosten werden als sachbezogener Aufwand (▸ Kapitel 1.1.1) nach Zurechenbarkeit zu einer Bezugsgröße wie betriebliche Leistungen bzw. Kostenträgern oder auch in ihrem Verhalten bei unterschiedlichem Beschäftigungsgrad in Kostenartengruppen unterschieden.

A Einteilung nach Zurechenbarkeit zu einer Bezugsgröße

Nach der Zurechenbarkeit auf Bezugsobjekte wird zwischen Einzelkosten und Gemeinkosten unterschieden.

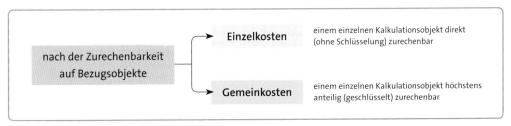

Abb. Kostengliederung nach Zurechenbarkeit auf Bezugsobjekte

Einzelkosten (direkte Kosten)	
Einzelkosten können grundsätzlich verursachungsgerecht direkt einer Leistung bzw. einem entsprechenden Kostenträgern zugerechnet werden. Sie bestimmen zu 80 bis 90 Prozent die Höhe des späteren Reisepreises. Sie werden nicht über eine Kostenstelle verrechnet.	Beispiel: Die Kosten für eine Rundreise durch Andalusien (z. B. Beförderung, Unterkunft und Verpflegung, Reiseführer) können direkt und exakt dieser Reiseleistung zugerechnet werden.
Auch **Sondereinzelkosten** können unmittelbar den einzelnen touristischen Leistungen zugerechnet werden.	Beispiele: Provisionen (Disagio ▸ LF 5) bei Zahlung mit Kreditkarte, Reisebüroprovisionen eines Reiseveranstalters an einen Reisevermittler, Preisnachlässe im Bereich
Gemeinkosten	
Gemeinkosten dagegen sind nur bedingt einzelnen touristischen Leistungen zurechenbar, da sie in keiner unmittelbaren Beziehung zu einer einzelnen Reise stehen. Deshalb werden sie auch **Regiekosten** genannt und nach dem **Durchschnittsprinzip** (▸ Kapitel 1.1.4) und mithilfe der **Kostenstellenrechnung** (▸ Kapitel 2.2) anteilig indirekt über Zuschlagssätze verrechnet.	Beispiel: Die Kosten für Verwaltung, Geschäftsführung, Sekretariat, Reinigung, Miete und Energie des Ladenlokals werden mithilfe von Verteilungsschlüsseln auf die einzelnen Kostenstellen umgelegt.
Gemeinkosten können als **Kostenstelleneinzelkosten** einer Kostenstelle direkt zugerechnet werden (▸ Kapitel 2.2).[1] Die übrigen Gemeinkosten werden über **Zuschlagssätze** verrechnet und dann auf die Kostenstellen verteilt.	Beispiel: Ein Mitarbeiter ist ausschließlich im *Business Travel* eingesetzt. Die Personalkosten für diesen Mitarbeiter können direkt der Kostenstelle zugerechnet werden.

Tab. Einzelkosten und Gemeinkosten

B Einteilung nach Verhalten bei Beschäftigungsänderung

Die **Beschäftigung** ist die tatsächliche Inanspruchnahme des Leistungsvermögens eines Dienstleistungsunternehmens. Sie bezieht sich nicht auf die Anzahl der Mitarbeiter, sondern auf die Leistungseinheiten, z. B. auf die Anzahl der Kundenberatungen.

Der Maßstab für die Beschäftigung ist der **Beschäftigungsgrad**. Er wird nach der folgenden Formel berechnet:

---

[1] s. auch Prozesskostenrechnung LF 12

$$\text{Beschäftigungsgrad} = \frac{\text{eingesetzte Kapazität}}{\text{vorhandene Kapazität}} \cdot 100$$

$$= \underline{\text{tatsächliche Inanspruchnahme der Kapazität in Prozent}}$$

Unter der **Kapazität** wird das quantitative bzw. qualitative Leistungsvermögen eines Unternehmens verstanden. Der **Beschäftigungsgrad** stellt demnach die tatsächliche Inanspruchnahme der Kapazität in Prozent dar.

Kapazität und Beschäftigungsgrad

BEISPIEL

Die Arbeitszeit einer Reisebüromitarbeiterin, die ausschließlich am *Counter* berät, ist freitags von 10 Uhr bis 19 Uhr, ihre Pausenzeit beträgt eine Stunde. Während ihrer effektiven Arbeitszeit berät sie acht Kunden mit einer Verweildauer von je 45 Minuten.

Die Kapazität (mögliche Beratungszeit) entspricht 8 Stunden.
Die Inanspruchnahme der Kapazität entspricht 6 Stunden.
Somit ergibt sich ein Beschäftigungsgrad von 75 Prozent.

$$\text{Beschäftigungsgrad} = \frac{6 \cdot 100}{8} = \underline{75\,\%}$$

Da die Mitarbeiterin ein Gehalt bezieht, erhält sie ein Entgelt für acht Stunden und unabhängig vom Beschäftigungsgrad.

Gemäß ihrem Verhalten bei Beschäftigungsänderung und in Abhängigkeit von **Kapazität und Unternehmensgröße** werden die Kostenartengruppen fixe und variable Kosten gebildet.

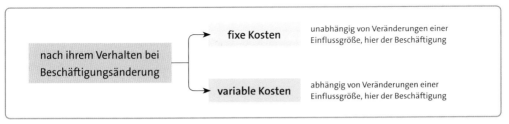

Abb. Kostengliederung nach Verhalten bei Beschäftigungsänderung

Fixkosten im Hinblick auf die Einflussgröße Beschäftigung entstehen originär durch die Existenz des Betriebs ohne Rücksicht darauf, ob Reisen veranstaltet bzw. vermittelt werden oder nicht. Sie werden durch die Betriebsbereitschaft (z. B. Zinsen, Mieten, Gehälter) verursacht.

Fixe Kosten	
Fixe Kosten entstehen für die Aufrechterhaltung der Betriebs- und Leistungsbereitschaft. Sie bestehen unabhängig von der Leistungs- oder Ausbringungsmenge und gelten als absolut fixe Kosten.	Beispiele: Abschreibungen, Versicherungsbeiträge, Raummieten, CRS-System-Kosten, Leasingraten für Firmenfahrzeuge
Von den absolut Fixen Kosten sind die **relativ Fixen Kosten** (Intervallfixe Kosten, bzw. **Sprungfixe Kosten**) zu unterscheiden. Sie bleiben innerhalb eines bestimmten Beschäftigungsintervalls gleich und verändern sich (steigen bzw. sinken) sprunghaft durch eine Zu- oder Abnahme der Kapazitätsauslastung.	Beispiele: ▷ Ein weiter Mitarbeiter wird eingestellt, die Personalkosten steigen. ▷ Das Ladenlokal wird erweitert, die Raummiete steigt.
Variable Kosten	
Variable Kosten verändern sich mit der Leistungs- oder Ausbringungsmenge und sind somit abhängig (steigen oder fallen) vom Beschäftigungsgrad. Im Tourismus sind hier insbesondere die Einzelkosten zu nennen.	Beispiele: Leistungsabschreibung und Treibstoffkosten für Reisebusse, Beherbergungskosten, Eintrittskosten

Abb. Fixe und variable Kosten

Einen Überblick bezüglich der Kostenartengruppe nach Verhalten bei Beschäftigungsänderung ermöglicht die folgende Tabelle:

Begriff	Symbol	Begriffsbestimmung		Dimension
Gesamtkosten	K	Gesamtkosten eines Betriebes, für die Erstellung der betrieblichen Leistung in einer Periode		Euro/Periode
variable Kosten	K_v	Kosten, die mit steigender Produktion steigen und mit fallender Produktion fallen		Euro/Periode
fixe Kosten	K_f	Kosten der Betriebsbereitschaft, die bei einer Änderung der Ausbringungsmenge konstant bleibt		Euro/Periode
Stückkosten (Durchschnitts-kosten)	k	$k = \dfrac{\text{Gesamtkosten}}{\text{Produktionsmenge}}$	$= \dfrac{K}{x}$	Euro/Stück
variable Stück-kosten	k_v	$k_v = \dfrac{\text{variable Kosten}}{\text{Produktionsmenge}}$	$= \dfrac{K_v}{x}$	Euro/Stück
fixe Stückkosten	k_f	$k_f = \dfrac{\text{Fixkosten}}{\text{Produktionsmenge}}$	$= \dfrac{K_f}{x}$	Euro/Stück

Tab. Kostenarten

C Andere systematische Kostendifferenzierungen

Sie sind entsprechend des Betriebes weiterhin individuell möglich:

Gliederung nach dem Verbrauch bei der Leistungserstellung

Hier bietet sich an die Kosten der Leistungserstellung genau aufzuschlüsseln oder zwischen denen zu unterscheiden, die durch betriebsextern bezogene Leistungen und solchen, die durch betriebsinternen Leistungsverbrauch entstanden sind.

Verbrauch bei der Leistungserstellung

▸ Personalkosten (z. B. Gehälter, Sozialabgaben)
▸ Dienstleistungskosten (z. B. Reisevorleistungen, Vertriebskosten)
▸ Öffentliche Abgaben oder Beiträge (z. B. IHK, DRV)
▸ Betriebsmittelkosten (z. B. AfA, Fuhrparkkosten)
▸ Kalkulatorische Kosten (z. B. kalkulatorische Miete, kalkulatorische Zinsen)

Gliederung nach der Herkunft der verzehrten Güter

Abb. Kostengliederung nach Herkunft der verzehrten Güter

Hierbei werden Primäre und sekundäre Gemeinkosten (Regiekosten) unterschieden:
▸ **Primäre Gemeinkosten** resultieren aus dem Verzehr von betriebsextern bezogenen Leistungen und Gütern (z. B. Personal, Energie). Primäre Gemeinkosten werden z. B. in der Finanzbuchhaltung durch Eingangsrechnungen oder Zahlungsbelege erfasst, nach Kostenarten gegliedert und über einen Verteilungsschlüssel auf die Hilfs- und Hauptkostenstellen verteilt.
▸ **Sekundäre Gemeinkosten** sind betriebsintern entstandene Kosten, die aus dem Verzehr innerbetrieblicher Leistungen resultieren. Sie können nicht nach Kostenarten gegliedert werden. Sie entstehen quasi durch die »Serviceleistung« einer Kostenstelle (Hilfskostenstelle) für andere Kostenstellen und werden deshalb nicht dem Produkt zugerechnet, sondern auf die Kostenstelle verteilt die den »Service« empfangen hat. Sekundäre Gemeinkosten dienen somit der innerbetrieblichen Leistungsverrechnung zwischen unterschiedlichen Kostenstellen.

Innerbetriebliche Leistungen
Serviceleistungen der Personalabteilung, Leistungen des internen Fuhrparks, Personalkosten Hausmeister.

2.1.2 Kostenfunktion und Kostenkurve

Die **Kostenfunktion** wird zur Darstellung des Zusammenhangs zwischen den Inputfaktoren und den damit anfallenden Kosten genutzt. Sie wird i. d. R. nur für einen Kostenplatz oder für eine Kostenstelle (- Kapitel 2.2) und nicht für den Gesamtbetrieb ermittelt.

Zur Darstellung einer Kostenkurve wird folgender Zusammenhang unterstellt:

Gesamtkosten = fixe Kosten + variable Kosten

$K = K_f + K_v$ bzw.
$K = K_f + k_v \cdot x$

K = Gesamtkosten (Euro/Periode), K_f = fixe Kosten (Euro/Periode),
K_v = variable Kosten (Euro/Periode), k_v = variable Kosten (Euro)
x = Ausbringungsmenge (Reisende)

Die **Summe aus fixen und variablen Kosten ergibt die Gesamtkosten**. Aus dem Verhältnis ihres Wachstums zueinander ergibt sich daraus eine Kostenkurve. Mögliche Verläufe einer Kostenkurve sind:

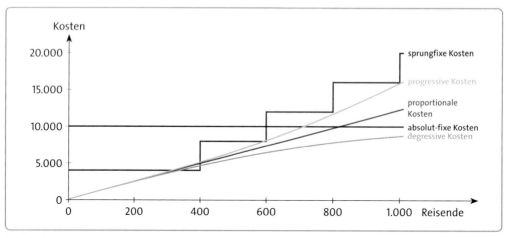

Abb. Kostenkurven

- **proportional (linear):** jede relative Veränderung der Inputmenge führt zu einer gleichen relativen Veränderung der Kosten (z. B. die Anzahl der Reisenden erhöht sich um eine Person)
- **degressiv:** eine relative Veränderung der Inputmenge führt zu einer geringeren relativen Änderung der Kosten (z. B. Mengenrabatte beim Kauf von Reisevideos)
- **progressiv:** eine relative Änderung der Inputmenge führt zu einer höheren relativen Änderung der Kosten (z. B. der Benzinverbrauch beim Ottomotor)

- **fix:** eine Änderung der Inputmenge führt zu keiner Änderung der Kosten (z. B. Abschreibungen auf Betriebsgebäude)
- **intervallfix:** Kosten steigen sprunghaft beim Überschreiten einer Beschäftigungsgrenze (z. B. Maschinenabschreibungen)

Menge x	Fixe Kosten		Sprungfixe Kosten		Proportionale Kosten		Progressive Kosten		Degressive Kosten	
	K_f	$\dfrac{K_f}{x}$	K_f	$\dfrac{K_f}{x}$	K_v	$\dfrac{K_v}{x}$	K_v	$\dfrac{K_v}{x}$	K_v	$\dfrac{K_v}{x}$
100	5.000	50	2.000	20	1.200	12	1.200	12	1.200	12
200	5.000	25	4.000	20	2.400	12	2.600	13	2.200	11
300	5.000	16,67	6.000	20	3.600	12	4.200	14	3.000	10
400	5.000	12,50	8.000	20	4.800	12	6.000	15	3.600	9
500	5.000	10	10.000	20	6.000	12	8.000	16	4.000	8

Tab. Kostenkurvenformeln und Beispielzahlen

In der Regel wird für die variablen Kosten ein **proportionaler (linearer) Verlauf** angenommen. Das heißt, die gesamten variablen Kosten (K_v) steigen im selben Verhältnis zur Variation der Bezugsgrößenmenge (z. B. Anzahl der Reisenden).

Lineare Kostenfunktion

BEISPIEL

Die Raumkosten eines Busunternehmers belaufen sich monatlich auf 5.000 Euro, zeitabhängige Gehälter auf 6.000 Euro, Abschreibungen auf den Fuhrpark auf 3.000 Euro und die allgemeinen Verwaltungskosten auf 500 Euro.
Somit ergeben sich monatliche Fixkosten (K_f) von 14.500 Euro.
Im Durchschnitt legen die zwei unternehmenseigenen Busse im Monat Juni 50.000 km zurück, der Dieselpreis fällt dabei mit 0,40 Euro pro gefahrenen Kilometer ins Gewicht.
Die Gesamtkosten für den Busbetrieb im Monat Juni berechnen sich folgendermaßen:

K_f = 14.500,00
K_v = 20.000,00
K = 34.500,00

Außerdem ergeben sich $\dfrac{34.500,00}{50.000}$ = 0,69 Euro Kosten pro Reisebuskilometer.

Die Gesamtkosten steigen proportional je gefahrener Kilometer um 0,40 Euro.
Bei einer Laufleistung von 100.000 km betragen sie 54.500,00 Euro.

Die Kosten pro Kilometer belaufen sich auf 54.500,00 : 100.000,00 = 0,55 Euro.

Bei einer Laufleistung von 150.000 km betragen die Gesamtkosten 74.500,00 Euro und die Kosten pro Kilometer 74.500,00 : 150.000,00 = 0,50 Euro.

Die Kosten pro Kilometer nehmen degressiv ab.

2.2 Kostenstellenrechnung

Die **Kostenstellenrechnung** ist ein Teilgebiet der Kostenverrechnung in einem Unternehmen. Sie dient der Kostenkontrolle und der Vorbereitung der Kalkulation.

Eine **Kostenstelle** ist der betriebliche Bereich der Leistungserstellung und somit originär verantwortlich für die Kostenentstehung. Als Kostenrechnungsobjekt ist sie Bezugsgröße für die Kostenzurechnung. Die Kostenstelle wird selbständig abgerechnet.

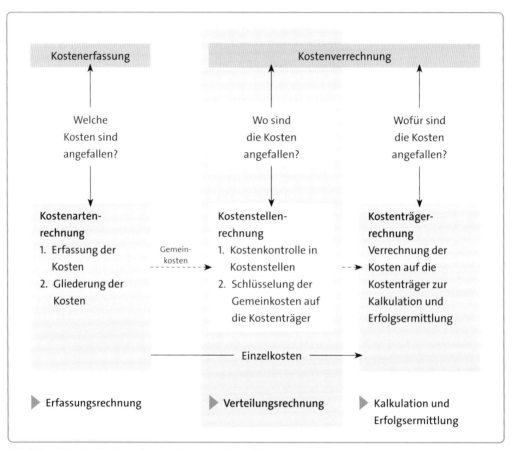

Abb. Teilgebiete der Kostenrechnung – Kostenstellenrechnung

Kostenstellen (engl. *cost centre*) sind eindeutig voneinander abgegrenzte betriebliche Einheiten eines Unternehmens **(Kontierungseinheiten)** für die Kosten individuell erfasst, ausgewiesen und kontrolliert werden (Budgetierung).

Dazu werden die Kosten aus der Kostenartenrechnung übernommen und in den Betriebsbereichen nach Kostenstellen auf die Kostenträger (Kapitel 2.3) verteilt, in denen sie angefallen sind. Daher wird die Kostenstellenrechnung auch als **Verteilungsrechnung** bezeichnet.

2.2.1 Bildung von Kostenstellen

Kostenstellen können anhand unterschiedlicher Kriterien wie z. B. Funktionalität, räumliche Gesichtspunkte, verantwortungsbezogene Kriterien, Abteilungsbildung und Leistungsbereiche unterschieden werden.

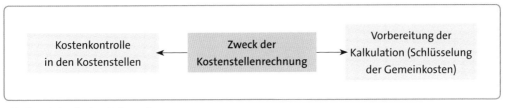

Abb. Zweck der Kostenstellenrechnung

Bei Reisevermittlern und Reiseveranstaltern ist es üblich, **Kostenstellen nach Leistungsbereichen (Sparten) bzw. Abteilungen** zu bilden. Diese können entsprechend den Unternehmenszielen sowie unternehmensindividuellen Gegebenheiten verfeinert werden.

Mögliche Kostenstellen	Verfeinerung von möglichen Kostenstellen
10 Verwaltung	40 Flugverkehr
20 Touristik	41 Steuerpflichtig
30 Fahrausweise	42 Steuerfrei
40 Flugverkehr	
50 Schiffspassagen/Fähren	70 Eigene Veranstaltungen
60 Sonstige Vermittlungen	71 Regelbesteuert
70 Eigene Veranstaltungen	72 Margenbesteuert
80 Waren	

Tab. Mögliche Kostenstellen eines Reisevermittlers

Im Rahmen der Kostenrechnung versteht man unter **Kontierung** eine Methode, die angefallenen Kosten und Erlöse unterschiedlichen Auswertungsobjekten im *Controlling* zuzuordnen.

Kontierungen
Kostenart: Reisekosten
Kostenstelle: Touristik
Kostenträger: Andalusien Rundreise Juni 201..
Kostenart: Mietwagen
Kostenstelle: Geschäftsreisen
Kostenträger: *Mystery-Check* (Testkäufe)

Der **Kontierungsstempel** ist in diesem Zusammenhang ein Instrument, um z. B. die angefallenen Kosten (der Eingangsrechnungen) und Erlöse (der Ausgangsrechnungen) neben der Kostenart (oder dem Sachkonto) auch die Kostenstellen und der Kostenträger aufzuteilen und zuzuordnen.

Kapitel:	Titel:
☐ Kostenstelle	
☐ Kostenträger	
Kostenart:	

Kostenartenrechnung

↓

Kostenstellenrechnung

Abb. Kontierung (vereinfachter Kontierungsstempel)

Die verursachungsgerechte Kontierung von Belegen ist notwendig, um später im Rahmen des *Controllings* die Ist-Kosten zu verfolgen bzw. Plan-Ist-Vergleiche durchzuführen.

Auf jede Kostenstelle müssen sich die Kostenbelege exakt verbuchen lassen.

© DOC RABE Media – Fotolia.com   © Yuri Arcurs – Fotolia.com   © alfdaur – Fotolia.com   © Tatjana Balzer – Fotolia.com

Im Einzelnen werden folgende Kostenstellen unterschieden:

▸ **Hauptkostenstellen** – sie sind Endkostenstellen, deren Kosten direkt auf die Kostenträger verrechnete werden (z. B. Vertrieb und Verwaltung). Sie werden daher auch als **Kostenstelleneinzelkosten** bezeichnet.

▸ **Hilfskostenstellen** – dies sind alle Bereiche die ihre Leistungen nicht unmittelbar an die betrieblichen Leistungsträger abgeben, sondern als innerbetriebliche Leistungen an andere Kostenstellen (z. B. Geschäftsführung und ihre Stabsstellen, die Finanzbuchhaltung, Personalverwaltung). Daher werden ihre Kosten zu 100 Prozent mit diesen verrechnet und sie selbst werden als **Kostenstellengemeinkosten** bezeichnet.

In der Praxis werden besonders die kontrollbedürftigen Gemeinkosten (z. B. Miete, Büromaterial) am Ort ihrer Entstehung erfasst und weiter **verursachungsgerecht** auf die Kostenstellen verteilt und danach auf die Kostenträger verrechnet. Ihre Verteilung erfolgt unter Verwendung von Maßgrößen (mittels Zuschlagsatzrechnung) und mithilfe des Betriebsabrechnungsbogens (BAB).

2.2.2 Betriebsabrechnungsbogen (BAB)

In einem **Betriebsabrechnungsbogen (BAB)**, dem Kernstück der Kostenstellenrechnung, werden die **Gemeinkosten (Regiekosten) der Kostenstellen** ermittelt und auf die entsprechenden Kostenträger verrechnet. Die Einzelkosten werden direkt einem Kostenträger (▸ Kapitel 2.3) zugeordnet.

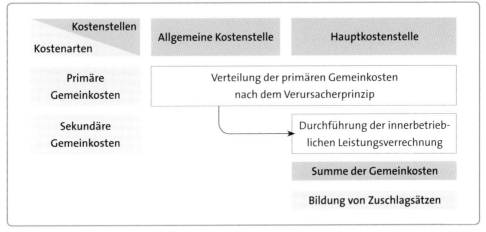

Abb. Abrechnungsprinzip eines BAB

Vorgehensweise:

1. Verteilung der primären Gemeinkosten auf die Kostenstellen nach dem Verursacherprinzip (z. B. Stromverbrauch über Stromzähler).
2. Verteilung der sekundären Gemeinkosten auf Hilfskostenstellen (z. B. nach Umsatzerlösen der Hauptkostenstellen).
3. Bildung von Kalkulationssätzen, um die Gemeinkosten der Hauptkostenstellen auf die Kostenträger zu übertragen:

$$\text{Gemeinkostenzuschlagsatz einer Kostenstelle} = \frac{\sum \text{Gemeinkosten einer Kostenstelle}}{\text{Bezugsgröße der Stelle (Einzelkosten)}} \cdot 100$$

4. Ermittlung der Gesamtkosten (▸ Kapitel 1.1.2). Sie werden durch Addition der Kosten je Hauptkostenstelle ermittelt.
5. Feststellung von Über-/Unterdeckungen. Sie geschieht, indem Ist- und Plankosten miteinander verglichen werden.

MERKE

Aufbau und Zweck des BAB
Der Aufbau eines BAB orientiert sich häufig an dem organisatorischen Aufbau eines Unternehmens (▸ Fachwissen Tourismus Band 1, LF 1, Kapitel 2.3). Die gebildeten Kalkulationssätze verbinden die Kostenstellenrechnung und die Kostenträgerrechnung.

Mögliche **Bezugsgrößen für die Verteilung der Gemeinkosten** auf die Kostenstellen listet die Tabelle:

Mengenschlüssel		Werteschlüssel
Leistungseinheit	Zeiteinheit	Hilfsgrößen
▸ Stück ▸ Meter ▸ Liter ▸ kg ▸ qm	▸ Stunden ▸ Wochen ▸ Flugzeit ▸ Verweildauer	▸ Umsatz ▸ Löhne ▸ Vorleistungen ▸ Provisionen

Tab. Mögliche Bezugsgrößen

Zugeteilte **Mengenschlüssel** führen zu Zuschlagssätzen pro Bezugsgrößeneinheit, während zugeteilte **Werteschlüssel** zu prozentualen Zuschlagssätzen führen. Die erhaltenen Zuschlagssätze (▸ Kapitel 2.3.1) stellen Rechengrößen für die Kostenträgerrechnung dar.

Ermittlung des Gemeinkostensatzes

Für die Verteilung der Gemeinkosten auf die Hilfs- und Hauptkostenstellen soll gelten (Beträge in Euro):

Gehälter	18.000,00	3:2:2:2:2:1 = 12 Teile
Mietkosten	2.100,00	2:1:1:1:1:1 = 7 Teile
Kommunikationskosten	3.800,00	5:6:4:2:1:1 = 19 Teile
START	2.800,00	2:1:1:1:1.1 = 7 Teile
Büromaterial	1.800,00	5:1:1:1:1:1 = 10 Teile
Sachversicherungen	2.400,00	8:2:2:1:1:2 = 16 Teile
Kalk. AfA	27.000,00	4:1:1:1:1:1 = 9 Teile
Kalk. Unternehmerlohn	6.000,00	1:0:0:0:0:0 = 1 Teil

Die **Ermittlung des Gemeinkostensatzes** erfolgt unter Berücksichtigung verschiedener Verteilungsschlüssel. Er gibt an, welchen prozentualen Zuschlag auf die Einzelkosten der Kostenstelle erhoben werden muss, damit die gesamten Kosten für einen Kostenträger erfasst werden.

$$\text{Gemeinkostensatz} = \frac{\text{Gemeinkosten der Hauptkostenstellen}}{\text{Einzelkosten der Hauptkostenstellen}} \cdot 100$$

Der entsprechende Zuschlagssatz für die Kalkulation von Pauschalreisen (Touristik) beträgt demnach z. B. 25 Prozent und für eigene Veranstaltungen 10 Prozent.

(Gemein-) Kostenart	Gemeinkosten (GK)	Hilfskostenstelle	Hauptkostenstellen					Einheit
		Verwaltung	Touristik	Fahrausweise	Flugverkehr	Sonstige Vermittlung	Eigene Veranstaltungen	
Lohnkosten/Gehälter	18.000,00	4.500,00	3.000,00	3.000,00	3.000,00	3.000,00	1.500,00	Personen
Mietkosten	2.100,00	600,00	300,00	300,00	300,00	300,00	300,00	qm
Kommunikationskosten	3.800,00	1.000,00	1.200,00	800,00	400,00	200,00	200,00	Zähler
START	2.800,00	800,00	400,00	400,00	400,00	400,00	400,00	Terminals
Büromaterial	1.800,00	900,00	180,00	180,00	180,00	180,00	180,00	Bestellung
Sachversicherungen	2.400,00	1.200,00	300,00	300,00	150,00	150,00	300,00	Vermögenswert
Kalk. AfA	27.000,00	12.000,00	3.000,00	3.000,00	3.000,00	3.000,00	3.000,00	Wiederbeschaffungswert
Kalk. Unternehmerlohn	6.000,00	6.000,00						Umsatz
Summe der Gemeinkosten	27.000,00	27.000,00	8.380,00	7.980,00	7.430,00	7.230,00	5.880,00	
Umlage der Verwaltungskosten 3:1:2:1:3			8.100,00	2.700,00	5.400,00	2.700,00	8.100,00	
Gemeinkosten der Hauptkostenstellen			16.480,00	10.680,00	12.830,00	9.930,00	13.980,00	
Einzelkosten der Hauptkostenstellen			65.920,00	32.040,00	25.660,00	14.895,00	139.800,00	
Die entsprechenden Zuschläge sind bei der Kalkulation zu berücksichtigen			GK-Satz 25 %	GK-Satz 33 %	GK-Satz 50 %	GK-Satz 66 %	GK-Satz 10 %	

(alle Beträge in Euro)

2.3 Kostenträgerrechnung

Kostenträger sind die Produkte und Leistungen eines touristischen Unternehmens (z. B. eine Städtereise nach Wien), die Kosten verursachen und diese auch selbst tragen müssen **(Verursacherprinzip)**.

Die **Vollkostenrechnung** geht von dem Gedanken aus, dass jedes Produkt (Reise) dann produziert werden kann, wenn es durch seinen Verkaufserlös zumindest die verursachten Einzelkosten und die anteiligen Gemeinkosten decken kann.

Primat und Ziel der Vollkostenrechnung

Jeder Kostenträger muss die Selbstkosten mindestens über seinen Verkaufserlös decken. Ziel der Vollkostenrechnung ist es, dass über Erlöse die Kosten vollständig erstattet werden.

MERKE

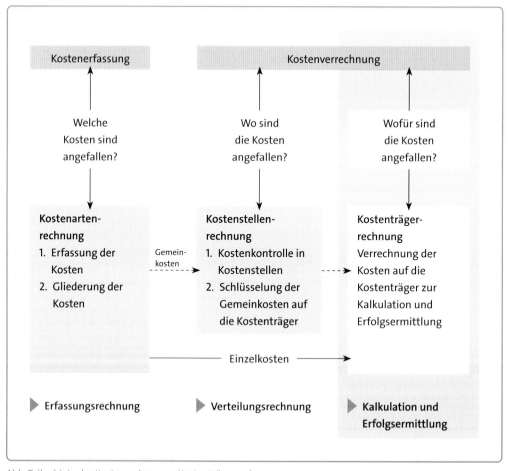

Abb. Teilgebiete der Kostenrechnung – Kostenträgerrechnung

Die **Kostenträgerrechnung** übernimmt die Einzelkosten aus der Kostenarten-rechnung und die Gemeinkosten aus der Kostenstellenrechnung. Mithilfe der Kostenträgerrechnung werden die Kosten der betrieblichen Leistung ermittelt, den Kostenträgern verrechnet und den erwirtschafteten Erlösen gegenüberge-stellt.

Ein **Kostenträger** kann eine einzelne Reise, ein bestimmter Reisetyp oder auch eine bestimmte Kundengruppe, die Kosten verursacht, sein.

Kostenträgerstück- und Kostenträgerzeitrechnung

Je nach Zielsetzung wird in der Kostenträgerrechnung zwischen Kostenträger-stück- und Kostenträgerzeitrechnung unterschieden:

© dell – Fotolia.com   © eliasbilly – Fotolia.com   © vizafoto – Fotolia.com   © electriceye – Fotolia.com

▶ Die **Kostenträgerstückrechnung (Kalkulation)** erfasst die Kosten für eine Leistungseinheit (Beispiel: Kosten einer Städtereise nach Wien, Kosten einer Pauschalreise nach Rhodos). Die Ergebnisse bilden die **Grundlage für die Preiskalkulation**.

▶ Die **Kostenträgerzeitrechnung** erfasst alle Kosten in einem definierten Zeit-raum für die entsprechenden Leistungen (Kostenträger- oder Kostenträger-gruppen, Sparten und Abteilungen) und stellt diese den Erlösen gegenüber. Deshalb wird sie auch als kurzfristige Erfolgsrechnung oder Betriebsergeb-nisrechnung bezeichnet.

Monat Juni 20..	Touristik	eigene Ver-anstaltungen	Gesamt
Gemeinkosten	1.500,00	2.700,00	4.200,00
+ Einzelkosten	5.100,00	25.000,00	30.100,00
= Gesamtkosten / Kostenträger	6.600,00	27.700,00	34.300,00
Erlöse / Kostenträger	9.800,00	41.200,00	51.000,00
Gewinne / Verluste Kostenträger	3.200,00	13.500,00	16.700,00

Tab. Kostenträgerzeitrechnung (alle Beträge in Euro):

Im Vordergrund der folgenden Betrachtungsweise steht die **Kostenträger-stückrechnung**, weil sie die Möglichkeit bietet, alle Kosten für eine spezielle betriebliche Leistung (z. B. für eine Reise) zu erfassen und somit Auskunft über die Selbstkosten gibt. – Hilfsmittel dazu ist die Kalkulation.

2.3.1 Kalkulationsverfahren

Bei einer Kalkulation auf Basis der Vollkostenrechnung werden sämtliche Kosten in den Preis eingerechnet.

Zuschlagskalkulation

Die **Zuschlagskalkulation** ist das **klassische Verfahren der Vollkostenrechnung**. Sie erfasst zur Preisbestimmung die Einzelkosten verursachungsgerecht und ordnet sie den jeweiligen Kostenträgern zu. Sie berücksichtigt die anteiligen Gemeinkosten in Form von Zuschlagsätzen. Als Ergebnis erhält man die **Selbstkosten**.

Kalkulationsschema zur Ermittlung der Selbstkosten

   Fremde Reisevorleistungen [1])
+ Eigenleistungen
+ sonstige direkt zurechenbare Kosten (Einzelkosten)

= $\sum$ Einzelkosten
+ Gemeinkostenzuschlag v. H.

= Selbstkosten

Die **Selbstkosten** werden u. a. zur Preisbildung und Überprüfung der Wirtschaftlichkeit benötigt.

Selbstkostenermittlung

Ein Reiseveranstalter plant eine Muttertagsreise nach Stuttgart inklusive Musicalbesuch mit einem angemieteten Bus. Als Kosten für die Reisevorleistungen werden bei 35 Teilnehmern unterstellt:

Bus	2.240,00 Euro (unabhängig von der Teilnehmerzahl)
Hotel mit HP	85,00 Euro/Teilnehmer
Eintritt	50,00 Euro/Teilnehmer
Stadtführung	5,00 Euro/Teilnehmer

Die eigenen Vorleistungen setzen sich aus Kosten für die direkte Werbung 735,00 Euro, eigene Reiseleitung 385,00 Euro, Vertriebskosten 1.000,00 Euro und Gemeinkosten von 12 % (entspricht dem im BAB ermittelten Zuschlagsatz) zusammen.

---

[1]) Im Rahmen der Vollkostenrechnung werden die Kalkulationsverfahren insoweit vereinfacht dargestellt, als sie eine spätere Umsatzsteuerberechnung (Margenbesteuerung) nicht explizit berücksichtigt.

Kalkulation (alle Beträge in Euro):

	Bus	2.240,00
+	Hotel mit HP	2.975,00
+	Eintritt	1.750,00
+	Stadtführung	175,00
=	fremde Reisevorleistungen	7.140,00
+	eigene Reiseleitung (Eigenleistung)	385,00
+	Direkte Werbung	735,00
+	Vertriebsprovision (Vertriebskosten)[1]	1.000,00
=	Summe der Einzelkosten	9.260,00
+	Gemeinkostenzuschlag (12 %)	1.111,20
=	Selbstkosten	10.371,20

Für die geplante Mutter-tagsreise nach Stuttgart kalkuliert der Reisever-anstalter mit Selbstkos-ten in Höhe von 10.371,20 Euro. Die Selbstkosten pro Teilnehmer betragen somit 296,32 Euro.

© Manuel Schönfeld – Fotolia.com

Für die Kostenträgerstückrechnung können generell **zwei verschiedene An-lässe** unterschieden werden:

▶ **Vorkalkulation** – Sie stellt eine Angebotsberechnung dar und dient der Preisfindung (Verkaufspreis) und Preisbeurteilung.

▶ **Nachkalkulation** – Hierbei handelt es sich um eine Kostenträgerkontrolle. Sie wird nach Erbringung der Leistung mit dem tatsächlich angefallenen Kosten durchgeführt. Dabei wird geprüft, ob kostendeckend gearbeitet wurde und die Erlöse zumindest die Selbstkosten decken.

Die Nachkalkulation wird i. d. R. als **Differenzkalkulation** durchgeführt. Die Selbstkosten werden »von oben« kalkuliert, gleichzeitig wird von unten rück-wärts zum Barverkaufspreis kalkuliert und somit der Gewinn bestimmt.

---

[1]) entfällt bei Eigenvermarktung

Vorkalkulation

Mit dieser Methode kann ein sinnvoller Preis für eine Reise oder eine andere touristische Leistung ermittelt werden.

Der Verkaufspreis einer Reise inklusive Umsatzsteuer wird ermittelt, indem die Selbstkosten um den Gewinnzuschlag und die Umsatzsteuer erhöht werden.

Vorkalkulation ohne Provisionszahlung

Es soll eine 10-tägige Reise (neun Nächte) nach München angeboten werden.
Dazu liegen folgend Daten vor:
Hotelübernachtung 48,00 Euro pro Person (inkl. Frühstück), Eintrittskosten 7,00 Euro pro Person, Fahrtkosten 34,00 Euro pro Person, die Teilnehmerzahl soll 40 Personen umfassen.
Werbekosten für die Reise 230,00 Euro
Gemeinkostenzuschlag 17 %, Gewinnaufschlag 22 %

Kalkulation (alle Beträge in Euro):

	Buskosten	34,00	
+	Hotel und Frühstück (9 · 48,00 Euro)	432,00	
+	Eintrittskosten	7,00	
=	fremde Reisevorleistungen	473,00	
+	direkte Werbung (230/40)	5,75	
=	Summe der Einzelkosten	478,75	(= 100 %)
+	Gemeinkostenzuschlag (17 %)	81,39	
=	Selbstkosten	560,14	
+	Gewinnaufschlag (22 % von 560,14)	123,23	
=	Nettoreisepreis	683,37	
+	Umsatzsteuer (19 %)	129,84	
=	Bruttoreisepreis	813,21	

Der Angebotspreis pro Person für die Reise könnte z. B. 813,00 Euro, 819,00 Euro oder 799,00 Euro betragen.

Dieses Kalkulationsschema wird genutzt, wenn der **Veranstalter seine Reisen selbst vermarktet**, also keinen Reisevermittler in den Vertrieb einschaltet und somit auch keine Provision zu zahlen hat.

Wird eine Vermittlungsprovision gezahlt, wird das Kalkulationsschema wie aus dem folgenden Beispiel ersichtlich modifiziert.

Vorkalkulation mit Provisionszahlung **BEISPIEL**
Auf Grundlage folgender Größen ist ein Katalogpreis für eine Busrundreise
(8 Tage) an die Ostsee zu bestimmen.
Es wird von 50 Teilnehmern ausgegangen.
Eintritt 34,00 Euro, eigene Reiseleitung 420,00 Euro, Kurtaxe je Übernachtung und Person
0,90 Euro, Hotelübernachtung 53,00 Euro, Fahrtkosten 48,00 Euro, Ausflug auf der Ostsee
17,00 Euro, Direkte Werbekosten 320,00 Euro
Gewinnaufschlag 15 %, Gemeinkostenzuschlag 13 %, Provision Reisevermittler 10 %

Kalkulation (alle Beträge in Euro):

	Buskosten	48,00
+	Hotel (7 · 53,00)	371,00
+	Kurtaxe (7 · 0,90)	6,30
+	Eintritt	34,00
+	Ausflug Ostsee	17,00
=	fremde Reisevorleistungen	476,30
+	eigene Reiseleitung (Eigenleistung) (420/50)	8,40
+	direkte Werbung (320/50)	6,40
=	Summe der Einzelkosten	491,10 (= 100 %)
+	Gemeinkostenzuschlag (13 %)	63,85
=	Selbstkosten	554,95
+	Gewinnaufschlag (15 %)	83,25
=	Nettoreisepreis	638,20 (= 100 %)
+	Umsatzsteuer (19 %)	121,22
=	Bruttoreisepreis	759,42 (= 90 %)
+	Vermittlungsprovision (10 %)	84,38 (= 10 %)
=	Katalogpreis	843,80 (= 100 %)

Der entsprechende Angebotspreis für diese Reise unter Berücksichtigung der Vermarktung durch den Reisevermittler könnte z. B. 843,00 Euro, 839,00 Euro oder 849,00 Euro betragen.

Nach- bzw. Differenzkalkulation

Wie bereits erwähnt wird die **Nachkalkulation** i. d. R. als Differenzkalkulation durchgeführt.

Die **Differenzkalkulation** zeigt auf, ob die in der Vorkalkulation unterstellten Werte für die Angebotsberechnung bzw. Preisfindung für eine touristische Leistung mit den realisierten Werten nach Abschluss der Reise übereinstimmen und ob sich ein **kalkulierter Gewinn** realisiert hat.

Dazu werden folgende Kalkulationsschritte durchgeführt:

> Gewinn = Nettopreis − Selbstkosten

- ▶ Ermittlung der **Selbstkosten**.
- ▶ Ermittlung des Nettoreisepreises.
- ▶ Ermittlung der **Differenz** zwischen Nettoreisepreis und Selbstkosten.

Ein positives Ergebnis entspricht einem **Gewinn**, ein negatives Ergebnis einem **Verlust** für das Unternehmen.

Ausgangskalkulation

BEISPIEL

Ein Veranstalter mietet für eine 7-tägige Chiemsee-Seerundfahrt einen Bus mit 55 Plätzen für 4.200,00 Euro an. Die Hotelkosten je Rundfahrtteilnehmer belaufen sich auf 42,00 Euro pro Tag. Die Werbekosten für diese spezielle Reise betragen 244,00 Euro. Es wird ein Gemeinkostenzuschlag von 22 % unterstellt, ein Gewinnzuschlag von 19 % sowie eine Provision von 10 %. Die erwartete Teilnehmerzahl liegt bei 45 Personen.

Kalkulation (alle Beträge in Euro):

	Buskosten	4.200,00	
+	Hotel (6 · 45 · 42,00)	11.340,00	
=	fremde Reisevorleistungen	15.540,00	
+	Werbekosten	244,00	
=	Summe Einzelkosten	15.784,00	
+	Gemeinkostenzuschlag	3.472,48	(22 % v. H.)
=	Selbstkosten	19.256,48	
+	Gewinnaufschlag	3.658,73	(19 % v. H.)
=	Nettoreisepreis	22.915,21	
+	USt (19 %)	4.353,85	(19 % v. H.)
=	Bruttoreisepreis	27.269,06	(90 % i. H.)
+	Provision (10 %)	3.029,90	(10 % i. H.)
=	Erlös (Verkaufspreis VK)	30.298,96	(100 % i. H.)

VK (Erlös) : Anzahl der Teilnehmer = Reisepreis pro Person = 673,31 Euro.
Als Angebotspreis für die Reise können 674,00 Euro pro Person festgelegt werden.

Differenzkalkulation

Für die kalkulierte Chiemsee-Seerundfahrt ergeben sich nach Angebotsausschreibung die folgenden Änderungen:
Die Teilnehmerzahl steigt auf 55 Personen. Die Hotelkosten pro Person betragen dann statt der angenommen 42,00 Euro pro Tag nur noch 40,00 Euro pro Tag, Bus- und Werbe-

kosten verändern sich nicht. Als Reisepreis können aus Wettbewerbsgründen jedoch nur 580,00 Euro festgelegt werden. Der Erlös beträgt dann 55 · 580,00 = 31.900,00 Euro.

Differenzkalkulation (alle Beträge in Euro):

	Buskosten	4.200,00
+	Hotel (6 · 55 · 40,00)	13.200,00
=	fremde Reisevorleistungen	17.400,00
+	Werbekosten	244,00
=	Summe Einzelkosten	17.644,00
+	Gemeinkostenzuschlag	3.881,68 (22 % v. H.)
=	**Selbstkosten**	21.525,68
	Gewinn (Nettoreisepreis – Selbstkosten)	2.600,37
=	**Nettoreisepreis** (Bruttopreis – USt-Betrag)	24.126,05
+	USt (19 %)	4.583,95 (19 % a. H.)
=	**Bruttoreisepreis**	28.710,00
+	Provision (10 %)	3.190,00 (10 % v. H.)
=	**Erlös (Verkaufspreis VK)**	__31.900,00__

Der Gewinn für das Unternehmen konnte trotz eines niedrigeren Reisepreises pro Teilnehmer in Relation zu dem Ausgangsbeispiel erhöht werden. Dies ist ursächlich auf die Verteilung der Fixkosten (Bus) auf eine höhere Teilnehmerzahl zu erklären.

2.3.2 Kalkulation einer Flugpauschalreise

Die **Kalkulation einer Flugpauschalreise** wird entsprechend des bekannten Kalkulationsschemas durchgeführt.

© MEV Verlag GmbH

- Werden für die Reise **Linienflugtickets als Vorleistungen** genutzt, stellen diese variable Einzelkosten dar.
- Handelt es sich hingegen um **Charterflüge**, so müssen die gesamten Kosten einer Chartermaschine durch die Anzahl der in Anspruch genommenen Sitzplätze dividiert werden.

Die **kalkulatorischen Kosten je Sitzplatz** berücksichtigen sowohl die Leerflüge als auch die geschätzte Auslastung.

Die **Auslastung** kann als Erfahrungswert unterstellt werden oder aufgrund von Erfahrungswerten berechnet werden. Es gilt zu bedenken, dass bei einer durchschnittlichen Aufenthaltsdauer von zwei Wochen am Urlaubsort die ersten beiden Flüge zu Beginn der Saison nur auf dem Hinflug besetzt sind. Adäquat sind die beiden letzten Hinflüge Leerflüge um alle Reisenden am Ende der Saison wieder heim zu fliegen.

Kalkulation einer Flugpauschalreise

Berechnung der Volltermine

Abflüge – Verweildauer (Aufenthaltszeit/Wochen)
2 Wochen Verweildauer : 22 Abflüge
22 Abflüge = 18 Vollflüge + 4 Halbflüge = 20 Volltermine
Berechnung der Auslastung und der Kosten pro Sitzplatz (alle Beträge in Euro):

Anzahl der Termine	22 Abflüge
Durchschnittliche Verweildauer	1 Woche
Fluganzahl für die Kalkulation	21 Abflüge (Vollflüge)

(Die Fluganzahl für die Kalkulation bei einer Verweildauer von einer Woche weicht von der Anzahl der Termine für 2 Wochen Verweildauer ab, weil die Anzahl der Termine um einen leeren Hin- und einen leeren Rückflug, also um zwei halbe Leerflüge berichtig werden muss.)

Flugzeugkapazität	230 Sitzplätze
Gesamtpreis des Charterflugzeuges	280.500,00 Euro

(inkl. Nebenkosten, so genannte »Flugkette«)

Reise-saison	Termine	Auslastung in % (geschätzt)	Auslastung absolut in Pax pro Flug	Paxzahl pro Saison	Arithmetisch gewogenes Mittel in %
A	4	53	121,90 = 122	488	212 (4 · 53)
B	11	96	220,80 = 221	2.431	1.056 (11 · 96)
C	6	84	193,20 = 194	1.164	504 (6 · 84)
	∑ 21	Ø = 84		∑ 4.083	∑ 1.772

Ø 84 = 1.772 : 21
Auslastung pro Pax immer aufrunden

Berechnung der Kosten pro Flug (Hin- und Rückflug)

Anmerkung: Kosten/Flug $= \dfrac{\text{Gesamtkosten d. Chartermaschine}}{\text{Fluganzahl ohne Leerflüge}}$

$= \dfrac{280.500,00}{21} = \underline{13.357,14 \text{ Euro}}$

Berechnung der Kosten je ausgelasteten Sitz (in Reisesaison C)

$$\text{Kosten/Sitzplatz} = \frac{\text{Kosten pro Flug}}{\text{Flugzeugkapazität} \cdot \text{Auslastung}}$$

$$= \frac{13.357,14}{230 \cdot 84\,\%}$$

$$= \frac{13.357,14}{193,20} = \frac{13.357,14}{194} = \underline{68,85\ \text{Euro}}$$

Für die Reisepreiskalkulation ist somit der Flug mit 68,85 Euro pro Person (pro Pax) zu berücksichtigen.

Sind lediglich die **Gesamtkosten bekannt und die Gesamtpaxzahl kann geschätzt** werden, so ergeben sich die Kosten pro Sitzplatz indem die Gesamtkosten der Chartermaschine durch die Gesamtpaxanzahl dividiert wird.

Ansonsten entspricht die Kalkulation als solche dem bekannten Schema.

In dem Beispiel oben $\dfrac{280.500,00}{4.083} = \underline{68,70\ \text{Euro}}$

2.4 Vollkostenrechnung im Handel

In Ihrem Ausbildungsbetrieb kann es notwendig sein, den Verkaufspreis von einer zu verkaufenden Ware wie zum Beispiel einem Reiseartikel oder einem Artikel aus dem Souvenirshop festzulegen.

Dazu müssen Sie zunächst eine **Kalkulation des Bezugspreises** der entsprechenden Ware vornehmen. Daran schließt sich dann die Kalkulation der **Selbstkosten** an. Dies dient letztendlich dazu, die Verkaufspreise Ihrer Ware richtig kalkulieren und damit festlegen zu können.

2.4.1 Aufstellen der Handelskalkulation (Vorwärtskalkulation)

Eine Handelskalkulation vollzieht sich immer in mehreren Schritten:

- 1. Schritt: **Bezugskalkulation** ▸ Ermittlung des Bezugspreises
- 2. Schritt: **Kalkulation der Selbstkosten** ▸ Ermittlung der Selbstkosten
- 3. Schritt: **Verkaufskalkulation** ▸ Ermittlung des Verkaufspreises

Ermittlung des Bezugspreises

Bei der **Bezugskalkulation** möchten Sie den Bezugspreis von Waren, die Sie in Ihrem Ausbildungsbetrieb beziehen, errechnen. Dazu benötigen Sie vor allem folgende Angaben:

Angaben	Erklärung
Listeneinkaufspreis	ist der Preis der Ware, den der Lieferant erhebt
Preisabzüge	sind Preisnachlässe, die der Lieferant Ihnen gewährt (▸ LF 5, Rabatte und Skonto)
Bezugskosten	sind Nebenkosten, die mit der Beschaffung der Ware in einem Zusammenhang stehen (Kosten für Fracht, Versicherung, Einkaufs- verpackungen etc.)

Tab. Angaben zur Ermittlung des Bezugspreises

Den Bezugspreis der Ware erhält man, wenn man vom Listeneinkaufspreis ausgehend die Preisnachlässe abzieht und dann die Bezugskosten aufschlägt.

Bezugspreis

Ihr Ausbildungsbetrieb kauft 150 Regenschirme zum Preis von je 12,50 Euro. Die Regenschirme sind mit dem Logo Ihres Ausbildungsbetriebes bedruckt. Aufgrund langjähriger Geschäftsbeziehungen mit dem Lieferanten erhalten Sie 15 % Rabatt. Des Weiteren gewährt Ihnen der Lieferant ein Skonto in Höhe von 3 %, wenn Sie inner- halb von 14 Tagen nach Erhalt der Rechnung bezahlen. Der Lieferant verlangt pauschal für die Lieferung der Ware 10,00 Euro.

Aus diesen Angaben können Sie die Bezugskalkulation aufstellen und den Bezugspreis für einen Schirm berechnen:

	Listeneinkaufspreis	12,50 Euro
−	Rabatt des Lieferanten (15 %)	1,88 Euro
=	Zieleinkaufspreis	10,62 Euro
−	Skonto des Lieferanten (3 %)	0,32 Euro
=	Bareinkaufspreis	10,30 Euro
+	Bezugskosten (10,00 Euro)	0,07 Euro
=	Bezugspreis	10,37 Euro

© Lingen Wirtschaft u. Tourismus e. V.

Ermittlung der Selbstkosten

Bei diesem Schritt werden zu dem Bezugspreis weitere Kosten die Ihrem Ausbildungsbetrieb entstehen nachdem die Ware geliefert wurde zugerechnet.

Es fallen Kosten für die Lagerung der Ware, Verkaufskosten (Werbekosten,
Kosten für die Löhne und Gehälter der Verkaufspersonals) sowie allgemeine
Verwaltungskosten (Steuern, Bürokosten) an. Diese werden auch unter dem
Begriff **Handlungskosten** zusammengefasst.

Diese Handlungskosten werden in der betrieblichen Praxis in der Regel mit
einem **pauschalen Prozentsatz** zusammengefasst. Dabei bedienen Sie sich mit
Werten aus der Kosten- und Leistungsrechnung Ihres Ausbildungsunterneh-
mens.

Selbstkostenermittlung   BEISPIEL
Aus dem Rechnungswesen Ihres Ausbildungsbetriebes erhalten Sie
die Information, dass das Unternehmen mit einem Handlungskostenzuschlagssatz
von 55 % rechnet. Das Kalkulationsschema wird um diese Information erweitert:

	Listeneinkaufspreis	12,50 Euro
−	Rabatt des Lieferanten (15 %)	1,88 Euro
=	Zieleinkaufspreis	10,62 Euro
−	Skonto des Lieferanten (3 %)	0,32 Euro
=	Bareinkaufspreis	10,30 Euro
+	Bezugskosten (10,00 Euro)	0,07 Euro
=	Bezugspreis	10,37 Euro
+	Handlungskosten (55 %)	5,70 Euro
=	Selbstkosten	16,07 Euro

Der **Selbstkostenpreis** schließlich gibt an, zu welcher **untersten Grenze** Sie Ihre
Waren im Ausbildungsbetrieb verkaufen sollten. Verkaufen Sie Ihre angebote-
nen Waren zum Selbstkostenpreis, lässt sich ein Verlust vermeiden. Aber einen
Gewinn erwirtschaften Sie dennoch nicht.

Ermittlung des Verkaufspreises

Würde Ihr Ausbildungsbetrieb die Waren lediglich zum Selbstkostenpreis verkaufen, würde er mittel- bis langfristig keinen Gewinn erwirtschaften. Dies ergibt jedoch betriebswirtschaftlich gesehen, keine sinnvolle Unternehmertätig-
keit.

Jeder Unternehmer wird einen **Gewinnaufschlag** auf die Selbstkosten einer
Ware vornehmen. Dieser Gewinnaufschlag ist wiederum ein pauschaler Prozentsatz der vom Unternehmer aufgrund individueller Besonderheiten festzulegen ist.

Ausgehend von dem Selbstkostenpreis wird der Gewinnaufschlag zugerechnet um den **Nettoverkaufspreis** zu erhalten.

Nettoverkaufspreisermittlung

Aus dem Rechnungswesen Ihres Ausbildungsbetriebes erhalten Sie die Information, dass mit einem Gewinnzuschlagssatz von 30 % gerechnet wird. Diese Information wird nun in das Kalkulationsschema hinzugefügt:

Listeneinkaufspreis	12,50 Euro		
− Rabatt des Lieferanten (15 %)	1,88 Euro	+ Handlungskosten (55 %)	5,70 Euro
= Zieleinkaufspreis	10,62 Euro	= Selbstkosten	16,07 Euro
− Skonto des Lieferanten (3 %)	0,32 Euro	+ Gewinn (30 %)	4,82 Euro
= Bareinkaufspreis	10,30 Euro	= Nettoverkaufspreis	20,89 Euro
+ Bezugskosten (10,00 Euro)	0,07 Euro		
= Bezugspreis	10,37 Euro		

Zu dem Nettoverkaufspreis müssen Sie nun in einem letzten Schritt die gesetzlich festgelegte Umsatzsteuer (hier 19 %) dazurechnen, um den **Bruttoverkaufspreis** zu erhalten.

Die Berechnung des **Bruttoverkaufspreises** ist daher von Bedeutung, weil nach der Preisangabenverordnung (▶ Fachwissen Tourismus Band 4, LF 10) der Verkaufspreis einer Ware die Umsatzsteuer enthalten muss.

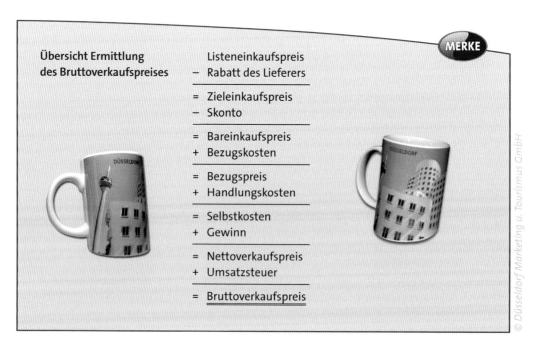

Übersicht Ermittlung des Bruttoverkaufspreises

MERKE

Listeneinkaufspreis
− Rabatt des Lieferers

= Zieleinkaufspreis
− Skonto

= Bareinkaufspreis
+ Bezugskosten

= Bezugspreis
+ Handlungskosten

= Selbstkosten
+ Gewinn

= Nettoverkaufspreis
+ Umsatzsteuer

= Bruttoverkaufspreis

© Düsseldorf Marketing u. Tourismus GmbH

Bruttoverkaufspreisermittlung

Bei Vervollständigung des Ausgangsbeispiels um die Umsatzsteuer
von 19 % ergibt sich folgendes, verkürztes Kalkulationsschema:

=	Nettoverkaufspreis	20,89 Euro
+	Umsatzsteuer (19 %)	3,97 Euro
=	Bruttoverkaufspreis	24,86 Euro

Damit verkaufen Sie den Regenschirm, den Sie für 12,50 Euro netto eingekauft haben,
zu einem Verkaufspreis von 24,86 Euro inklusive Umsatzsteuer.

Wenn Sie Kunden Ihres Ausbildungsbetriebes ebenfalls einen **Rabatt und einen Skonto** gewähren, müssen Sie dies auch in Ihrer Kalkulation berücksichtigen. Das **Kalkulationsschema** würde dann um diese Angaben ergänzt.

Bruttoverkaufspreisermittlung bei Rabattgewährung

	Selbstkosten	16,07 Euro
+	Gewinn (30%)	4,82 Euro
=	Barverkaufspreis	20,89 Euro
+	Kundenskonto (2 %)	0,42 Euro
=	Zielverkaufspreis	21,31 Euro
+	Kundenrabatt (10 %)	2,13 Euro
=	Nettoverkaufspreis	23,44 Euro
+	Umsatzsteuer (19 %)	4,45 Euro
=	Bruttoverkaufspreis	27,89 Euro

Unternehmen der Tourismusbranche benötigen für den Verkauf von Reiseliteratur, Souvenirs und anderen Artikeln die Kalkulation. Das einfachste Verfahren ist dabei die dargestellte Vorwärtskalkulation.

Jede Kalkulation kann dabei in zwei Bereiche eingeteilt werden:

▸ Bezugskalkulation und Verkaufskalkulation.

Ziel der Bezugskalkulation ist die Ermittlung eines Bezugspreises einer Ware, wobei Nachlässe und Bezugskosten berücksichtigt werden. **Ab dem Zuschlag der Handlungskosten beginnt die Verkaufskalkulation** mit dem Ziel, Bruttoverkaufspreise für Ihre Kunden festzulegen.

Die **Zuschlagsätze** sind in der Regel pauschale Zuschläge die individuell auf der Basis der abgelaufenen Geschäftsperiode errechnet werden. Letztlich dienen die Zuschlagssätze dazu, alle anfallenden Kosten abzudecken, damit ein Gewinn in Ihrem Ausbildungsbetrieb erwirtschaftet werden kann.

2.4.2 Kalkulationszuschlag und Kalkulationsfaktor

Rechnet Ihr Ausbildungsbetrieb immer mit gleichen Zuschlagssätzen für die Handlungskosten und den Gewinn, können Sie das Kalkulationsschema auch vereinfachen, in dem Sie

▸ den Kalkulationszuschlag und
▸ den Kalkulationsfaktor verwenden.

Kalkulationszuschlag
Der Kalkulationszuschlag gibt die Differenz zwischen den Bruttoverkaufspreis und dem Bezugspreis einer Ware wieder. Man erhält dadurch einen Prozentsatz, der aufgeschlagen auf den Bezugspreis die Kalkulation einer Ware verkürzt.

MERKE

Damit lässt sich der **Kalkulationszuschlag** ermitteln und die Preisberechnung für ähnliche Ware erheblich vereinfachen.

Berechnung Kalkulationszuschlag
Das Ausgangsbeispiel der Regenschirme wieder aufgegriffen bedeutet dies:

BEISPIEL

	Listeneinkaufspreis	12,50 Euro
−	Rabatt des Lieferanten (15 %)	1,88 Euro
=	Zieleinkaufspreis	10,62 Euro
−	Skonto des Lieferanten (3 %)	0,32 Euro
=	Bareinkaufspreis	10,30 Euro
+	Bezugskosten (10,00 Euro)	0,07 Euro
=	Bezugspreis	10,37 Euro
+	Handlungskosten	5,70 Euro
=	Selbstkosten	16,07 Euro
+	Gewinn (30 %)	4,82 Euro
=	Nettoverkaufspreis	20,89 Euro
+	Umsatzsteuer (19 %)	3,97 Euro
=	Bruttoverkaufspreis	24,86 Euro

Wenn Sie die oben stehende Formel auf den Kalkulationszuschlag anwenden, erhalten wir folgendes Ergebnis:

▸ ▸ ▸

$$\text{Kalkulationszuschlag} = \frac{(\text{Bruttoverkaufspreis} - \text{Bezugspreis})}{\text{Bezugspreis}} \cdot 100$$

$$\text{Kalkulationszuschlag} = \frac{(24{,}86\,\text{Euro} - 10{,}37)}{10{,}37} \cdot 100$$

$$= \underline{139{,}73\,\%}$$

Damit können Sie sich die Kalkulation von Waren im Ausbildungsbetrieb erheblich verkürzen unter der Voraussetzung, dass Ihr Betrieb **immer die gleichen Zuschlagsätze für Gewinn und Handlungskosten** verwenden.

Eine weitere Verkürzung des Kalkulationsschemas stellt die Verwendung eines **Kalkulationsfaktors** dar.

Kalkulationsfaktor

Den Kalkulationsfaktor erhalten Sie, wenn Sie Bruttoverkaufspreis einer einmal kalkulierten Ware durch den Bezugspreis der Ware dividieren. Jetzt können Sie mithilfe des Kalkulationsfaktors die verschiedenen Bezugspreise Ihrer Waren im Ausbildungsbetrieb mit dem Kalkulationsfaktor multiplizieren und erhalten so ohne Umwege den Bruttoverkaufspreis.

MERKE

Damit kann die Kalkulation mithilfe des Kalkulationsfaktors weiter vereinfacht werden. Dazu muss der Kalkulationsfaktor mithilfe der unten genannten Berechnung ermittelt und mit dem Bezugspreis multipliziert werden.

Berechnung des Kalkulationsfaktors

$$\text{Kalkulationsfaktor} = \frac{\text{Bruttoverkaufspreis}}{\text{Bezugspreis}}$$

Kalkulationsfaktor = 24,86 : 10,37
Kalkulationsfaktor = <u>2,40</u>

2.4.3 Kalkulatorische Rückrechnung

In Ihrem Ausbildungsbetrieb kann es vorkommen, dass Sie eine bestimmte Ware zu einem feststehenden Preis verkaufen müssen. Dies liegt vor allem dann vor, wenn Sie ähnliche oder genau dieselben Waren verkaufen wie die Mitbewerber auf dem Markt.

In diesem Fall verwendet man das **Kalkulationsschema aus der Vorwärtskalkulation**. Die weitere Vorgehensweise können Sie dem Beispiel entnehmen.

Kalkulationsschema

Die Mitbewerber verkaufen eine Reiseliteratur inklusive DVD über Marokko zum Preis von 19,95 Euro.

Ihr Ausbildungsbetrieb rechnet mit einem Gewinnaufschlag von 15 % sowie Handlungskostenzuschlagssatz von 20 %.

Der Lieferant für die Reiseliteratur gewährt Ihnen in der Regel einen Preisnachlass von 10 % sowie Skonto in Höhe von 2 %.

An Bezugskosten verlangt er pro Reiseliteratur einen Preis von 1,50 Euro.

Zur Verdeutlichung der Rückwärtskalkulation wird das folgende Schema verwendet:

	100 %		Listeneinkaufspreis, netto	12,07 Euro
	10 %	+	Rabatt des Lieferanten	1,21 Euro
	90 %	=	Zielverkaufspreis	10,86 Euro
2 %		+	Skonto des Lieferanten	0,22 Euro
98 %		=	Barverkaufspreis	10,64 Euro
		−	Bezugskosten	1,50 Euro
		=	Bezugspreis	12,14 Euro
	20 %		Handlungskosten	2,43 Euro
	120 %	=	Selbstkosten	14,57 Euro
15 %			Gewinn	2,19 Euro
115 %		=	Nettoverkaufspreis	16,76 Euro
	19 %		Umsatzsteuer	3,19 Euro
	119 %	=	Bruttoverkaufspreis	19,95 Euro

© drubig-photo – Fotolia.com   © Mapics – Fotolia.com   © XtravaganT – Fotolia.com   © fhmedien_de – Fotolia.com

Erläuterungen zur Tabelle:

▸ **1. Schritt:** Aufstellen des Schemas der Vorwärtskalkulation.

▸ **2. Schritt:** Eintragen der Prozentsätze für Umsatzsteuer, Gewinn und Handlungskosten.

▸ **3. Schritt:** Beginn der Rechnung vom Bruttoverkaufspreis bis nach oben zum Listeneinkaufspreis.

▸ **4. Schritt:** Überlegung, ob es sich bei dem jeweiligen Rechenschritt um eine Prozentrechnung im Hundert, auf Hundert oder vom Hundert handelt (▸ LF 5, Kapitel 12.2).

Berechnung des Nettoverkaufspreises

Bei der Errechnung des Nettoverkaufspreises handelt es sich um eine Prozent-rechnung auf Hundert, d. h. der Bruttoverkaufspreis enthält die 19 % Umsatzsteuer und hat damit einen Wert von 119 %.

Um den Nettoverkaufspreis (100 %) zu erhalten, muss folgende Berechnung vorgenom-men werden:

$$119 \% = 19,95 \text{ Euro}$$
$$100 \% = x$$
$$x = \frac{(100 \cdot 19,95)}{119}$$
$$x = \underline{16,76 \text{ Euro}}$$

► **5. Schritt:** Ausfüllen des Berechnungsschemas von unten nach oben.

► **6. Schritt:** Überprüfen der Ergebnisse der Rückwärtskalkulation mithilfe der Vorwärtskalkulation.

Sie erhalten zuletzt einen **Listeneinkaufspreis von 12,07 Euro netto**, d. h. Sie können Ihrem Lieferanten maximal diesen Listeneinkaufspreis zahlen, damit Sie mit den Mitbewerbern auf dem Markt in Wettbewerb liegen.

Vereinfachung der Rückrechnung

Wie bei der Vorwärtskalkulation lässt sich auch die Rückwärtskalkulation durch die **Anwendung eines Kalkulationsabschlags und der Handelsspanne** verkürzen. Auch hier können Sie die Vereinfachung nur anwenden, wenn Ihr Ausbildungsbetrieb immer die gleichen Zuschlagssätze verwendet.

Kalkulationsabschlag

Der Kalkulationsabschlag wird aus der Differenz zwischen dem Brutto-verkaufspreis und dem Bezugspreis errechnet. Somit erhält man einen prozentualen Abschlag vom Bruttoverkaufspreis.

Den Kalkulationsabschlag können Sie mithilfe der folgenden Formel berechnen:

$$\text{Kalkulationsabschlag} = \frac{(\text{Bruttoverkaufspreis} - \text{Bezugspreis})}{\text{Bruttoverkaufspreis}} \cdot 100$$

Der **Kalkulationsabschlag** ist immer in Situationen anwendbar, bei dem Sie in Ihrem Ausbildungsbetrieb den Bruttoverkaufspreis gegeben haben und Sie den Bezugspreis ermitteln wollen, zu dem Sie die Ware bei Ihrem Lieferanten einkaufen müssen, um einen Gewinn erzielen zu können (vgl. Target Costing).

Berechnung des Kalkulationsabschlages

Ihr Ausbildungsbetrieb hat für Wanderkarten einen Bruttoverkaufspreis von 19,95 Euro errechnet.

Der Bezugspreis des Lieferanten beträgt 8,99 Euro. Im Rechnungswesen des Betriebes rechnet man immer mit den gleichen Zuschlagssätzen bei Karten und Reiseliteratur. Bei Anwendung der obigen Formel erhalten Sie folgende Berechnung:

$$\text{Kalkulationsabschlag} = \frac{(19{,}95 - 8{,}99)}{19{,}95} \cdot 100 = \underline{\underline{54{,}94\,\%}}$$

Ist in Ihrem Ausbildungsbetrieb der Nettoverkaufspreis einer Ware gegeben, so können Sie die **Handelsspanne** zur Vereinfachung der Rückwärtskalkulation anwenden.

Handelsspanne

Die Handelsspanne errechnet sich aus der Differenz zwischen dem Nettoverkaufspreis und dem Bezugspreis. Auch er stellt einen prozentualen Abschlag vom Nettoverkaufspreis dar.

$$\text{Handelsspanne} = \frac{(\text{Nettoverkaufspreis} - \text{Bezugspreis})}{\text{Nettoverkaufspreis}} \cdot 100$$

Mithilfe der Formel kann die **Handelsspanne** ermittelt werden.

Subtrahieren Sie von dem Nettoverkaufspreis die Handelsspanne, erhalten Sie den **Bezugspreis der Ware**.

Handelsspannenermittlung

Sie erhalten folgende Informationen:

Nettoverkaufspreis einer Reiseliteratur 17,99 Euro, Bezugspreis 12,95 Euro.

$$\text{Handelsspanne} = \frac{(17{,}99 - 12{,}95)}{17{,}99} \cdot 100 = \underline{\underline{28{,}02\,\%}}$$

Bezugspreisermittlung

Um die Richtigkeit der Rechnung von oben zu kontrollieren, kann nun vom Nettoverkaufspreis in Euro die Handelsspanne (Prozentwert umgerechnet in Euro) subtrahiert werden. So erhält man den Bezugspreis der Ware.

	Nettoverkaufspreis	17,99 Euro
−	Handelsspanne (28,02 %)	5,04 Euro
=	Bezugspreis	12,95 Euro

2.4.4 Differenzkalkulation für Waren

Oft geben Hersteller den Preis einer Reiseliteratur oder Wanderkarte als »Unverbindliche Preisempfehlung« vor.

Mithilfe der **Differenzkalkulation** können Sie in Ihrem Ausbildungsbetrieb nun prüfen, ob ein ausreichender Gewinn dem Unternehmen aus dem Verkauf der Reiseliteratur verbleibt. Dazu benötigen Sie den Bezugs- und Verkaufspreis der Ware.

6. Auflage 2009
264 Seiten mit 150 Farbfotos
21 Übersichtskarten und Pläne
16 Stadtrundgänge und 4 Ausflüge
inkl. herausnehmbarer Karte 1 : 18.000

ISBN 978-3-89953-460-3

9 783899 534603   14,90 € (D)

Differenzkalkulation ist eine Kombination
Die Differenzkalkulation stellt eine Kombination von Vorwärts- und Rückwärtskalkulation dar.

Somit vollzieht sich die Berechnung des möglichen Gewinns aus dem Verkauf der Reiseliteratur in folgenden Schritten:

- **1. Schritt: Vorwärtskalkulation** – Das Kalkulationsschema der Vorwärtskalkulation wird bis zur Berechnung der Selbstkosten angewendet.
- **2. Schritt: Rückwärtskalkulation** – Ausgehend vom Bruttoverkaufspreis wird der Nettoverkaufspreis einer Ware berechnet.
- **3. Schritt: Ermittlung des Gewinns** – Die Differenz zwischen Selbstkosten und dem Nettoverkaufspreis ist der Gewinn. Der Gewinnaufschlag lässt sich in Prozent mithilfe eines Dreisatzes errechnen.

Differenzkalkulation

Ihr Lieferant, bei dem Sie die Reiseliteratur bestellen, gibt Ihnen folgende Angaben vor:

Listeneinkaufspreis pro Stück 7,95 Euro, netto
10 % Rabatt und 3 % Skonto
Bezugskosten: pro Exemplar 0,25 Euro
Handlungskosten: 30 %
Bruttoverkaufspreis mit Umsatzsteuer 9,95 Euro

▸ ▸ ▸

© JM Fotografie – Fotolia.com   © yanlev – Fotolia.com   © Thaut Images – Fotolia.com   © by-studio – Fotolia.com

1. Schritt: Vorwärtskalkulation

	Listeneinkaufspreis	7,95 Euro
−	Rabatt des Lieferanten (10 %)	0,80 Euro
=	Zieleinkaufspreis	7,15 Euro
−	Skonto des Lieferanten (3 %)	0,21 Euro
=	Bareinkaufspreis	6,94 Euro
+	Bezugskosten	0,25 Euro
=	Bezugspreis	7,19 Euro
+	Handlungskosten (30 %)	2,16 Euro
=	Selbstkosten	9,35 Euro

2. Schritt: Rückwärtskalkulation

	Nettoverkaufspreis	8,36 Euro	
+	Umsatzsteuer	1,59 Euro	(19 %)
=	Bruttoverkaufspreis	9,95 Euro	(119 %)

3. Schritt: Gewinnermittlung

9,35 Euro (Selbstkosten) = 100 %

− 0,99 Euro (Gewinn) = x

$$x = \frac{(-0,99 \cdot 100)}{9,35}$$

$$x = -10,59\%$$

Für Ihren Ausbildungsbetrieb würde dies bedeuten, dass Sie bei dem Verkauf der angebotenen Reiseliteratur durch den Lieferanten pro verkauftem Exemplar ein Verlust von 0,99 Euro bzw. 10,59 % erwirtschaften würden.

In einem solchen Fall würden Sie das Angebot des Lieferanten ablehnen. Möchten Sie diese Reiseliteratur dennoch in Ihrem Ausbildungsbetrieb verkaufen, müssen Sie auf jeden Fall einen Listeneinkaufspreis unter 7,95 Euro netto verhandeln. Die Berechnung des dann möglichen Gewinnes muss wieder vorgenommen werden.

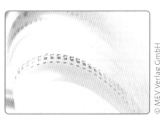

Die Ausführungen zu der Vollkostenrechnung im Handel können Ihnen dabei helfen **Preise für Waren**, die Sie in Ihrem Ausbildungsvertrieb verkaufen besser kalkulieren, gestalten und einschätzen zu können.

Alle in diesem Kapitel vorgestellten Kalkulationen sind Rechenverfahren des internen Rechnungswesens. Sie dienen letztlich dem Ziel Selbstkosten- und Angebotspreise zu ermitteln. Die Kalkulationsverfahren selbst unterscheiden sich je nach Branche.

1. Was sind primäre und sekundäre Gemeinkosten?

2. Was sind Kosten?

3. Was versteht man unter einer Kostenfunktion?

4. Sie sollen einem Azubi den Kostenbegriff erklären. Welche Auskunft müssen Sie ihm geben?
   a) Kosten sind alle Aufwendungen eines Unternehmens in einem bestimmten Zeitraum.
   b) Die betriebsfremden und außerordentlichen Aufwendungen stellen einen beträchtlichen Teil der Kosten dar.
   c) Kosten haben keinen Einfluss auf das Betriebsergebnis.
   d) Alle Ausgaben eines Betriebes sind Kosten.
   e) Kosten sind die betriebsnotwendigen Aufwendungen zur Erstellung von Leistungen.

5. Welcher Vorgang führt zu einer Erhöhung der fixen Kosten?
   a) Eine veraltete Videowand wird verschrottet.
   b) Die Einkaufspreise für Reiseführer steigen.
   c) Die Löhne für die Mitarbeiter steigen.
   d) Das neu erstellte Bürogebäude wird abgeschrieben.
   e) Die Vertreterprovision wird erhöht.

6. Wie verändern sich die fixen Kosten, wenn sich der Beschäftigungsgrad verändert?
   a) Sie steigen schneller als der Beschäftigungsgrad.
   b) Sie verändern sich umgekehrt dem Beschäftigungsgrad.
   c) Sie sind vom Beschäftigungsgrad unabhängig.
   d) Sie steigen langsamer als der Beschäftigungsgrad.
   e) Sie verändern sich parallel zum Beschäftigungsgrad.

7. Welche Erträge sind gleichzeitig betriebliche Leistungen Ihres Unternehmens?
   ► Zinsgutschriften der Bank
   ► Periodenfremde Erträge
   ► Erlöse aus Vermietung und Verpachtung
   ► Umsatzerlöse
   ► Erträge aus Beteiligungen

8. Erläutern Sie den Zusammenhang zwischen Kostenarten- und Kostenstellenrechnung.

9. Wie können die folgenden Kosten auf die Kostenstellen verteilt werden: Telefonentgelte, Werbekosten, Mietzahlungen für Geschäftsräume, kalkulatorische Abschreibungen auf die BGA, Personalkosten?

10. Welche Gemeinkosten können einzelnen Kostenteilen nicht zugeordnet werden? Nennen Sie drei Beispiele und begründen Sie ihre Antwort.

11. Die Verwaltungsgemeinkosten eines Reisebüros in Höhe von 360.000,00 Euro sollen auf die vier Hauptkostenteile umgelegt werden. Von den 188 Stunden Arbeitszeit der Verwaltung entfielen:

   ▶ 46 Stunden auf die Sparte Veranstaltungen,
   ▶ 48 Stunden auf die Sparte Touristik,
   ▶ 14 Stunden auf die Sparte Flugverkehr
   ▶ 20 Stunden auf die Sparte DB/DER

   Die restlichen Verwaltungsstunden können nicht direkt zugeordnet werden und sollen im Verhältnis 2:1:1:1 auf die Hauptkostenstellen verteilt werden.

12. Ihnen liegt der folgende Auszug aus einem BAB vor; berechnen Sie die entsprechenden Gemeinkostensätze.

(Gemein-) Kostenart	Euro	Hilfskostenstelle Verwaltung	Touristik	Fahrausweise	Flugverkehr	Sonstige Vermittlung	Eigene Veranstaltungen
			Hauptkostenstellen				
Gehälter	36.000,00						
Mietkosten	4.200,00						
Kommunikationskosten	7.600,00						
START	5.600,00						
Büromaterial	3.600,00						
Sachversicherungen	4.800,00						
Kalk. AfA	54.000,00						
Kalk. Unternehmerlohn	12.000,00						
Summe der Gemeinkosten							
Umlage der Verwaltungskosten 3:1:2:1:3 (= 10 Teile)							
Gemeinkosten der Hauptkostenstellen							
Einzelkosten der Hauptkostenstellen			131.840,00	64.080,00	51.220,00	29.790,00	65.280,00

Für die Verteilung der Gemeinkosten auf die Hilfs- und Hauptkostenstellen soll folgender Schlüssel gelten:

Gehälter	3:2:2:2:2:1
Mietkosten	2:1:1:1:1:1
Kommunikationskosten	5:6:4:2:1:1
START	2:1:1:1:1.1
Büromaterial	5:1:1:1:1:1
Sachversicherungen	8:2:2:1:1:2
Kalk. AfA	4:1:1:1:1:1
Kalk. Unternehmerlohn	1:0:0:0:0:0

13. Berechnen Sie das Betriebsergebnis und die Gemeinkostensätze auf Grundlage der gegebenen Daten des BAB:

(Gemein-) Kostenart	Euro	Hilfskostenstelle	Hauptkostenstellen			
		Verwaltung	Touristik	Eigene Veranstaltungen	Flugverkehr	Sonstige Vermittlung
Gehälter	33.000,00					
Mietkosten	2.500,00					
Kommunikationskosten	4.200,00					
START	3.000,00					
Büromaterial	2.000,00					
Sachversicherungen	2.800,00					
Kalk. AfA	24.000,00					
Kalk. Unternehmerlohn	5.700,00					
Summe der Gemeinkosten						
Umlage der Verwaltungskosten 3:2:1:2 (= 8 Teile)						
Gemeinkosten der Hauptkostenstellen						
Einzelkosten der Hauptkostenstellen			120.000, 00	64.000,00	50.000,00	30.000,00

Gehälter	3:2:2:2:2
Mietkosten	1:1:1:1:1
Kommunikationskosten	6:4:2:1:1
START	2:1:1:1:1
Büromaterial	1:1:1:1:1
Sachversicherungen	8:2:2:1:1
Kalk. AfA	4:1:1:1:1
Kalk. Unternehmerlohn	1:0:0:0:0

14. In der Kostenstelle »Touristik« entstanden im abgelaufenen Jahr direkt zurechenbare Kosten in Höhe von 1.230.000,00 Euro. Nicht direkt zurechenbar waren 321.000,00 Euro. Berechnen Sie den Gemeinkostensatz.

15. Bei einem Busreiseveranstalter wurden im abgelaufenen Jahr durchschnittliche Gesamtkosten (einschl. der Fahrerkosten) für einen Reisebus in Höhe von 155.000,00 Euro ermittelt. Die durchschnittliche Fahrleistung eines Busses betrug 80.000 km und die durchschnittliche Einsatzzeit 180 Tage. Der Veranstalter hat bisher eine Aufteilung in entfernungs- und zeitabhängige Kosten von 40:60 vorgenommen. Zukünftig soll im Verhältnis 30:70 aufgeteilt werden.
Berechnen Sie die ursprünglichen und die zukünftigen Kosten je km und Tag.

16. Die Personalkosten eines Reiseveranstalters betragen monatlich 12.000,00 Euro, Miete fällt in Höhe von 3.000,00 Euro an, die allgemeinen Verwaltungskosten betragen 1.100,00 Euro. Die drei Busse des Veranstalters sind im Monat April insgesamt 17.000 km im Einsatz

gewesen, dabei sind Kosten pro Kilometer von 0,98 Euro angefallen. Berechnen Sie die Fixen Kosten, die Variablen Kosten und die Gesamtkosten.

17. Berechnen Sie die entsprechenden Euro-Beträge für die einzelnen Kostenstellen.
    ▸ Die Verteilung der Lohnkosten in Höhe von 36.000,00 Euro soll im Verhältnis 2:2:2:1:3:2:1:3 von Ihnen vorgenommen werden,
    ▸ die Mietkosten in Höhe von 4.000,00 Euro im Verhältnis der genutzten Büroflächen; die Verteilung entspricht in Quadratmetern (m²) 20:15:25:30:15:15:20:20,
    ▸ die Kommunikationskosten von 3.000,00 Euro sind in Prozent 20:25:5:8:12:10:15:5 zu verteilen,
    ▸ Büromaterial von 560,00 Euro ist zu gleichen Teilen und die
    ▸ Kalkulatorischen AfA von 16.000,00 Euro 1:1:1:1:1:1:1:1 zu verteilen.

18. Was ist eine Kostenstelle?

19. Welche Aufgaben erfüllt der Betriebsabrechnungsbogen (BAB) ? Er …
    a) … ist Hilfsmittel für den Abschluss der Buchhaltung.
    b) … stellt die Verteilung der Einzelkosten auf die Kostenstellen dar.
    c) … dient der Ermittlung der Wirtschaftlichkeit der Hilfskostenstellen.
    d) … entspricht der Übersicht der Konten der Buchhaltung.
    e) … gibt die Verteilung der Gemeinkosten auf die Kostenstellen an.

20. Warum werden Betriebsabrechnungsbögen geführt?
    ▸ Um Unterlagen für die Divisionskalkulation zu haben.
    ▸ Um die Richtigkeit der Lohnabrechnung nachzuweisen.
    ▸ Um Gemeinkosten auf die Kostenstellen zu verteilen.
    ▸ Um die Rentabilität des Betriebes zu ermitteln.
    ▸ Um die Einzelkosten zu ermitteln.

21. Ordnen Sie zu:
    Außerordentliche Aufwendungen, betriebsbedingte Aufwendungen, Kalkulatorische Kosten, betriebsfremde Aufwendungen, betriebliche Erträge, betriebsfremde Erträge

Löhne und Gehälter	Habenzinsen	Unternehmerlohn

22. Wozu wird ein Betriebsabrechnungsbogen benötigt?
    a) Die Inventurdifferenzen sollen erkannt werden.
    b) Die Zuschlagssätze für die Kalkulation sollen ermittelt werden.
    c) Industriebetriebe müssen laut Gesetz einen BAB führen.
    d) Die Gründe für Einzelkostenveränderungen sollen erkannt werden.
    e) Die Abschlussbuchungen sollen vorbereitet werden.

23. Im Rahmen der Kostenermittlung sind auch Zusatzkosten zu berücksichtigen. Welche Kostenarten zählen dazu?
    - Betriebssteuern
    - Sozialkosten
    - Kalkulatorischer Unternehmerlohn
    - Sondereinzelkosten
    - Fertigungslöhne

24. Sie sind mit dem Erstellen von Betriebsabrechnungsbogen betraut. Welche Kostenart zählt in der Kostenrechnung eines Reiseveranstalters zu den Einzelkosten?
    - Hotelkosten
    - Abschreibung auf Maschinen
    - Bürokosten
    - Gehälter der Angestellten
    - Heizkosten

25. Sie sind in der Buchhaltung eines Reisebüros eingesetzt und kontrollieren die Aufstellung der außerordentlichen Leistungen. Welchen Geschäftsfall müssen Sie aus der Aufstellung streichen, da es sich um eine betriebliche Leistung handelt?

    a) Erträge aus der Vermietung einer Lagerhalle.
    b) Erträge aus dem Verkauf eines bereits abgeschriebenen Firmenfahrzeuges.
    c) Verzinsung eines Guthabens bei einem Kreditinstitut.
    d) Erträge aus dem Verkauf von Reiseführern.
    e) Steuererstattung einer früheren Abrechnungsperiode seitens der Finanzbehörde.

26. Welchen Vorgang müssen Sie als Kosten in die Kostenrechnung übernehmen?
    - Verbrauch von Büromaterial
    - Aufnahme eines Darlehens
    - Erwerb eines Schreibtisches
    - Bilanzielle Abschreibungen auf einen erworbenen PC
    - Privatentnahme

27. Die Kostenstellenrechnung dient der …
    a) … Ermittlung ausschüttungsfähiger Gewinne.
    b … Verteilung der Gemeinkosten auf die Kostenträger.
    c) … Erfassung der Kostenarten.

28. Kriterien der Kostenstellengliederung sind:
    - Hilfs- und Hauptkosten
    - Eigenkapital- und Fremdkapital
    - Betriebskosten und Verbrauchskosten

29. Bitte ordnen Sie in der folgenden Tabelle zu, um was es sich handelt. Nur eine der Antworten ist (jeweils) richtig.

Erfolg in der Kostenrechnung		Es handelt sich um Kosten
	Betriebsertrag minus Kosten	
	Ertrag minus Aufwand	
	Einnahmen minus Ausgaben	
	geleistete Spenden für karitative Zwecke	
	eingesetztes Material für verkaufte Erzeugnisse	
	entstandene Verluste aus Wertpapiergeschäften	

30. Mithilfe von Zuschlagsätzen sollen:

   a) Gemeinkosten auf Kostenträger verrechnet werden.
   b) Kostenträger untereinander verglichen werden.
   c) Verrechnungspreise angepasst werden.

31. Bei gleich bleibenden Einzelkosten führen Preiserhöhungen der Gemeinkosten zu
   ▸ gleich bleibenden Zuschlagsätzen,
   ▸ höheren Zuschlagsätzen,
   ▸ niedrigeren Zuschlagsätzen.

32. Worin besteht der Unterschied zwischen Haupt- und Hilfskostenstellen?

33. Wie werden die Einzelkosten in einem BAB behandelt?

34. Welchen Zweck verfolgt man mit der Bildung von Kalkulationssätzen?

35. Der Reiseveranstalter XY plant für den neuen Kundentyp »Serviceorientierter Paradiessucher« eine Reise in die Toskana. Für die Kalkulation der achttägigen Reise werden folgende Größen unterstellt:
Buskosten pro Pax 116,00 Euro, Hotel pro Nacht/Pax 95,00 Euro, Kurtaxe/Übernachtung 2,50 Euro, Eintrittsgelder pro Pax 66,00 Euro, Ausflug einmalig 30,00 Euro.
Die direkten Werbekosten für die geplante 40-köpfige Reisegruppe belaufen sich auf 520,00 Euro, die Kosten für die eigene Reiseleitung insgesamt auf 480,00 Euro. Es wird mit einem Gemeinkostenzuschlag (GKZ) von 15 %, einem Gewinnaufschlag von 12 % und einer Provision von 10 % kalkuliert. Bestimmen Sie den Katalogpreis.

36. Ein Mitbewerber bietet eine Pauschalreise auf die Kanaren in seinem Katalog für 856,80 Euro an. Wie überprüfen Sie aufgrund der Kostenstruktur Ihres Ausbildungsbetriebes, ob Sie ebenfalls zu diesem Preis die Reise anbieten können? Für die Beantwortung zu berücksichtigende Größen sind:
Flug (gesamt) 200,00 Euro, Hotel (gesamt) 300,00 Euro, Werbekosten 25,00 Euro, GKZ 20 Prozent, Provision 10 Prozent.
Wie hoch wäre ggf. der Gewinn?

37. Die Kalkulation für eine Kanarenreise berücksichtigt folgende Gegebenheiten:
Hotelpreis/Tag 80,00 Euro, Transfer 15,00 Euro, eigene Reiseleitung 75,00 Euro (je Woche), Regiekosten 20 %, Gewinnzuschlag 12 %

Flugkette:
Aufenthaltsdauer 1 Woche (8 Tage)
Flugzeugkapazität 240 Sitze
Anzahl der Termine pro Saison 32
Gesamtkosten der Flugkette 1.200.000,00 Euro

Reisezeit	geplante Abflüge	geschätzte Auslastung %
A	2	60
B	5	75
C	12	85
D	6	98
E	?	96

a) Ermitteln Sie die Kosten je Sitzplatz (es gibt nur ganze Plätze).
b) Berechnen Sie den Verkaufspreis pro Pax für eine einwöchige Reise.
c) Was würde eine Verlängerungswoche kosten?

38. Ein Veranstalter mietet für eine 7-tägige Fahrt an die Ostsee einen Bus für 4.500,00 Euro an. Die Hotelkosten pro Pax belaufen sich auf 50,00 Euro/Übernachtung. Die direkten Werbekosten für diese spezielle Reise betragen 350,00 Euro. Der GKZ beträgt 15 %, der Gewinnzuschlag 18 %. Da der Veranstalter die Veranstaltung über einen Reisevermittler vertreibt, kalkuliert er mit 10 % Provision. Die Teilnehmerzahl beträgt 50 Personen.

a) Ermitteln Sie den Erlös (= Reisepreis für 50 Pax) und den Reisepreis anteilig pro Person.
b) Ein Mitbewerber bietet eine ähnliche Reise für 620,00 Euro pro Reiseteilnehmer an. Angenommen Sie würden Ihre Reise auch zu diesem Preis verkaufen – wie hoch wäre Ihr Gewinn absolut und in Prozent?

39. Zur Berechnung der Kosten pro ausgelasteten Sitz sind Ihnen bekannt:
25 Abflüge
Aufenthaltsdauer eine Woche
Flugzeugkapazität 250 Pax
Anzahl der Termine von vier Saisonfenstern 4:8:6:n.b.
geschätzte Auslastung der Saisonfenster in Prozent 50:70:90:90
Charterkosten für die Flugkette 224.000,00 Euro
Berechnen Sie die die Anzahl der Termine im Saisonfenster.
Berechnen Sie danach wie hoch sich die Kosten pro ausgelasteten Sitz
in den jeweiligen Saisonfenstern belaufen.

40. Es soll eine 14-tägige Reise nach Schweden angeboten werden. Dazu
liegen folgende Daten vor:

Hotelübernachtung	58,00 Euro/Pax inkl. Frühstück
Eintrittskosten	23,00 Euro/Pax
Fahrtkosten	74,00 Euro
Werbekosten für diese Reise	260,00 Euro
GKZ	18 %
Gewinnzuschlag	14 %
Teilnehmerzahl	40 Pax

Bestimmen Sie die Katalogpreise bei Eigen- und Fremdvertrieb (Provision 10 %).

41. Die Kalkulation für eine andere einwöchige Kanarenreise berücksichtigt folgende Gegebenheiten:
   - Hotelpreis/Nacht 70,00 Euro
   - Transfer 25,00 Euro
   - eigene Reiseleitung 50,00 Euro
   (je Woche)
   - Prozesskosten 80,00 Euro
   - Gewinnzuschlag 12,00 Euro

© de la Motte

Flugkette:
Aufenthaltsdauer eine Woche
Flugzeugkapazität 220 Sitze
Anzahl der Termine pro Saison 32
Gesamtkosten der Flugkette 1.200.000,00 Euro

Reisezeit	geplante Abflüge	geschätzte Auslastung %
A	2	60
B	5	75
C	14	85
D	6	98
E	?	96

a) Ermitteln Sie die Kosten je Flugzeugplatz.
b) Berechnen Sie den Verkaufspreis pro Pax für eine ein- und eine zweiwöchige Reise.
c) Ein Mitbewerber bietet die gleiche Reise (Dauer zwei Wochen) für 1.600,00 Euro an. Überprüfen Sie, ob Sie die Reise ebenfalls zu diesem Preis anbieten können.
d) Sie entschließen sich die Reise ausschließlich über Reisevermittler zu vertreiben (Provision 10 %). Wie hoch ist der Katalogpreis?

42. Ein Reiseveranstalter plant eine Städtereise nach Dresden mit einem fremden Bus, der angemietet wurde. Als Kosten für die Reisevorleistungen werden bei 50 Teilnehmern unterstellt:
Bus   34,00 Euro/Teilnehmer
Hotel mit HP   105,00 Euro/Teilnehmer
Eintritt   50,00 Euro/Teilnehmer
Stadtführung/Eintritt   15,00 Euro/Teilnehmer
Die eigenen Vorleistungen setzen sich aus den Kosten für die direkte Werbung 435,00 Euro, der Reiseleitung 385,00 Euro und Regiekosten von 12 % zusammen. Der Gewinnaufschlag beträgt 12 %. Berechnen sie den Bruttoreisepreis pro Pax.

43. Ihr Ausbildungsbetrieb benötigt eine neue Telefonanlage. Dazu haben Sie Angebote von zwei möglichen Lieferanten eingeholt. Sie sollen nun aufgrund des Preises entscheiden, welches der Angebote angenommen werden soll. Was ist Ihre Antwort?

Angebot der Wender KG, Worms:
Listenpreis: 10.000,00 Euro, ohne Umsatzsteuer
Rabatt: 12 %
Zahlungsziel 60 Tage netto Kasse, bei Zahlung innerhalb von 20 Tagen 3 % Skonto
Bezugskosten: Lieferung frei Haus
Lieferzeit: sofort nach Auftragserteilung

Angebot der *Tech Com* GmbH, Ludwigshafen:
Listenpreis 12.500,00 Euro, ohne Umsatzsteuer
Rabatt: 4 %
Zahlungsziel 60 Tage netto Kasse, bei Zahlung innerhalb von 20 Tagen 1,5 % Skonto

44. Zum 20jährigen Firmenjubiläum Ihres Ausbildungsbetriebes bestellen Sie 1.500 Flaschen Riesling zum Nettoverkaufspreis von 3,95 Euro. Die Winzergenossenschaft »Zur Pfalz« gewährt Firmenkunden einen Rabatt von 15 % und 2 % Skonto. Die Transportkosten belaufen sich auf 348,00 Euro einschließlich 19 % Umsatzsteuer.
Errechnen Sie den Bezugspreis für eine Flasche Wein.

45. Bei der gleichen Winzergenossenschaft bestellen Sie ebenfalls Flaschenweine, um diese mit einem Etikett, auf dem das Logo Ihres Ausbildungsbetriebes abgedruckt ist, zu bekleben. Diese möchten Sie in Ihrem Reiseshop verkaufen. Die Winzergenossenschaft verkauft diesen Wein für 2,99 Euro und den in Aufgabe 45 angegebenen Bedingungen. Aus dem Rechnungswesen Ihres Ausbildungsbetriebes erhalten Sie die Information, dass der Handlungskostenzuschlagssatz 30 Prozent und der Gewinnaufschlag 35 Prozent betragen.

© MEV Verlag GmbH

Berechnen Sie den Bruttoverkaufspreis, zu dem Sie die Weine in Ihrem Ausbildungsbetrieb verkaufen.

46. Für Werbezwecke beziehen Sie in Ihrem Ausbildungsbetrieb 350 Regenschirme mit Aufdruck zum Listeneinkaufspreis von 5,00 Euro je Stück. Der Lieferant gewährt 20 Prozent Rabatt. Da Sie innerhalb von 10 Tagen zahlen, ziehen Sie zwei Prozent Skonto ab. Der Bezugspreis der gesamten Lieferung beträgt 1.400,00 Euro.

a) Wie viel Euro beträgt der Zieleinkaufspreis der Lieferung?
b) Wie viel Euro beträgt der Bareinkaufspreis der Lieferung?
c) Wie viel Euro Bezugskosten entfallen auf einen Regenschirm?

47. Einen Reiseführer für die Pfalz erhalten Sie zum Bezugspreis von 7,99 Euro. In Ihrem Ausbildungsbetrieb kalkulieren Sie mit einem Handlungskostenzuschlagssatz von 50 % sowie einem Aufschlag für den Gewinn in Höhe von 30 %.
Wie viel Euro beträgt der Bruttoverkaufspreis?

48. Eine Wanderkarte kalkulieren Sie mit einem Gewinnaufschlag von 3,00 Euro, das sind 8,5 % der Selbstkosten.

a) Wie viel Euro beträgt der Nettoverkaufspreis?
b) Wie viel Euro beträgt der Bruttoverkaufspreis?

49. Zur Berechnung des Bruttoverkaufspreises haben Sie folgende Informationen: Bezugspreis: 8,99 Euro, Selbstkosten: 12,50 Euro, Nettoverkaufspreis: 16,00 Euro.

a) Wie viel Prozent beträgt der Handlungskostenzuschlagssatz?
b) Wie viel Euro beträgt der Handlungskostenzuschlagssatz?

© Düsseldorf Marketing u. Tourismus GmbH

50. Ihr Ausbildungsbetrieb möchte das Image verbessern. Dazu sind Seminarreihen über verschiedene Destinationen geplant. Für eine Seminarreihe müssen Sie ein Werbedruckunternehmen mit der Lieferung von Seminarunterlagen (Mappe und Papier mit Logo des Ausbildungsbetriebes) beauftragen. Der Kostenbeitrag für

die Seminarunterlagen darf 15,00 Euro pro Person nicht überschreiten. Zu welchem Preis können Sie die gedruckten Unterlagen höchstens einkaufen, wenn Sie von dem Werbedruckunternehmen 15 % Rabatt und 3 % Skonto erhalten?

51. Für eine angebotene Ware in Ihrem Ausbildungsbetrieb verlangen Sie 25,00 Euro inklusive Umsatzsteuer. Ihr Ausbildungsbetrieb rechnet mit 50 % Handlungskosten und 25 % Gewinn. Die Umsatzsteuer beträgt 19 %. Für Bezugskosten stellt der Lieferant 15,00 Euro in Rechnung. Sie erhalten 10 % Rabatt und bei Zahlung innerhalb von 14 Tagen 2 % Skonto.
    a) Berechnen Sie den Bezugspreis.
    b) Berechnen Sie den Listeneinkaufspreis.

52. Der Bruttoverkaufspreis eines Artikels Ihres Souvenirshops beträgt einschließlich 19 % Umsatzsteuer 14,95 Euro. An Selbstkosten fallen 9,95 Euro an. Mit welchem Gewinnsatz rechnen Sie in Ihrem Ausbildungsbetrieb für den Souvenirartikel?

53. Eine Tagestour durch den Pfälzer Wald rund um Neustadt an der Weinstraße bietet Ihr Ausbildungsbetrieb zum Preis von 75,00 Euro an. Sie kaufen die Tour bei einem qualifizierten Wanderführer für 59,00 Euro ein. Berechnen Sie den Kalkulationszuschlag und den Kalkulationsfaktor sowie die Handelsspanne.

54. Für eine andere Wanderung rund um die Stadt Neustadt an der Weinstraße verlangt der Wanderführer einen Preis von 29,00 Euro pro Teilnehmer. Wie hoch wäre der Verkaufspreis der Tour in Ihrem Ausbildungsbetrieb, wenn Sie den obigen Kalkulationszuschlag (aus Aufgabe 11) verwenden?

55. Der Bruttoverkaufspreis einer Konzertkarte beträgt 35,00 Euro, der Bezugspreis 24,00 Euro. Berechnen Sie den Kalkulationsabschlag.

3 Teilkostenrechnung

Im Rahmen der Vollkostenrechnung werden Einzel- und Gemeinkosten verursachungsgerecht auf die erstellte Leistung verrechnet, so dass langfristig alle im Betrieb entstandenen Kosten durch die Kostenträger gedeckt werden müssen (▸ Kapitel 2). Die Verrechnungssystematik als solches zeigt jedoch Schwächen auf.

© de la Motte

© de la Motte

© de la Motte

© dell – Fotolia.com

Mängel der Vollkostenrechnung:

- ▸ die **Schlüsselung der Gemeinkosten ist nicht exakt**,
- ▸ unterstellte **Proportionalisierungen der fixen Kosten sind nicht immer realitätsnah.**
- ▸ eingeschränkte Preisspielräume.

Die Vollkostenrechnung eignet sich als **Entscheidungshilfe für die Preisfindung** bei Leistungen ohne Marktpreis bzw. wenn Preise auf dem Markt realisiert werden können, die über den Selbstkosten liegen.

Zielsetzung der Teilkostenrechnung ist dagegen die kurzfristige Verbesserung der Kostenkontrolle, der Erfolgsanalyse und -planung, um dadurch eine Optimierung der absatzpolitischen Entscheidungen zu erreichen.

3.1 Anwendung der Teilkostenrechnung

Im Gegensatz zur Vollkostenrechnung werden in der Teilkostenrechnung nicht die gesamten Kosten den Leistungseinheiten zugerechnet, sondern nur die **Einzelkosten** berücksichtigt. Die **fixen Kosten (K_f)** werden als globale **Größe *en bloc*** (*Direct Costing* ▸ Kapitel 3.2.1) betrachtet.

Die Teilkostenrechnung ist eine **leistungsabhängige Kostenrechnung**.

Ausgangspunkt der Teilkostenrechnung ist, dass eine kurzfristige Kostenänderung einer touristischen Leistung nur über die variablen Kosten möglich ist, da die fixen Kosten ohnehin anfallen und nicht bei der Produktion einer touristischen Leistung entstehen.

Somit werden Kostenbestandteile konsequent nach ihrer **Verursachung** verrechnet (**Verursacherprinzip**).

Aus dem Grund ist es dem touristischen Leistungsträger kurzfristig möglich Reisen oder andere touristische Produkte zu vermarkten, deren Erlöse (Umsatz) nur die variablen Kosten decken. Ein solcher Preis bildet dann die absolute **Preisuntergrenze (PUG)**.

Die variablen Kosten einer Reise oder einer anderen touristischen Leistung stellen in diesem Falle die Höhe des Verkaufspreises dar. Deshalb wird die Teilkostenrechnung auch als **Grenzkostenrechnung** bezeichnet.

Diese Form der Erfolgsrechnung ist allerdings nur sinnvoll, wenn:

▸ bereits in der Kostenartenrechnung (▸ Kapitel 2.1) die **fixen und die variablen Kosten separat erfasst** wurden,

▸ die **variablen Kosten sich proportional als lineare Kostenfunktion** verhalten (▸ Kapitel 2.1.2). Das heißt: Verändert sich die Produktionsmenge um eine Einheit, verändern sich die variablen Kosten immer um x-Kosten zur erzeugten Menge.

© G. de la Motte

Ferner wird, anders als in der Vollkostenrechnung, nicht unterstellt, dass der Preis für eine Reise das **Ergebnis der Kalkulation ist** und der Kunde bezahlen muss, was das Produkt gekostet hat (*Cost Plus*). Sondern es wird unterstellt, dass der Preis für eine touristische Leistung **vom (Käufer)Markt vorgegeben** wird.

Ziele der Teilkostenrechnung — MERKE

▸ Gestaltung des optimalen Reisesortiments,
▸ Konzentration auf rentable Produkte (-gruppen) und Sparten,
▸ Ausmerzung unwirtschaftlicher Produkte (-gruppen) und Spartenorganisationen,
▸ Ermittlung der Betriebsergebnisse,
▸ die Entscheidung über eine Einbindung von fremden Leistungsträgern für eigene Veranstaltungen.

Typische Instrumente der Anwendung der Teilkostenrechnung sind die Deckungsbeitragsrechnung und die *Break-Even*-Analyse.

Die Teilkostenrechnung kann vergangenheitsbezogen als Ist-Kostenrechnung, durchschnittsbezogen als Normal-Kostenrechnung oder zukunftsbezogen als Plan-Kostenrechnung durchgeführt werden.

3.2 Deckungsbeitragsrechnung

Die **Deckungsbeitragsrechnung** ist ein Anwendungsgebiet der Teilkostenrechnung. Charakteristisch ist, dass nur die Teilkosten (variable Kosten) verrechnet werden, die von einem Kostenträger für eine Reise tatsächlich verursacht werden.

Deckungsbeitragsrechnung
Die Deckungsbeitragsrechnung ist ein Kostenrechnungssystem, bei dem eine einzelne touristische Leistung (z. B. eine Reise) nur mit den Kosten belastet wird, die dieser als Einzelkosten zugerechnet werden können.

MERKE

© de la Motte

Grundsätzlich wird die Deckungsbeitragsrechnung unterschieden in:

- ▶ **einstufige Deckungsbeitragsrechnung (*Direct Costing*)**
- ▶ **mehrstufige Deckungsbeitragsrechnung (Fixkostendeckungsrechnung)**

Beide Verfahren dienen zur **Ermittlung des Betriebsergebnisses** eines Unternehmens mithilfe der Deckungsbeiträge der hergestellten touristischen Leistungen.

3.2.1 Direct Costing – einstufige Deckungsbeitragsrechnung

Im Rahmen des ***Direct Costing*** wird der Deckungsbeitrag nur einstufig berechnet. Entscheidendes Kriterium für dieses Verfahren ist die **Auflösung der Kosten in fixe und variable Kosten** und nicht in Einzel- und Gemeinkosten wie bei der Vollkostenrechnung.

Der **Deckungsbeitrag ist derjenige Anteil am Umsatz/Nettoerlös**, der zur Deckung der Fixkosten (K_f) beiträgt. Er kann sowohl **je Stück (db)** als auch addiert zu einem **Gesamtdeckungsbeitrag für die Gesamtproduktion (DB I)** berechnet werden.

Im Gegensatz zur mehrstufigen Deckungsbeitragsrechnung werden die **Fixkosten (K_f) beim *Direct Costing*** undifferenziert ***en bloc*** als fixe Kosten des gesamten Betriebes behandelt.

Direct Costing (einstufige DB-Rechnung)
Nettoerlöse
− variable Kosten
= Deckungsbeitrag

Abb. Errechnung des Deckungsbeitrages

Der **Deckungsbeitrag (db)** eines einzelnen Kostenträgers (z. B. der Preis einer Reise, der Reisepreis für einen Reisenden, der Preis eines Produktes) ergibt sich damit aus der rechnerischen **Differenz zwischen dem Umsatzerlös/Nettoerlös (p) vermindert um die variablen Kosten (k_v)**. Er wird auch **Stückdeckungsbeitrag** genannt.

Einstufiger Deckungsbeitrag pro Reise:

Umsatzerlöse je Stück (p)

− variable Stückkosten (k_v)

= Stückdeckungsbeitrag (db) oder $db = p - k_v$

Einstufiger Deckungsbeitrag für alle umgesetzten Reisen insgesamt:

Umsatzerlöse (E)

− variable Kosten (K_v)

= Deckungsbeitrag (DB I) oder $DB\ I = E - K_v$

E ergibt sich aus dem Umsatzerlöse je Stück (p) multipliziert mit der Anzahl (x) der umgesetzten Reisen.

Die einstufige Deckungsbeitragsrechnung (db und DB I) ist die einfachste Form der Teilkostenrechnung. Sie **ermittelt den Betriebserfolg** nur über eine einzige Fixkostenstufe.

Deckungsbeitrag und Betriebsergebnis

▶ Deckungsbeitrag pro Reise bzw. touristischer Leistungseinheit

  < 0 = Verschlechterung des Betriebsergebnisses

▶ Deckungsbeitrag pro Reise bzw. touristischer Leistungseinheit

  = 0 Preisuntergrenze

▶ Deckungsbeitrag pro Reise bzw. touristischer Leistungseinheit

  > 0 = Verbesserung des Betriebsergebnisses

Entsprechend ihrem zeitlichen Bezug kann sie für die **Ist-Kostenrechnung, Normalkostenrechnung** und **Plankostenrechnung** in einem Unternehmen durchgeführt werden.

Ist-Kostenrechnung	Normalkostenrechnung	Plankostenrechnung
Ziel der Ist-Kostenrechnung ist primär die lückenlose Verrechnung aller effektiv angefallenen Kosten einer Kostenstelle oder eines Kostenträgers während einer vergangenen Abrechnungsperiode. Sie dient als Nachkalkulation der nachträglichen Selbstkostenermittlung.	Die Normalkostenrechnung legt durchschnittliche Ist-Kosten mehrerer vergangener Abrechnungsperioden (Statistiken) zugrunde. Die Wirtschaftlichkeitskontrolle erfolgt durch einen Vergleich zwischen Normal- und Ist-Kosten.	Die Plankostenrechnung ist zukunftsorientiert. Sie dient der Vorgabe von Kosten aufgrund der Einschätzung der Entwicklung des Reisemarktes. Die Kontrolle der Einhaltung der Vorgaben erfolgt nach Ablauf der Periode durch Gegenüberstellung der geplanten und tatsächlich eingetretenen Kosten.

Tab. Anwendungsgebiete der einstufigen Deckungsbeitragsrechnung

Der einfache Deckungsbeitrag wird sowohl für eine touristische Leistung **pro Pax** (Abk. für engl. *persons approximately*), als auch für gleichartige touristische **Leistungseinheiten** (z. B. für eine Gesamtproduktion touristischer Leistungen) ermittelt. Da die fixen Kosten dabei *en bloc* verrechnet werden eignet sich die Methode nicht für Mehrprodukt-Reiseveranstalter und somit für keinen real existierenden Reiseveranstalter.

Deckungsbeitragsrechnung pro Pax

Zunächst werden die **variablen Kosten eines einzelnen Kostenträgers** (z. B. einer Reise) von dem Umsatzerlös abgezogen und so der Deckungsbeitrag des Kostenträgers ermittelt.

Einstufige Deckungsbeitragsrechnung

Ein Reiseveranstalter verkauft eine Reise nach Andalusien an eine Privatperson zum Bruttoreisepreis von 1.428,00 Euro. Als fremde Vorleistungen für diese Reise hat er einen Flug für 180,00 Euro und eine Beherbergungsleistung mit HP zu 740,00 Euro eingekauft.

Ermittlung des Deckungsbeitrages

	Bruttoreisepreis	1.428,00 Euro
−	Umsatzsteuer	228,00 Euro
	Nettoreisepreis	1.200,00 Euro
−	Flug pro Pax	180,00 Euro
−	Beherbergungskosten	740,00 Euro
=	Deckungsbeitrag pro Pax	280,00 Euro

Es verbleibt aus dem Beispiel ein Umsatzerlös von 280,00 Euro pro Teilnehmer zur (anteiligen) Deckung der fixen Kosten des gesamten Betriebes (Fixkostenblock ► Kapitel 2.1.1).

3.2.2 Zwei- und mehrstufige Deckungsbeitragsrechnung

Bei touristischen Leistungseinheiten ist die Bezugseinheit zur Ermittlung des Deckungsbeitrages nicht die einzelne Reise oder der einzelne Reisende, sondern eine **Anzahl von Reisen** für eine gleichartige Reiseleistung (z. B. eine Gruppenreise).

Die Ermittlung des **zweistufigen Deckungsbeitrages (DB II)** dient dann der Deckung von Fixkosten, die einzelnen Reisen nicht direkt zurechenbar sind.

Dazu werden die **produktspezifischen Fixkosten (K_f)** vom Deckungsbeitrag abgezogen. Das Betriebsergebnis ist dann die Differenz zwischen dem Deckungsbeitrag und den fixen Kosten.

Deckungsbeitrag für Gruppenreisen

BEISPIEL

Häufig ist es in der Praxis so, dass für Gruppenreisen gezielt Werbung betrieben wird. Unterstellt sei, dass speziell für die oben bereits genannte Andalusienreise Zeitungsanzeigen für 800,00 Euro geschaltet und an Stammkunden Direktmarketingpakete versandt wurden die Kosten in Höhe von 400,00 Euro verursacht haben. Daraufhin buchen 30 Privatpersonen diese Reise zu den bekannten Konditionen.

(Beträge in Euro)	Reise-preis/Pax	Teilnehmer	Gesamt
Reisepreis (netto) − variable Kosten	1.200,00 920,00	30 30	36.000,00 27.600,00
= Deckungsbeitrag I − produktfixe Kosten	280,00	30	8.400,00 1.200,00
= Deckungsbeitrag II			7.200,00

Der Deckungsbeitrag II berücksichtigt neben den variablen Kosten auch die produktfixen Kosten, hier die Kosten der Werbung für diese Reise.

In der **mehrstufigen oder Fixkostendeckungsbeitragsrechnung** wird der Block der **Fixkosten weiter aufgespalten**, um ihn den einzelnen Produktgruppen verursachungsgerecht zuzuordnen. Die Unterteilung erfolgt stufenweise in Abhängigkeit von Unternehmen und Branche.

> Erlöse
> − variable Kosten
> ────────────────
> = Deckungsbeitrag I
> − Produktfixkosten
> ────────────────
> = Deckungsbeitrag II
> − nicht zurechenbare Fixkosten
> ────────────────
> = Betriebserfolg

Das Ergebnis der einstufigen Deckungsbeitragsrechnung lässt keine Rückschlüsse darauf zu, inwieweit der Fixkostenblock durch db bzw. DBI abgedeckt werden kann. Das Ergebnis der zweistufigen Deckungsbeitragsrechnung erlaubt zumindest eine Beurteilung darüber, ob die spezifisch durch die Reise verursachten Fixkosten abgedeckt sind.

3.2.3 Betriebsergebnisse einer Abrechnungsperiode

Mithilfe der zweistufigen Deckungsbeitragsrechnung kann auch das **Betriebsergebnis je Abrechnungsperiode** für touristische Leistungseinheiten, Sparten und den ganzen Betrieb berechnet werden.

Es gilt:

$\quad$ Umsatzerlöse je Periode (E)

$-$ variable Kosten je Periode (K_v)

$=$ Deckungsbeitrag/Periode (DBI)

$-$ fixe Kosten je Periode (K_f)

$=$ Betriebsergebnis je Periode (Gewinn/Verlust z. B. pro Quartal)

Die einzelnen touristische Leistungseinheiten und Sparten können dabei unterschiedlich zum Betriebsergebnis beitragen.

© de la Motte

Spartenerfolgsrechnung

für das 3 Quartal 20.. (Beträge in Euro)

Sparte	Touristik	Flug	Eigene Veranstaltungen	Gesamt
Umsatzerlös	200.000,00	24.000,00	100.000,00	324.000,00
− Variable Kosten	150.000,00	22.000,00	90.000,00	262.000,00
= Deckungsbeitrag	50.000,00	2.000,00	10.000,00	62.000,00
− Fixkosten				32.000,00
= Betriebsergebnis				30.000,00

Die einzelnen Sparten tragen unterschiedlich zum Deckungsbeitrag bei, von ihm werden *en bloc* die Fixkosten abgezogen, so dass sich ein Betriebsergebnis in Höhe von 30.000,00 Euro ergibt.

Um eine **Vergleichbarkeit der einzelnen Spartenergebnisse** zu erreichen arbeitet man in der Praxis mit **relativen Deckungsbeiträgen**. Hierzu werden die

Umsatzerlöse der Sparten dividiert durch den jeweiligen Deckungsbeitrag und das Ergebnis als Prozentsatz ausgedrückt.

	Touristik	Flug	Eigene Veranstaltungen
relative Deckungs- beiträge der Sparten	200.000,00 = 100 % 50.000,00 = 25 %	24.000,00 = 100 % 2.000,00 = 8,33 %	100.000,00 = 100 % 10.000,00 = 10 %

Tab. Relative Deckungsbeiträge einzelner Sparten (Beträge in Euro)

Die relativen Deckungsbeiträge werden zu einer **Rankingliste** zusammenge-stellt und zur optimalen Spartenorganisation genutzt. Das Ranking für dieses Beispiel ist entsprechend:

▸ **1. Touristik**
▸ **2. Eigene Veranstaltungen**
▸ **3. Flug**

Der **Deckungsbeitrag der jeweiligen Sparte** entspricht dann dem Betrag, den sie als Teil des gesamten Reiseunternehmens **in einer Abrechnungsperiode** zur Abdeckung der gemeinsamen Unternehmensfixkosten und damit zum Reinge-winn des Unternehmens geleistet hat.

Werden vom Deckungsbeitrag die fixen Kosten abgezo-gen, ergibt sich ein **kalkulatorischer Periodenerfolg**.
Deckungsbeitrag > fixe Kosten = Betriebsgewinn
Deckungsbeitrag < fixe Kosten = Betriebsverlust
Deckungsbeitrag = 0 : weder Betriebsge-winn noch -verlust

Mit dem **relativen De-ckungsbeitrag** kann man weiterhin feststel-len, welches Produkt am effizientesten und z. B. in Engpasssituatio-nen produziert und an-geboten werden sollte.

Spartenorganisation und Betriebsergebnis

	Touristik (Euro)	Geschäftsreisen (Euro)	Gesamt (Euro)
Umsatzerlös	250.000 = 100 %	60.000 = 100 %	310.000 = 100 %
Variable Kosten	100.000 = 40 %	30.000 = 50 %	130.000 = 42 %
Deckungsbeitrag I	150.000 = 60 %	30.000 = 50 %	180.000 = 58 %
Fixe Kosten	–	–	120.000 = 39 %
Betriebsergebnis			60.000 = 19 %

Unter Berücksichtigung der Fixkosten *en bloc* ergibt sich ein Betriebsergebnis von 60.000 Euro, dies entspricht 19 % der Umsatzerlöse.

Ein **positiver Deckungsbeitrag** trägt zur Deckung der anfallenden fixen Kosten bei. Er führt, sobald diese gedeckt sind, zu einem **Betriebsgewinn**. Ein positiver Deckungsbeitrag verbessert die Erfolgssituation des Unternehmens.

Abb. Verwendung des Deckungsbeitrages

3.3 Weitere Anwendungsmöglichkeiten

Weiterhin liefert die Anwendung der Methode der Deckungsbeitragsrechnung Entscheidungshilfen für:

- ▸ die Bestimmung der kurz- und langfristigen Preisuntergrenze (▸ Kapitel 3.3.1),
- ▸ die Annahme von Zusatzaufträgen bei Preisabschlag (▸ Kapitel 3.3.2),
- ▸ die Gewinnschwelle bzw. Mindestteilnehmerzahl (▸ Kapitel 3.3.3) und
- ▸ die Entscheidung über die Durchführung einer Reise in Eigen- oder Fremdleistung (▸ Kapitel 3.3.4).

© de la Motte

3.3.1 Langfristige Preisuntergrenze pro Pax

Die **Preisuntergrenze (PUG)** gibt den Mindestreisepreis pro Teilnehmer an, der unter Kostengesichtspunkten gerade noch vertretbar ist.

Die PUG wird mit folgender Formel errechnet:

PUG pro Pax = fixe Kosten je Teilnehmer
+ variable Kosten

$$\text{PUG pro Pax} = \frac{K_f}{\text{Pax}} + k_v$$

Die **kurzfristige Preisuntergrenze** ist durch die variablen Stückkosten bestimmt und setzt ein Deckungsbeitrag gleich/größer 0 voraus (Teilkostendeckung).

Um existieren zu können, muss ein Unternehmen langfristig einen Preis erzielen, der sämtliche Kosten des Unternehmens – variable und fixe Kosten – abdeckt.

Dies ist dann der Fall, wenn der **erwirtschaftete Deckungsbeitrag genau ausreicht**, um die fixen Kosten zu decken. Hier sind Erlös und Kosten einer Reise gleich hoch. Der dazu benötigte Preis wird als **langfristige Preisuntergrenze** bezeichnet. Diese wird auch **Gewinnschwelle** oder **Nutzenschwelle** (*Break Even Point* auch ▸ Kapitel 3.3.3) genannt.

Langfristige Preisuntergrenze
Die langfristige PUG legt einen Preis fest, bei dem die variablen Kosten und die direkt zurechenbaren fixen Kosten des Produktes gedeckt werden.

MERKE

Die **langfristige Preisuntergrenze führt zur Deckung der Vollkosten,** das Unternehmen befindet sich in einer Null-Gewinn-Situation. Eine solche Preisstrategie ist z. B. dann geeignet sein, wenn auf dem Markt ein Verdrängungswettbewerb gegeben ist.

Preisuntergrenze pro Pax

Für eine Reise an die Ostsee wird von einem Reiseveranstalter ein Bus für pauschal 3.500,00 Euro angemietet. Unbenommen der Teilnehmerzahl begleitet die Reisegruppe eine Reiseleitung. Dadurch entstehen Kosten von 500,00 Euro. Die Beherbergungskosten mit HP belaufen sich vor Ort für jeden der 40 Teilnehmer auf 550,00 Euro.

Die PUG wird mit obiger Formel errechnet:

$$\text{PUG pro Pax} = \frac{K_f}{Pax} + k_v$$

Die anteiligen Kosten pro Teilnehmer belaufen sich auf:

$$\text{fixe Kosten} = \frac{3.500,00 + 500,00}{40} = \underline{\underline{100,00\ \text{Euro}}}$$

variable Kosten = 550,00 Euro

PUG pro Pax = 100,00 + 550,00 = $\underline{650,00\ \text{Euro}}$

Die langfristige Preisuntergrenze (PUG) pro Pax beträgt somit 650,00 Euro.

Die übrigen fixen Kosten müssen von den anderen Kostenträgern übernommen werden. Möchte der Reiseveranstalter sicherstellen, dass neben der Preisuntergrenze **ein vorgegebener Gewinn realisiert wird**, so sind die Fixkosten um den entsprechenden Gewinn zu erhöhen.

Das folgende Beispiel zeigt, wie die für den zu erzielenden Gewinn nötige Buchungszahl errechnet wird.

Buchungsanzahl bei vorgegeben Gewinn

Ein Reiseveranstalter plant eine eintägige Reise mit seinem Bus in den Schwarzwald für 60,00 Euro (netto) pro Pax anzubieten. Er möchte an der gesamten Reiseleistung 600,00 Euro Gewinn (G) erzielen. Die Fixkosten der Reise betragen 400,00 Euro, die Variablen Kosten pro Pax 40,00 Euro.
Die erforderliche Teilnehmerzahl für diese Reise erhält man, indem man die Summe des erwarteten Gewinnes und der fixen Kosten in das Verhältnis zum Deckungsbeitrag setzt.

$$x = \frac{G + K_f}{p - k_v} \quad ; \quad \text{Buchungsanzahl} = \frac{600 + 400}{60 - 40} = \underline{\underline{50}}$$

Die erforderliche Buchungszahl beträgt 50.

3.3.2 Zusatzbuchungen unter Preisabschlag

Unter buchungstaktischen Gesichtspunkten kann eine **Reisepreisreduzierung** zu einer Umsatzsteigerung führen und in Folge zu höheren Gewinnen.

Das **Ausmaß der dazu erforderlichen Buchungssteigerung** wird ermittelt, indem der Deckungsbeitrag pro Pax bzw. der touristischen Leistungseinheit vor der Reisepreissenkung (alter Deckungsbeitrag) zum Deckungsbeitrag nach der Reisepreissenkung (neuer Deckungsbeitrag) ins Verhältnis gesetzt wird.

> Die erforderliche Buchungszunahme in Prozent wird folgendermaßen ermittelt:
>
> $$\text{erforderliche Buchungszunahme \%} = \frac{(\text{alter db} - \text{neuer db})}{\text{neuer db}} \cdot 100$$

Das Ergebnis verdeutlicht dann, welche Zunahme der Buchungen notwendig ist, um dasselbe Ergebnis zu erreichen.

Erforderliche Buchungszunahme
Der bisherige Deckungsbeitrag einer Reise beträgt 200,00 Euro.
Aufgrund einer Preissenkung ist dieser auf 150,00 Euro gesunken.

$$\frac{(200,00 - 150,00)}{150} \cdot 100 = \underline{\underline{33,33\%}}$$

Es müssen also 33,33 % mehr von dieser spezifischen Reise umgesetzt werden, um das alte Betriebsergebnis zu erreichen.

Durch die Annahme von **Zusatzbuchungen als Zusatzaufträge** kann ein Reiseveranstalter das vorhandene Marktpotenzial ausschöpfen, seine Kapazitäten (z. B. seine Busse) optimal auslasten und natürlich den Betriebsgewinn erhöhen.

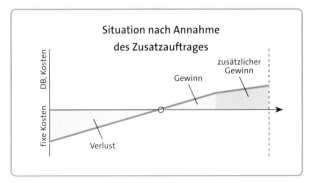

Abb. Gewinnerhöhung nach Preisreduktion und Zusatzbuchung

Bei vorhandenen freien Kapazitäten ist ein Zusatzauftrag grundsätzlich anzunehmen, wenn der Preis über dem einfachen Deckungsbeitrag (db) liegt.
Entscheidungskiterium: Preis > db

Und weiterhin gilt:

- ► Die **fixen Kosten sind** grundsätzlich schon durch andere Reisende **gedeckt**, so dass ein Zusatzauftrag, dessen Preis über den variablen Kosten liegt den Betriebsgewinn erhöht.
- ► Wenn die **fixen Kosten jedoch noch nicht gedeckt** sind, würde ein solcher Zusatzauftrag zur Verringerung des Betriebsverlustes beitragen.

3.3.3 Break-Even-Analyse

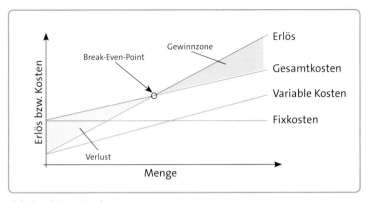

Abb. Break-Even-Analyse

259

Die **Break-Even-Analyse (BEA)** ist eine Methode, mithilfe derer der Punkt aufgezeigt wird, der die Gewinn- von der Verlustzone trennt. Dieser ***Break-Even-Point*** (BEP) oder die Gewinnschwelle ist jener Punkt, bei dem der Gesamterlös die fixen und variablen Kosten deckt und der Gewinn Null beträgt. Die Ermittlung des *Break-Even-Points* kann mathematisch und graphisch erfolgen.

BEA Formelsystem zur Gewinnschwellenermittlung
Umsatz entspricht Kosten, wenn:
Gewinn (G) = Umsatz (U) − Kosten (K)
$G = p \cdot x - (K_v + K_f) = p \cdot x - k_v \cdot x - K_f = 0$

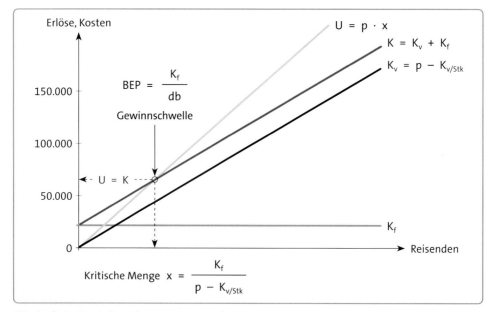

Abb. Grafische Darstellung des Formelsystems der BEA

Die Gewinnschwelle kann mengenmäßig oder wertmäßig betrachtet werden. Als **wertmäßige Gewinnschwelle** gibt sie die Umsatzmenge an, bei der der Gewinn Null ist. Über dieser Menge erreicht das Unternehmen einen Gewinn, darunter erwirtschaftet es einen Verlust.

Mengenmäßige Gewinnschwelle: $X_{BEP} = K_f : (p - k_v)$

Wertmäßige Gewinnschwelle: $X_{BEP} = \dfrac{K_f}{\text{Deckungsquote je Stck.}}$

$\text{Deckungsquote} = \dfrac{\text{Deckungsbeitrag je Stck.}}{\text{Verkaufspreis je Stck.}}$

Für die wertmäßige Gewinnschwellenermittlung gilt:

▸ Gesamterlös = Gesamtkosten ($p \cdot x = k_v \cdot x + K_f$),
▸ Übergang von der Verlust- in die Gewinnzone,
▸ entspricht dem Umsatzwert, bei dem die erlösten Deckungsbeiträge die Gesamtfixkosten gerade decken,
▸ jeder zusätzliche Umsatz einen Gewinn in Höhe des vollen Deckungsbeitrages bringt.

Als **mengenmäßige Gewinnschwelle** ergibt sie die Absatzmenge (kritische Menge) die erreicht werden muss, um bei gegebener Kostenstruktur Gewinne realisieren zu können. Diese **kritische Menge (x)** wird ermittelt, indem die fixen Kosten einer Reise oder touristischen Dienstleistung durch den Deckungsbeitrag pro Reisenden (pro Pax) dividiert wird. Reiseveranstalter bezeichnen diese als **Mindestteilnehmerzahl.**

$$\text{Mindestteilnehmerzahl} = \text{BEP} = \text{kritische Menge (x)} = \frac{K_f}{db}$$

Die Mindestteilnehmerzahl bezeichnet die Anzahl der Reisenden, die mindestens an einer Reise teilnehmen muss, damit dem Unternehmen **kein Verlust** entsteht.

Mindestteilnehmerzahl

Die fixen Kosten einer Reise nach Paris belaufen sich auf 800,00 Euro, die variablen Kosten pro Pax auf 170,00 Euro. Der Reisepreis pro Teilnehmer beträgt 270,00 Euro netto.

$$\text{Mindestteilnehmerzahl} = \frac{800}{270,00 - 170,00} = \underline{\underline{8}}$$

Die Mindestteilnehmerzahl für diese Reise beträgt 8 Personen.

Die **BEA kann sehr einfach graphisch durchgeführt** werden, da lineare Kostenverläufe unterstellt werden.

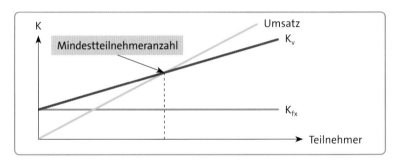

Abb. Darstellung der Ermittlung der mengenmäßigen Gewinnschwelle

Arbeitsschritte zur grafischen Durchführung:

▶ Zeichnen Sie zuerst den Fixkostenverlauf parallel zur Abszisse (x-Achse) in ein entsprechendes Koordinatensystem ein.

▶ Der lineare Kosten- und Umsatzverlauf lässt sich jeweils durch zwei Punkte bestimmen, die Sie miteinander verbinden: der erste Punkt Kv ist der Schnittpunkt der Fixkostenkurve mit der Ordinate (y-Achse); den zweiten Punkt bestimmen Sie beliebig mithilfe der Formel x · k_v.

▶ Der erste Punkt der Umsatzkurve ist der Schnittpunkt der Abszisse mit der Ordinate. Den zweiten Punkt bestimmen Sie beliebig mithilfe der Formel x · p.

▶ Der Schnittpunkt des Umsatzverlaufes und des variablen Kostenverlaufes (er gibt den Gesamtkostenverlauf wieder, da er auf die fixen Kosten aufgesetzt wurde) miteinander ist die gesuchte Mindestteilnehmerzahl.

Eine **BEA ist entbehrlich**, wenn keine fixen Kosten vorhanden sind, da mit jedem Euro über den variablen Kosten ein Gewinn erwirtschaftet wird.

Sie ist auch dann unnötig, wenn die variablen Kosten über dem Marktpreis (Mitbewerber) liegen, da dem Unternehmen dann auf jeden Fall ein Verlust entsteht.

Break-Even-Preis bei vorgegeben Gewinn **BEISPIEL**

Ein Reiseveranstalter plant eine eintägige Reise mit seinem Bus in den Schwarzwald für 60 Personen anzubieten. Er möchte an der gesamten Reiseleistung 800,00 Euro Gewinn (G) erzielen. Die fixen Kosten der Reise betragen 400,00 Euro, die variablen Kosten 30,00 Euro pro Pax.

Der Break-Even-Preis ergibt sich, indem die Summe von erwartetem Gewinn und fixen Kosten durch die Teilnehmerzahl dividiert wird und zum Ergebnis die variablen Kosten pro Pax addiert werden.

$$P = k_v + \frac{G + K_f}{x}$$

$$P = 30,00 + \frac{800,00 + 400,00}{60} = \underline{50,00 \text{ Euro}}$$

Der Break-Even-Preis beträgt 50,00 Euro pro Teilnehmer.

Die **Methode der *Break-Even*-Analyse** beschreibt den Punkt, an dem die gesamten Kosten eines Produktes den damit erzielten Erlösen entsprechen. Sie wird auch **Gewinnschwellenanalyse, Deckungspunktanalyse** oder **Kostendeckungsanalyse** genannt und dient der Erfolgsplanung und -kontrolle.

3.3.4 Eigenleistung oder Fremdleistung

Bei der Konzipierung von Reisen stellt sich auch die Frage, ob ein Reiseveranstalter fremde Vorleistungen in Anspruch nehmen möchte (Bus, Hotel, Reiseleitung) oder – sofern möglich – nur eigene Leistungen erbringt.

© MEV Verlag GmbH

In dem Fall gilt:

▸ **Einstandspreis für fremde Vorleistungen > K$_v$ = *make***
  (d. h. als Eigenleistung erbringen)

▸ **Einstandspreis für fremde Vorleistungen < K$_v$ = *buy***
  (d. h. als Fremdleistung einkaufen)

Hat ein Reiseveranstalter die notwendige Kapazität alle Reiseleistungen selbst zu erbringen, ist unter Kostengesichtspunkten zu überprüfen, ob der Deckungsbeitrag (db) bei in Anspruchnahme von fremden Vorleistungen (dbF) größer oder kleiner ist als der db bei Eigenleistung (dbE).

dbE – dbF > 0 dann Eigenleistung, sofern Kapazität vorhanden.

Die rechnerische Grundlage für diese Entscheidung kann wiederum mithilfe der Methode der Deckungsbeitragsrechnung getroffen werden, indem der Deckungsbeitrag für die Fremdleistung mit dem Deckungsbeitrag für die Eigenleistung verglichen wird und unter Kostengesichtspunkten die Variante mit dem quantitativ höheren Deckungsbeitrag gewählt wird.

Wie zu Anfang formuliert ist es die **Aufgabe des Rechnungswesens** ein zahlenmäßiges (quantitatives) Abbild aller Vermögenswerte und Geschäftsfälle eines Unternehmens zu erstellen.

Die **Kosten- und Leistungsrechnung (KLR)** als der Kern des internen Rechnungswesens stellt den innerbetrieblichen Leistungsprozess in Zahlen dar und gibt so dem Management die Mittel für Entscheidungen, die das operative Geschäft betreffen, an die Hand.

Das **interne Rechnungswesen** ist eine Art Serviceabteilung für ein Unternehmen, da es als ein System zur Informationsgewinnung und -verarbeitung von unternehmensbezogenen Zahlen verstanden werden kann und so zu unternehmerischer Entscheidungsfindung beiträgt.

3.4 Vergleich von externem und internem Rechnungswesen

Kriterien	Externes Rechnungswesen	Internes Rechnungswesen
Adressaten	▸ Eigentümer *(z. B. Aktionäre)* ▸ Mitarbeiter – Management ▸ Kunden – Lieferanten ▸ Banken – Gläubiger ▸ Medien – Öffentlichkeit ▸ Arbeitnehmer (-vertreter) ▸ Finanzamt *(Stakeholder)*	Unternehmensinterne *(Management)*
Informations-gegenstand	Erfasst finanzielle Vorgängen zwischen dem Unternehmen und seiner Umwelt	Erfasst Verzehr von Produktions-faktoren und die Entstehung von Leistungen
Vorschriften	Handels- und steuerrechtliche Regeln	Kaum gesetzliche Vorschriften
Erfassungs-bereich	Gesamtes Unternehmens-geschehen	Beschränkt auf den Betrieb
Zeithorizont	i. d. R. Geschäftsjahr	Kürzere Perioden
Rechnungstyp	Periodenbezogene Kosten	Kalkulatorische Kosten
Bezugsgrößen	GuV und Bilanz	Perioden und Produkte
Wertansatz	Vergangenheitsorientiert	Zukunfts- u. Vergangenheits-orientiert
Ziele	▸ vergangenheitsorientierte Dokumentation der Geschäfts-fälle und Rechenschaftslegung ▸ Ausweis von Vermögenslage, Periodenerfolg	▸ Planung, Steuerung und Kon-trolle des Betriebsgeschehens ▸ Ausweis von Periodenerfolg, Stückerfolg der erstellten Güter u. Dienstleistungen
Rechnungs-größen	▸ Vermögen und Schulden ▸ Aufwendungen und Erträge	Kosten und Leistungen/Erlöse

Tab. Vergleich von externem und internem Rechnungswesen

1. Was versteht man unter *Direct Costing?*

2. Welche Aufgabe hat die Deckungsbeitragsrechnung?
   a) Sie wird benötigt zur Ermittlung der kurzfristigen Preisuntergrenze.
   b) Sie wird benötigt zur Bestimmung der Variablen Kosten.
   c) Sie wird benötigt zur Berechnung der Angebotspreise.
   d) Sie wird benötigt zur Ermittlung des Unternehmensergebnisses.
   e) Sie wird benötigt zur Ermittlung der fixen Kosten.

3. Für die Entscheidung, ob ein Auftrag zusätzlich angenommen werden kann, ist der Deckungsbeitrag zu bestimmen. Welche Größen ergeben den Deckungsbeitrag?
   a) Fixe Kosten + variable Kosten
   b) Fixe Kosten – Gewinn
   c) Variable Kosten – fixe Kosten – Gewinn
   d) Nettoverkaufserlöse – variable Kosten
   e) Fixe Kosten + variable Kosten + Gewinn

4. Was versteht man unter *Break-Even-Point* (Gewinnschwelle)?

5. Erklären Sie den Begriff *Break-Even-Analyse*.

6. Sie sollen das abgebildete Diagramm zur Gewinnschwelle vervollständigen. Ordnen Sie zu, indem Sie die Kennziffern der fünf Positionen im Diagramm in die Kästchen neben den fünf Bezeichnungen eintragen!

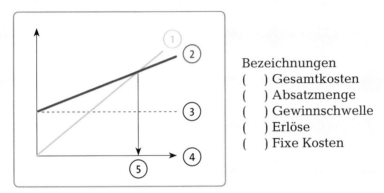

Bezeichnungen
(   ) Gesamtkosten
(   ) Absatzmenge
(   ) Gewinnschwelle
(   ) Erlöse
(   ) Fixe Kosten

7. Ihre Ausbilderin fasst mit Ihnen das Stoffgebiet Kosten- und Leistungsrechnung zusammen. Welche Definition in Bezug auf die Teilkostenrechnung (Deckungsbeitragsrechnung) bzw. die Vollkostenrechnung ist richtig?
   a) Die Deckungsbeitragsrechnung ist ein Bestandteil der Vollkostenrechnung.
   b) Die Teilkostenrechnung betrachtet die anfallenden Kosten als Ganzes.
   c) Die Vollkostenrechnung unterteilt die Gesamtkosten in die Bestandteile fix und variabel.
   d) Mithilfe der Deckungsbeitragsrechnung kann man unter anderem den Erfolg pro Stück errechnen.
   e) Die betriebliche Tätigkeit ist umso erfolgreicher, je kleiner der Erfolg pro Stück ist.
   f) Anhand der Teilkostenrechnung kann ein Unternehmer entscheiden ob er ein Produkt, das Verluste einfährt, aus dem Produktionsprogramm nehmen kann.

8. Das Reisebüro Reiseinsel e.K. veranstaltet eine einwöchige Reise (7 Übernachtungen) nach Mallorca. Der Reisepreis pro Person beträgt 522,00 Euro. Für die Reise fallen folgende Reiservorleistungen an:
   Flug pro Person   98,00 Euro
   Hotelkosten pro Nacht   25,00 Euro
   Berechnen Sie den einstufigen Deckungsbeitrag (db).

9. Ein Kegelclub fragt bei einem Busreiseveranstalter an, ob dieser eine Tagesfahrt nach Köln (Fahrtstrecke 400 km) für 320,00 Euro durchführt. Normalerweise berechnet das Unternehmen 690,00 Euro für eine vergleichbare Fahrt. Die Kosten für Treibstoff betragen 0,80 Euro/km. Sollte der Reiseveranstalter die Fahrt durchführen?

10. Die Fixen Kosten einer Reise belaufen sich auf 1.750,00 Euro, die variablen Kosten pro Person auf 350,00 Euro. Berechnen Sie die Mindestteilnehmerzahl bei einem Reisepreis pro Pax von 595,00 Euro.

11. Der Reisepreis für eine Reise nach Paris beträgt 180,00 Euro. Die Fixkosten dieser Fahrt belaufen sich auf 2.100,00 Euro, die variablen Kosten pro Teilnehmer betragen 110,00 Euro. Berechnen Sie die Mindestteilnehmerzahl.

12. Ein Reisebusunternehmer führt Tagesfahrten ohne fremde Leistungsträger durch. Er besitzt sechs Busse, die zusammen je Monat 60.000 km zurücklegen. Die Busse verfügen über 60 Sitzplätze, die durchschnittlich zu 85 % ausgelastet sind. Der Reisepreis pro Kilometer beträgt 2,38 Euro. Die Fixkosten pro Monat belaufen sich auf 65.000,00 Euro, die Variablen Kosten pro Kilometer auf 0,80 Euro. – Wie viele Kilometer müssen die Busse im Monat zurücklegen, damit der BEP erreicht wird?

13. Das Reisebüro ABC-Reisen e.K. veranstaltet eine einwöchige Reise nach Ibiza. Der Reisepreis pro Person beträgt 600,00 Euro. Für die Reise fallen folgende Reiservorleistungen an:
    Flug pro Person   99,00 Euro
    Hotelkosten pro Nacht   26,00 Euro
    Ausflug pro Person   10,00 Euro
    Berechnen Sie den einfachen Deckungsbeitrag (db).

14. Für eine Busreise ergeben sich 60,00 Euro produktspezifische Kosten (z. B. Kommunikationskosten, die mit einem Gebührenzähler ausschließlich für diese Reise ermittelt wurden) und 150,00 Euro Prospektkosten, variable Kosten p. P. von 95,00 Euro bei 35 Teilnehmern, EVA 7.200,00 Euro; berechnen Sie den mehrstufigen Deckungsbeitrag (DB II).

15. Der Reisepreis für eine Reise nach Paris beträgt 180,00 Euro (netto). Die Fixkosten dieser Fahrt belaufen sich auf 2.100,00 Euro, die Variablen Kosten pro Teilnehmer betragen 110,00 Euro.
Ermitteln Sie den *Break-Even-Point* grafisch.

16. Spartenerfolgsrechnung:
(alle Beträge in Euro)

	Vermitt-lung	Flug	Sonstige Veranstal-tungen	Eigene Veranstal-tungen	Gesamt
Erlöse	74.000,00	68.000,00	26.000,00	57.000,00	225.000,00
Einzelkosten	35.000,00	41.000,00	18.000,00	15.000,00	109.000,00
db I					
Fixkosten					35.000,00
Betriebsergebnis					

Berechnen Sie die fehlenden Größen und vervollständigen Sie die Tabelle.

17. Der bisherige Deckungsbeitrag einer Reise beträgt 150,00 Euro. Aufgrund einer Preissenkung ist dieser auf 100,00 Euro gesunken. Um wie viel Prozent ist der Umsatz der Reisen zu steigern, um den alten Deckungsbeitrag zu erzielen?

18. Ein Reiseveranstalter plant eine Tagesfahrt zum Bodensee mit eigenem Bus. Er bietet die Reise pro Pax für 50,00 Euro an. Er möchte an der gesamten Reiseleistung 800,00 Euro Gewinn (G) erzielen. Die Fixkosten der Reise betragen 400,00 Euro, die Variablen Kosten 40,00 Euro. Wie hoch ist die erforderliche Teilnehmerzahl, um den Gewinn von 800,00 Euro zu erzielen?

19. Ein Reiseveranstalter plant eine eintägige Reise mit seinem Bus in den Schwarzwald für 60 Personen anzubieten. Er möchte an der gesamten Reiseleistung 1.000,00 Euro Gewinn (G) erzielen. Die Fixkosten der Reise betragen 400,00 Euro, die Variablen Kosten 30,00 Euro pro Pax. Berechnen Sie den *Break-Even*-Preis.

20. Ergänzen Sie jeweils in den Teilaufgaben den fehlenden Fachbegriff bzw. die fehlende Größe. Achten Sie ggf. auf den Bruchstrich.

    a) Variable Kosten sind vom … abhängig, sie steigen oder fallen mit dem … .

b) Erlöse
    – Aufwendungen der Kontenklasse 5
    _____
    Rohertrag (= …)

c) Erlöse
    – …
    _____
    Deckungsbeitrag

d) Der Deckungsbeitrag in Prozent vom Umsatz gibt an, wie viel Prozent des Umsatzes zur Abdeckung der fixen Kosten verwendet werden. Wied der DB in Prozent vom Umsatz durch 100 dividiert ergibt den DBU-Faktor. Der am Break-even-Point erzielte Umsatz wird als Break-even-Umsatz bezeichnet.

Break-even-Umsatz = **Fixkosten**

e) Der Break-even-Point entspricht dem Umsatz, dessen … zu einem Verlust und dessen … zu einem Gewinn führt. AM Break-even-Pont erwirtschaftet das Unternehmen weder einen Gewinn noch einen Verlust; es erreicht Kostendeckung.

Break-even-Point = **Fixkosten**

f) Jene Preise, welche sämtliche den Kostenträgern zugerechneten … abdecken, stellen die langfristige Preisuntergrenze dar.

g) Sind freie Kapazitäten in einem Unternehmen vorhanden, so wird die kurzfristige Preisuntergrenze für die Preisgestaltung von Zusatzaufträgen eingesetzt. Als kurzfristige Preisuntergrenze gelten die … Kosten pro Einheit. Fixkosten werden … berücksichtigt.

h) Produkte, bei denen der positive Deckungsbeitrag bei Eigenfertigung … ist als der bei Fremdbezug, werden mit ihren Absatzhöchstmengen in Eigenfertigung produziert.

i) Ist der … Deckungsbeitrag bei Fremdbezug größer, ist der Fremdbezug vorteilhafter.

j) Beim einstufigen Direct Costing werden die … des Unternehmens in einem Block verrechnet.

k) Beim mehrstufigen Direct Costing werden die Fixkosten in … aufgeteilt.

Lernfeld 11

Den Jahresabschluss vorbereiten und auswerten

Der Jahresabschluss ist der rechnerische Abschluss eines abgelaufenen Wirtschaftsjahres. Er umfasst je nach Unternehmensform verschiedene vorgeschriebene Inhaltselemente zu denen auch Bilanzkennzahlen und -analysen gehören.

Der Jahresabschluss muss nicht nur zeitgerecht erstellt werden, sondern er muss insbesondere auch aussagekräftig sein, er ist quasi die Visitenkarte eines Unternehmens.

1 Der handelsrechtliche Jahresabschluss

Der Jahresabschluss ist **Teil der Rechnungslegung**, also der Berichterstattung eines Unternehmens über einen ergangenen Zeitraum und über zu erwartende Entwicklungen. Wie in der ▸ Einleitung zu diesem Band bereits beschrieben umfasst die Rechnungslegung die Bereiche Buchführung, Jahresabschluss, Lagebericht und Offenlegung.

Der Jahresabschluss ist das wichtigste Informationsinstrument eines Unternehmens und richtet sich **primär an externe Adressaten**.

Die konkrete Ausgestaltung der Rechnungslegung und damit auch des Jahresabschlusses ist von Größe, Rechtsform und Kapitalmarktorientierung des jeweiligen Unternehmens abhängig.

Abb. Adressaten des Jahresabschluss

Der Jahresabschluss hat Dokumentations-, Informations- und Ausschüttungsbemessungsfunktion:

▸ Im Rahmen der **Dokumentationsfunktion** gibt die **Bilanz** (▸ LF 5, Kapitel 3) als Kernstück des Jahresabschlusses Auskunft über das vorhandene Vermögen eines Unternehmens. Sie stellt den formellen Abschluss der ordnungsgemäßen Buchführung dar.

▸ Die **Informationsfunktion** des Jahresabschlusses bezieht sich auf die Vermittlung von entscheidungsnützlichen Informationen hinsichtlich der Vermögenslage, Finanzlage und Ertragslage. Die Unternehmensleitung beschließt aufgrund der Daten ihr weiteres strategisches Vorgehen, Eigenkapitalgeber treffen entsprechende Anlageentscheidungen und Fremdkapitalgeber beurteilen auf dieser Basis die weitere Fremdkapitalvergabe.

▸ In seiner **Ausschüttungsbemessungsfunktion** dient der Jahresabschluss als Grundlage für Zahlungen des Unternehmens in Form von Erfolgsbeteiligungen und Dividenden an Aktionäre.

Rechtliche Grundlagen

Die **handelsrechtlichen Grundlagen** für die Aufstellung des Jahresabschlusses sind im Handelsgesetzbuch (HGB) enthalten.

Kapitalmarktorientierte Unternehmen müssen zusätzlich **internationale Rechnungslegungsstandards** beachten: Für Konzernunternehmen verpflichtend sind die International Financial Reporting Standards (IFRS), die einen Jahresabschluss international vergleichbar machen.

Ziel aller Rechnungslegungsstandards ist es die Transparenz und Vergleichbarkeit von finanziellen Statements in Jahresabschlüssen (z. B. der Bilanz, der Gewinn- und Verlustrechnung) durch definierte Grundsätze und Prinzipien zu fördern.

1.1 Umfang des Jahresabschlusses

Die Inhalte des dritten Buches des HGB gelten u. a. für Einzelkaufleute, Personenhandelsgesellschaften und Kapitalgesellschaften (Unternehmensformen ▸ Fachwissen Tourismus Band 1, LF 1, Kapitel 2). Die Anforderungen an den Jahresabschluss sind von der Rechtsform des Unternehmens abhängig:

Der Jahresabschluss besteht bei **Einzelkaufleuten und Personenunternehmen** wie oHG, KG, GbR (vgl. § 242 Abs. 3 HGB) aus einer Bilanz und der Gewinn- und Verlustrechnung (GuV).

Einzelkaufleute und Personenhandelsgesellschaften, die an den Abschlussstichtagen von zwei aufeinander folgenden Geschäftsjahren nicht mehr als 600.000,00 Euro Umsatzerlöse und 60.000,00 Euro Jahresüberschuss (Gewinn pro Geschäftsjahr) aufweisen, sind jedoch von der **Pflicht zur Buchführung** und der **Erstellung eines Jahresabschlusses** nach den handelsrechtlichen Grundsätzen **befreit**.

Die konkrete Ausgestaltung des Jahresabschlusses **für Kapitalgesellschaften** ist jeweils abhängig davon, ob er für kleine, mittelgroße oder große Unternehmen erstellt wird. Dem entsprechend muss das Unternehmen mehr oder weniger weit reichende Informationspflichten erfüllen.

Umschreibung der Größenklassen von Kapitalgesellschaften (§§ 267, 267a HGB)	
Kleinstkapitalgesellschaften	‣ Bilanzsumme maximal 350.000,00 Euro ‣ Umsatzerlöse maximal 7000.000,00 Euro sowie maximal 10 Arbeitnehmer
Kleine Kapitalgesellschaften sind solche, die mindestens zwei der drei Merkmale nicht überschreiben.	‣ Bilanzsumme maximal 6.000.000,00 Euro ‣ Umsatzerlöse maximal 12.000.000,00 Euro in den zwölf Monaten vor dem Abschlussstichtag ‣ Im Jahresdurchschnitt 50 Arbeitnehmer
Mittelgroße Kapitalgesellschaften sind solche, die mindestens zwei der drei Merkmale überschreiten	‣ Bilanzsumme maximal 20.000.000,00 Euro ‣ Umsatzerlöse maximal 40.000.000,00 Euro in den zwölf Monaten vor dem Abschlussstichtag ‣ Im Jahresdurchschnitt 250 Arbeitnehmer
Große Kapitalgesellschaften sind solche, die mindestens zwei der drei Kriterien überschreiten sowie kapitalmarktorientierte Kapitelgesellschaften.	‣ Bilanzsumme über 20.000.000,00 Euro ‣ Umsatzerlöse über 40.000.000,00 Euro ‣ Im Jahresdurchschnitt über 250 Arbeitnehmer

Tab. Größe von Kapitalgesellschaften

Der Jahresabschluss besteht bei Kapitalgesellschaften, wie bei einer GmbH oder AG sowie bei Kapital-Co-Gesellschaften, insbesondere bei der GmbH & Co. KG aus der **Bilanz, der GuV und dem Anhang,** gegebenenfalls ergänzt um einen **Lagebericht.**

Bilanz	GuV (§ 276 HGB)	Anhang (§ 288 S. 1 HGB)	Lagebericht (§ 264 Abs. 1 HGB)
Zeitpunktrechnung	Zeitraumrechnung	Angaben und Erläuterungen zu Bilanz und GuV-Rechnung	Analyse des Geschäftsverlaufs sowie Information zum besseren Einblick in die Vermögens-, Finanz- und Ertragslage
Rechtsgrundlagen: Einzelkaufleute und Personenunternehmen (§ 242 Abs. 3 HGB) Kapitalgesellschaften GmbH, AG (§ 264 Abs. 1 S. 1 HGB)		Der Anhang dient der Erläuterung der Positionen von Bilanz und GuV, z. B. von angewandten Bilanzierungs- und Bewertungsmethoden, latenten Steuern entsprechend dem Grundsatz der Wesentlichkeit (vgl. § 264 Abs. 2 HGB). Der Lagebericht analysiert den Geschäftsverlauf und zeigt die Zukunftsperspektiven des Unternehmens auf (vgl. § 289 HGB).	

Tab. Umfang des Jahresabschlusses bei Kapitalgesellschaften

Nach dem **Gesetz über elektronische Handelsregister und Genossenschaftsregister** sowie das **Unternehmensregister (EHUG)** müssen die Jahresabschlüsse der offenlegungspflichtigen Unternehmen beim Betreiber des elektronischen Bundesanzeigers in elektronischer Form eingereicht werden.

1.2 Aufstellungsgrundsätze für den Jahresabschluss

Grundsätzlich ist der Jahresabschluss laut § 243 (1) HGB nach den **Grundsätzen ordnungsmäßiger Buchführung** (GoB ▸ LF 5, Kapitel 1.1) aufzustellen.

Daneben sind u. a. folgende Aufstellungsgrundsätze für den Jahresabschluss zu beachten:

Abb. Aufstellungsgrundsätze für den Jahresabschluss

Der **Grundsatz der Klarheit und Übersichtlichkeit** besagt, dass die Jahresabschlussposten der Art nach eindeutig zu bezeichnen sind. So kann ein sachverständiger Dritter aus dem äußeren Erscheinungsbild die Lage des Unternehmens realistisch einschätzen.

Der **Grundsatz der Vollständigkeit** fordert, dass in die Bilanz alle Vermögensgegenstände, Schulden und Rechnungsabgrenzungsposten aufgenommen werden müssen. Grundsätzlich dürfen Posten der Aktivseite nicht mit Posten der Passivseite verrechnet werden.

Die weiter führenden **bilanzielle Bewertungsgrundsätze** werden in ▸ Kapitel 3.1 erklärt.

Der Jahresabschluss ist »innerhalb der einem ordnungsmäßigen Geschäftsgang entsprechenden Zeit« aufzustellen **(Zeitgerechtheit)**.

Für Kapitalgesellschaften ist außerdem zu beachten, dass der Jahresabschluss ein »den **tatsächlichen Verhältnissen entsprechendes Bild** der Vermögens-, Finanz- und Ertragslage der Kapitalgesellschaft vermittelt« (vgl. § 264 Abs. 2 HGB).

1. Sie möchten sich über die handelsrechtlichen Vorschriften zu den Grundsätzen ordnungsmäßiger Buchführung (GoB) informieren. Wo sehen Sie zuerst nach?

    AUFGABEN

    - im BGB,
    - im GoB-Gesetz,
    - in der Abgabenordnung,
    - im Gewerbesteuergesetz,
    - im Handelsgesetzbuch.

2. Was wird unter dem Jahresabschluss eines Unternehmens verstanden?

3. Nennen Sie jeweils die Funktionen des Jahresabschlusses unter Berücksichtigung der verschiedenen Adressaten.

4. Wovon sind die Anforderungen an den Jahresabschluss abhängig?

5. Prüfen Sie, ob die Reiseinsel Klein oHG in den Geschäftsjahren 01 und 02 einen Jahresabschluss nach den handelsrechtlichen Grundsätzen aufstellen muss.

Geschäftsjahr	Umsatzerlöse	Jahresüberschuss
01	550.000,00 Euro	60.000,00 Euro
02	550.000,00 Euro	45.000,00 Euro
03	200.000,00 Euro	70.000,00 Euro

6. Welchem Teil des Jahresabschlusses können Sie folgende Informationen entnehmen? Wozu dienen diese Erläuterungen?

    »… Das Sachanlagevermögen wird zu Anschaffungs- oder Herstellungskosten, die grundsätzlich auf steuerrechtlichen Vorschriften basieren, vermindert um Abschreibungen bewertet. Gebäude- und Grundstückseinrichtungen werden linear abgeschrieben oder, soweit steuerrechtlich zulässig, fallende Abschreibungssätze verrechnet.

    Flugzeuge werden bis zu ihrer Veräußerung degressiv unter Berücksichtigung einer Nutzungsdauer von zwölf Jahren und einem Resterlös in Höhe von einem Prozent der Anschaffungskosten abgeschrieben. …«

7. Begründen Sie die Aufstellungsgrundsätze für den Jahresabschluss.

© DOC RABE Media – Fotolia.com

2 Grundstrukturen einer Bilanz

Zunächst sollen grundlegende Fachbegriffe geklärt werden, ehe auf die wesentlichen, zu leistenden Arbeiten für die Erstellung eines handelsrechtlichen Jahrsabschluss eingegangen wird. Das Erstellen einer Bilanz ist bereits Thema von ▸ LF 5, Kapitel 3.3.

2.1 Handelsbilanz und Steuerbilanz

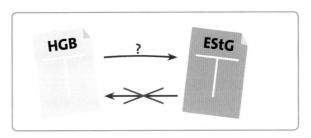

Handelsbilanz	Steuerbilanz
Die Handelsbilanz ist nach handelsrechtlichen Vorschriften zu Beginn eines Handelsgewerbes und am Ende eines Geschäftsjahres aufzustellen. Sie dient der Information und Rechenschaft gegenüber Anteilseignern und Gläubigern. Die Handelsbilanz wird in den Geschäftsberichten der Unternehmen erläutert. Ziel der Handelsbilanz ist die Vermittlung eines realistischen Bildes der Vermögens-, Finanz- und Ertragslage des Unternehmens.	Die nach steuerrechtlichen Vorschriften und Vorgaben erstellte Bilanz heißt Steuerbilanz (vgl. § 60 Abs. 2 EStDV). Sie muss steuerrechtlichen Vorschriften entsprechen und dient als Grundlage für die Ermittlung der Bemessungsgrundlagen der Ertragssteuern (Einkommen-, Körperschafts- und Gewerbesteuer). Für die Besteuerung ist der Gewinn des Unternehmens maßgeblich.

Tab. Handelsbilanz und Steuerbilanz

Kleine und mittelgroße Unternehmen erstellen i. d. R. nur eine **Steuerbilanz**.

Die Kapitalgesellschaften und große Personengesellschaften müssen **sowohl eine Steuerbilanz, als auch eine Handelsbilanz** aufstellen.

Die **Handelsbilanz** (vgl. § 266 HGB) ist der formale Abschluss der Buchhaltung am Ende des Geschäftsjahres. Sie ist das Kernelement eines jeden Jahresabschluss und stellt die wertmäßige Zusammenstellung aller Vermögenswerte (Aktiva) sowie aller Verbindlichkeiten (Passiva) eines Unternehmens dar.

Die Handelsbilanz ist in **Kontoform** aufzustellen. Dabei haben große und mittelgroße Kapitalgesellschaften auf der Aktivseite und auf der Passivseite die bezeichneten Posten gesondert und in der vorgeschriebenen Reihenfolge auszuweisen:

Grundstruktur der Handelsbilanz (§ 266 HGB)			
Aktiva = Mittelverwendung		**Passiva = Mittelherkunft**	
A. Anlagevermögen	(Euro)	A. Eigenkapital	(Euro)
B. Umlaufvermögen	(Euro)	B. Rückstellungen	(Euro)
C. Rechnungsabgrenzungsposten	(Euro)	C. Verbindlichkeiten	(Euro)
D. Aktive latente Steuern	(Euro)	D. Rechnungsabgrenzungsposten	(Euro)
E. Aktiver Unterschiedsbetrag aus der Vermögensverrechnung	(Euro)	E. Passive latente Steuern	(Euro)

Tab. Grundstruktur der Handelsbilanz bei mittelgroßen und großen Kapitalgesellschaften

Kleine Kapitalgesellschaften (vgl. § 267 Abs. 1) brauchen nur eine **verkürzte Bilanz** aufzustellen während Personengesellschaften und Einzelkaufleute in der Strukturierung der handelsrechtlichen Bilanz weitgehend frei sind.

2.2 Posten der Bilanz

Hauptposten

Vermögensgegenstände (VG) dürfen dem Grunde nach nur bilanziert werden, wenn sie selbstständig verwertbar sind (Veräußerung, Verarbeitung, Verbrauch, Nutzungsüberlassung an Dritte) und eine selbstständige Bewertung möglich ist. Sie werden dann als **Hauptposten in die Bilanz aufgenommen**.

Anlagevermögen

Beim **Anlagevermögen** sind nur die Gegenstände auszuweisen, die dazu bestimmt sind **dem Geschäftsbetrieb dauernd zu dienen** (vgl. § 247 Abs. 2 HGB). Entsprechend § 266 HGB wird zwischen immateriellen VG (Patente, Lizenzen), Sachanlagen (Grundstücke, Gebäude) und Finanzanlagen (Beteiligungen, Ausleihungen) unterschieden.

Umlaufvermögen

Als **Umlaufvermögen sind jene Gegenstände** auszuweisen, die **nicht** dazu bestimmt sind **dauernd dem Geschäftsbetrieb zu dienen**. Deren Mindestunterscheidung besteht nach § 247 Absatz 2 HGB in: Vorräten, Forderungen und sonstigen VG, Wertpapieren und Kassenbestand, Bundesbankguthaben, Guthaben bei Kreditinstituten und Schecks.
Die Reihenfolge der Posten des Umlaufvermögens folgt der Dauer, in der typischerweise die VG in liquide Mittel umgeschlagen werden.

Der **Ansatz von VG** in der Bilanz richtet sich nach dem **zivilrechtlichen Eigentümer**. Sollte wirtschaftlicher und zivilrechtlicher Eigentümer nicht identisch sein, erfolgt die Bilanzierung beim wirtschaftlichen Eigentümer.

Dadurch wird der **Gläubigerschutzfunktion** Rechnung getragen, da nur die VG in der Bilanz ausgewiesen werden dürfen, die den Gläubigern zur Sicherung von Schulden zur Verfügung stehen.

Aktiva

A. Anlagevermögen
    I.   Immaterielle VG
    II.   Sachanlagen
    III. Finanzanlagen

B. Umlaufvermögen
    I.   Vorräte
    II.   Forderungen u. sonst. VG
    III. Wertpapiere
    IV. Kassenbestand, Bundesbankguthaben, Guthaben bei Kreditinstituten und Schecks
    V.   Immaterielle VG

C. Rechnungsabgrenzungsposten

Summe Aktiva (Bilanzsumme)

Passiva

A. Eigenkapital
    I.   Gezeichnetes Kapital
    II.   Kapitalrücklage
    III. Gewinnrücklagen
    IV. Gewinn- / Verlustvortrag
    V.   Jahresüberschuss/-fehlbetrag

B. Rückstellungen

C. Verbindlichkeiten

D. Rechnungsabgrenzungsposten

Summe Passiva (Bilanzsumme)

Abb. Gliederung einer verkürzten Bilanz gemäß § 327 HGB

Der Jahresabschluss in Form der Bilanz hat sämtliche VG, Schulden und Rechnungsabgrenzungsposten zu enthalten, die am Bilanzstichtag zuzurechnen sind.

Rechnungsabgrenzung

Am Ende eines Geschäftsjahres müssen zur periodengerechten Gewinnermittlung Rechnungsabgrenzungsposten (RAP) gebildet werden.

▸ Dies betrifft zum einem Erträge und Aufwendungen, die wirtschaftlich in das abzuschließende Geschäftsjahr gehören, aber erst im Folgejahr zu Einnahmen oder Ausgaben führen (**Antizipative Rechnungsabgrenzung**), und

▸ zum anderen Einnahmen oder Ausgaben, die vor dem Bilanzstichtag zu Stande kamen, aber erst nach dem Bilanzstichtag erfolgswirksam werden (**Transitorische Rechnungsabgrenzung**).

Durch die Rechnungsabgrenzung werden Zahlungsvorgänge und Erfolgswirkungen getrennt. Die Rechnungsabgrenzung ist in der **Handelsbilanz** (vgl. § 250 HGB) **und in der Steuerbilanz** (vgl. § 5 Abs. 5 EStG) erforderlich.

© MEV Verlag GmbH

2.3 Latente Steuern

Entsprechend des **Bilanzrechtsmodernisierungsgesetzes (BilMoG)** müssen die Wertansätze aus der Steuerbilanz nicht in die Handelsbilanz übernommen werden bzw. ist die Ausübung steuerlicher Wahlrechte unabhängig von der Erstellung einer Handelsbilanz erlaubt.

Aufgrund dieser Unterschiedlichkeit kann der handelsrechtliche und steuerliche Gewinn bzw. Verlust eines Unternehmens abweichen. **Latente Steuern** sind eine handelsbilanzielle Steuerabgrenzung, die in unterschiedlichen Wertansätzen einzelner Vermögensgegenstände und Schulden in Handels- und Steuerbilanz begründet sind. Daher wird zwischen **aktiven und passiven latenten Steuern** unterschieden.

© MEV Verlag GmbH

Künftige **Steuerentlastungen sind auf der Aktivseite** unter dem Bilanzposten »Aktive latente Steuern« zu aktivieren (**Aktivierungswahlrecht**), zukünftige **Steuerbelastungen auf der Passivseite** unter dem Bilanzposten »Passive latente Steuern« auszuweisen (so genanntes *Temporary*-**Konzept**). Der Posten Latente Steuern dient dann dazu, eine mögliche Differenz zwischen der Steuerschuld aus der Steuerbilanz und aus der Handelsbilanz auszugleichen.

> **Aktive und passive latente Steuern**
> Aktive latente Steuern bilden zukünftige Steuerentlastungen ab.
> Passive latente Steuern bilden zukünftige Steuerlasten ab.
> Latente Steuern entstehen, wenn der Wertansatz von Vermögensgegenständen bzw. von Verbindlichkeiten in der Handelsbilanz von dem der Steuerbilanz abweicht.

MERKE

Latente Steuern werden **nur in der Handelsbilanz** ausgewiesen. Sie sind nicht zahlungswirksam, sondern bilden nur einen zukünftige Steuervorteil (bzw. Steuerminderzahlungen) ab.

Entstehungsursachen	Handelsbilanz	Steuerbilanz	Latente Steuern
Gesetzliche Basis	HGB	EStG	
Rückstellungen für drohende Verluste aus schwebenden Geschäften	Passivierungspflicht (vgl. § 249)	Passivierungsverbot (vgl. § 5 IV a)	Aktive latente Steuern
Abschreibungsmethode (▸ LF 5, Kapitel 9.2 und ▸ LF 6, Kapitel 1.1.3)	Sämtliche Methoden zulässig, sofern sie GoB entsprechen (vgl. § 253)	Zulässigkeit lediglich für lineare und degressive Methode (vgl. § 7 I, II EStG)	Wenn Abschreibungen in Handelsbilanz größer, dann aktive latente Steuern
Abschreibungsdauer	Entscheidend ist wirtschaftliche Nutzungsdauer	Maßgeblich sind die AfA-Tabellen	Aktive latente Steuern, wenn VG in Handelsbilanz schneller als in Steuerbilanz abgeschrieben wird

Abb. Entstehungsgründe für latente Steuern

Berechnung einer latenten Steuerabgrenzung

BEISPIEL

Das Reisebüro K-S-M GmbH hat ein Geschäftsdarlehen
aufgenommen mit einem Disagio (▸ Fachwissen Tourismus Band 1, LF 2, Kapitel 5.2)
in Höhe von 2.000,00 Euro, das sie in der Handelsbilanz nicht berücksichtigt hat und in der Steuerbilanz auf die zweijährige Laufzeit verteilt.

Berechnung der Differenz zwischen Handelsbilanz und Steuerbilanz in Geschäftsjahr 01
Disagio (Beträge in Euro)
Wertansatz in der Handelsbilanz: 0,00
Wertansatz in der Steuerbilanz: 2.000,00 : 2 (Jahre) = 1.000,00
Differenz: 1.000,00

Der Wertansatz des Disagios als Aktivposten führt in der Handelsbilanz zu einer aktiven latenten Steuer. Sie bildet zukünftige Steuerentlastungen ab.

Für die Ermittlung der latenten Steuern werden die Wertansätze der Handelsbilanz pro Bilanzposition und dic der Steuerbilanz gegenübergestellt. Die wertmäßigen Abweichungen sind die Basis für die Berechnung der latenten Steuern. Sie ergeben sich pro Bilanzposition aus der Multiplikation des Steuersatzes mit dem Differenzbetrag.

Für die **bilanzielle Bewertung latenter Steuern** gilt:
Höhe des Bilanzansatzes = Abgrenzungsbedarf · Abgrenzungssteuersatz

---

Der **anzuwendende Steuersatz (Abgrenzungssteuersatz)** setzt sich bei Kapitalgesellschaften aus Körperschaft- und Gewerbeertragsteuer sowie Solidaritätszuschlag zusammen. Bei einem Abgrenzungssteuersatz von 25 Prozent ergibt sich eine aktive latente Steuerabgrenzung von 250,00 Euro (25 Prozent von 1.000,00 Euro).

Differenzenspiegel
Die Einzeldifferenzenbetrachtung erfolgt für jeden Bilanzansatz auf der Aktiv- und auf der Passivseite der Bilanz getrennt. Daher wird die Gegenüberstellung als Differenzenspiegel bezeichnet.

MERKE

Für Kapitalgesellschaften, offene Handelsgesellschaften und Kommanditgesellschaften i. S. von § 264 a HGB besteht für aktive latente Steuern ein **Aktivierungswahlrecht** nach § 274 (1) HGB, für passive latente Steuern ein **Passivierungsgebot** nach § 274 (2) HGB.

Aktive latente Steuerabgrenzung		Passive latente Steuerabgrenzung	
Vermögenswert in HB < SB	Vermögenswert in HB > SB	Vermögenswert in HB > SB	Vermögenswert in HB < SB

Tab. Abgrenzung latenter Steuern

2.4 Aktiver Unterschiedsbetrag

Grundsätzlich ist es nach HGB verboten Posten der Aktivseite mit denen der Passivseite zu verrechnen (vgl. GoB ▸ LF 5, Kapitel 1.1).

Dies gilt jedoch nicht für VG die ausschließlich der **Erfüllung von Schulden aus Altersversorgungsverpflichtungen (Pensionsverpflichtungen)** dienen und die dem Zugriff der Gläubiger auch im Insolvenzverfahren entzogen sind. Diese VG dürfen mit den entsprechenden Schulden saldiert werden (vgl. § 246 Abs. 2 Satz 2 HGB). Es entsteht auf diese Weise ein aktiver Unterschiedsbetrag.

Sofern **zweckgebundenes Vermögen (Planvermögen)** existiert, wird dieses mit dem Marktpreis (beizulegender Zeitwert) bewertet und mit der Pensionsverpflichtung saldiert. Diese Regelung ist an eine Ausschüttungssperre in Höhe der Differenz zwischen Anschaffungskosten und höherem Marktwert des Planvermögens gekoppelt.

Übersteigt der Zeitwert der VG die Schuld (= **Vermögensüberhang**), dann erfolgt in Höhe des übersteigenden Betrags ein Ausweis auf der Aktivseite als Posten »E. Aktiver Unterschiedsbetrag aus der Vermögensverrechnung«. Erfolgt die handelsrechtliche Bewertung der VG über den Anschaffungskosten (AK) sind die entsprechenden passiven latenten Steuern (▸ Kapitel 2.3) zu berücksichtigen.

Berechnung Aktiver Unterschiedsbetrag

Altersversorgungsverpflichtung: 700.000,00 Euro

Beizulegender Zeitwert des Planvermögens: 900.000,00 Euro

Nach Verrechnung der beiden Beträge werden keine Verbindlichkeiten aus Altersversorgungsverpflichtungen in der Bilanz ausgewiesen.

Auf der Aktivseite der Bilanz steht stattdessen:

E. Aktiver Unterschiedsbetrag aus der Vermögensverrechnung: 200.000,00 Euro.

Es besteht eine Ausschüttungs- bzw. Gewinnabführungssperre in Höhe von 200.000,00 Euro (aus: 900.000,00 Euro – 700.000,00 Euro) abzüglich der darauf entfallenden latenten Steuern (angenommen: 60.000,00 Euro) = <u>140.000,00 Euro.</u>

Für die Steuerbilanz gilt dagegen ein Saldierungsverbot (Einzelbewertungsgrundsatz ▸ Kapitel 3.1, Grundsatz Nr. 3).

2.5 Weitere Bilanzposten

Eigenkapital

Eigenkapital ist nicht rückzahlbares und nicht befristetes Kapital, das dem Unternehmenseigner zuzurechnen ist. Das Kapital wird nach der Fälligkeit ausgewiesen. Das Eigenkapital, das dem Unternehmen langfristig zur Verfügung steht, bildet immer die erste Position auf der Passivseite der Bilanz, da das Kapital nach der Fälligkeit ausgewiesen wird.

Da die Bilanz die wertmäßige Zusammenstellung aller Vermögenswerte (**Aktiva**) sowie aller Verbindlichkeiten (**Passiva**) eines Unternehmens ist, stellt das Eigenkapital (s. auch § 266 Abs. 3 HGB) die **Differenz zwischen der Summe der VG und der Summe der Verbindlichkeiten** dar.

Rückstellungen

Rückstellungen sind alle Verbindlichkeiten (Schulden) die hinsichtlich ihres Grundes und/oder ihrer Höhe bis zum Bilanzstichtag nicht exakt bekannt sind, jedoch mit hinreichender Sicherheit erwartet werden (▸ Kapitel 4.3).

Verbindlichkeiten

Verbindlichkeiten sind alle am Bilanzstichtag dem Grunde, der Höhe, und der Fälligkeit nach feststehende Schulden eines Unternehmens.

1. Unter welchen Voraussetzungen dürfen Vermögensgegenstände bilanziert werden?

2. Der wirtschaftliche und zivilrechtliche Eigentümer eines Vermögensgegenstandes ist nicht identisch. Bei wem erfolgt die Bilanzierung?

3. Was ist der entscheidende Unterschied zwischen Anlage- und Umlaufvermögen?

4. Berechnen Sie die latenten Steuern:
   Ein am 01.05.2016 angeschafftes Wirtschaftsgut hat AK in Höhe von 40.000,00 Euro. Die Nutzungsdauer soll acht Jahre betragen. In der Handelsbilanz wird es linear und in der Steuerbilanz degressiv (2-mal linearer AfA-Satz, max. 25 Prozent) abgeschrieben. Die Steuerabgrenzung beträgt 25 Prozent[1]).

5. Welchem besonderen Schutz unterliegen Schulden, die der Erfüllung von Altersversorgungsverpflichtungen (Pensionsverpflichtungen) dienen?

6. Berechnen Sie die Ausschüttungs- und Gewinnabführungssperre unter folgenden Voraussetzungen:

Altersversorgungsverpflichtung	800.000,00 Euro
beizulegender Zeitwert des Planvermögens	1.000.000,00 Euro
angenommene latente Steuern	50.000,00 Euro

© Serg Nvns – Fotolia.com

---

[1]) Wenn nichts anderes vereinbart, gilt immer: Wirtschaftsjahr = Kalenderjahr

3 Bewertung von Handelsbilanzposten

Bei der Erstellung einer Bilanz sind die einzelnen Posten mit einem Geldwert in Euro anzusetzen und zu bewerten. Im Handelsrecht gelten dazu für die Zugangs- und Folgebewertung folgende Maßstäbe:

© MEV Verlag GmbH

- **Vermögensgegenstände (VG)** sind höchstens mit den Anschaffungs- oder Herstellungskosten aufzuführen,
- **Verbindlichkeiten** sind zu ihrem Erfüllungsbetrag- und
- **Rückstellungen** in Höhe des nach vernünftiger kaufmännischer Beurteilung notwendigen Erfüllungsbetrages anzusetzen,
- **Altersversorgungsverpflichtungen** und damit in Zusammenhang zu verrechnende VG sind mit dem beizulegenden Zeitwert zu bilanzieren.

3.1 Allgemeine Bewertungsgrundsätze

Bei der Bewertung der im Jahresabschluss ausgewiesenen VG und Schulden gelten nach Paragraf 252 HGB **allgemeine Bewertungsgrundsätze** für alle Unternehmensformen und Bilanzposten.

Außerdem gelten spezielle Regelungen auf die in Bezug auf Tourismusunternehmen (Dienstleistungsunternehmen) näher eingegangen wird.

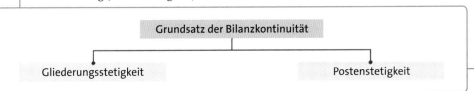

Nr. 1: Grundsatz der Bilanzkontinuität bzw. Bilanzverknüpfung

- Die Wertansätze in der Eröffnungsbilanz des Geschäftsjahres müssen mit denen der Schlussbilanz des vorhergehenden Geschäftsjahres übereinstimmen.
- Dies umfasst auch die Beibehaltung der Gliederung (Gliederungsstetigkeit) und Postenbezeichnung (Postenstetigkeit) von Bilanz und GuV.

Grundsatz der Bilanzkontinuität

Gliederungsstetigkeit   Postenstetigkeit

Abb. Umsetzung des Grundsatzes der Bilanzkontinuität

Nr. 2: Grundsatz der Fortführung

Bei der Bewertung ist von der Fortführung der Unternehmenstätigkeit als Prämisse auszugehen *(Going-Concern-Prinzip)*. ▶ ▶ ▶

Nr. 3: Grundsatz der Einzelbewertung

Vermögensgegenstände (VG) und Schulden sind am Abschlussstichtag einzeln zu bewerten (**Stichtagsprinzip**). Dies bedeutet, dass jeder VG, jede Schuld und das Eigenkapital bei der Bilanzaufstellung einzeln bewertet und als einzelne Position ausgewiesen werden muss (Ausnahmefall: Gruppenbewertung).

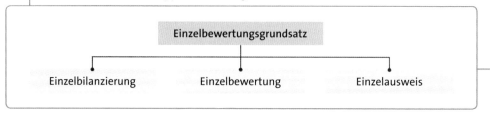

Abb. Umsetzung des Einzelbewertungsgrundsatzes

Nr. 4: Grundsatz der Kapitalerhaltung

Es ist vorsichtig zu bilanzieren und es ist vorsichtig zu bewerten (**Vorsichtsprinzip**), d. h. alle vorhersehbaren Risiken und Verluste, die bis zum Abschlussstichtag entstanden sind, sind zu berücksichtigen, selbst wenn diese erst zwischen dem **Abschlussstichtag und dem Tag der Aufstellung des Jahresabschluss** bekannt geworden sind.

Abb. Umsetzung des Vorsichtsprinzips

- **Realisationsprinzip** – Gewinne sind zu berücksichtigen, wenn sie am Abschlussstichtag realisiert sind. Nicht realisierte Gewinne sind nicht auszuweisen.
- **Anschaffungskostenprinzip** – Vermögensgegenstände sind höchstens mit den Anschaffungskosten, vermindert um Abschreibungen, anzusetzen. Bewertungsobergrenze bei abnutzbaren Anlagegütern sind die fortgeführten Anschaffungskosten (vgl. § 253 I HGB).
- **Imparitätsprinzip** – Das Vorsichtsprinzip begründet auch das Imparitätsprinzip, d. h. die Ungleichbehandlung von noch nicht eingetretenen Verlusten und noch nicht realisierten Gewinnen. Nicht realisierte Verluste sind auszuweisen (Gebot der Verlustantizipation und Vorwegnahme drohender Verluste).
- **Niederstwertprinzip** – Aus möglichen Wertansätzen ist auf der Aktivseite der niedrigere Wert anzusetzen.
- **Höchstwertprinzip** – Aus möglichen Wertansätzen ist auf der Passivseite der höhere Wert anzusetzen. Dies dient dem Gläubigerschutz.

Nr. 5: Grundsatz der Periodizität

Aufwendungen und Erträge sind unabhängig vom Zeitpunkt der Zahlung im Jahresabschluss zu berücksichtigen (**Periodisierungsprinzip**). Die damit notwendige zeitliche Abgrenzung dieser Posten führt in der Bilanz zu **aktiven und passiven Rechnungsabgrenzungsposten** (▸ Kapitel 4.1) oder sonstigen Forderungen bzw. sonstigen Verbindlichkeiten (▸ Kapitel 4.2).

Nr. 6: Grundsatz der Bewertungsstetigkeit

Die auf den vorhergehenden Jahresabschluss angewandten Bewertungsmethoden sind beizubehalten. Dieser Grundsatz umfasst die Ansatzmethodenstetigkeit und die Bewertungsmethodenstetigkeit.

3.2 Bewertung von Verbindlichkeiten

Verbindlichkeiten sind Verpflichtungen die am Bilanzstichtag hinsichtlich ihres Grundes und ihrer Höhe feststehen. Verbindlichkeiten sind zu ihrem Erfüllungsbetrag (Nennbetrag der Eingangsrechnung/Rückzahlungsbetrag) anzusetzen (vgl. § 253 Abs. 1 Satz 2 HGB).

Unter Berücksichtigung des **Vorsichtsprinzips** gilt hierbei aus Gründen des Gläubigerschutzes speziell das **Höchstwertprinzip**.

Bewertung von Verbindlichkeiten
Die Bewertung von Verbindlichkeiten erfolgt nach dem
Höchstwertprinzip.

Das **Höchstwertprinzip** ist u. a. auf sämtliche Verbindlichkeiten gegenüber Kreditinstituten oder auf erhaltene Kundenanzahlungen bei Reisebuchung, die bilanziell noch zu keiner Ertragsbuchung führen dürfen, anzuwenden. Dies gilt auch für sämtliche Verbindlichkeiten, die aus dem Geschäftsverkehr mit fremden Leistungsträgern bzw. Veranstaltern resultieren (▸ LF 6, Kapitel 3.3.4). Somit sind ebenfalls Provisionsverpflichtungen nach Ausführung eines vermittelten Geschäftes passivierungspflichtig.

Minderungen des Erfüllungsbetrages sind bei der Bewertung von Verbindlichkeiten nicht zu berücksichtigen.

Eine **Erhöhung des Erfüllungsbetrages** ist hingegen bei der Bewertung zu berücksichtigen. Diese Bewertungsvorschrift betrifft im Tourismus besonders Fremdwährungs-Verbindlichkeiten. Sofern sich die Wechselkurse zum Abschlussstichtag (Folgebewertung) im Verhältnis zum Tag des Entstehens der Verbindlichkeit erhöht haben, muss aufgrund des strengen Höchstwertprinzips die Verbindlichkeit erfolgswirksam aufgestockt werden, da ihr Erfüllungsbetrag gestiegen ist.

Bewertung von Fremdwährungsverbindlichkeiten

Die Erstverbuchung (Zugangsbewertung) von **kurzfristigen Fremdwährungs-verbindlichkeiten** (z. B. aus Lieferung und Leistung, L + L) erfolgt zum **Devisenkassabriefkurs**. Dieser entspricht dem Nachfragekurs der Kreditinstitute, zu dem Euro verkauft und Devisen zum Zeitpunkt des Geschäftsfalles angekauft werden.

Zum Abschlussstichtag (Folgebewertung) sind die auf fremde Währung lautenden kurzfristigen Verbindlichkeiten grundsätzlich mit dem **Devisenkassamittelkurs (Durchschnittskurs des Tages)** umzurechnen.

Bewertung von kurzfristigen
Fremdwährungsverbindlichkeiten

Ein Reiseveranstalter kauft am 20. Dezember 20.. in den USA eine neue Büroeinrichtung für 50.000,00 US-Dollar. Das Zahlungsziel beträgt 30 Tage. Die Zugangsbewertung erfolgt am 20. Dezember 20.. zum Devisenkassabriefkurs 1,2500 Euro/US-Dollar von 40.000,00 Euro. Der Mittelkurs beträgt am Bilanzstichtag 1,3253 Euro/US-Dollar. Die Bewertung in der Bilanz erfolgt mit dem Devisenkassamittelkurs entsprechend zu 37.727,31 Euro.

USD	Devisenkassabriefkurs	Umrechnung	Zugangsbewertung EUR
50.000,00	1,2500 EUR/USD	50.000,00 : 1,25	40.000,00
	Devisenkassamittelkurs		Folgebewertung (Bilanzstichtag)
50.000,00	1,3253 EUR/USD	50.000,00 : 1,3253	37.727,31

Tab. Bewertung kurzfristiger Währungsverbindlichkeiten

Im Beispiel vermindert sich die Verbindlichkeit aufwertungsbedingt um 2.272,69 Euro auf einen Gesamtbetrag von 37.727,31 Euro. Die Differenz in Höhe von 2.272,69 Euro wird als »**Erträge aus Währungsumrechnung**« gebucht.

Das Anschaffungswert- und Imparitätsprinzip (▸ Kapitel 3.1, Grundsatz Nr. 4) muss bei einer Restlaufzeit von einem Jahr oder weniger **nicht beachtet** werden.

Die Erstverbuchung (Zugangsbewertung) von längerfristigen **Fremdwährungs-verbindlichkeiten** (z. B. aus L + L) erfolgt zum **Devisenkassageldkurs**. Dies ist der Angebotskurs der Kreditinstitute zu dem Euro angekauft und Devisen zum Zeitpunkt des Geschäftsfalles verkauft werden.

USD/EUR Details

USD/EUR für den 24-Stunden-Zeitraum bis Sonntag, 25. Mai 20.. 22:00 UTC @ +/– 0%

1,00000 USD verkaufen   Sie erhalten   0,69816 EUR
1,00000 USD kaufen   Sie zahlen   0,69865 EUR

Kursdetails: USD/EUR für den 24-Stunden-Zeitraum bis Sonntag, 25. Mai 2014 22:00 UTC

	Geld 1 USD verkaufen	Brief 1 USD kaufen
MIN	0,69742	0,69786
MW	0,69816	0,69865
MAX	0,69861	0,69910

Diese Werte stellen den Tagesdurchschnitt der Geld- und Briefkurse dar, die z. B. Banken aus verschiedensten Datenquellen erhalten. MW entspricht dem Devisenkassamittelkurs.

Zum Abschlussstichtag (Folgebewertung) sind die auf fremde Währung lautenden langfristigen Verbindlichkeiten zum Devisenkassamittelkurs umzurechnen.

Bewertung von langfristigen
Fremdwährungsverbindlichkeiten

Ein deutscher Reiseveranstalter hat im Geschäftsjahr 20.. ein Darlehen in Höhe von 25.000,00 Australischen Dollar aufgenommen. Der Devisenkassageldkurs zum Zeitpunkt der Aufnahme lautete 1,3779 Euro/AU-Dollar. Der Devisenkassamittelkurs zum Bilanzstichtag betrug 1,3099 Euro/AU-Dollar. Die langfristige Fremdwährungsverbindlichkeit ist mit 19.085,43 Euro zu bewerten.

AUD	Devisenkassageldkurs	Umrechnung	Zugangsbewertung EUR
25.000,00	1,3779 EUR/AUD	25.000,00 : 1,3779	18.143,552
	Devisenkassamittelkurs		Folgebewertung (Bilanzstichtag)
25.000,00	1,3099 EUR/AUD	25.000,00 : 1,3099	19.085,43

Tab. Bewertung langfristiger Währungsverbindlichkeiten

Im Beispiel erhöht sich die Verbindlichkeit aufwertungsbedingt um 941,88 Euro auf einen Gesamtbetrag von 19.085,43 Euro. Die Differenz in Höhe von 941,88 Euro wird als »**Aufwendungen aus der Währungsumrechnung**« gebucht.

Das Anschaffungswert- und Imparitätsprinzip (▸ Kapitel 3.1, Grundsatz Nr. 4) muss bei einer Restlaufzeit von mehr als einem Jahr **beachtet** werden.

Valutaverbindlichkeiten

Auf fremde Währung lautende Verbindlichkeiten (**Valutaverbindlichkeiten**) mit einer **Restlaufzeit von mehr als einem Jahr** sind mit dem Devisenkassamittelkurs zum Abschlussstichtag zu bewerten (vgl. § 256 a HGB). Hierbei sind sowohl das Anschaffungswertprinzip als auch das Imparitätsprinzip zu beachten.

Verbindlichkeiten mit einer Restlaufzeit **von einem Jahr oder weniger** werden mit dem aktuellen Devisenkassamittelkurs bewertet. Er wird als arithmetisches Mittel aus Brief- und Geldkurs am Abschlussstichtag ermittelt.

3.3 Bewertung von Anlage- und Umlaufvermögen

Bei den abnutzbaren Gegenständen des Anlagevermögens (z. B. Gebäude, Betriebs- und Geschäftsausstattung) müssen stets planmäßige Abschreibungen vorgenommen werden (vgl. § 253 Abs. 3 Satz 1 HGB). Es gilt das Anschaffungskostenprinzip (▸ Kapitel 3.1, Grundsatz Nr. 4).

Bilanzierung von Anschaffungskosten (Zugangsbewertung)

Anschaffungskosten sind die Aufwendungen, die geleistet werden, um einen Vermögensgegenstand zu erwerben und ihn in einen betriebsbereiten Zustand zu versetzen (vgl. 255 Abs.1 HGB).

Er setzt sich aus dem **Anschaffungspreis (Kaufpreis)** des Vermögensgegenstandes und den Nebenkosten, vermindert um Anschaffungspreisminderungen zusammen.

	Anschaffungspreis	(Kaufpreis)
−	Anschaffungspreis-minderungen	(Rabatte, Boni, Preisnachlässe, Skonto)
+	Anschaffungs-nebenkosten	(bei Übergang in das wirtschaftliche Eigentum sowie für die Betriebsbereitschaft, bei Erwerb z. B. Gebühren, Grunderwerbsteuer, Maklerprovision, bei Lieferung z. B. Versicherung Zölle, Fracht, Rollgeld, und bei Inbetriebnahme z. B. Montage)
+	Nachträgliche Anschaffungskosten	(Aufwendungen, die in einem zeitlichen Zusammenhang mit Erwerb stehen und bei Kaufpreis berücksichtigt wurden)
=	Anschaffungskosten	

Abb. Geschäftsausstattung

Der Kaufpreis, die Anschaffungspreisminderungen, die Anschaffungsnebenkosten und die nachträglichen Anschaffungskosten sind dabei alles Nettobeträge.

Berechnung der Anschaffungskosten
einer Markisenanlage

Ein Reiseveranstalter kauft bei der Markisen Müller GmbH Außenmarkisen zum Nettopreis von 20.000,00 Euro zuzüglich 19 % USt. Zusätzlich werden Transportkosten in Höhe
von 230,00 Euro und Montagekosten von 300,00 Euro zuzüglich 19 % USt. in Rechnung
gestellt. Aufgrund eines Gewebefehlers im Stoff erhält der Reiseveranstalter 5 % Preisnachlass. Außerdem entschließt sich der Reisebüroinhaber den Skonto in Höhe von 2 % in
Anspruch zu nehmen.

	Anschaffungspreis	20.000,00 Euro
−	Nachlass wegen Mangel (5%)	1.000,00 Euro
=	Zwischenergebnis	19.000,00 Euro
−	2 % Skonto	380,00 Euro
=	Zwischenergebnis	18.620,00 Euro
+	Transportkosten	230,00 Euro
+	Montagekosten	300,00 Euro
=	Anschaffungskosten	19.150,00 Euro

Die Anschaffungskosten für die Markisenanlage betragen
für den Reisebüroinhaber 19.150,00 Euro.

Es ist in diesem Zusammenhang zu beachten, dass ein Skonto bei der Berechnung der Anschaffungskosten nicht von den Kosten für **sonstige Leistungen
(Tun, Dulden oder Unterlassen)** berechnet werden darf.

Bilanzierung von Anschaffungskosten (Folgebewertung)

VG sind höchstens mit den Anschaffungskosten vermindert um die Abschreibungen anzusetzen. – Unterliegt ein Vermögensgegenstand dem Werteverz-
zehr, so ist dieser mit den fortgeführten Anschaffungskosten zu bewerten.

Berechnung der Anschaffungskosten
für einen Firmen-Pkw

Ein Reiseveranstalter kauft am 01.07.20.. einen neuen Firmen-Pkw zum
Listenpreis von 40.000,00 Euro. Die Überführungskosten betragen 400,00 Euro, auf das
Fahrzeug erhält er einen Preisnachlass von 5 Prozent. Für die Zulassung bezahlt er 40,00
Euro und für die Nummernschilder 30,00 Euro. Er betankt am Tag der Zulassung das Fahr-
zeug erstmalig für 80,00 Euro und überweist die Autoversicherung in Höhe von 400,00
Euro.

	Listenpreis	40.000,00 Euro
−	Preisnachlass	2.000,00 Euro
=	Zwischenergebnis	38.000,00 Euro
+	Zulassungsgebühr	40,00 Euro
+	Nummernschilder	30,00 Euro
=	Anschaffungskosten	38.070,00 Euro

Angenommen das Fahrzeug würde über 10 Jahre linear abgeschrieben (Geschäftsjahr =
Kalenderjahr unterstellt), dann wäre die Folgebewertung nach dem ersten Geschäftsjahr:
Abschreibungsbetrag für ein Geschäftsjahr = 3.807,00 Euro, entsprechend zeitanteilig
für sechs Monate = 1.903,50 Euro
38.070,00 Euro − 1.903,50 Euro = 36.166,50 Euro
Die Folgebewertung des Firmen-Pkw nach dem ersten Geschäftsjahr beträgt
36.166,50 Euro.

Außerplanmäßig Abschreibungen

Eine **außerplanmäßige Abschreibung** wird
für eine Wertminderung eines Vermögensgegenstandes aufgrund eines außergewöhnli-
chen Ereignisses vorgenommen.

Im Anlagevermögen besteht gemäß § 253 Absatz 3 Satz 3 HGB eine **Abwertungsverpflich-
tung** auf den niedrigeren beizulegenden
Wert, wenn es sich um eine voraussichtlich dauernde Wertminderung handelt.
Sie ist entsprechend neben die planmäßigen Abschreibungen außerplanmäßig
auf ein neues Konto abzuschreiben:

Konto 4820 außerplanmäßig Abschreibung

Außerplanmäßige Abschreibungen

- ▶ Brandschaden an einer Immobilie
- ▶ Wasserschaden an dem Büroinventar
- ▶ Unfallschaden am Reisebus

Der **Abschreibungsspiegel** wird geführt, um dem Grundsatz der Bilanzklarheit (▸ Kapitel 1.2) gerecht zu werden. Er stellt quasi den **Lebenszyklus eines Wirtschaftsgutes** dar. Das einzelne Anlagegut wird mit seinen Anschaffungskosten aufgenommen und scheidet aus, sobald sein Wert 0,00 Euro beträgt.

AK	Zugänge	Abgänge	Umbuchungen	Zuschreibungen	Abschreibungen	Restbuchwert (31.12.)	Restbuchwert (Vorjahr)
Anlagegut 1	50.000	70.000	−500	1.000	40.000	40.500	100.000

Abb. Abschreibungsspiegel

Die Notwendigkeit der außerplanmäßigen Abschreibung ist gegeben, wenn am Abschlussstichtag der Markt- oder Börsenwert unter dem Buchwert liegt (Imparitätsprinzip ▸ Kapitel 3.1, Grundsatz Nr. 4).

Bilanzierung des Umlaufvermögens

Im Umlaufvermögen herrscht das strenge Niederstwertprinzip (▸ Kapitel 3.1, Grundsatz Nr. 4) vor. Liegen zum Abschlussstichtag bei einzelnen Vermögensgegenständen niedrigere Zeitwerte als die entsprechenden Buchwerte festgestellt werden, ist auf die geringeren Börsen- oder Marktpreise (beizulegenden Wert) abzuschreiben (vgl. § 253 Abs. 4 Satz 1 und 2 HGB).

Der Börsenpreis ist der amtlich festgestellte Preis für eine Ware bzw. ein Wertpapier zu einem bestimmten Zeitpunkt, der Marktpreis ist der Durchschnittspreis für eine Ware zu einem bestimmten Zeitpunkt.

3.4 Bewertung und Abschreibung von Forderungen

Forderungen aus Lieferung und Leistung müssen zum Geschäftsjahresabschluss überprüft und entsprechend ihrer Bonität bewertet werden.

Grundsätzlich ist davon auszugehen, dass Forderungen erfüllt werden. Da jede Forderung quasi eine **Kreditgewährung darstellt**, unterliegt sie jedoch einem **Ausfallrisiko**. Der Grundsatz der Einzelbewertung (▸ Kapitel 3.1, Grundsatz Nr. 3) erfordert, die Risiken jeder Forderung gesondert festzustellen und einer der folgenden drei Gruppen zuzuordnen.

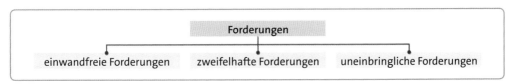

Abb. Gruppen von Forderungen

Einwandfreie Forderungen

Eine **Forderung ist als einwandfrei anzunehmen**, solange es keine konkreten Hinweise auf ihre mangelnde Durchsetzbarkeit gibt. Sie werden mit ihrem Nennbetrag (Anschaffungskosten der Forderung) in der Bilanz angesetzt, da für sie nur ein allgemeines Ausfallrisiko besteht.

Zweifelhafte Forderungen

Eine Forderung gilt als **zweifelhaft (dubios)**, wenn bekannt ist, dass der Zahlungseingang aufgrund der Bonität des Schuldners (Debitor) nicht sicher ist und somit ein **spezielles Ausfallrisiko** besteht. Diese Forderungen müssen wertberichtigt werden. Da bei Forderungen das strenge Niederstwertprinzip (Kapitel 3.1, Grundsatz Nr. 4) gilt, sind sie in der Bilanz mit dem »wahrscheinlichen Wert«, d. h. mit dem zu erwarteten Zahlungsbetrag anzusetzen.
Anhaltspunkte für eine Ausfallwahrscheinlichkeit sind z. B.:

▸ Zahlungsverzug des Schuldners trotz eingeleitetem Mahnverfahren,
▸ Einleitung eines Insolvenzverfahrens[1]),
▸ Schuldner macht Mängelrügen geltend.

Es kann nun folgendermaßen vorgegangen werden:

Einzelwertberichtigung auf Forderungen
Im Rahmen der **Einzelwertberichtigung (EWB)** wird am Bilanzstichtag jede einzelne Forderung im Hinblick auf das spezielle Ausfallrisiko neu bewertet. Dabei kann der Grad der EWB bis zu 100 Prozent variieren.
Direkte Abschreibung auf Forderungen
Vor dem Jahresabschluss sind zweifelhafte Forderungen von einwandfreien Forderungen nach dem **Grundsatz der Klarheit und Übersichtlichkeit (GoB)** in der Buchführung mithilfe des Kontos 1470 Zweifelhafte Forderungen zu trennen. Steht am Bilanzstichtag bzw. während des Geschäftsjahres endgültig fest, dass die zweifelhafte Forderung uneinbringlich ist, muss der Nettobetrag der zweifelhaften Forderung abgeschrieben werden (Konto 4880 Abschreibungen aus Forderungen) und die Umsatzsteuer berichtigt. Die Abschreibung uneinbringliche Forderungen wird, sobald der Ausfall erwiesen ist, während des Geschäftsjahres vorgenommen.

Tab. Bilanzierung zweifelhafter Forderungen

Hierzu sind diese neuen Konten zu eröffnen:

Konto 1470 Zweifelhafte Forderungen (aktives Bestandskonto)
Konto 4880 Abschreibungen aus Forderungen
Konto 8850 Erträge aus abgeschriebenen Forderungen

---

[1]) Bei zahlungsunfähigen bzw. überschuldeten Unternehmen hat ein Insolvenzverfahren das Ziel die Zahlungsfähigkeit wieder herzustellen oder das Unternehmen geordnet aufzulösen.

Abtrennung einwandfreier von zweifelhaften Forderungen

Der Busreiseveranstalter »Deutsches Eck« e. K. aus Koblenz hat eine Forderung aufgrund eines Betriebsausfluges am 12. September 2020 in Höhe von 2.380,00 Euro (2.000,00 Euro zuzüglich 380,00 Euro USt.) an die Wasserbetten GmbH. Der Schuldner meldet am 16.09.2020 Insolvenz an. Das Amtsgericht lehnt den Insolvenzantrag der Wasserbetten GmbH am 28.09.2020 mangels Masse ab.

Buchung am 16.09.2020

Zweifelhafte Forderungen	2.380,00 Euro	
an Forderungen aus L + L		2.380,00 Euro

Uneinbringliche Forderungen sind direkt abzuschreiben und gleichzeitig ist die Umsatzsteuer im Soll zu berichtigen und so eine Forderung gegenüber dem Finanzamt ausgewiesen.

Buchung am 28.09.2020

Abschreibungen aus Forderungen	2.000,00 Euro	
Umsatzsteuer	380,00 Euro	
an Zweifelhafte Forderungen		2.380,00 Euro

Kommt es **nachträglich zu einem Zahlungseingang** auf eine bereits voll abgeschriebene Forderung, wird der **Nettobetrag im Haben des Konto 8850** Erträge aus abgeschriebenen Forderungen und die entsprechende Umsatzsteuer ebenfalls im Haben gebucht.

Zahlungseingang nach bereits voll abgeschriebenen Forderung

Die Wasserbetten GmbH hat neue Gesellschafter gefunden und zahlt am 1. April 2021 an den Busreiseveranstalter »Deutsches Eck« e. K. 595,00 Euro.

Buchung am 01.04.2021

Bank	595,00 Euro	
an Erträge aus abgeschriebenen Forderungen		500,00 Euro
an Umsatzsteuer		95,00 Euro

Uneinbringliche Forderungen

Eine Forderung ist uneinbringlich, wenn **zum Bilanzstichtag kein Rechtsanspruch** mehr auf Zahlung besteht oder endgültig fest steht, dass ein Forderungseingang nicht mehr erfolgt.

Es besteht ein **besonderes Ausfallrisiko** und die Forderungen werden in voller Höhe abgeschrieben (ausgebucht).

Anhaltspunkte für eine uneinbringliche Forderung sind:

© MEV Verlag GmbH

- ▸ **Einstellung eines Insolvenzverfahrens** mangels Masse,
- ▸ eine **fruchtlose Zwangsvollstreckung**,
- ▸ Schuldner gibt **eidesstattliche Erklärung** ab,
- ▸ eine Forderung ist **verjährt**.

Die Einzelwertberichtigung bei uneinbringlichen Forderungen berücksichtigt das besondere Ausfallrisiko. Ist eine Einzelwertberichtigung jedoch zu niedrig angesetzt wird eine weitere Einzelwertberichtigung in entsprechender Höhe gebildet.

Fremdwährungsforderungen

Kurzfristige Forderungen (z. B. aus L+L) sind bei **Erstverbuchung (Zugangsbewertung)** mit dem **Devisenkassageldkurs**, längerfristige Forderungen zum **Devisenkassabriefkurs** zu bewerten.

Zum **Abschlussstichtag (Folgebewertung)** sind die auf fremde Währung lautenden Forderungen (Vermögensgegenstände) zum **Devisenkassamittelkurs** umzurechnen (alle Kurse ▸ Kapitel 3.2).

Bilanzierung einer kurzfristigen Fremdwährungsforderung

Ein Reisebüro hat Provisionsforderungen an einen Schweizer Reiseveranstalter aufgrund einer Vermittlungsleistung am 15.12.20.. in Höhe von 32.000,00 Schweizer Franken ausständig, Zahlungsziel 30 Tage. Devisenkassageldkurs bei der Entstehung der Forderung war 1,3336 Euro/CHF. Der Devisenkassamittelkurs am Bilanzstichtag beträgt 1,2467 Euro/CHF.

CHF	Devisenkassageldkurs	Umrechnung	Zugangsbewertung EUR
32.000,00	1,3336 EUR/CHF	32.000,00 : 1,336	23.995,20
	Devisenkassamittelkurs		Folgebewertung (Bilanzstichtag)
32.000,00	1,2467 EUR/CHF	32.000,00 : 1,2467	25.667,76

Tab. Bewertung kurzfristiger Währungsforderungen

Bilanzierung einer langfristigen Währungsforderung **BEISPIEL**

Ein deutscher Reiseveranstalter hat gegenüber einer türkischen Hotelkette eine Provisionsforderung in Höhe von 22.000,00 Türkischen Lira. Zum Zeitpunkt der Entstehung der Provisionsverpflichtung betrug der Devisenkassageldkurs 1,8915 EUR/ TRY, zum Bilanzstichtag 2,0593 EUR/ TRY.

CHF	Devisenkassageldkurs	Umrechnung	Zugangsbewertung EUR
22.000,00	1,8915 EUR/ TRY	22.000,00 : 1,8915	1.1630,98
	Devisenkassamittelkurs		Folgebewertung (Bilanzstichtag)
22.000,00	2,0593 EUR/ TRY	22.000,00 : 2,0593	10.683,24

Tab. Bewertung langfristiger Währungsforderungen

Im ersten Beispiel **erhöht sich die Forderung** in Schweizer Franken abwertungsbedingt um 1.672,56 Euro auf einen Gesamtbetrag von 25.667,76 Euro. Der Differenzbetrag in Höhe von 1,672,56 Euro wird als »**Erträge aus der Währungsumrechnung**« **gebucht**.

Im zweiten Beispiel **vermindert sich die Forderung** in Türkischen Lira abwertungsbedingt um 947,74 Euro auf einen Gesamtbetrag von 10.683,24 Euro. Der Differenzbetrag in Höhe von 947,74 Euro wird als »**Aufwendungen aus der Währungsumrechnung**« **gebucht**.

Der Paragraf § 256 a HGB zu Fremdwährungsgeschäften schreibt verbindlich die Währungsumrechnung inhaltlich fest.

3.5 Pauschalwertberichtigung von Forderungen

Forderungen sind grundsätzlich einzeln zu erfassen (Grundsatz der Einzelbewertung ▸ Kapitel 3.1, Grundsatz Nr. 3). In der Handelsbilanz ist es jedoch zulässig und üblich bei großem Forderungsbestand für das **nicht vorhersehbare allgemeine Ausfallrisiko** aus Gründen der kaufmännischen Vorsicht **pauschale Abschläge** zu bilden. Sie orientieren sich an Erfahrungen der Vergangenheit und an erkennbaren neuen Risiken. Die Methode wird **Pauschalwertberichtigung von Forderungen (PWB)** genannt.

Pauschalwertberichtigung von Forderungen **MERKE**
Eine PWB dient nach Handelsrecht der Erfassung des allgemeinen Ausfallrisikos (z. B. Konjunkturrisiken) für eine Forderung. Forderungen, die Gegenstand von Einzelwertberichtigungen (EWB) sind oder für die ein Zinsanspruch für die verspätete Zahlung besteht, dürfen grundsätzlich nicht in die Pauschalwertberichtigung einbezogen werden.

Für die PWB werden diese neuen Konten gebildet:

Konto 1472   Pauschalwertberichtigung zu Forderungen
Konto 8840   Erträge aus Herabsetzung von Pauschalwertberichtigung

Die **Berechnung der Bemessungsgrundlage** für die Pauschalwertberichtigung erfolgt auf diese Weise:

Gesamtbestand der Forderungen
– Summe der zweifelhaften Forderungen
– Summe der uneinbringlichen Forderungen
_____
= pauschal zu berichtigende Forderungen
– darin enthaltene Umsatzsteuer
_____
= Bemessungsgrundlage für die PW

Durch die PWB werden einzelne Forderungen nicht bewertet, sondern eine Pauschale gebildet, die das **voraussichtliche Ausfallrisiko** von Forderungen wiedergibt. Dazu wird ein Prozentsatz (i. d. R. ein- bis drei Prozent) aufgrund der Erfahrung und sich bereits abzeichnender Entwicklungen als Ausfall der Forderungen unterstellt.

PWB = Bemessungsgrundlage · Prozentsatz

Pauschalwertberichtigung   **BEISPIEL**
Am Jahresende wird erstmals eine Pauschalwertberichtigung von 1 % gebildet.
Dabei beträgt der Gesamtbestand der Forderungen eines Reiseveranstalters am 31.12.20.. (Bilanzstichtag) 208.500,00 Euro. Davon sind 20.000,00 Euro zweifelhafte und 10.000,00 uneinbringlichen Forderungen. Es ergeben sich 178.500,00 Euro pauschal zu berichtigende Forderungen, von denen noch die enthaltene Umsatzsteuer von 28.500,00 abgezogen wird. Die Bemessungsgrundlage entspricht demnach 150.000,00 Euro.
PWB = 150.000,00 · 1,0 % = <u>1.500,00 Euro</u>
Die gebildete Pauschalwertberichtigung beträgt 1.500,00 Euro.

Die dazugehörige Buchung lautet:

Abschreibung von Forderungen	1.500,00 Euro
an Pauschalwertberichtigung	
zu Forderungen	1.500,00 Euro

Sofern im Folgejahr die Summe der uneinbringlichen Forderungen endgültig feststeht, wird sie über die PWB erfasst und verrechnet, d. h. PWB wird entsprechend angepasst.

Anpassung der PWB im Folgejahr

Eine zuvor zweifelhafte Forderung des Busreiseveranstalters
»Deutsches Eck« e. K. in Höhe von 357,00 Euro wird uneinbringlich.

Buchung:
PWB	300,00 Euro
Umsatzsteuer	57,00 Euro
an Forderungen aus L + L	357,00 Euro

Da i. d. R. uneinbringliche Forderungen während des Geschäftsjahres **direkt abgeschrieben** werden, ist die PWB zum Bilanzstichtag an den nun neuen Forderungsbestand anzupassen.
Dies erfolgt durch eine Heraufsetzung (**Erhöhung des geschätzten Forderungsverlustes**) oder durch eine Herabsetzung (= **Ertrag**) der PWB.

Buchungen von Heraufsetzung

Konto 4880   Abschreibung auf Forderungen
an **Konto 1472 PWB**

Buchung von Herabsetzung

Konto 1472   PWB
an **Konto 8840** Erträge aus Herabsetzung von PWB

Heraufsetzung einer PWB

Die PWB eines Reiseveranstalters weist zum Ende des Geschäftsjahres eine
Höhe von 500,00 Euro aus. Zum aktuellen Bilanzstichtag beträgt die Bemessungsgrundlage für die PWB 75.000,00 Euro. Das Ausfallrisiko wird auf 2 % geschätzt.

Berechnung (Beträge in Euro):

PWB aktuell (75.000,00 · 2 %)	1.500,00
− Bestand der PWB	500,00
= Heraufsetzung	1.000,00

Die PWB muss um 1.000,00 Euro heraufgesetzt werden, um das allgemeine Ausfallrisiko
des Forderungsbestandes zu erfassen.
Die Finanzverwaltung erkennt bisher ohne Einzelnachweis regelmäßig 0,5 % des Forderungsbestands (ohne Umsatzsteuer) als Pauschalwertberichtigung an.

1. Überprüfen Sie, ob die allgemeinen Bewertungsgrundsätze erfüllt sind:

   a) Ein Fahrzeug wird am Ende des Geschäftsjahres mit einem Restwert
   von 5.000,00 Euro bilanziert. In der Eröffnungsbilanz des darauf folgenden Jahres mit 3.000,00 Euro.

   b) Ein Fahrzeug wird am Ende des Geschäftsjahres mit einem Restwert
   von 5.000,00 Euro bilanziert. In der Eröffnungsbilanz des darauf folgenden Jahres mit 3.000,00 Euro, weil es in einen Unfall zwischen
   dem Abschlussstichtag und dem Tag der Aufstellung des Jahresabschlusses verwickelt war, bei dem sich der Rahmen des Fahrzeuges
   verzogen hat. Ein Sachverständiger sieht dadurch eine Wertminderung des Fahrzeuges in Höhe von 2.000,00 Euro gegeben.

   c) Die Reiseinsel GmbH hat zur Finanzierung eines Geschäftsgebäu-
   deumbaues ein Grundschuldarlehen über 150.000,00 Euro (Laufzeit
   10 Jahre) bei der Sparkasse aufgenommen. Zur Finanzierung des
   neuen Büroinventars nimmt die GmbH ein zusätzliches Darlehen
   (Laufzeit fünf Jahre) von 30.000,00 Euro bei derselben Bank auf. In
   der Bilanz wird der Gesamtbetrag als langfristiges Fremdkapital in
   Höhe von 180.000,00 Euro ausgewiesen.

   d) Die Reiseinsel GmbH kann mit einer Bonuszahlung eines Reiseveranstalters in Höhe von 4.000,00 Euro rechnen, sofern dessen Gewinn
   vor Steuern im Vergleich zum Vorjahr um 10 Prozent gestiegen ist.
   Die entsprechende Mitteilung liegt noch nicht vor. Die Reiseinsel
   GmbH möchte den Ertrag bereits im aktuellen Wirtschaftsjahr aus-
   weisen.

   e) Die Reiseinsel GmbH schreibt in der Handelsbilanz eine Computer-
   konfiguration degressiv ab und wechselt dann zur linearen Abschreibung, als der Abschreibungbetrag der linearen Abschreibung höher
   ist als der der degressiven Abschreibung.

2. Warum dient das Imparitätsprinzip dem Gläubigerschutz?

3. Wie werden Valutaverbindlichkeiten mit einer Restlaufzeit von einem
Jahr oder weniger bzw. von mehr als einem Jahr generell bewertet?.

4. Bewerten Sie folgende Währungsverbindlichkeiten mit einer Laufzeit
>1 Jahr: Ein deutscher Reiseveranstalter hat im Geschäftsjahr 2020
ein Darlehen in Höhe von 50.000,00 US-Dollar aufgenommen. Der
Devisenkassageldkurs zum Zeitpunkt der Aufnahme lautete 1,00 US-
Dollar = 1,30 Euro.
Fall 1: Devisenkassamittelkurs am Bilanzstichtag 2020 ist 1,10 Euro.
Fall 2: Devisenkassamittelkurs am Bilanzstichtag 2021 ist 1,50 Euro.
Wie ist das Darlehen am Bilanzstichtag für beide Fälle zu bewerten?

5. Sie kaufen am 15.11. Erzeugnisse von einem Lieferanten aus den USA, Warenwert 25.000,00 US-Dollar. Vereinbarungsgemäß zahlen Sie in USD. Die Rechnung wurde am 15.11. zu einem Kurs von 1,15 USD je Euro gebucht. Das Zahlungsziel beträgt 20 Tage. Mit welchem Betrag ist diese Lieferung am 31.12. in Euro anzusetzen, wenn …
   a) … der Devisenkassamittelkurs am 31.12. 1,25 USD je Euro beträgt?
   b) … der Devisenkassamittelkurs am 31.12. 1,10 USD je Euro beträgt?

6. Welche der Kosten, die beim Kauf eines Betriebsgrundstückes zusätzlich anfallen, sind aktivierungspflichtige Anschaffungsnebenkosten?

   ▸ Notariatskosten
   ▸ Grundsteuer
   ▸ Maklergebühr
   ▸ Umsatzsteuer für die Maklergebühr
   ▸ Eintragung in das Grundbuch beim Amtsgericht
   ▸ Abbruchkosten für einen noch auf dem Grundstück befindlichen Altbau

7. Die Reise-Tour GmbH hat am 15. Februar des Geschäftsjahres 2020 für 20.000,00 Euro eine neue EDV-Anlage angeschafft. Es gilt lineare Abschreibung bei einer Nutzungsdauer von fünf Jahren. Da die Lieferfirma inzwischen ein verbessertes Nachfolgemodell zu einem erheblich günstigeren Preis anbietet, ist zum Schluss des vierten Geschäftsjahres (2023) die EDV-Anlage als wirtschaftlich und technisch überholt anzusehen. Der Tageswert der EDV-Anlage beträgt nur noch 2.000,00 Euro.
Ermitteln und begründen Sie jeweils den Wertansatz

© MEV Verlag GmbH

a) … 31. Dezember 2021
b) … 31. Dezember 2022
c) … 31. Dezember 2023

Bilden Sie jeweils den Buchungssatz.

8. Über das Vermögen der Kunden Müller & Kopp oHG und Büroland Vogel GmbH wurde am 12. Oktober das Insolvenzverfahren eröffnet. Die Forderungen gegenüber den Unternehmen betrugen:

Müller & Kopp oHG   7.140,00 Euro (brutto)
Büroland Vogel GmbH   9.520,00 Euro (brutto)

   a) Bilden Sie die Buchungssätze zum 12. Oktober.
   b) Der Insolvenzverwalter der Büroland Vogel GmbH stellt zum 22. Dezember das Verfahren mangels Masse ein. Nehmen Sie die entsprechende Buchung vor.

c) Der Insolvenzverwalter der Müller & Kopp oHG teilt Ihnen mit, dass der Forderungsausfall 70 Prozent beträgt. Erfassen Sie den Forderungsausfall zum 31. Dezember.

   d) Am 27. März des folgenden Jahres erhalten Sie einen Bankscheck des Insolvenzverwalters der Müller & Kopp oHG über 3.570,00 Euro. Buchen Sie entsprechend (Achtung: bitte nachvollziehbare Aufstellung!).

   e) Am 10. Mai erhalten Sie auf die gegenüber der Büroland Vogel GmbH abgeschriebene Forderung unerwartet 476,00 Euro auf das Postbankkonto. Buchen Sie die Gutschrift entsprechend.

9. Das Konto 1472 »Pauschalwertberichtigungen (PWB)« weist 6.000,00 Euro auf. Der Forderungsbestand am Ende des laufenden Geschäftsjahres beträgt bereinigt inkl. 19 Prozent Umsatzsteuer 190.400,00 Euro. Es ist eine PWB von 4,5 Prozent zu bilden.

   a) Errechnen Sie den Betrag der PWB.

   b) Bilden Sie den Buchungssatz zur Anpassung der PWB.

10. Ein Reiseveranstalter kauft für sein Reisebüro einen PC. Der Listenpreis des PCs beträgt brutto 833,00 Euro. Da der PC eine Beschädigung am Gehäuse hat, erhält das Reisebüro eine Preisminderung in Höhe von brutto sechs Prozent. Außerdem wird für den PC das Betriebssystem Windows zum Preis von brutto 119,00 Euro sowie ein Flachbildschirm für 238,00 Euro netto angeschafft. – Wie hoch sind die Kosten der Anschaffung für die gesamte PC-Konfiguration?

11. Berechnen Sie die Bemessungsgrundlage für eine PWB:
    Gesamtbestand der Forderungen   = 595.000,00 Euro
    davon zweifelhafte Forderungen   = 70.000,00 Euro
    davon uneinbringliche Forderungen = 30.000,00 Euro
    Bilden Sie die PWB in Höhe von drei Prozent.

12. Das Reisebüro XY veranstaltet für das Einkaufsparadies GmbH einen Betriebsausflug. Die Forderung beläuft sich auf 4.165,00 Euro (brutto). Das Reisebüro XY wird am 10. Mai davon in Kenntnis gesetzt, dass das Einkaufsparadies Insolvenz angemeldet hat, am 15. Juni wird der Insolvenzantrag abgelehnt.
    Bilden Sie die entsprechenden Buchungen.

13. Der Forderungsbestand der Traum Reisen GmbH beträgt am Bilanzstichtag 326.000,00 Euro. Traum Reisen werden folgende Ereignisse bekannt:

   a) Das Insolvenzverfahren gegen den Kunden Klein wurde mangels Masse abgelehnt. Die Forderung, die Traum Reisen gegen den Kunden hat, beträgt 15.470,00 Euro inkl. Umsatzsteuer.

b) Traum Reisen erfährt am 27.05., dass der Kunde Freizeit GmbH in Zahlungsschwierigkeiten geraten ist. Gegen ihn besteht eine Forderung in Höhe von 9.520,00 Euro (inkl. 19 % USt.) die wahrscheinlich zu 40 Prozent ausfällt. Am 03.08. wird Traum Reisen vom Insolvenzverwalter informiert, dass der Ausfall 40 Prozent beträgt.

c) Die Getränke Groß KG ist ebenfalls in Zahlungsschwierigkeiten geraten. Gegen sie hat Traum Reisen eine bestehende Forderung von 600,00 Euro (netto) die wahrscheinlich zu 70 Prozent ausfällt. Die Insolvenzquote[1]) am 02.10. beträgt 30 Prozent.

Das allgemeine Kreditrisiko für die Forderungsausfälle bemisst Traum Reisen pauschal mit drei Prozent. Wie werden die bekannt gewordenen Fakten buchungstechnisch berücksichtigt?

14. Zu welchem Zeitpunkt wird eine einwandfreie zu einer zweifelhaften Forderung?

15. Nennen Sie drei Voraussetzungen, unter denen Forderungen abgeschrieben werden dürfen.

16. Ihnen liegen folgende Buchungssätze und Geschäftsfälle vor. Ordnen Sie den jeweiligen Sachverhalt zu.

a) Zweifelhafte Forderungen   an Forderungen
b) Abschreibung auf Forderungen   an Zweifelhafte Forderungen
c) Bank   an Zweifelhafte Forderungen
d) Abschreibung auf Forderungen   an Umsatzsteuer
e) Abschreibung auf Forderungen   an Pauschalwertberichtigung

▸ Über die Forderung eines Kunden wird das Insolvenzverfahren eröffnet.

▸ Der Insolvenzverwalter teilt mit, dass mit einer Insolvenzquote von 50 Prozent gerechnet wird.

▸ Nach Abschluss des Insolvenzverfahrens werden 50 Prozent der Forderung, die zu 40 Prozent abgeschrieben wurde, auf das Geschäftskonto überwiesen.

▸ Es erfolgt eine Bankgutschrift bezüglich einer bereits voll abgeschriebenen Forderung.

▸ Am Jahresende wird erstmals eine Pauschalwertberichtigung gebildet.

---

[1]) Die Insolvenzquote gibt Auskunft darüber, welchen Anteil die einzelnen Gläubiger noch von Ihrer Forderung zugewiesen bekommen.

4 Vorbereitende Abschlussbuchungen

Am Ende eines Geschäftsjahres sind neben den Bewertungen Buchungen vorzunehmen, die nicht aus Anlass eines Geschäftsfalles mit firmenexternen Vertragspartnern (z. B. Kunden, Lieferanten) erfolgen, sondern **firmeninterne Informationen über Bilanzveränderungen** verarbeiten.

Diese fasst man unter dem Begriff der **vorbereitenden Abschlussbuchungen** zusammen. Sie betreffen vor allem:

- ▶ Aktive Rechnungsabgrenzung,
- ▶ Passive Rechnungsabgrenzung,
- ▶ Sonstige Forderungen
- ▶ Sonstige Verbindlichkeiten
- ▶ Rückstellungen (Schuldrückstellungen, Aufwandsrückstellungen)
- ▶ Abschreibungen

© MEV Verlag GmbH

4.1 Funktion von Rechnungsabgrenzungsposten

Rechnungsabgrenzungsposten (RAP) dienen der periodengerechten Gewinnermittlung (Erfolgsermittlung).

Mithilfe der RAP werden Aufwendungen und Erträge der Periode zugeordnet, in der sie **wirtschaftlich verursacht** worden sind. Nach den handelsrechtlichen Vorschriften (vgl. § 250 HGB) erscheinen sie sowohl auf der Aktivseite, als auch auf der Passivseite einer Bilanz.

4.1.1 Aktive Rechnungsabgrenzung

RAP sind immer dann zu bilden, wenn Aufwendungen die wirtschaftlich das neue Geschäftsjahr betreffen, schon im alten Jahr zu Ausgaben führten.

Solche Aufwendungen werden mithilfe des **Konto 0920 Aktive Rechnungsabgrenzung (ARA)** aus der Erfolgsrechnung des alten Jahres in die Erfolgsrechnung des neuen Jahres übertragen. Die Abgrenzung erfolgt am Jahresende und unabhängig vom Buchungszeitpunkt bzw. Zahlungszeitpunkt.

Notwendigkeit der aktiven Rechungsabgrenzung

Mietzahlung

Ein Reiseveranstalter zahlt Miete von 1.000,00 Euro für Januar 2017 bereits im Dezember 2016 und bilanziert:

Bilanz ohne Rechnungsabgrenzung (alle Beträge in Euro)	
AV = 10.000,00	Kapital = 8.000,00
UV = 5.000,00	Gewinn = 7.000,00 (1.000,00 Mietzahlung abgezogen)

Er bilanziert jedoch richtig:

Bilanz mit Rechnungsabgrenzung (alle Beträge in Euro)	
AV = 10.000,00	Kapital = 8.000,00
UV = 5.000,00	Gewinn = 8.000,00
RAP = 1.000,00	

Beitragszahlung

Ein Reiseveranstalter zahlt Beiträge für die Berufsgenossenschaft (Unfallversicherung) für den Zeitraum von 01.07.2016 bis 30.06.2017 in Höhe von 1.000,00 Euro. Die aktive Rechnungsabgrenzung betrifft damit den Zeitraum 01.01.2017 bis 30.06.2017, also 6/12 von 1.000,00 Euro = 500,00 Euro.

Im Rahmen der Buchungen zum Jahresabschluss ist für die im laufenden Geschäftsjahr anfallenden Beträge jeweils ein aktiver RAP zu bilden.

Das **aktive Bestandskonto 0920 ARA** wird als Hilfsmittel zur zeitlichen Rechnungsabgrenzung verwendet und ersetzt im Jahresabschluss das entsprechende Aufwandskonto (im Beispiel oben das Aufwandskonto 175 Beiträge zur BG).

Aktive Rechnungsabgrenzung
MERKE

Zahlungen, die vor dem Bilanzstichtag geleistet werden, jedoch wirtschaftlich einer Zeit nach dem Abschlussstichtag zuzuordnen sind, werden als aktive Rechnungsabgrenzungsposten (RAP) erfasst.

Durch eine aktive Rechnungsabgrenzung fällt der **Gewinn des aktuellen Geschäftsjahres höher aus**, weil ein Aufwand in die Erfolgsrechnung des neuen Jahres übertragen wird.

Weitere aktive Rechnungsabgrenzungen

BEISPIEL

Ein Reisevermittler mietet ab 01.11.2021 ein Ladenlokal an. Die Miete ist entsprechend des Mietvertrages vierteljährlich im Voraus zu zahlen. Der Reisevermittler zahlt also am 01.11.2021 die Miete in Höhe von 4.500,00 Euro für drei Monate in bar. Das Wirtschaftsjahr stimmt mit dem Kalenderjahr überein.

Es werden die folgenden neuen Konten gebildet:
Konto 0920 Aktive Rechnungsabgrenzung (ARA)
Konto 4100 Raumkosten

Buchung am 01.11.2021

Raumkosten	4.500,00 Euro	
an Kasse		4.500,00 Euro

Buchungen am 31.12.2021
1. Abgrenzung

ARA	1.500,00 Euro	
an Raumkosten		1.500,00 Euro

2. Kontenabschluss

Schlussbilanzkonto (SBK)	1.500,00 Euro	
an ARA		1.500,00 Euro
GuV 3.000,00 Euro		
an Raumkosten		3.000,00 Euro

Buchungen am 02.01.2022
1. Eröffnungsbuchung

ARA	1.500,00 Euro	
an Eröffnungsbilanzkonto (EBK)		1.500,00 Euro

2. Aufwandsbuchung

Raumkosten	1.500,00 Euro	
an ARA		1.500,00 Euro

Zahlungen, die vor dem Bilanzstichtag geleistet werden jedoch wirtschaftlich einer Zeit nach dem Abschlussstichtag zuzuordnen sind werden als **aktive Rechnungsabgrenzungsposten (RAP)** erfasst.

Durch die Bildung der aktiven Rechnungsabgrenzung in Höhe von 1.500,00 Euro für die Raumkosten fällt der **Gewinn des aktuellen Geschäftsjahres höher** aus, weil der Aufwand in die Erfolgsrechnung des neuen Jahres übertragen wird.

4.1.2 Notwendigkeit passiver Rechungsabgrenzung

Ergänzend zu der aktiven Rechnungsabgrenzung ist die **passive Rechnungs-abgrenzung** immer dann vorzunehmen, wenn Erträge, die wirtschaftlich das neue Geschäftsjahr betreffen, bereits vor dem Bilanzstichtag (= im alten Jahr) zu Einnahmen führten.

Passive Rechnungsabgrenzung

BEISPIEL

Ein Reisevermittler erhält für ein im Betriebsvermögen befindliches Ladenlokal Mietzahlungen von 1.000,00 Euro für den Monat Januar 2022 bereits im Dezember 2021 und bilanziert:

Bilanz ohne Rechnungsabgrenzung (alle Beträge in Euro)	
AV = 10.000,00	Kapital = 8.000,00
UV = 5.000,00	Gewinn = 7.000,00 (1.000,00 Mietzahlung berücksichtigt)

Er bilanziert jedoch richtig:

Bilanz mit Rechnungsabgrenzung (alle Beträge in Euro)	
AV = 10.000,00	Kapital = 8.000,00
UV = 5.000,00	RAP = 1.000,00
	Gewinn = 6.000,00

Wird ein **passives Bestandskonto** als Hilfsmittel zur zeitlichen Rechnungsabgrenzung verwendet fällt der **Gewinn des aktuellen Geschäftsjahres niedriger aus**, da ein Ertrag in die Erfolgsrechnung des neuen Jahres verschoben wird.

Das passive Bestandskonto »0930 Passive Rechnungsabgrenzung (PRA)« ersetzt ein entsprechendes Ertragskonto.

© MEV Verlag GmbH

Passive Rechnungsabgrenzung

MERKE

Sind Einnahmen dem Unternehmen im alten Jahr zugeflossen, die wirtschaftlich dem neuen Wirtschaftsjahr als Ertrag zu zurechnen sind, werden die entsprechenden Werte als passive Rechnungsabgrenzungsposten (RAP) erfasst.

Buchung zum Jahresende

Ein Kunde überweist einem Reiseveranstalter für den gebuchten
Betriebsausflug im Februar 2022 bereits am 10.12.2021 den Betrag von 3.570,00 Euro.

BEISPIEL

Es wird das folgende neue Konto gebildet:

Konto 0930 Passive Rechnungsabgrenzung (PRA)

Buchung am 10.12.2021

Bank	3.570,00 Euro	
an Ertrag aus eigenen Veranstaltungen (EVA)		3.000,00 Euro
USt		570,00 Euro

Buchungen am 31.12.2021
1. Abgrenzung

EVA	3.000,00 Euro	
an PRA		3.000,00 Euro

2. Kontenabschluss

PRA	3.000,00 Euro	
an SBK		3.000,00 Euro

Buchungen am 02.01. 2022
1. Konteneröffnung

EBK	3.000,00 Euro	
an PRA		3.000,00 Euro

2. Ertragsbuchung

PRA	3.000,00 Euro	
an EVA		3.000,00 Euro

Durch die passive Rechnungsabgrenzung wird **der Ertrag** in Höhe von 3.000,00 Euro aus
eigenen Veranstaltungen (EVA) **in die Erfolgsrechnung des neuen Jahres verschoben.**

Aktive und passive RAP werden auch als **transitorische Rechnungsabgrenzungsposten** (lat. *transire* = hinüberziehen) bezeichnet, da Einnahmen oder Ausgaben vor dem Bilanzstichtag erst **nach dem Bilanzstichtag als Aufwendungen und Erträge erfolgswirksam werden**.

Als transitorische RAP kommen u. a. in Betracht: Mieten, Zinsen, Honorare, Beiträge, Gebühren, Versicherungsprämien und Kfz-Steuern. Sie werden im Rahmen der vorbereitenden Buchungen für den Jahresabschluss bei der Aufstellung der Bilanz gebildet.

Somit werden mit dem zum Bilanzstichtag erfolgenden Jahresabschluss Zahlungsvorgänge und Erfolgswirkungen **periodisch korrekt getrennt** (▸ Kapitel 3.1, Grundsatz Nr. 5).

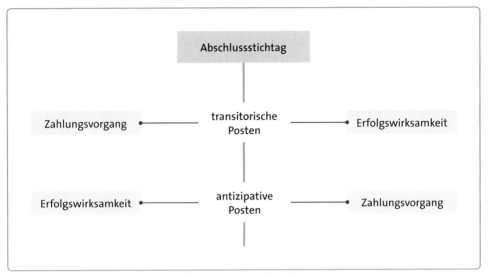

Abb. Periodenzuordnung von transitorischen und antizipativen Posten

Erträge und Aufwendungen, die wirtschaftlich in das abzuschließende Geschäftsjahr gehören, aber erst im Folgejahr als Einnahmen oder Ausgaben anfallen und somit auch dann belegs- und buchungsmäßig erfasst werden, sind
so genannte **antizipative Vorgänge**.

Sie dürfen in der Handelsbilanz nicht als RAP ausgewiesen werden, sondern
werden als **sonstige Forderungen bzw. sonstige Verbindlichkeiten** (▸ Kapitel 4.2) erfasst. In der betrieblichen Praxis kommen solche **antizipativen Posten** z. B. bei Honoraren, Gebühren, Versicherungen, Steuern und Sozialversi-
cherungsbeiträgen vor.

4.2 Sonstige Forderungen und sonstige Verbindlichkeiten

Antizipative Posten sind als **Sonstige Forderungen** zu bilden, wenn das Unternehmen im neuen Geschäftsjahr Zahlungen erhält, die ganz oder teilweise Erträge des Vorjahres sind.

Eine sonstige Forderung wird auch als **antizipatives Aktivum** bezeichnet, da
die Erfolgswirksamkeit **vorgezogen (antizipiert)** wird.

Abb. Entstehung einer sonstigen Forderung

Voraussetzungen für antizipative Aktiva sind:

▸ 1. **Zahlung** erfolgt nach dem Abschlussstichtag,

▸ 2. für einen damit verbundenen Ertrag vor dem Abschlussstichtag und

▸ 3. Ertrag betrifft eine **kalendermäßig festgelegte Zeit** vor dem Abschlussstichtag.

Sonstige Forderung

Ein Unternehmen hat eine Darlehensforderung bilanziert. Für den Zeitraum
01.12.2022 bis 30.11.2023 werden am 30.11.2023 Darlehenszinsen in Höhe von 3.000,00
Euro vereinnahmt. Die Zinserträge entfallen für einen Monat noch auf das Geschäftsjahr 2016. Somit sind 1/12 von 3.000,00 Euro (= 250,00 Euro) als sonstige Forderungen zu
bilanzieren, da ansonsten der Gewinn zu niedrig ausfallen würde.

Durch die Bildung einer sonstigen Forderung wird verhindert, dass der Gewinn
des laufenden Geschäftsjahres zu gering ausfällt. Als Konto ist das **Aktivkonto
1480 Sonstige Forderungen** zu bilden und zu verwenden.

Konto Sonstige Forderungen
Das Konto Sonstige Forderungen ersetzt die Soll-Buchung in einem
Geldvermögenskonto.

MERKE

Bildung einer Sonstigen Forderung

Ein Reiseveranstalter erhält Mietzahlung in Höhe von 60.000,00 Euro
am 1. April für die abgelaufenen sechs Monate. Die Mietzahlung betrifft für
3 Monate noch das alte Geschäftsjahr.

Buchungssatz am 31.12. (altes Jahr)

Sonstige Forderungen	30.000,00 Euro	
an Mieterträge		30.000,00 Euro
Mieterträge	30.000,00 Euro	
an GuV		30.000,00 Euro

Buchungssatz am 02.01. (neues Jahr)

Sonstige Forderungen	30.000,00 Euro	
an EBK		30.000,00 Euro

Buchungssatz am 01.04.

Bank	60.000,00 Euro	
an Mieterträge		30.000,00 Euro
an Sonstige Forderungen		30.000,00 Euro

Obwohl die Zahlung der kompletten Miete im neuen Geschäftsjahr erfolgt, wird der wirtschaftliche Ertrag in Höhe von 30.000,00 Euro für die Monate Oktober, November und
Dezember dem Vorjahr zugerechnet.

Sonstige Verbindlichkeiten

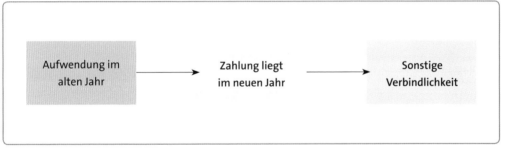

| Aufwendung im alten Jahr | → | Zahlung liegt im neuen Jahr | → | Sonstige Verbindlichkeit |

Abb. Entstehung einer sonstigen Verbindlichkeit

Leistet ein Unternehmen im neuen Geschäftsjahr Zahlungen die ganz oder teilweise Aufwendungen des alten Geschäftsjahres sind, muss eine **sonstige Verbindlichkeit** gebildet werden.

© MEV Verlag GmbH

Voraussetzungen für eine sonstige Verbindlichkeit sind:

1. **Zahlung nach** dem Abschlussstichtag,
2. für einen damit verbundenen **Aufwand vor dem Abschlussstichtag** und
3. der Aufwand betrifft **eine kalendermäßig festgelegte Zeit** vor dem Abschlussstichtag.

Sonstige Verbindlichkeit

BEISPIEL

Ein Unternehmen zahlt eine Miete von 12.000,00 Euro nachträglich am 31.01.2023 für den Zeitraum vom 01.11.2022 bis zum 31.01.2023. Die Mietzahlung betrifft für zwei Monate noch das alte Geschäftsjahr. Der entsprechende Mietaufwand würde aber nicht auf dem GuV-Konto erfasst, da die Zahlung erst im neuen Jahr erfolgt. Der Gewinn des alten Geschäftsjahres würde um 8.000,00 Euro zu hoch ausfallen. Dies verhindert die Bildung einer sonstigen Verbindlichkeit.

Durch die Bildung einer sonstigen Verbindlichkeit wird verhindert, dass der Gewinn des alten Geschäftsjahres zu hoch ausfällt.

Als neues Konto ist das **Passivkonto 1780 Sonstige Verbindlichkeit** zu bilden und für die Buchung zu verwenden. Das Konto ersetzt die Haben-Buchung in einem Geldvermögenskonto.

Bilanzierung einer sonstigen Verbindlichkeit

BEISPIEL

Eine Mietzahlung in Höhe von 48.000,00 Euro wird am 1. April für die abgelaufenen 6 Monate geleistet. Die Mietzahlung betrifft für 3 Monate noch das alte Geschäftsjahr.

Buchungssatz am 31.12. (altes Jahr)

Mietaufwand	24.000,00 Euro	
an Sonstige Verbindlichkeiten		24.000,00 Euro
Sonstige Verbindlichkeiten	24.000,00 Euro	
an SBK		24.000,00 Euro
GuV	24.000,00 Euro	
an Mietaufwand		24.000,00 Euro

Buchungssatz am 02.01. (neues Jahr)

EBK	24.000,00 Euro	
an sonstige Verbindlichkeiten		24.000,00 Euro

Buchungssatz am 01.04.

Mietaufwand	24.000,00 Euro	
sonstige Verbindlichkeiten	24.000,00 Euro	
an Bank		48.000,00 Euro

Obwohl die Zahlung der kompletten Miete im neuen Geschäftsjahr erfolgt, wird der Aufwand in Höhe von 24.000,00 Euro für die Monate Oktober, November und Dezember dem Vorjahr zugerechnet.

Die zeitliche Abgrenzung der Aufwendungen und Erträge dient der **periodengerechten Ermittlung des Jahreserfolges**.

Abgrenzungsart	Altes Jahr	Neues Jahr
Aktive RAP	Auszahlung	Aufwand
Passive RAP	Einzahlung	Ertrag
Sonstige Forderung	Ertrag	Einzahlung
Sonstige Verbindlichkeit	Aufwand	Auszahlung

Tab. Zeitliche Abgrenzung von Aufwendungen und Erträgen

© DOC RABE Media – Fotolia.com

4.3 Rückstellungen

Rückstellungen sind Verpflichtungen die dem Grunde nach, aber nicht der Höhe sowie dem Zeitpunkt nach, sicher feststehen. Sie haben i. d. R. einen erheblichen **Anteil am Fremdkapital eines Unternehmens**. Die Bildung von Rückstellungen dient ebenfalls einer **periodengerechten Gewinnermittlung**.

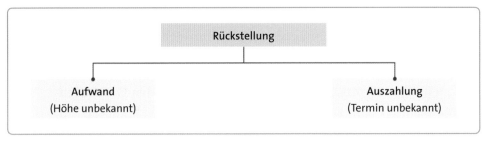

Abb. Rückstellungsarten

Dabei gilt gemäß § 249 HGB eine **Passivierungspflicht** für folgende Schuldrückstellungen:

- **ungewisse Verbindlichkeiten** (vgl. § 249 Abs. 1 HGB),
- **drohende Verluste** aus schwebenden Geschäften (vgl. § 249 Abs. 1 S. 1 HGB),
- **Gewährleistungen** die ohne rechtliche Verpflichtung erbracht werden (vgl. § 249 Abs. 1 S. 2 Nr. 2),

und für folgende Aufwandsrückstellungen:

- **unterlassene Instandhaltungen** die innerhalb von drei Monaten nach dem Bilanzstichtag nachgeholt werden (vgl. § 249 Abs. 1 S. 2 Nr. 1 HGB).

Voraussetzung für die Bildung einer Rückstellung ist, dass die Inanspruchnahme oder der Verlust mit einiger Sicherheit erwartet werden können.

4.3.1 Schuldrückstellungen

Rückstellungen für ungewisse Verbindlichkeiten

Sie beruhen auf dem **Realisationsprinzip** (▶ Kapitel 3.1, Grundsatz Nr. 3). Hierbei werden erwartete künftige Ausgaben, die Aufwand des Geschäftsjahres sind, passiviert, weil diese zu den aktuellen Erträgen beitragen.

So müssen für ungewisse vertragliche oder gesetzliche **Gewährleistungsansprüche des Vertragspartners auf Nachbesserung** (▶ Fachwissen Tourismus Band 1, LF 2, Kapitel 2) **Gewährleistungsrückstellungen** gebildet werden. Ebenso für Ersatzlieferungen, Minderung oder Schadenersatz (▶ Fachwissen Tourismus Band 1, LF 2, Kapitel 4.1.3), weil damit das Risiko künftiger Kosten erfasst wird.

Zu den Rückstellungen für ungewisse Verbindlichkeiten zählen außerdem auch **Steuer- und Pensionsrückstellungen.**

Gewährleistungen ohne rechtliche Verpflichtung

Nach § 249 Absatz 1 Nr. 2 HGB sind Rückstellungen auch für Gewährleistungen zu bilden die ohne rechtliche Verpflichtung erbracht werden. Dies sind Verpflichtungen die der Unternehmer erfüllen wird, ohne dass dazu eine vertragliche oder gesetzliche Grundlage besteht (**Kulanz** ▸ Fachwissen Tourismus Band 1, LF 4, Kapitel 3.2.3). Es ist vielmehr ausreichend, wenn eine faktische, aus den gegebenen Umständen resultierende Verpflichtung besteht, der sich der Unternehmer nicht entziehen kann.

Rückstellungen für drohende Verluste aus schwebenden Geschäften

Sie beruhen auf dem **Imparitätsprinzip** (▸ Kapitel 3.1, Grundsatz Nr. 4) und dienen der Antizipation von Verlusten aus schwebenden Geschäften die erst in künftigen Geschäftsjahren realisiert werden, aber bereits entstanden sind (z. B. erwarteter Verlust aus angenommenen Reiseveranstaltung mit vereinbartem Festpreis).

Bewertung von Rückstellungen

Rückstellungen sind in Höhe des nach vernünftiger kaufmännischer Beurteilung notwendigen Erfüllungsbetrages anzusetzen. Damit sind zwingend auch Preis- und Kostensteigerungen im Rückstellungsbetrag enthalten.

Die Rückstellungen können bei Vorliegen der allgemeinen Voraussetzungen als **Einzelrückstellungen** für die bis zum Tag der Bilanzaufstellung bekannt gewordenen einzelnen Garantiefälle oder als **Pauschalrückstellung** gebildet werden.

Einzelrückstellungen sind zulässig, soweit bis zum Bilanzstichtag **konkrete verursachte Garantieansprüche** bekannt geworden sind und eine Inanspruchnahme wahrscheinlich ist.

Ferner sind **Pauschalrückstellungen für Garantieleistungen** am **Bilanzstichtag** möglich, soweit nach den Erfahrungen der Vergangenheit Ansprüche wahrscheinlich sind.

Rückstellungen wegen Garantieverpflichtungen, die durch Lieferung mangelfreier Sachen zu erfüllen sind, sind mit dem Betrag anzusetzen, den der Steuerpflichtige voraussichtlich aufwenden muss, um seine Nachlieferungspflichten zu erfüllen. Dieser entspricht den **Anschaffungskosten** (▸ Fachwissen Tourismus Band 1, LF 2, Kapitel 5.1).

Besteht die Rücknahmeverpflichtung einer mangelhaften Ware, ist der zurück zu zahlende Gegenwert **rückstellungsfähig**. Der Zeitwert/Buchwert der zurückgenommenen Lieferung ist davon jedoch abzuziehen.

4.3.2 Aufwandsrückstellungen

Sie sind quasi eine »Verpflichtungen gegen sich selbst«. Es besteht also keine rechtliche Verpflichtung gegenüber Dritten. Sie werden gebildet für unterlassene Aufwendungen für Instandhaltungen die im folgenden Geschäftsjahr innerhalb von drei Monaten nachgeholt werden.

Buchen von Rückstellungen

Die Bildung von Rückstellungen (immer Netto) erfolgt grundsätzlich durch eine Gegenbuchung auf einem sachlich zugehörigen Aufwandskonto. Ist dieses im

Zeitpunkt der Rückstellungsbildung sachlich noch nicht möglich (z. B. bei Großreparaturen), erfolgt die Gegenbuchung auf dem **Konto Sonstiger betrieblicher Aufwand**.

Rückstellungen dürfen erst dann aufgelöst werden, wenn der Grund für ihre Bildung entfallen ist (vgl. § 249 (3) S. 2 HGB).

Diese **neue Konten** werden eingerichtet:

Konto 0710 Sonstige Rückstellungen
Konto 8970 Erträge aus der Auflösung von Rückstellungen
Konto 4950 Betriebs- und periodenfremde Aufwendungen

Geschätzte Kosten

BEISPIEL

Der Ausgang eines schwebenden Prozesses zwischen einem Reiseveranstalter und seinem Kunden, der in Wirtschaftsjahr 2022 begründet ist, steht am Geschäftsjahresende noch nicht fest. Die geschätzten Gerichts- und Anwaltskosten, falls der Prozess verloren geht, werden mit 5.000,00 Euro veranschlagt.

Buchungssatz am 31.12.

Prozesskosten	5.000,00 Euro	
an Sonst. Rückstellungen		5.000,00 Euro
GuV	5.000,00 Euro	
an Prozesskosten		5.000,00 Euro
Rückstellungen	5.000,00 Euro	
an SBK		5.000,00 Euro

Bis zum Prozessausgang bleibt die Rückstellung erhalten. Der Prozess geht ein Jahr später verloren und die Rückstellung deckt zufällig genau die Kosten.

Buchung am 31.12. des Folgejahres

Sonst. Rückstellungen	5.000,00 Euro	
an Bank		5.000,00 Euro

Im Geschäftsalltag kommt es selten vor, dass die Höhe einer Rückstellung genau dem geschätzten Aufwand entspricht, sie ist i. d. R. zu hoch oder zu niedrig gebildet worden.

Anpassung der Rückstellung an den tatsächlichen Aufwand

Im aktuellen Geschäftsjahr wird eine Rückstellung über 5.000,00 Euro gebildet.
Der dazugehörige Buchungssatz lautet:

Aufwandskonto	5.000,00 Euro	
an Sonst. Rückstellungen		5.000,00 Euro

Auflösung im neuen Jahr:
Fall 1: Rückstellung und Zahlung sind (zufällig) in gleicher Höhe

Sonst. Rückstellungen	5.000,00 Euro	
an Finanzkonto		5.000,00 Euro

Fall 2: Die Rückstellung ist um 2.000,00 Euro höher als die Zahlung (Überdotierung)

Sonst. Rückstellungen	5.000,00 Euro	
an Finanzkonto		3.000,00 Euro
Erträge aus Auflösung von Rückstellungen		2.000,00 Euro

Fall 3: Die Rückstellung ist um 1.000,00 Euro niedriger als die Zahlung

Sonst. Rückstellungen	5.000,00 Euro	
Betriebs- und periodenfremde Aufwendungen	1.000,00 Euro	
an Finanzkonto		6.000,00 Euro

Alle Rückstellungen mit einer **Restlaufzeit von mehr als einem Jahr** (auch die Sachleistungsverpflichtungen) müssen mit einem **fristenkongruenten Marktzinssatz** abgezinst werden.
Die anzuwendenden Zinssätze werden von der Deutschen Bundesbank ermittelt und monatlich bekannt gegeben (vgl. § 253 Abs. 2 HGB).

Berechnung des fristkongruenten Marktzinssatzes

Ein Reiseveranstalter bildet zum 31.12.2021 eine jährliche Gewährleistungsrückstellung von 100.000,00 Euro für einen Gewährleistungszeitraum von fünf Jahren. Die Bewertung der Rückstellung erfolgt zum Erfüllungsbetrag. Der Reiseveranstalter geht von einer jährlichen voraussichtlichen Kostensteigerung von fünf Prozent aus. Es wird mit einem Marktzinssatz von 4,5 Prozent p. a. abgezinst.

Jahr	2022	2023	2024	2025	2026	Summe
Erfüllungsbetrag (in tausen Euro)	105	110	116	122	128	583
Barwert (in tausend Euro)	105	105	106	107	107	530

Der Erfüllungsbetrag in Höhe von 583.000,00 Euro in fünf Jahren entspricht im Beispiel einem Barwert der Rückstellung in fünf Jahren von 530.000,00 Euro. Durch die Abzinsung wird die wirtschaftliche Belastung der Rückstellung im Erfüllungszeitpunkt ausgedrückt.

1. Welche Funktionen erfüllen Rechnungsabgrenzungsposten?

2. Welche der folgenden Posten kommen in der Praxis überwiegend als transitorische RAP bzw. antizipative Posten in Betracht?
Mieten, Zinsen, Honorare, Gebühren, Steuern, Sozialversicherungsbeiträge, Versicherungsprämien. Begründen Sie Ihre Antworten.

3. Unter welchen Voraussetzungen können nur antizipative Aktiva gebildet werden?

4. Welche Voraussetzungen müssen zur Bildung einer sonstigen Verbindlichkeit erfüllt sein?

5. Welche Aussagen treffen zu?
   a) Aktive Rechnungsabgrenzungsposten werden gebildet, wenn Zahlungen im alten Jahr für Aufwendungen des neuen Jahres getätigt wurden.
   b) Sonstige Verbindlichkeiten liegen dann vor, wenn im neuen Geschäftsjahr Zahlungseingänge für Erträge des alten Jahres zu erwarten sind.
   c) Auf dem Konto Sonstige Forderungen sind zum Jahresabschluss Buchungen für Aufwendungen durchzuführen, die im alten Jahr im Voraus gezahlt wurden, die jedoch wirtschaftlich ins neue Geschäftsjahr gehören.
   d) Erträge des alten Geschäftsjahres, deren Einnahmen erst im neuen Geschäftsjahr erfolgen werden, erfasst man auf dem Konto Sonstige Forderungen.
   e) Grundsätzlich gilt: Zahlungsvorgänge im alten Jahr für Aufwendungen/Erträge die wirtschaftlich ins neue Jahr gehören sind aktive/passive Rechnungsabgrenzungsposten.

6. Bilden Sie für die folgenden Fälle die entsprechenden Buchungssätze.

   Fall 1: Die Reiseinsel GmbH bezahlt per Bankscheck am 28. Oktober die Miete von insgesamt 5.400,00 Euro für einen gemieteten Ausstellungsraum für die Zeit vom 1. November bis zum 31. Januar des folgenden Jahres im Voraus.
   a) Buchen Sie den Zahlungsvorgang.
   b) Erfassen die die zeitliche Abgrenzung zum 31. Dezember.
   c) Schließen Sie die unter b) verwendeten Konten am Jahresende ab.

   Fall 2: Die Reiseinsel GmbH hat einem Kunden ein kurzfristiges Darlehen von 36.000,00 Euro zu neun Prozent Jahreszins gewährt. Die Zinsen sind halbjährlich zu zahlen, und zwar jeweils am 1. April für den Darlehenszeitraum vom 30. September bis zum 31. März und am 1. Oktober für den Zeitraum vom 31. März bis zum 30. September.
   d) Wie ist am 31. Dezember zu buchen?

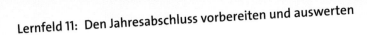

e) Wie lautet die Buchung am 31. März bei Eingang der Zinszahlung durch Banküberweisung?

7. Die Vierteljahresmiete in Höhe von 4.800,00 Euro für die vermieteten Werkswohnungen erhalten Sie für die Monate Dezember, Januar und Februar am 30. November im Voraus.
   a) Buchen Sie den Zahlungseingang.
   b) Buchen Sie die zeitliche Abgrenzung.

8. Die Feuerversicherungsprämie für den Zeitraum Dezember bis Februar wurde am 29. November in Höhe von 525,00 Euro per Überweisung beglichen.
   a) Buchen Sie den Zahlungsvorgang.
   b) Buchen Sie die zeitliche Abgrenzung.

9. Die Rechnung der Stadtwerke für den Stromverbrauch im Dezember steht noch aus. Aufgrund der Ablesung an den Zählern, durchgeführt am 31. Dezember, hat die Reiseinsel GmbH einen Betrag von 7.800,00 Euro ermittelt.
   a) Wie lautet die Buchung am 31. Dezember?
   b) Wie ist zu buchen, wenn die Rechnung der Stadtwerke in Höhe von 13.200,00 Euro zuzüglich 2.508,00 Euro Umsatzsteuer am 23. Januar eingeht und sofort als Postüberweisung gezahlt wird?

10. Die Grundsteuer auf das Betriebsgebäude für den Zeitraum Oktober bis März ist halbjährlich nachträglich am 31. März fällig; Betrag 990,00 Euro.
    a) Buchen Sie am 31. Dezember entsprechend.
    b) Erfassen Sie den Zahlungsausgang am 31. März aufgrund einer Lastschrift auf dem Firmenbankkontoauszug.

11. Worin ist der Unterschied zwischen Schuldrückstellungen und Aufwandsrückstellungen zu sehen?

12. Welche Arten von Rückstellungen sind insbesondere für Reiseveranstalter im Gegensatz zu Hoteliers zu bilden?

13. Warum werden Rückstellungen abgezinst?

14. Was besagt der Grundsatz, dass die Höhe einer Rückstellung nach vernünftiger kaufmännischer Beurteilung zu bilden ist?

15. Warum wird von der Finanzverwaltung i. d. R. eine Rückstellung von 0,5 Prozent der Bemessungsgrundlage ohne Belege für eine PWB akzeptiert?

16. Die Reiseinsel GmbH rechnet zum 31. Dezember des Abschlussjahres mit einer Gewerbesteuernachzahlung von 12.000,00 Euro.
    a) Bilden Sie den Buchungssatz zum 31. Dezember.
    b) Wie wirkt sich die Rückstellung auf den Unternehmenserfolg aus?

c) Am 15. März des folgenden Jahres erhalten Sie den Steuerbescheid. Nehmen Sie die entsprechende Buchung vor, wenn 11.100,00 Euro bzw. 13.400,00 Euro per Bank zu überweisen sind.

17. Welche der folgenden Aussagen ist richtig?
   a) Rückstellungen werden für Verbindlichkeiten gebildet, deren Grund am Jahresende noch nicht feststeht.
   b) Für Verbindlichkeiten, deren Grund feststeht, das genaue Datum der Zahlung und die Höhe noch nicht, werden Rückstellungen gebildet.
   c) Rückstellungen werden am Bilanzstichtag als zweifelhafte Forderungen gebildet.
   d) Die Höhe der gesamten Rückstellungen ist in der GuV ersichtlich.
   e) Rückstellungen dürfen ausschließlich für zu erwartende Steuernachzahlungen gebildet werden.

18. Ein Reiseveranstalter bildet zum 31.12.2022 folgende Rückstellungen:
   a) 100.000,00 Euro, Laufzeit 5 Jahre, unterstellter Marktzinssatz 4 %
   b) 150.000,00 Euro, Laufzeit 10 Jahre, unterstellter Marktzinssatz 5 %
   c) 200.000,00 Euro, Laufzeit 8 Jahre, unterstellter Marktzinssatz 8 %

Zu welchem Betrag ist bei der Bildung der Rückstellung zu bilanzieren?

Abzinsungsfaktoren $q^{-t} = (1 + r)^{-t}$

Peri-ode	Zinssatz						
	0,04	0,05	0,06	0,07	0,08	0,09	0,10
1	0,9615	0,9524	0,9434	0,9346	0,9259	0,9174	0,9091
2	0,9246	0,9070	0,8900	0,8734	0,8573	0,8417	0,8264
3	0,8890	0,8638	0,8396	0,8163	0,7938	0,7722	0,7513
4	0,8548	0,8227	0,7921	0,7629	0,7350	0,7084	0,6830
5	0,8219	0,7835	0,7473	0,7130	0,6806	0,6499	0,6209
6	0,7903	0,7462	0,7050	0,6663	0,6302	0,5963	0,5645
7	0,7599	0,7107	0,6651	0,6227	0,5835	0,5470	0,5132
8	0,7307	0,6768	0,6274	0,5820	0,5403	0,5019	0,4665
9	0,7026	0,6446	0,5919	0,5439	0,5002	0,4604	0,4241
10	0,6756	0,6139	0,5584	0,5083	0,4632	0,4224	0,3855

19. Bilden Sie für die folgenden Geschäftsfälle die Buchungssätze für den Fall, dass …
   ▶ … das Geschäftsjahr dem Kalenderjahr entspricht.
   ▶ … das Geschäftsjahr vom Kalenderjahr abweicht (01.11.–31.10.).

a) Das Reisebüro XY hat im Dezember versäumt die Monatsmiete von 1.400,00 Euro zu überweisen. Bilden Sie die entsprechenden Buchungen am 31.12.

b) Das Reisebüro XY hat an einen Busunternehmer ein Darlehen vergeben. Die Zinsen für den Monat Dezember in Höhe von 520,00 Euro sind noch nicht eingegangen.

c) Das Reisebüro XY zahlt am 1. September die Kfz-Versicherungsprämie in Höhe von 800,00 Euro für ein Jahr im Voraus.

d) Das Reisebüro XY hat einen Teil seiner Geschäftsräume an das Busunternehmen YX vermietet. Die Miete für den Monat Januar wird dem Reisebüro bereits am 23.12. gut geschrieben, es handelt sich um 1.500,00 Euro.

20. Im aktuellen Geschäftsjahr wird eine Rückstellung über 8.000,00 Euro gebildet. Bilden sie die Buchungssätze für die Fälle, dass …

a) … die Rückstellung dem tatsächlichen Aufwand entspricht.

b) … die Rückstellung um 1.000,00 Euro überdotiert wurde.

c) … die Rückstellung um 500,00 Euro zu niedrig gebildet wurde.

21. Ein Reiseveranstalter möchte das Dach seines Bürogebäudes im April erneuern lassen, da es aufgrund der Schneelast im Dezember davor undicht geworden ist. Darf er eine entsprechende Aufwandsrückstellung bilden?

22. Welche Aussagen treffen auf die Antizipativen Posten bzw. auf Transitorische Posten zu?

► Zahlung: nachträglich im neuen Jahr

► Zahlung: im Voraus im alten Jahr

► Erfolg: wird im alten Jahr vorweg gerechnet, ohne dass ein Zahlungsvorgang erfolgte

► Erfolg: geht periodisch voraus und wird in das neue Jahr transportiert

► Liquidität: im neuen Jahr beeinflusst

► Liquidität: im alten Jahr beeinflusst

23. Was bedeutet die Aussage: »Rückstellungen werden für ungewisse Verbindlichkeiten gebildet.«?

24. Auf welche Abgrenzungen verweisen die folgenden Aussagen?

a) »Lediglich der Zinsaufwand über 6.000,00 Euro gehört zum abzuschließenden Geschäftsjahr.«

b) »Lediglich der Zinsertrag über 6.000,00 Euro gehört in das abzuschließende Geschäftsjahr.«

25. Wann kommt es bei der Auflösung von Rückstellungen zu periodenfremden Aufwendungen bzw. zu Erträgen aus der Auflösung von Rückstellungen?

5 Analyse eines Jahresabschlusses

Im Rahmen der **Bilanzanalyse** werden die Informationen aus dem Jahresabschluss erfasst, systematisch aufbereitet und ausgewertet.

Ziel ist es, die gewonnenen Daten zu **Kennziffern** zu verdichten, die eine Beurteilung der **gegenwärtigen Finanzkraft (Vermögens- und Finanzlage)** und **Ertragskraft (Ertragslage)** des Unternehmens zulassen sowie eine **Prognose** für die zukünftige Unternehmensentwicklung ermöglichen.

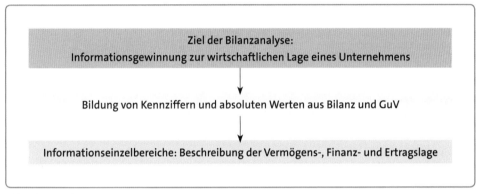

Abb. Bilanzanalyse

Zur Ermittlung und Analyse der Kennziffern muss zunächst die Bilanz aufbereitet werden. Die Aufbereitung erfolgt, indem die Posten der Ausgangsbilanz zu einer kürzeren **Strukturbilanz** zusammengefasst werden.

Zur weiteren **Strukturanalyse** werden die entsprechenden Posten der Strukturbilanz dann zueinander ins Verhältnis gesetzt (alle Beträge in Euro).

Aktiva		Strukturbilanz	Passiva	
A. Anlagevermögen		600,00	A. Eigenkapital	400,00
B. Umlaufvermögen		700,00	B. Fremdkapital	900,00
1. Waren	300,00		1. langfristige	
2. Forderungen	250,00		Fremdmittel	600,00
3. flüssige Mittel	150,00		2. kurzfristige	
			Fremdmittel	300,00
		1.300,00		**1.300,00**

Je nachdem, ob Beziehungszahlen (= Kennziffern) vertikal, dass bedeutet **Positionen derselben Bilanzseite** werden zueinander in Beziehung gesetzt oder horizontal, d. h. **Aktiv- und Passivposten werden zueinander in Verhältnis** gesetzt, spricht man von **vertikaler bzw. horizontaler Strukturanalyse**.

5.1 Strukturanalysen

Indem Aktiv- und Passivposten einer Strukturbilanz horizontal zueinander in Beziehung gesetzt werden, wird ein **Zusammenhang zwischen der Kapitalstruktur und der Vermögensstruktur** eines Unternehmens hergestellt. Daraus können Aussagen über die Zahlungsfähigkeit und somit über die zukünftige finanzielle Stabilität eines Unternehmens getroffen werden.

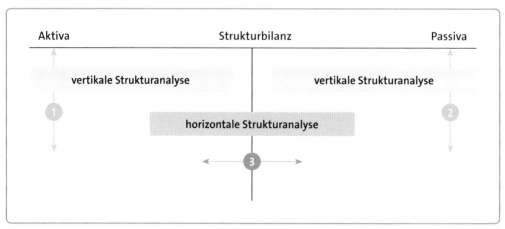

Abb. Arten von Strukturanalysen

Die **Analyse der Kapitalstruktur (vertikale Strukturanalyse)** untersucht die Finanzierung des Unternehmens. Aus diesem Grund sind nur die Kapitalposten (Mittelherkunft) auf der Passivseite relevant.

5.1.1 Kapitalstrukturanalyse

Das **Ziel der Kapitalstrukturanalyse** ist es, über die Mittelherkunft, differenziert nach Eigen- oder Fremdkapital, Sicherheit und Fälligkeit Aussagen treffen zu können.

Ein **hoher Eigenkapitalanteil** ist ein Indikator für wirtschaftliche Stabilität eines Unternehmens. Das Eigenkapital hat gegenüber dem Fremdkapital den Vorteil, dass es unkündbar ist und dem Unternehmen langfristig zur Verfügung steht. Es erleichtert neue Kreditaufnahmen, da es das Risiko für die Gläubiger vermindert.

© MEV Verlag GmbH

Wichtige **Kennziffern für die Kapitalstrukturanalyse** sind daher:

▸ die Berechnung der **Quoten von Eigen- und Fremdkapital** sowie
▸ der **Verschuldungsgrad** und
▸ die **Kapitalstruktur** eines Unternehmens.

$$\text{Eigenkapitalquote} = \frac{\text{Eigenkapital}}{\text{Gesamtkapital}} \cdot 100$$

$$\text{Fremdkapitalquote} = \frac{\text{Fremdkapital}}{\text{Gesamtkapital}} \cdot 100$$

$$\text{Verschuldungsgrad} = \frac{\text{Fremdkapital}}{\text{Eigenkapital}} \cdot 100$$

$$\text{Kapitalstruktur} = \frac{\text{Eigenkapital}}{\text{Fremdkapital}} \cdot 100$$

© MEV Verlag GmbH

Mit steigendem Verschuldungsgrad wächst die Abhängigkeit des Unternehmens von Fremdkapitalgebern und es sinkt die **Bonität** (wirtschaftliche Kreditfähigkeit) und damit die Möglichkeit neue Kapitalquellen zu erschließen.

MERKE

Eigenkapitalquote
Sie ist Indikator für das finanzielle Sicherungspotential eines Unternehmens. Sie wird errechnet, indem das Eigenkapital in Beziehung zum Gesamtkapital gesetzt wird.

Anlagedeckungsgrade I und II

Die **goldene Bilanzregel** besagt in diesem Zusammenhang, dass das Anlagevermögen durch **Eigenkapital** (im engeren Sinne) oder durch Eigenkapital und **langfristiges Fremdkapital** (im weiteren Sinne) finanziert sein sollte.

Dies entspricht dem **Grundsatz der Fristengleichheit** oder **Fristenkongruenz**. Der Grundsatz besagt, dass die Finanzierung der Vermögensgegenstände (VG) mit Kapital erfolgen sollte, das **mindestens für die gleiche Zeit zur Verfügung steht**, wie das Kapital in den Vermögensteilen gebunden ist.

Die **Anlagedeckungsgrade I und II** zeigen auf, inwieweit diesem Grundsatz Rechnung getragen wird.

$$\text{Anlagedeckungsgrad I} = \frac{\text{Eigenkapital}}{\text{Anlagevermögen}} \cdot 100$$

$$\text{Anlagedeckungsgrad II} = \frac{(\text{Eigenkapital} + \text{langfristiges Fremdkapital})}{\text{Anlagevermögen}} \cdot 100$$

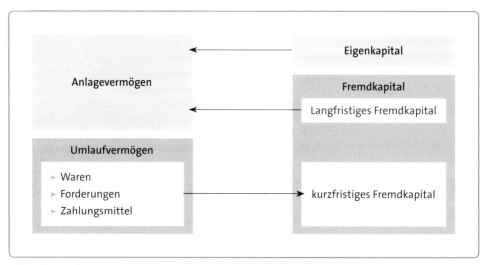

Abb. Anlagedeckung

Da das **Eigenkapital** das sicherste Kapital ist, sollte der errechnete Anlage-deckungsgrad I größer als 100 Prozent sein. Ist dies nicht der Fall, muss der errechnete Anlagedeckungsgrad II mindestens 100 Prozent betragen, um die Bonität eines Unternehmens zu gewährleisten.

5.1.2 Vermögensstrukturanalyse

Die **Vermögensstrukturanalyse** gibt Auskunft über die Zusammensetzung des Vermögens eines Unternehmens aus Anlage- und Umlaufvermögen.

Ab einer **Fälligkeit von mehr als fünf Jahren** wird das Fremdkapital als **lang-fristiges Fremdkapital** bezeichnet. Es wird dem Unternehmen von externen Quellen, wie z. B. Banken, zur Verfügung gestellt. Hierzu gehören auch die Pensionsrückstellungen eines Unternehmens. Langfristiges Fremdkapital wird explizit als solches auf der Passivseite einer Bilanz ausgezeichnet.

Kurzfristiges Fremdkapital sind Verpflichtungen, die in **weniger als einem Jahr fällig** sind, wie z. B. Verbindlichkeiten aus Lieferung und Leistung, Kun-denanzahlungen und Bankkredite. Die Tilgung des kurzfristigen Fremdkapi-tals führt häufig zu einer Belastung der Liquidität.

Die für die Analyse notwendige **Anlageintensität** stellt den Anteil des Anlage-vermögens am Gesamtvermögen dar und lässt erkennen, welche Vermögens-anteile dem Unternehmen **langfristig zur Verfügung stehen** bzw. nicht kurz-fristig veräußert werden können.

Als Kehrschluss ist aber auch zu erkennen, inwieweit **Umlaufvermögen** (z. B. Waren, Forderungen und Bankbestände) **kurzfristig zahlungswirksam ver-wendet werden kann**. Somit wird einerseits ersichtlich, wie sich das Vermögen des Unternehmens zusammensetzt und andererseits, wie lange die **Dauer der Bindung des Vermögens** im Unternehmen ist.

> Die Anlageintensität wird mithilfe der folgenden Formel ermittelt:
>
> $$\text{Anlageintensität} = \frac{\text{Anlagevermögen}}{\text{Gesamtvermögen}} \cdot 100$$

Die Anlageintensität ist dabei branchenabhängig und spielt für Reisevermittler – im Gegensatz zu z. B. Busreiseveranstaltern – nur eine untergeordnete Rolle.

5.2 Liquiditätsgrade

Als **Liquidität** wird die Fähigkeit und Bereitschaft eines Unternehmens bezeichnet, jederzeit seine Zahlungsverpflichtungen in der erforderlichen Höhe und fristgerecht erfüllen zu können.

Die Beurteilung der Liquidität erfolgt mithilfe differenzierter **Liquiditätsgrade**. Sie ergeben sich aus dem Verhältnis der flüssigen Mittel zu den fälligen Verbindlichkeiten und stellen somit gleichfalls eine Konkretisierung des **Grundsatzes der Fristenkongruenz** (▸ Kapitel 5.1) dar.

© de la Motte

Die **Kennziffern der Liquidität** werden häufig anhand von stichtagsbezogenen Bestandsgrößen gebildet.

▸ Die **Zahlungsmittel** eines Unternehmens setzen sich zusammen aus Barmitteln, Bankguthaben und Schecks sowie den jederzeit veräußerbaren Wertpapieren des Umlaufvermögens. Sie werden als **liquide Mittel** bezeichnet.

▸ Unter den **kurzfristige Verbindlichkeiten** versteht man Verbindlichkeiten aus Lieferungen und Leistungen, Schuldwechsel, kurzfristige Schulden bei Kreditinstituten und erhaltene Anzahlungen, wenn diese Positionen innerhalb von drei Monaten fällig werden.

Für die **Liquidität 1. Grades (Barliquidität)** eines Unternehmens, werden die verfügbaren Zahlungsmittel zu den kurzfristigen Verbindlichkeiten ins Verhältnis gesetzt. Die Barliquidität **sollte dabei ≥ 100 Prozent** sein.

> $$\text{Liquidität 1. Grades} = \frac{\text{Zahlungsmittel}}{\text{kurzfristige Verbindlichkeiten}} \cdot 100$$

Obwohl eine Barliquidität von theoretisch ≥ 100 Prozent gefordert wird, erscheint eine Quote von 30 bis 40 Prozent häufig als ausreichend, da die kurzfristigen Verbindlichkeiten i. d. R. nicht sofort fällig wird.

Im Übrigen schadet eine zu hohe Barliquidität der allgemeinen Rentabilität (▸ Kapitel 5.3) und stellt einen marktwirtschaftlichen Zielkonflikt dar (▸ Fachwissen Tourismus Band 4, LF 10).

Die **Liquidität 2. Grades (Liquidität auf kurze Sicht)** gibt i. d. R. Auskunft über die Zahlungsfähigkeit eines Unternehmens über einen Zeitraum von 30 Tagen. Zu ihrer Ermittlung werden zusätzlich die kurzfristigen Forderungen aus Lieferung und Leistung (aus L + L, z. B. Kundenforderungen) berücksichtigt.

$$\text{Liquidität 2. Grades} = \frac{(\text{Zahlungsmittel} + \text{kurzfristige Forderungen})}{\text{kurzfristiges Fremdkapital}} \cdot 100$$

Die Liquidität auf kurze Sicht sollte im Gegensatz zur Barliquidität immer einem **Wert von ≥ 100 Prozent entsprechen**. Die Zahlungsbereitschaft eines Unternehmens wird sonst als »gefährdet« betrachtet, da die liquiden Mittel und die kurzfristigen Forderungen zusammen niedriger sind als die kurzfristigen Verbindlichkeiten.

Letztlich hängt der zweckmäßige Liquiditätsgrad von der Größe und Branche des Unternehmens ab.

Die **Liquidität 3. Grades (Liquidität auf mittlere Sicht, engl. *Banker's rule*)** hat vor allem Bedeutung für Banken. Sie können daran ablesen, ob ihre an das Unternehmen vergebenen Kredite kleiner sind als das Umlaufvermögen des Unternehmens und somit fristgerecht bedient werden können.

$$\text{Liquidität 3. Grades} = \frac{\text{Umlaufvermögen}}{\text{kurzfristiges Fremdkapital}} \cdot 100$$

Die Liquidität auf mittlere Sicht **sollte ≥ 200 Prozent** sein, damit ein Unternehmen seinen mittel- und langfristigen Kreditverpflichtungen nachkommen kann.

Das ***Working Capital*** (dt. arbeitendes Kapital) ergibt sich als absolute Kennziffer aus der Differenz von Umlaufvermögen (UV) und den kurzfristigen Verbindlichkeiten (z. B. aus kurzfristigem Fremdkapital). Es entspricht damit der Darstellung der Liquidität 3. Grades in absoluten Zahlen.

Ein **positives Ergebnis des *Working Capital*** bedeutet, dass ein Teil des Umlaufvermögens mit langfristig zur Verfügung stehendem Kapital finanziert ist und die zukünftige Liquidität des Unternehmens gesichert ist.

Working Capital = UV – kurzfristigen Verbindlichkeiten

Das Working Capital soll ein Verhältnis von 2 : 1 zwischen Umlaufvermögen und kurzfristigem Fremdkapital aufweisen. Dies basiert auf der bankers rule, welche eine »Forderung amerikanischer Banken, nach der das Umlaufvermögen mindestens doppelt so groß sein soll wie das kurzfristige Fremdkapital«, ist.

Der Cash Flow ist die Differenz zwischen Einzahlungen und Auszahlungen innerhalb einer Periode (z. B. Geschäftsjahr). Der Cash Flow verdeutlicht, in welchem Umfang im betrachteten Zeitraum die laufende Betriebstätigkeit zu Einnahmeüberschüssen führt. Er ist ein Finanz- und Erfolgsindikator, der zeigt, in welcher Höhe ein Unternehmen aus eigener Kraft finanzielle Mittel erwirtschaftet hat bzw. erwirtschaften kann.

Der Cash Flow ist somit auch eine grundlegende Kennzahl aus der Finanzanalyse, die den (erfolgswirksam) erwirtschafteten Zahlungsmittelüberschuss einerPeriode angibt, der zur (Selbst-)Finanzierung von Investitionen sowie zur Gewinnausschüttung (Gewinn) eingesetzt werden kann.:

Jahresüberschuss
+ Abschreibungen
± Langfristige Rückstellungen
_____
= *Cashflow*

© MEV Verlag GmbH

Die **Kennziffer des *Cashflow*** wird gebildet, indem der Jahresüberschuss um alle nicht auszahlungswirksamen Aufwendungen des Geschäftsjahres (z. B. um Abschreibungen auf Anlagen, Pensionsrückstellungen) erhöht und um Erträge, die keine Einzahlungen sind (z. B. Auflösungen von Rückstellungen) gemindert wird.

5.3 Rentabilitätskennziffern

Rentabilitätskennziffern sind Beziehungszahlen bei denen die Ergebnisgröße Gewinn durch eine dieses Ergebnis beeinflussende Größe (z. B. Kapital, Vermögen, Umsatz) dividiert wird.

Gesamtkapitalrentabilität

Die Gesamtkapitalrentabilität (engl. *Return on Assets*) ist Maßstab für die **Verzinsung des eingesetzten Kapitals** und für die Ertragskraft eines Unternehmens innerhalb einer Abrechnungsperiode. Die Wirtschaftlichkeitskennziffer wird gebildet, indem der Gewinn zuzüglich der als Aufwand gebuchten Zinsen für das Fremdkapital zum eingesetzten Kapital in Beziehung gesetzt wird. Die Gesamtkapitalrentabilität entspricht der Unternehmensrentabilität.

$$\text{Gesamtkapitalrentabilität} = \frac{(\text{Jahresüberschuss/-fehlbetrag} + \text{Fremdkapitalzinsen})}{\text{Gesamtkapital}} \cdot 100$$

Die Gesamtkapitalrentabilität sollte mindestens der Rendite von Anleihen entsprechen.

Eigenkapitalrentabilität

Die Eigenkapitalrentabilität ist die **Verhältniszahl zwischen Jahresüberschuss (-fehlbetrag) und Eigenkapital**. Sie zeigt die Effizienz des Eigenkapitaleinsatzes und entspricht damit der **Unternehmerrentabilität**. Sie ist für Kapitalanleger die entscheidende Kennziffer und somit wichtig für die Möglichkeiten der Eigenkapitalbeschaffung des Unternehmens.

$$\text{Eigenkapitalrentabilität} = \frac{\text{Jahresüberschuss (-fehlbetrag)}}{\text{Eigenkapital}} \cdot 100$$

Um die Eigenkapitalrentabilität sinnvoll beurteilen zu können ist es notwendig, das Ergebnis mit anderen Unternehmen aus der gleichen Branche zu vergleichen. Es sollte jedoch **mindestens dem von festverzinslichen Wertpapieren** entsprechen.

Umsatzrentabilität

Die Umsatzrentabilität ist das Verhältnis zwischen dem Gewinn einer Abrechnungsperiode und der Höhe des gesamten Umsatzes. Zusätzlich wird in Tourismusunternehmen häufig aufgrund der Organisationsstruktur der **Spartenüberschuss ins Verhältnis zum Spartenerlös gesetzt**.

$$\text{Umsatzrentabilität} = \frac{\text{Jahresüberschuss (-fehlbetrag)}}{\text{Umsatzerlöse}} \cdot 100$$

Häufig wird **steigender Umsatz** als Zeichen für eine positive Unternehmensentwicklung gedeutet. Dies ist aber nur dann der Fall, wenn bei jeder Umsatzhöhe **Gewinn erzielt** oder **zumindest die Kosten gedeckt** werden.

Fazit

© MEV Verlag GmbH

Die dargestellten Kennziffern ermöglichen eine **Erfolgsbeurteilung** hinsichtlich der **Wirtschaftlichkeit des Faktoreinsatzes** und eine Erfolgsbeurteilung im Vergleich zu anderen Unternehmen (z. B. gegenüber der *Benchmark* **im Branchendurchschnitt,** ▸ Fachwissen Tourismus Band 4, LF 9). Für betriebswirtschaftliche Entscheidungen ist es notwendig Betriebsdaten mit externen Daten zu vergleichen und die Entwicklung der eigenen Kennziffern (Entwicklungskennzahlen) im Zeitvergleich zu analysieren, um z. B. Wachstumssparten oder Erosion der Eigenkapitalquote als Trend zu erkennen.

In diesem Zusammenhang sollte jedoch bedacht werden, dass aufgrund von **Ansatz- und Bewertungswahlrechten** die **Daten der Handelsbilanz** und somit der abgeleiteten Strukturbilanz im Hinblick auf die Unternehmensziele beeinflusst werden können. Somit sind Periodenvergleiche nur bei Ansatz und Bewertung unter Verwendung gleicher Maßstäbe zulässig.

Betriebsvergleiche sind unter diesen Aspekten nur sinnvoll, wenn die verglichenen Unternehmen weitgehend gleiche Unternehmensstrukturen besitzen.

Sie haben es bemerkt: das **Rechnungswesen** gleicht dem Erkunden einer Destination. Viele Wege sind aufgrund der Lage der »touristischen Attraktionen« und der Verkehrswege vorgegeben (im Rechnungswesen sind dies u. a. das Handelsgesetz und das Steuergesetz). Sie haben aber auch erfahren, dass es z. B. im **Rahmen der Kostenrechnung** erheblichen Spielraum für individuelles Handeln gibt, vergleichbar einem Individualtouristen, der die Erkundung einer Destination auf seine Intentionen abstimmt.

Um **erfolgreich im betrieblichen Rechnungswesen arbeiten zu können,** brauchen Sie zum einen Faktenwissen und zum anderen die unternehmerische Zielsetzung, die Sie im Rahmen von zulässigen Freiräumen durchaus kreativ unterstützen können.

In Zukunft also **keine Angst vor Zahlen,** denn deren Aussagekraft bestimmen Sie zu einem großen Teil mit und tragen so zu den strategischen Entscheidungen Ihres Unternehmens bei.

Im Rechnungswesen werden keine kleinen, sondern große Räder bewegt.

1. Worin unterscheidet sich die Ausgangsbilanz von der Strukturbilanz?

2. Wozu dient die Analyse der Kapitalstruktur?

3. In wie weit hat die Kapitalstrukturanalyse Einfluss auf die Bonität eines Unternehmens und damit auf die Möglichkeit der Kapitalbeschaffung?

4. Erklären und begründen Sie den Grundsatz der Fristenkongruenz.

5. Welche Bedeutung hat die Liquiditätsanalyse?

6. Die horizontale Bilanzanalyse wird auch als Finanzierungsanalyse und Investitionsanalyse bezeichnet. Erklären Sie die Zusammenhänge.

7. Welche Vorteile sehen Sie für einen externen Analysten, der nicht nur die Kennziffern für eine Abrechnungsperiode **(= statische Bilanzanalyse)** sondern die mehrerer Abrechnungsperioden **(= dynamische Bilanzanalyse)** betrachtet?

8. Welche Informationen beinhalten folgende Kennziffern:
   a) Eigenkapitalrentabilität
   b) Fremdkapitalquote
   c) *Cashflow*
   d) *Working Capital*

9. Welchen Informationsgehalt bieten Deckungsgrad I und Deckungsgrad II?

10. Warum ist die Anlagenintensität branchenbedingt?

11. Welche Aussagen sind richtig?
    a) Umsatzrentabilität = Umsatz : Gewinn
    b) Eigenkapitalrentabilität = (Jahresüberschuss + Zinsaufwand) : Eigenkapital
    c) Eigenkapitalrentabilität = (Jahresüberschuss : Umsatz) · (Umsatz : Eigenkapital)
    d) Die Liquidität eines Unternehmens gibt an wie schnell es liquidiert werden kann.
    e) Kapitalrentabilität und Liquidität stellen konfliktäre Unternehmenszielbeziehungen dar.

12. Berechnen Sie und interpretieren Sie:
    a) Liquidität I
    b) Anlageintensität
    c) Eigenkapitalrentabilität
    d) *Cashflow*
    e) Umsatzrentabilität

Zahlenmaterial:
- ► Jahresüberschuss laut GuV   144.000,00 Euro
- ► Pensionsrückstellungen (Zuführung)   12.000,00 Euro
- ► Abschreibung auf Anlagen   25.000,00 Euro
- ► Kassenguthaben   5.000,00 Euro
- ► Bankguthaben   10.000,00 Euro
- ► Kurzfristige Verbindlichkeiten   18.000,00 Euro
- ► Eigenkapital am 31.12.   40.000,00 Euro
- ► AV am 31.12.   50.000,00 Euro
- ► UV am 31.12.   15.000,00 Euro
- ► Umsatzerlöse   60.000,00 Euro

13. Berechnen Sie aus der folgenden GuV des Reisebüros *Lastminute*kaufmann e. K. die Umsatzrentabilität:

Soll		GuV	Haben
Löhne	36.000	EVA	75.400
Aufw. Eig RV	52.000	EVM	51.900
Soziale Abgaben	7.200	Erlöse DB	7.800
Raumkosten	1.800	Erlöse Flug	8.200
KKK	900		
Bürosachkosten	920		
Fuhrparkkosten	9.500		
Werbekosten	6.600		
Abschreibung	12.000		
Aufw. Anlageabg	1.100		
Zinsaufwand	720		
Saldo	14.560		
	143.300		143.300

14. Die Umsatz-/Erlösstruktur wird bei kleineren Reisevermittlerunternehmen überwiegend durch die Touristik (zu 60 bis 90 Prozent) bestimmt, bei größeren Reisevermittlerunternehmen verstärkt durch Flüge (über 50 Prozent). Wie würden Sie entsprechend den in Aufgabe 13 genannten GuV-Ergebnissen das Unternehmen *Lastminute*kaufmann e. K. qualifizieren?

15. Bankkaufleute werden während ihrer Ausbildung darauf vorbereitet Entscheidungen über die Kreditwürdigkeit der Firmenkunden zu treffen, um das Risiko der Bank bei der Kreditvergabe zu minimieren. Auf welche Kennziffern (mindestens vier) würden Sie an deren Stelle besondern Wert legen? Begründen Sie Ihre Auswahl.

16. Ihnen liegen folgende Entwicklungskennzahlen vor:

Kennziffer	Basisjahr 01	Vergleichsjahr 02	Vergleichsjahr 03	Vergleichsjahr 04
Liquidität I	50 %	60 %	45 %	55 %
Anlageintensität	25 %	20 %	30 %	28 %
Eigenkapitalrentabilität	18 %	22 %	20 %	25 %
Cashflow (Euro)	40.000,00	38.000,00	45.000,00	42.000,00
Umsatzrentabilität	15 %	18 %	24 %	26 %

a) Wie hat sich die Liquidität I im Verhältnis zum Basisjahr und zwischen den Vergleichsjahren geändert?

b) Welchen Zusammenhang können Sie aus der Anlageintensität im Vergleichsjahr 02 zu dem *Cashflow* herleiten?

c) Überprüfen Sie, ob die Entwicklung der Umsatzrentabilität in Vergleichsjahr 03 zu Vergleichsjahr 04 dem Branchendurchschnitt von 7,9 Prozent entspricht?

d) Wie hat sich die Eigenkapitalrentabilität vom Basisjahr im Verhältnis zum Vergleichsjahr 04 verändert?

e) Wie hat sich die Umsatzrentabilität vom Basisjahr im Verhältnis zu Vergleichsjahr 04 verändert?

f) Setzen Sie die Daten sinnvoll grafisch um und zeigen Sie dabei Korrelationen auf.

17. Ein Auszubildender in ihrem Reisebüro möchte Sie mit folgender Grafik über den Zusammenhang zwischen Eigenkapitalrentabilität und Umsatzrentabilität informieren. Welche Möglichkeiten sehen Sie die Grafik zu optimieren?

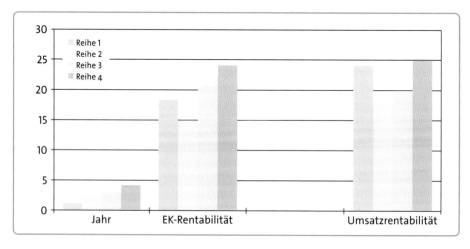

Sachwortverzeichnis

Sachwortverzeichnis

Schulkontenrahmen für Touristik

(auf Grundlage des DRV-Kontenrahmens)

Klasse 0 Anlage- und Kapitalkonten	Klasse 1 Finanzkonten	Klasse 2 Abgrenzungskonten	Klasse 3 Verrechnungskonten	Klasse 4 Betriebliche Aufwendungen
01 Grundstücke und grundstücksgleiche Rechte mit Geschäfts- und anderen Bauten	10 Kasse	21 Finanzerträge	30 Verrechnung/Aufwand für eigene Reiseveranstaltungen	40 Personalaufwendungen
010 Grundstücke und Bauten	12 Guthaben bei Kreditinstituten	214 Zinserträge		400 Löhne und Gehälter
	120 Kreditinstitute	240 Mieterträge	301 Aufwand für eigene Reiseveranstaltungen (§ 25 UStG)	403 Freiwillige soziale Aufwendungen
02 Sachanlagen	14 Forderungen aus Reisebüroleistungen	26 Finanzaufwendungen		405 Arbeitgeberanteil an SV
023 Fahrzeuge	140 Forderungen aus Lieferungen und Leistungen	260 Zinsaufwendungen	302 Aufwand für eigene Reiseveranstaltungen (§ 3a UStG, Regelbesteuerung)	4100 Raumkosten/Mietaufwa
025 Betriebs- und Geschäftsausstattung		28 Steuern vom Einkommen und Ertrag		42 Kommunikationskosten ■ EDV-Aufwendungen
026 Geringwertige Wirtschaftsgüter	1470 Zweifelhafte Forderungen		31 Verrechnung Touristik Reisevermittlung	43 Bürosachkosten, Versiche rungen und Beiträge
0261 Wirtschaftsgüter größer 250 bis 1.000 Euro (Sammelposten)	1472 Pauschalwertberichtigungen zu Forderungen		32 Verrechnung DB/ DER-Werte	430 Bürosachkosten
	1480 Sonstige Forderungen		33 Verrechnung sonstige Beförderungsausweise und gekaufte Werte	431 Steuern, Versicherungen, Beiträge und Gebühren
03 Finanzanlagen	15 Sonstige Vermögensgegenstände und Wertpapiere			44 Werbekosten
039 Langfristige Forderungen	151 Gehaltsvorschüsse		34 Verrechnung Flugverkehr	45 Vertretungskosten
05 Langfristige Verbindlichkeiten	155 Vorsteuer			46 Reisekosten, Repräsentat nen und Tagungen
	156 SV-Beitragsvorauszahlungen		35 Verrechnung Busverkehr	47 Sonstige Aufwendungen und Verwaltungskosten
07 Rückstellungen	159 Wertpapiere des Umlaufvermögens		37 Verrechnung sonstige Reisebürogeschäfte	470 Kraftfahrzeugkosten
0710 Sonstige Rückstellungen	16 Verbindlichkeiten aus Reisebüroleistungen und erhaltene Anzahlungen			471 Nebenkosten des Geldve kehrs
08 Eigenkapital			38 Verrechnung übrige Geschäfte	474 Reparaturen und Instand haltungen von BGA
081 Eigenkapital/gezeichnetes Kapital	160 Verbindlichkeiten aus Lieferungen und Leistungen			479 Sonstige betriebliche Au wendungen
084 Rücklagen	167 Kundenanzahlungen			48 Abschreibungen und Ha und Grundstücksaufwer dungen
09 Rechnungsabgrenzungsposten	17 Sonstige Verbindlichkeiten			480 Abschreibungen auf Sac anlagen
0920 Aktive Rechnungsabgrenzungsposten	171 Umsatzsteuer 7 %			4801 Sofortabschreibungen g ringwertiger Wirtschafts güter
0930 Passive Rechnungsabgrenzungsposten	172 Umsatzsteuer 19 %			4802 Abschreibungen auf den Sammelposten Wirtscha güter
	1721 Umsatzsteuervorauszahlungen			482 Fuhrpark/Kfz-Kosten
	173 Sonstige Steuern/ Abgaben			4820 Außerplanmäßige Abschreibungen
	174 Sonstige Verbindlichkeiten ggü. Finanzbehörden			4880 Abschreibung auf Forderungen
	175 Sonstige Verbindlichkeiten Sozialversicherung			489 Haus- und Grundstücksa wendungen
	176 Noch abzuführende Abgaben			49 Neutrale Aufwendunger
	1780 Sonstige Verbindlichkeiten			491 Verluste aus Anlageabgängen
	190 Privatentnahmen			4950 Betriebs- und periodenfremde Aufwendungen
				497 Abschreibungen auf Ford rungen

Klasse 5 Aufwendungen für Wareneinsatz und Bestandsveränderungen		Klasse 6 Vorräte		Klasse 7 Umsatzkonten		Klasse 8 Erlöskonten		Klasse 9 Abschlusskonten	
60	Aufwendungen für Hilfs- und Betriebsstoffe	60	Hilfs- und Betriebsstoffe	70	Umsätze aus eigenen Reiseveranstaltungen	80	Erlöse aus eigenen Reiseveranstaltungen	92	Gewinn- und Verlustkonto
61	Aufwendungen für bezogene Ware	610	Warenvorräte	701	Umsätze aus eigenen Reiseveranstaltungen (§ 25 UStG)	801	Erlöse aus eigenen Reiseveranstaltungen (§ 25 UStG)	93	Schlussbilanzkonto
610	Bezugskosten			702	Umsätze aus eigenen Reiseveranstaltungen (§ 3a UStG, Regelbesteuerung)	802	Erlöse aus eigenen Reiseveranstaltungen (§ 3a UStG, Regelbesteuerung)	94	Eröffnungsbilanzkonto
				71	Umsätze Touristik Reisevermittlung	81	Erlöse Touristik Reisevermittlung		
				72	Umsätze DB/DER-Werte	82	Erlöse DB/DER-Werte		
				73	Umsätze sonstige Beförderungsausweise und gekaufte Werte	83	Erlöse sonstige Beförderungsausweise und gekaufte Werte		
				74	Umsätze Flugverkehr	84	Erlöse Flugverkehr		
						840	Erlöse Flugverkehr (steuerpflichtig)		
				75	Umsätze Busverkehr	841	Erlöse Flugverkehr (steuerfrei)		
				77	Umsätze sonstige Reisebürogeschäfte	85	Erlöse Busverkehr		
				78	Umsatzerlöse für Waren	866	unentgeltliche Wertabgabe		
						87	Erlöse sonstige Reisebürogeschäfte		
						88	Erträge übrige Geschäfte		
						8840	Erträge aus Herabsetzung von PWB		
						8850	Erträge aus abgeschriebenen Forderungen		
						889	Haus- und Grundstückserträge		
						89	Neutrale Erträge		
						891	Erträge aus Anlageabgängen		
						895	Betriebs- und periodenfremde Erträge		
						8970	Erträge aus Auflösung von Rückstellungen		

337